中小学和幼儿园教师资格考试专用教材（全国统考）

教育知识与能力

（中学）

《教育知识与能力》编写组　编著

新华出版社

图书在版编目（CIP）数据

教育知识与能力. 中学 / 《教育知识与能力》编写组编著.
—北京：新华出版社，2014.4
ISBN 978-7-5166-0929-3

Ⅰ.①教⋯ Ⅱ.①教⋯ Ⅲ.①中学教师—教学能力—资格考试—自学参考资料
Ⅳ.①G451.1

中国版本图书馆CIP数据核字(2014)第050932号

教育知识与能力. 中学

作　　者：《教育知识与能力》编写组　编著

出 版 人：张百新　　　　　　　　**责任编辑**：蒋小云

出版发行：新华出版社
地　址：北京石景山区京原路8号　　　**邮 编**：100040
网　址：http://www.xinhuapub.com http://press.xinhuanet.com
经　销：新华书店
购书热线：010—63077122　　　　　**中国新闻书店购书热线**：010—63072012

照 排：三鼎甲　　　　　　　　　　**印 刷**：北京紫瑞利印刷有限公司

成品尺寸：210mm×285mm 1/16
印 张：18　　　　　　　　　　　　**字 数**：288千字
版 次：2014年4月第一版　　　　　　**印 次**：2014年11月第二次印刷

书 号：978-7-5166-0929-3
定 价：50.00元

图书如有印装问题请联系：010-85173824

编 写 组

主　　编：王云强

副主编：任金金　蔡维香　杨旭娇　许有云　王宝玺

　　　　王彦明　姜飞月　彭华安　余承海　李秀珊

　　　　张更立　胡涤花

目 录

第一章 教育基础知识和基本原理

【考纲链接】

1.了解国内外著名教育家的代表著作及主要教育思想。

2.掌握教育的涵义及构成要素；了解教育的起源、基本形态及其历史发展脉络；理解教育与社会发展的基本关系，包括教育与人口、教育与社会生产力、教育与社会政治经济制度、教育与精神文化等的相互关系；理解教育与人的发展的基本关系，包括教育与人的发展，教育与人的个性形成，以及影响人发展的主要因素——遗传、环境、教育、人的主观能动性等及它们在人的发展中的各自作用；了解青春期生理的变化，包括中学生的身体外形、体内机能、脑的发育、性的发育和成熟。

3.理解义务教育的特点；了解发达国家学制改革发展的主要趋势；了解我国现代学制的沿革，熟悉我国当前的学制。

4.掌握有关教育目的的理论；了解新中国成立后颁布的教育方针，熟悉国家当前的教育方针、教育目的及实现教育目的的要求；了解全面发展教育的组成部分（德育、智育、体育、美育、劳动技术教育）及其相互关系。

5.了解教育研究的基本方法，包括观察法、调查法、历史法、实验法和行动研究法等。

第一节 教育的概述

【导读】

教育是什么？这是教育学中所要研究的一个重要理论问题，也是教育工作者必须明确的问题。教育是新生一代的成长和社会生活的延续与发展所不可缺少的手段，为一切人、一切社会所必需。从这个意义上说，教育是人类社会的永恒范畴，与人类社会共始终。并且，随着社会的发展，人类积累的知识越来越丰富，教育对人的发展和社会发展的作用也就越来越显著。

一、教育的概念及构成要素

（一）教育的概念

"教育"一词最早见于《孟子·尽心上》。孟子曰："君子有三乐，而王天下不与存焉。父母俱存，兄弟无故，一乐也；仰不愧于天，俯不怍于人，二乐也；得天下英才而教育之，三乐也。"

教育有广义和狭义之分。广义的教育泛指一切增进人的知识和技能、发展人的智力和体力、影响人的思想和品德的活动。它包括社会教育、学校教育和家庭教育。狭义的教育主要指的是学校教育，是教育者根据一定的社会要求，有目的、有计划、有组织地对受教育者施加影响，把他们培养成一定社会所需要的人的活动。狭义教育的特点有：

第一，它是一种有目的、有计划、有组织的专门培养人的活动；

第二，它的对象主要是青少年儿童；

第三，它是在受过专门训练的教师指导下进行的社会活动。

（二）教育的构成要素

教育是一种社会现象，是一种社会活动。根据现代系统论的观点，教育是一个多层次多要素的整体系统。具体分析这一系统的构成要素，有利于我们进一步理解教育的基本内涵。构成教育活动的基本要素有：教育者、受教育者与教育影响。

1.教育者

凡是在教育活动中，有意识地以影响他人身心发展为目的的人，都可以称为教育者。这种影响包括知识、技能、思想、品德、行为等方面，不仅包括积极的，也包括消极的。

教育者在促进个人发展及人类发展中起着不可磨灭的作用。在广义的教育概念中，在学习化社会中，每个人都应该是教育者，从而使教育活动的自觉化程度提高。

2.受教育者

受教育者指的是在各种教育活动中接受影响、从事学习的人，受教育者是教育的对象，是学习的主体，也是构成教育活动的基本要素。在学校教育中，受教育者专指学生（包括研究生、成教生），学生是以学习为专门任务的人。

受教育者接受教育并不完全是被动的，受教育者具有主观能动性，但他的主观能动性是有限的。这主要是由于：第一，教育是一种社会现象，教师代表着一定的社会对学生进行教育，学生是在教师引导下使自己成为社会需要的人；第二，学生的身心发展水平不高，认识和改造自我与环境的能力还不强，为了提高自身的认识和改造世界的能力，他们必须接受培养和改造；第三，教育活动中的目的、计划的制订及活动的组织都是教师，学生只是这些目的、计划的承受者，活动的参与者。在这种意义上，学生是被规划、被设计的对象；第四，学生各方面发展是教育活动的目的，他们不可能从一开始就能完成培养自己的任务，一开始就进行自我教育，对自我施加教育影响。他们必须先受到教育者的教育，然后才能进行自我教育。

在教育中要注重发展个性，弘扬个性，培养"个性化"的人，要真正地把学生作为未来社会的一员去培养和尊重。在学习化社会中，每个人都是受教育者。

3.教育影响

教育影响即教育活动中教育者作用于受教育者的全部信息，既包括了信息的内容，也包括了信息选择、传递和反馈的形式，是形式与内容的统一。从内容上说，主要就是教育内容、教育材料或教科书；从形式上说，主要就是教育手段、教育方法、教育组织形式。教育内容、教育材料或教科书是教育活动的媒介，是教育者和学习者互动的媒介，也是教育者借以实现教育意图、学习者借以实现发展意图的媒介。教育工作的全部要旨就在于充分和有效地利用这个媒介来直接促使学习者的最大发展，并间接满足整个社会的最大发展需要。

教育的三要素之间既相互独立，又相互规定，共同构成一个完整的实践活动系统。在三个基本要素中，教育者在教育活动中起主导作用，而在学习活动中，受教育者必须发挥主观能动性，才能成为真正的受教育者。教育影响也有其重要的作用，没有教育影响，教育活动就成了无米之炊、无源之水，再好的教育意图、再好的发展目标，也都无法实现。

（三）教育的属性

1.教育的本质属性

教育是培养人的活动，这是教育区别于其他事物现象的根本特征，是教育的质的规定性。教育的本质属性是一种有目的地培养人的活动。它有以下四方面的特点：

（1）教育是人类所特有的一种有意识的社会活动，是个体在社会的生存需要；

（2）教育是有意识、有目的、自觉地传递社会经验的活动；

（3）教育是以人的培养为直接目标的社会实践活动；

（4）在教育这种培养人的活动中，存在着教育者、受教育者及教育影响三种要素之间的矛盾活动。

2.教育的社会属性

（1）教育具有永恒性

教育是人类所特有的社会现象，只要人类社会存在，就存在教育。教育具有永恒性的原因是教育具有两大社会职能：一是使新生一代适应社会生产力，成为生产力发展的工具；二是使新生一代适应现存的生产关系，在阶级社会成为阶级斗争的工具。正是因为教育具有这两大功能，所以教育具有永恒性。

（2）教育具有历史性

在不同的社会或同一社会的不同历史阶段，教育的性质、目的、内容等各不相同，每个时期的教育具有自己的特点。

（3）教育具有相对独立性

教育受一定社会的政治经济等因素的制约，但教育作为一种培养人的社会活动，又具有相对独立性。教育的相对独立性主要表现在三个方面：

首先，教育具有继承性。教育不能脱离社会物质条件而凭空产生，但同时又是从以往教育发展而来的，都与以往教育有着渊源关系。正因为教育具有这种继承性，在同样的政治经济制度和生产力发展水平的国家，会有不同特色的教育，不同民族的教育会表现出不同的传统和特点。

其次，教育要受其他社会意识形态的影响。教育虽然受政治经济制度与生产力发展水平的制约，但同时又和上层建筑中其他意识形态（主要表现为政治思想、道德观念、哲学思想、宗教、文学、艺术、法律等）发生密切的联系，受这些意识形态的影响，主要表现在教育观点和教育内容上。

再次，教育与社会政治经济发展不平衡。这种不平衡主要表现为两方面：一种情况是教育落后于一定的政治经济发展水平，即当社会政治经济发生了改变，某些教育思想、内容、方法还能存在相当长的时间，这时教育对新的政治经济起着阻碍作用；另一种情况是教育超前于一定的政治经济发展水平，教育对新的政治经济起着催生作用。

二、教育的起源

关于教育的起源，教育史上最具代表性的观点有四种：

（一）神话起源说

神话起源说是关于教育起源的最古老的观点，所有的宗教都持有这种观点，我国古代的思想家也有人持有这种观点。该学说认为教育与其他万事万物一样，都是由神（上帝或天）所创造的，教育的目的是体现神或天的意志，使人皈依于神或顺从于天。

这种观点是根本错误的，是非科学的，之所以如此，主要是因为当时人类社会起源问题上认识水平的局限。

（二）生物起源说

生物起源说的代表人物是法国哲学家、社会学家利托尔诺和英国教育家沛西·能。利托尔诺在《动物界的教育》一书中明确提出教育的生物起源说。沛西·能在他的《教育原理》中提出："高等动物如狗和猿，它们的生活在许多方面是我们的模型。"

生物起源说认为教育不仅存在于人类社会中，而且存在于人类社会之外，甚至存在于动物界，人类社会的教育是对动物界教育的继承、改善和发展。教育从它的起源来说，是一个生物学的过程，生物的冲动是教育的主要动力。生物起源学说是教育学史上第一个正式提出的有关教育起源的学说，看到了人类教育与其他动物类似行为之间的相似性，比起神话起源说来，是一个大的进步，标志着在教育起源问题上开始从神话解释转向科学解释。其根本错误在于没能区分出人类教育行为与其动物类似行为之间的质的差别。

（三）心理起源说

心理起源说认为教育产生于儿童对成人的无意识模仿，而这种无意识模仿不是习得的，而是遗传性的。其代表人物是美国教育家孟禄，其观点在学术界被人为是对生物起源学说的批判。

他认为，原始教育形式和方法主要是日常生活中儿童对成人的无意识模仿。表面上来看，这种观点不同于生物起源说，但仔细考虑，却也离生物起源说不远。因为如果教育起源于原始社会中儿童对成人行为的"无意识模仿"的话，那么这种"无意识"模仿就肯定不是获得性的，而是遗传性的，是先天的而不是后天的，即是本能的，而不是文化的和社会的。只不过这种本能是人类的本能，而不是动物的本能，这是孟禄比利托尔诺和沛西·能进步的地方。可是，这种人类的本能与动物的本能的界线又在哪儿呢？孟禄没有回答。

（四）劳动起源说

教育的劳动起源说也称教育的社会起源说，该学说是在批判生物起源说和心理起源说的基础上，在马克思历史唯物主义理论的指导下形成的，它认为教育起源于劳动，教育起源于劳动过程中社会生产需要和人的发展需要的辨证统一。代表人物有前苏联米丁斯基、凯洛夫等教育史学家和教育学家。

"劳动起源说"的直接理论依据和方法论基础是恩格斯的著作《劳动在从猿到人的转变过程中的作用》。其基本观点有：人类教育起源于其劳动或劳动过程中产生的需要；以制造和利用工具为标志的人类劳动不同于动物的本能活动；教育产生于劳动，是以人类语言的意识发展为基本条件的；教育从产生之日起其职能就是传递劳动过程中形成与积淀的社会生产和生活经验；教育范畴是历史性与阶级性的统一。

三、教育的基本形态

教育形态即教育这一社会现象存在的形式和状态。世界上任何事物都有一定的存在形式和状态，教育也不例外，它也有一定的形态。教育从其存在形态上不外是家庭教育、社会教育和学校教育三种基本形态。这三种形态构成了教育的总体，从不同的时间、渠道，以不同的形式对人的发展和社会发展起着不同的作用。

（一）家庭教育

1.家庭教育的概念

家庭教育是指在家庭内由父母或其年长者对新生一代和其他家庭成员所进行的有目的、有意识的教育。家庭教育从其涵义上讲也有广义和狭义之分。广义的家庭教育，主要是指一个人在一生中接受的来自家庭其他成员的有目的、有意识的影响作用。狭义的家庭教育则是指一个人从出生到成年之前，由父母或其他家庭长者对其所施加的有意识的教育。

2.家庭教育的意义

首先，家庭教育是人生的第一篇章，是个体社会化的最初摇篮。人一出生接触的第一个环境是家庭，第一位老师是父母。家庭教育对儿童成长具有奠基作用，对人的社会化有着十分重要的意义。

其次，家庭教育也是学校教育的重要补充。家庭教育不仅在儿童入学以前，即使儿童进入学校之后，也有重要的意义。由于家长的权威性，家庭教育对学校教育和社会教育都有积极或消极的作用。家庭教育与学校教育一致，儿童社会化发展就会顺利，家庭教育与学校教育矛盾，就会极大地减弱学校教育的影响力。

再次，家庭教育更能适应个体发展。幼儿园、学校教育都是面向全体学生，是集体化的教育。尽管学校教育也强调了解每个学生特点，因材施教，但在这方面总不及家庭父母对自己孩子的了解。家庭教育具有个别性特点，使教育更有针对性，更有利于因材施教。

3.家庭教育的特点

家庭教育不可缺少，也是由于家庭教育具有独自特点决定的。家庭教育同学校教育和社会教育相比较具有以下几方面的特点。

（1）家庭教育的先导性

一个人最早接受的教育是家庭教育，第一个教育者是父母。家庭的生活环境和父母的言行举止，从小就对孩子产生深远影响，成为后发展的重要基础和出发点。

（2）家庭教育的感染性

感染性是情感的一个重要特点，是指一个人的喜怒哀乐等情感，能引起别人产生同样的，或与之相联系的情感。它像无声的语言，对人起着感化的作用，它是一种潜移默化的教育力量，在教育中有着特殊的意义。

（3）家庭教育的权威性

在家庭教育中，家长在子女心目中的权威性，是家长有效地教育和影响子女的重要前提，而且与学校教育、社会教育相比，家庭教育具有更大的权威性。

（4）家庭教育的针对性

鲜明的针对性，是家庭教育的又一大特色。俗话说："知子莫若父"。父母能够全面地、细致地了解自己的孩子，同时，又由于孩子对父母的信任感和安全感，孩子所表现出的个性非常真实，所以家长能深刻地了解孩子。

（5）家庭教育的终身性

在人的一生中，享受最长的教育，就是家庭教育，家庭教育具有终身性。而学校教育和社会教育无论时间长短，都只是一种阶段性和间段性的教育。家庭教育的这种终身特点，有利于家长对孩子进行长期的、连续的观察和教育，有利于孩子形成比较稳定的人格特征。

家庭教育的上述特点，使得它与其他形式的教育相比较，具有很多优势，有其有利的条件。但是还应看到，家庭教育也有局限，主要表现是：首先，家庭教育内容具有零散性，任何家庭都不可能像学校那样有计划地、系统地对受教育者施加影响；其次，家庭教育方式具有随意性，一些自身素质较差的父母缺乏自觉教育子女的意识，或随意打骂，或娇宠无度，或放任自流，由此给子女的健康成长带来种种不良的影响。这是家庭教育要注意和克服的。

（二）社会教育

1. 社会教育的概念

社会教育的概念有广义和狭义之分。广义的社会教育，是指旨在有意识地培养人、有益于人的身心发展的各种社会活动。狭义的社会教育，是指学校和家庭以外的社会文化机构以及有关的社会团体或组织，对社会成员所进行的教育。广义的社会教育和我们所说的广义的教育在涵义上几乎无异。事实上，教育史上最早的教育职能就是通过社会教育来实现的。

2. 社会教育的作用

社会教育日益发展，尽管目前在整个教育体系中还处于辅助和补偿地位，但越来越显示出了不可替代的作用。现代的社会教育具有其他教育形态不可比拟的特殊作用，它的作用主要表现在下述各个方面：

第一，社会教育直接面向全社会，又以社会政治经济为背景，它比学校教育、家庭教育具有更广阔的活动余地，影响面更广泛，更能有效地对整个社会发生积极作用。

第二，社会教育不仅面对学校，面对青少年，更面对社会的成人劳动者。这不仅可以弥补学校教育的不足，满足成年人学习的要求，有效促进经济发展，还可以通过政治、道德教育，促进社会安定与进步。

第三，社会教育形式灵活多样，没有制度化教育的严格约束性。它很少受阶级、地位、年龄限制，能很好体现教育的民主性。

第四，现代人的成长已不完全局限于学校，必须同社会实践相结合。通过社会教育更有利于人的社会化。

综上所述，社会教育在现代社会里的意义愈加重要，是现代社会教育体系中不可忽略的部分。

3. 社会教育的类型

（1）社会举办型

这种社会教育是由机构（即学校以外机构）举办的，包括青少年教育机构和成人教育机构。有关青少年的社会教育活动，如：少年宫、少年之家、儿童公园、儿童影院、儿童阅览室、儿童图书馆等。这些专门组织的社会教育机构旨在弥补学校教育和家庭教育之不足，促进青少年的个性全面发展。关于成人教育，有各种文化补习学校、扫盲班、技术培训班，各种讲座、报告会等。

除了社会专门组织的教育活动以外，一些社会媒体也担当教育任务，如报刊、书籍、图书馆、广播、电视和电影等等。

（2）学校举办型

有些社会教育是发挥学校作用，是由学校举办的。例如：函授、刊授、扫盲、各种职业训练班、科学报告和讲座等。这是充分利用学校教学人员和物质条件，向社会开放，直接为社会服务的教育活动。当今许多国家推行的社区教育，其中就包括依靠学校向外开放的社会教育。

4.现代社会教育的特点

社会教育同学校教育、家庭教育相比有许多自身的特点：

（1）开放性

社会教育不像学校教育具有诸多限制。它没有年龄、时间、地域等局限，随时随地都可接受教育。同时社会教育已开始把教育同社会生活、生产劳动、休闲娱乐等沟通起来。社会教育打破了学校教育那种封闭式的教育体系，具有极大的开放性。

（2）群众性

社会教育服务对象不仅是青少年，对各个年龄阶段，各行各业人员都有重要意义。以往对社会教育的认识仅限于对青少年的校外教育。现在已远远超出青少年，而扩展到了全社会。成年人的职业技术教育，老年人的老年大学等等，满足了社会各年龄阶段、各职业系统人员的学习要求，教育对象日益普遍。

（3）多样性

由于社会教育对象非常广泛，各有不同条件和不同需要，因此，社会教育的形式和内容也具有极大的灵活性和多样性。从受教育时间上说，有脱产式、半脱产式、业余式等等；就其教育形式来说，有培训班式、讲座式、函授式、传播式（如广播、电视、报纸、杂志、影院等）、展馆式（图书馆、博物馆、展览馆等）、自学式等等；就其内容来说，有文化知识、科学技术、政治法律、伦理道德、文学艺术、体育卫生，以及生活常识等多方面的教育。

（4）补偿性

学校教育时间较长，在校所学知识有些容易过时，跟不上时代需要。许多新的知识不断涌现，需要新的学习，更有些东西是在学校没有学到的，如日常生活知识、用品修理等等。这些在学校尚不具备的知识，需要社会教育予以补充。因此，社会教育具有较强的补偿功能。

（5）融合性

现代的社会教育不仅具有独立形式，而且日益渗入社会生活的方方面面，越来越表现出同社会的政治活动、生产劳动、社会生活、娱乐活动，甚至同宗教活动密切结合，融为一体。

（三）学校教育

学校教育是一种制度化的教育，在现代教育体系中，学校教育形态是教育的主体形态。教育学理论中所揭示的教育规律大都是以学校教育为核心的。

1.学校教育的涵义

学校教育是指通过专门的教育机构对受教育者所进行的一种有目的、有计划、有组织、有系统地传授知识、技能，培养思想品德，发展智力和体力的教育活动。

学校教育作为教育的一种特殊形式，是由专门的机构——学校和专职人员——教师来实施的。从教育发展的历史来看，它产生在社会教育、家庭教育之后，是教育发展的高级形态。尽管在其发展过程中，由于不同社会，不同国家经济、政治、文化等的多种影响，出现过兴衰变换，然而它却始终同社会教育、家庭教育并行发展着，并且其规模之大，速度之快，结构之复杂，体系之严整，都是社会教育、家庭教育所无法比拟的。这是因为学校教育在培养一定社会所需要的人，对于促进社会生产力的发展，维护和稳固一定社会的政治经济制度等方面所起的作用，以及在满足人们自身发展的需要方面，较之其他教育形态有更高的效率。所以，学校教育在整个教育体系中一直居于主导地位。

2.学校教育的历史发展

学校教育从古至今，在漫长的历史发展过程中，大体经历了以下几种主要的形式：

（1）人文学科教育为主要特征的学校教育形态

首先从社会结构中分化出来的学校教育，是与上层建筑、意识形态相联系的传统人文学科教育，因此，最早诞生的学校是宫廷学校、职官学校、寺庙学校和文士学校。

这类学校以人文学科的教育为主，同社会的物质生产的劳动几乎完全相脱离，主要培养管理国家、统治人民的政治人才和传播社会的意识，具有鲜明的阶级性和政治倾向。

（2）自然科学教育占重要内容的学校教育形态

自然科学教育从生产实践中分离出来，成为学校教育的重要内容，是推动近代学校教育迅速发展的内在动力。

随着生产力的发展，人们对自然现象及其规律的认识不断深化，使自然科学逐步从生产实践过程中分化、独立出来，尤其在数学和天文学领域发展较快。

（3）职业技术教育成为学校教育一个重要组成部分的学校教育形态

随着各种先进技术设备在生产过程中的广泛采用，对劳动者的素质提出新的要求。这就对近代学校教育产生冲击，要求它尽快改变与生产实践隔绝的状态。正是在这样的背景下，职业技术教育采用学校教育的形式迅速发展起来，很快取代了生产过程中师徒间的技术传授并开始在生产发展中显示出越来越明显的效益。

（4）当代学校与社会，人文与科学教育结合的学校教育形态

现代教育的发展，不仅改变了传统教育形式，也扩充了教育内容和情境。这一变化，引起学校教育与社会教育的有机结合，大大提高了学校教育的效率，也从根本上改变了传统学校教育与社会隔离的封闭状态。

进入21世纪以后，人类将更加清楚地认识到这一点，强化人文与科学融合的教育将成为未来教育的特征之一。

3.学校教育的特点

学校教育自产生时起，就区别于社会教育和家庭教育，具有独自的特点。其特点概括起来主要有如下几个方面：

（1）职能专门性

学校教育职能是专门培养人，学校是专门教育人的场所。学校教育同社会教育、家庭教育相比，其不同之处首要的便是学校教育的专门性。学校教育的专门性特点主要表现在任务的专一。

（2）组织的严密性

教育的特点在于对人影响的有目的、有组织、有计划，学校教育正是体现了教育的特点。学校教育的目的性和计划性集中体现在严密组织上，学校教育是制度化的教育，学校具有严密的组织结构和制度。

（3）作用的全面性

学校教育是全面培养人的活动，它不仅要关心受教育者的知识和智力的增长，也要关心学生的思想品德形成，还要照顾受教育者的身体健康成长。培养塑造全面完整的社会人，是学校教育的特有职责，而这一职责也只有学校教育才能承担起来。

（4）内容的系统性

学校教育内容特别注重内在性和系统性。学校既注意知识体系，又要符合认识规律，所以，是系统的、完整的。教育内容的完整性和系统性是学校教育的一个重要特点。

（5）手段的有效性

学校具有从事教育的完备的教育设施和专门的教育设备，如声像影视等直观教具，实验实习基地等等，都是学校教育的有效手段。这些都是保证教学顺利进行的不可缺少的物质条件。这是社会教育和家庭教育所无法全面提供的。

（6）形式的稳定性

学校教育形态比较稳定，它有稳定的教育场所、稳定的教育者、稳定的教育对象和稳定的教育内容，以及稳定的教育秩序等等。学校教育的这种稳定性，更有利于个人的发展。当然，稳定是相对而言的，它也要有相应的改革变化。

总之，学校教育具有其他教育形态所不具备的独特特点，而且正是这些特点保证了学校教育的高度有效性，使它在各种教育形态中占据主导地位。

四、教育的历史发展脉络

在不同的历史阶段，生产力发展水平、政治经济制度的不同，教育也具有不同的形式和特点。

（一）古代教育

1. 不同国家古代学校教育的形态

（1）古代中国

根据历史记载，中国早在4000多年前的夏代，就有了学校教育的形态，《孟子》里说夏、商、周"设庠、序、学、校以教之，庠者养也，校者教也，序者射也。夏曰校，殷曰序，周曰庠，学则三代共之，皆所以明人伦也。"《孟子》在这里不仅记载了我国古代学校教育起源的情况，而且还记载了当时教育的内容和宗旨。

西周以后，学校教育制度已经发展到比较完备的形式，建立了典型的政教合一的官学体系，并有了"国学"设在王城和诸侯国都的学校与"乡学"设在地方或闾里的塾校之分，形成了以礼乐为中心的文武兼备的六艺教育。六艺由六门课程组成：礼，包括政治、历史和以"孝"为根本的伦理道德教育；乐，包括音乐、诗歌、舞蹈教育；射，即射箭教育；御，即以驾驭马车为主的军事技术教育；书，即学字习写的书写教育；数，即简单数量计算教育。

到了春秋战国时期，官学衰退，私学大兴，儒、墨两家的私学成为当时的显学。孔子私学的规模最大，存在了40多年，弟子三千。春秋战国时期私学的发展是我国教育史、文化史上的一个重要里程碑，促进形成了百家争鸣的盛况。

汉代武帝以后，采纳了董仲舒提出的"罢黜百家、独尊儒术"的建议，实行了思想专制主义的文化教育政策和选士制度，对后世产生了深远的影响。

隋唐以后盛行的科举制度使得政治、思想、教育的联系更加制度化，它对于改变魏晋南北朝时期"上品无寒门，下品无士族"的严格等级制度起了积极的作用，为广大的中小地主阶级子弟进宫为吏开辟了道路，但也加强了对知识分子的思想和人格的限制。

宋代以后，程朱理学成为国学，儒家经典被缩减为《四书》、《五经》，其中《大学》、《中庸》、《论语》、《孟子》四书被作为教学的基本教材和科举考试的依据，科学技术和文学艺术的内容不再是科举的内容，知识分子的毕生精力用在了经书的背诵上。

明代以后，八股文被规定为科举考试的固定格式，人们的思想观念和思维方式受到进一步的束缚。一直到光绪三十一年（1905年）科举制度再也不能适应社会发展的要求，清政府才下令废科举开学堂。

（2）古代印度

印度是世界文明的古国之一，它的教育也有着同样悠久的历史。古代印度宗教权威至高无上，教育控制在婆罗门教和佛教手中。婆罗门教有严格的等级规定，把人分成四种等级：最高等级的是僧侣祭司，受到最优良的教育；其次是刹帝利，为军事贵族，这两个种姓是天然的统治者；再次是吠舍种姓，仅能从事农工商业；最低等级的是首陀罗种姓，被剥夺了受教育的权利，识字读经被认为是违反了神的旨意，可能被处死。婆罗门教的教条是教育的指导思想，婆罗门教的经典《吠陀》是主要的教育内容，婆罗门教的僧侣是唯一的教师，背诵经典和钻研经义是主要的教育活动。

佛教与婆罗门教虽然是两大教派，但都敬奉梵天，主张禁欲修行。但佛教比较关心大众，表现在教育上主要是广设庙宇，使教育面向更多的群众，形成了寺院学府的特色，一直延续到英国殖民地时期。

（3）古代埃及

古代埃及又是一大文明古国。埃及是世界上最古老的文明古国之一，约在公元前3000年进入奴隶社会。据文献记载，埃及在古王国末期已有宫廷学校，中王国以后又开设了职官学校。但古代埃及设置最多的是文士学校。文士精通文字，长于文墨，大多执掌治事权限，比较受尊重。"学为文士"成为一般奴隶主阶级追求的目标。为了满足这种需要许多文士便设立私学，招收生徒。"以僧为师"、"以吏为师"是古埃及教育的一大特征。当然，奴隶和农民子弟没有受教育的权利。

（4）古代希腊、罗马

古代希腊、罗马是西方奴隶制国家的典型代表。其教育与东方的教育有所不同，7～12岁的儿童进入私立学校学习，他们大都是社会地位比较低下阶层的子弟，贵族阶级子弟都是聘请家庭教师，不送子女上学。中等教育则主要是贵族和富人的教育，学校以文法学习为主，学习拉丁文和修辞。

古希腊两个最大的国家雅典和斯巴达形成了早期两种不同的教育类型。古代雅典教育的目的是培养有文化修养和多种才能的政治家和商人，注重身心的和谐发展，教育内容比较丰富，教育方法也比较灵活。古代斯巴达教育的目的是培养忠于统治阶级的强悍的军人，强调军事体育训练和政治道德灌输，教育内容单一，教育方法也比较严厉。

西欧中世纪，罗马帝国灭亡之后，西欧进入基督教与封建世俗政权紧密联系、互相利用的时期。统治残酷、等级森严、思想专制，文化教育几乎完全为宗教所垄断，异教学校被取缔，世俗文化被否定。僧院学校或大主教学校担当的教育，是当时最受重视和尊重的教育，其主要目的是培养僧侣人才，学习的内容主要是神学和七艺。其中，七艺包括文法、修辞、天文、历法、几何、算术、音乐。学习方法是背诵。为了更好地布道，设立了为数众多的教区学校，主要用于对普通贫民子弟的宗教教育，也适当讲授一些读写知识。教会学校都奉行禁欲主义，实行严格的管理和残酷的体罚。骑士教育并无专门的教育机构，主要在骑士的生活和社会交往中进行，教育内容首先是效忠领主的品质，然后是军事征战的本领，以及附庸风雅的素养。中世纪也有世俗教育，学习文法、修辞、天文、历法、算术等实用知识，但神学也是主修课程。

2.古代学校教育的特征

古代东西方的学校教育虽然在具体内容和形式上存在许多差异，但也有一些共同的基本特征，这些特征在教育上具体表现为：

第一，阶级性。统治阶级享有教育的特权，奴隶被剥夺了受教育的权利。统治阶级内部的等级性也在教育制度上有所反映，贵族与平民、主人与仆人之间有着不可逾越的鸿沟。

第二，道统性。统治阶级的政治思想和伦理道德是唯一被认可的思想，天道、神道与人道往往合而为一。

第三，专制性。教育过程是管制与被管制、灌输与被动接受的过程，道统的威严通过教师、牧师的威严，通过招生、考试以及教学纪律的威严予以保证。

第四，刻板性。教育方法、学习方法刻板，死记硬背，机械模仿。

第五，教育的象征性功能占主导地位。也就是，受教育的目的主要不是为了获得实用的知识，而是为了获得社会地位的象征。

（二）文艺复兴后的欧洲教育

14世纪以后，欧洲产生了资本主义的萌芽并很快发展起来，新兴的资产阶级掀起了反对封建文化的文艺复兴运动。这场运动以人性反对神性，以科学理性反对蒙蔽主义，以个性解放反对封建专制，以平等友爱反对等级观念，重视现实生活，肯定现实生活的幸福和享乐，反对禁欲主义，对当时和后世的教育产生了深远的影响。

（三）近代教育

16世纪以后，世界进入近、现代社会。中国古代的四大发明——火药、造纸、印刷术、指南针传入西方，为世界的军事和交通带来了很大的发展机遇；哥伦布发现了新大陆，极大地激发了人们的想象热情；18世纪蒸汽机的发明，带来了人类历史上的第一次工业革命，现代大工业的生产取代了手工作坊。从而引起了社会制度、思想观念和生活方式的巨大变化，也引起了教育的巨大变化。19世纪以后的近代教育，发展的主要特点是：教育国家化，初等教育义务化，教育世俗化和教育法制化。具体表现在：

1.国家加强了对教育的重视和干预，公立教育崛起

19世纪以前，欧美国家并不重视学校教育，教育多为教会或行会所办。19世纪以后，资产阶级政府开始认识到公共教育的重要性，逐渐建立了公立教育系统。

2.初等义务教育的普遍实施

机械化工业革命的基本完成和电气化工业革命的兴起，提出了普及初等教育的要求，并为初等教育的普及提供了物质基础。

3.教育的世俗化

与公立教育的发展相适应，教育逐渐建立了实用功利的世俗教育目的，从宗教教育中分离出来。有些国家明确规定，宗教、政党不得干预学校教育。

4.重视教育立法，以法治教

西方近代教育发展的一个明显特点就是重视教育立法，教育的每次重要进展或重大变革，都以法律的形式规定和提供保证。

（四）20世纪以后的教育

进入20世纪以后，世界出现了社会主义和资本主义两大阵营对垒的格局，在这样的背景下，教育在教育数量上获得更大的发展，义务教育普遍向中等教育延伸，职业教育发展受到普遍重视，政治道德教育普遍呈现出国家主义特征，平民教育运动、进步主义教育运动在世界各地都有不同程度的展开。

第二次世界大战以后，科学技术革命魔术般地改变着世界的面貌。一方面，教育在落后国家被看作是追赶现代化的法宝，在发达国家被看成是增强竞争国力的基础，教育在数量上迅速膨胀，特别是高等教育突飞猛进；另一方面，生产力的发展，政治结构的重组，人类对自身的生命价值、人生态度、价值观念、生活方式的重新认识，也极大地影响着教育的改革和发展，使得教育制度、教育观念、教育内容、教育形式均发生了深刻的变化，教育的改革和发展呈现出一些新的特点。

1.教育的终身化

教育的终身化是适应科学知识的加速增长和人的持续发展要求而逐渐形成的一种教育思想和教育制度，它的本质在于，现代人的一生应该是终身学习、终身发展的一生。它是对过去将人的一生分为学习阶段和学习结束后阶段的否定。

把终身教育等同于职业教育或成人教育是不准确的，它包括各个年龄阶段的各种方式的教育，如正规、非正规和非正式的各种教育，还有学校教育，家庭教育和社会（社区）教育等。在内容上，它既包括基础教育，也包括职业教育和专业性教育，以及社会、文化生活方面的教育。终身教育贯穿于整个教育过程和教育形式中。

2.教育的全民化

全民教育是指教育必须向所有人开放，人人都有接受教育的权利且必须接受一定程度的教育。全民教育的范围从学前教育到继续教育、终身教育；全民教育体系包括正规教育、非正规教育和不定型教育。全民教育思想的正式提出，始于1990年3月在泰国宗迪恩召开的"世界全民教育大会"（又称"宗迪恩大会"）。大会通过了《世界全民教育宣言》和《满足基本学习需要的行动纲领》两个划时代的文件，从而使全民教育思想为国际社会所接受。

3. 教育的民主化

教育的民主化是指教育机会均等，教育要为所有的社会成员提供平等的教育权利，即对教育的等级化、权利化和专制化的否定。教育民主化包括两个方面，一是尽可能多地扩大教育机会，让所有人都受到同样的教育，包括教育起点的机会均等，教育过程中享受教育资源的机会均等，甚至包括教育结果的均等，这意味着对处于社会不利地位的学生予以特别照顾。二是要力争实现优质教育机会均等，追求教育的自由化，根据社会要求设置课程，编写教材的灵活性，价值观念的多样性等。

4. 教育的多元化

教育的多元化是对教育的单一性和统一性的否定，它是世界物质生活和精神生活多元化在教育上的反映。具体表现为培养目标的多元化、办学形式的多元化、管理模式的多元化、教学内容的多元化、评价标准的多元化等。

5. 教育的现代化

教育的现代化是指现代科学技术（包括工艺、设备、程序、手段等）在教育上的运用，并由此引起教育思想、教育观念的变化。教育的现代化是基于电脑和互联网的教育内容更新和教育形式变革的过程，教育信息化将促进教育从固定的人在固定时间、地点学习固定内容的彻底转变。

五、教育的基本功能

教育功能是教育活动和系统对个体发展和社会发展所产生的各种影响和作用。教育是培养人的社会实践活动，这一本质决定了教育既是一个相对独立的系统，又是一个复杂开放的系统。教育功能在系统内部表现为教育对个体发展的影响和作用，在整个社会系统中表现为教育对社会发展的影响和作用。所以，教育功能是教育活动和系统对个体发展和社会发展所产生的各种影响和作用。

（一）教育功能的分类

1. 个体发展功能和社会发展功能

按教育功能作用的对象划分，教育的功能有个体发展功能和社会发展功能。教育的个体发展功能指教育对个体发展的影响和作用，它由教育活动的内部结构特征所决定，发生于教育活动内部，也称为教育的本体功能。教育的社会功能指教育对社会发展的影响和作用。教育作为社会结构的子系统，通过对人的培养进而影响社会的生存与发展。现代教育的社会功能包括：人口功能、经济功能、政治功能、文化功能、科技功能等。教育的社会功能是教育的本体功能在社会结构中的衍生，是教育的派生功能。

2. 正向功能与负向功能

按教育作用的性质划分，教育的功能有正向功能与负向功能。教育的正向功能（积极功能）指教育有助于社会进步和个体发展的积极影响和作用。教育的育人功能、经济功能、政治功能、文化功能等往往就是指教育积极的功能。教育的负向功能（消极功能）指阻碍社会进步和个体发展的消极影响和作用。教育的负向功能是由于教育与政治、经济发展不相适应，教育者的价值观念与思维方式不正确、教育内部结构不合理等因素，使教育在不同程度上对社会和人的发展起阻碍作用。

3. 显性功能与隐性功能

按教育功能呈现的形式划分，教育的功能有显性功能与隐性功能。教育的显性功能指教育活动依照教育目的，在实际运行中所出现的与之相吻合的结果。如促进人的全面和谐发展、促进社会进步等，就是显性教育功能的表现。显性功能的主要标志是计划性。教育的隐性功能指伴随显性教育功能所出现的非预期性的功能。显性功能与隐性功能的区分是相对的，一旦隐性的潜在功能被有意识地开发、利用，就可以转变成显性教育功能。

（二）教育的个体功能

教育的个体功能，是现代社会的产物。促进人的发展是现代教育所预期的正向功能，即显性正向功能。这一功能是教育本质和教育目的的体现，因此也被称为教育的本体功能，成为派生其他功能的源泉，在教育功能系统中处于基础性地位。

1. 教育对个体发展的促进功能

个体发展从本质上说是一个包含着两个矛盾方向的变化，而又重新系统化的过程。方向之一是社会化，方向之二是个性化。教育就是通过个体的社会化和个体的个性化，促使一个生物体的自然人成为一个生活在现实社会中的具体的人。因此，教育的个体发展功能表现为促进个体社会化的功能和促进个体个性化的功能。

教育在促进个体社会化中的功能主要表现为：促进个体思想意识的社会化；教育促进个体行为的社会化；教育培养个体的职业意识和角色。

教育在促进个体个性化中的功能主要表现为：教育促进人的主体意识的形成和主体能力的发展；教育促进个体差异的充分发展，形成人的独特性；教育开发人的创造性，促进个体价值的实现。

2. 教育的个体谋生和享用功能

教育的个体谋生功能指向外在社会的要求，个体把教育作为一种生存手段和工具。教育的个体谋生功能，着眼于社会生产和生活对人的知识技能的要求，是成"才"的教育，是"人力"的教育。当然，教育的最终目的是成"人"，但成"才"是成"人"的必要环节，同时，成"人"必须通过成"才"表现出来。

教育的个体享用功能，并非指为了达到外在目的而受教育，而是教育成为个体生活的需要，受教育过程是需要满足的过程，在满足需要的过程中，个体可以获得自由和幸福，获得一种精神上的享受。

3. 教育对个体发展的负向功能

固然，教育对人的身心发展有着极大的促进作用，甚至可以说在人的发展中起"主导作用"。然而，这种作用的发挥是有条件的，并非所有的教育都能发挥正向的促进作用。

在应试教育下，为了追求高分数，特别强调标准化教学。西方学者认为，中国学生可以很好地回答教师提出的问题，但自己却不会提问题，或提不出问题，这不能不说我们的教育不仅没有发展他们的想像和思维，反而使他们更加僵化了。

（三）教育的社会功能

教育的社会功能表现在对教育之外的其他社会子系统的作用，包括人口、政治、经济、文化等方面。历史地看，这些功能不是同时出现的。人口是社会的生态基础，是连接个体与社会的桥梁。教育的个体功能，要转化成政治、经济功能，首先要通过教育提高人口的素质来实现。教育的文化功能是教育社会功能中的一个基本功能，与人类教育共始终。文化是作为教育的内容和手段出现的，人的生命形式必须通过文化来获得，即便是在人类早期，教育处在自发的阶段，原始居民可能不会有意识地影响下一代，但他们在潜移默化的影响中，不可能不凭借语言、文字等手段传递社会生产、生活经验。所以，文化是教育的基本内容，教育是人类特有的文化传递的形式、手段和工具，古今中外的教育概莫能外。

对政治功能和经济功能而言，教育社会功能的发生是由政治功能到经济功能，而学校教育的出现一开始就是统治阶级的特权。学校教育通过传授统治阶级的意识形态，培养新一代的剥削统治者。由于古代社会生产力低下，劳动过程简单，主要依靠体力、技能和经验，况且由于这种劳动所要求的技能、经验脱离直接劳动过程无法掌握，所以，当时的学校教育和生产劳动不但没有直接关系，反而带有排斥教育的自然倾向。

教育与生产发生联系，必须诉诸于科学技术，提高生产劳动的科技含量，也即只有需要技术科学武装的那种生产才同教育发生内在联系。所以，随着资本主义大工业的建立和发展，教育从过去主要传授统治阶级的意识形态和为统治阶级培养官吏，转变为主要传授科学技术知识，为社会生产劳动力。因此，现代教育生产劳动力，进而发展经济的功能日益凸显出来。

在当代社会，社会的现代化不仅包括物质文明建设，也包括精神文明建设。因此，教育在社会现代化的过程中，其社会功能也由单一的功能论发展到综合的功能论，全方位地发挥作用。

【强化训练】

一、单项选择题

1. 以下哪一个不是教育的基本要素（　　　）。

A. 教育者　　　　　　B. 学习者　　　　　　C. 教育方式　　　　　　D. 教育影响

2. 生物起源说的提出者是（　　　）。

A. 沛西·能　　　　　　B. 孟禄　　　　　　C. 达尔文　　　　　　D. 赫尔巴特

二、简答题

1. 简述教育的劳动起源说。

2. 简述教育的基本形态。

第二节　教育学的发展

【导读】

教育学是一门以教育现象、教育问题为研究对象，探索教育规律的科学。教育学目的是深化人们对教育的认识，更新人们的教育观念，并为教育的发展和改进提供依据，为提高教育管理水平和教学水平提供理论选择与指导。教育学是从大量的教育现象和教育问题中，总结出教育规律，从而指导教育实践。教育学研究的对象，主要是专门组织的、以教与学为主体形态的教育问题和教育现象。

一、教育学的研究对象

在我国，无论是教育工具书还是教科书，对教育学的定义几乎是一致的，即教育学是研究人类教育现象和教育问题，揭示教育规律的一门科学。

教育现象指人类各种教育活动的外在表现形式。教育现象有三个规定性：（1）教育现象是一种可以感知、可以认识的古今中外已经存在或正存在于现实的存在物；（2）教育现象是教育实践的表现物，或正从事着的教育实践，它包括各种形式、各种类型、各种模式的教育事实、教育活动、教育问题、教育理论研究等；（3）教育现象是以教与学为主体形式的客观存在，不以教与学为主体形式的活动便不能称之为教育活动，与之相应，也就不能称其为教育现象。

教育规律是教育现象与其他社会现象内部各个要素之间本质的、内在的、必然的联系或关系。人类的教育活动不仅有其历史性，而且是遵循着一定的规律进行的。教育中有很多矛盾、很多规律。但从根本上看，贯穿教育活动的基本矛盾、基本规律是：教育与社会发展之间的矛盾或关系，教育与人的身心发展之间的矛盾或关系。教育中方方面面的矛盾或关系都是由此派生出去，最终又复归到这两个基本规律中的。派生的规律是具体的规律、微观的规律。教育学既要研究教育的基本规律，又要研究派生的规律。

二、历史上的教育学思想

教育学与其他许多社会科学一样，有一个漫长而又短暂的历史。说它漫长，是因为早在几千年前我们的先哲就有对教育问题的专门论述和精辟见解；说它短暂，是因为作为一门规范学科，它只有不到200年的历史。

（一）中国古代的教育学思想

1.孔子

孔子是中国古代春秋末期最伟大的思想家、教育家、儒家学派创始人。他的教育思想主要集中在《论语》中。

孔子很注重后天的教育工作，主张"有教无类"，希望把人培养成"贤人"和"君子"。

孔子的学说以"仁"为核心和最高道德标准，他继承西周六艺教育的传统，教学纲领是"博学于文，约之以礼"，基本科目是诗、书、礼、乐、易、春秋。

孔子的教学思想和教学方法是承认先天差异，但更强调"学而知之"，重视因材施教。因材施教的基本方法是启发、诱导。孔子说："不愤不启，不悱不发"。

孔子很强调学习与思考相结合，他说："学而不思则罔，思而不学则殆"；也很强调学习与行动相结合，要求学以致用，把知识运用到政治生活和道德实践中去。

2.墨子

先秦时期以墨子为代表的墨家与儒家并称显学。墨子以"兼爱"和"非功"为教，同时注重文史知识的掌握和逻辑思维能力的培养，还注重使用技术的传习。对于获得知识的理解，墨家认为，主要有"亲知""闻知"和"说知"三种途径。

3.道家

道家主张"弃圣绝智"、"弃仁绝义"，长期不为教育理论所注意。其实道家有许多教育思想也是值得研究的。依据"道法自然"的哲学，道家主张教育要回归自然，"复归"人的自然本性，一切任其自然便是最好的教育。

4.《学记》

战国后期的《学记》是中国古代也是世界上最早的专门论述教育问题的论著，被称为"教育学的雏形"，是中国古代教育思想开始从其他学科中独立出来的一个重要标志。

《学记》提出"化民成俗，其必由学"、"建国君民，教学为先"，揭示了教育的重要性和教育与政治的关系。《学记》设计了从基层到中央的完整的教育体制，提出了严密的视导和考试制度；要求"时教必有正业，退息必有居学"，即主张课内与课外相结合，臧息相辅。《学记》提出了教学相长的辩证关系和"师严然后道尊"的教师观。

在教学方面，《学记》反对死记硬背，主张启发式教学，"君子之教，喻也"，"道而弗牵，强而弗抑，开而弗达"，主张开导学生，但不要牵着学生走；对学生提出比较高的要求，但不要使学生灰心；指出解决问题的途径，但不提供现成的答案。《学记》主张教学要遵循学生心理发展特点"学不躐等"，即循序渐进。

（二）西方古代的教育学思想

1.古希腊时期

（1）苏格拉底

苏格拉底是西方最早的教育思想家，以其雄辩和与青年智者的问答法著名，他对教育的贡献主要在教学法方面。

苏格拉底在教学中并不直接向学生传授各种具体知识，而是通过使用问答、交谈或争辩的方法来宣传自己的观点。这种问答分为三步，第一步称为苏格拉底讽刺，他认为这是使人变得聪明的一个必要步骤，因为除非一个人很谦逊"自知其无知"，否则他不可能学到真知。第二步叫定义，在问答中经过反复诘难和归纳，从而得出明确的定义和概念。第三步叫助产术，引导学生自己进行思索，自己得出结论，正如苏格拉底自己所说，他虽无知，却能帮助别人获得知识，正如他的母亲是一个助产婆一样，虽年老不能生育，但能接生，能够催育新的生命。

【真题在线】

[2011 年下半年] 提出"产婆术"的教育学家是（ ）。

A. 苏格拉底   B. 柏拉图   C. 亚里士多德   D. 昆体良

【答案及解析】A "产婆术"是苏格拉底问答的第三个阶段。

（2）柏拉图

柏拉图是对哲学的本体论研究作出重要贡献的哲学家，柏拉图的教育思想集中体现在他的代表作《理想国》中。

柏拉图认为，人类要想从"现实世界"走向"理念世界"，非常重要的就是通过教育，帮助未来的统治者获得真知，以"洞察"理想的世界。这种教育只有贯彻了睿智的哲学家和统治者的思想才能引导芸芸众生走向光明。教育与政治有着密切的联系，以培养未来的统治者为宗旨的教育，乃是在现实世界中实现这种理想的正义国家的工具。

（3）亚里士多德

亚里士多德是古希腊百科全书式的哲学家，亚里士多德的教育主张在他的《政治学》中有充分的反映。他秉承了柏拉图的理性说，认为追求理性就是追求美德，就是教育的最高目的。他认为，教育应该是国家的，每一个公民都属于城邦，全城邦应有一个共同目的，所有的人都应受同样的教育。亚里士多德注意到了儿童心理发展的自然特点，主张按照儿童心理发展的规律对儿童进行分阶段教育，提倡对学生进行和谐的全面发展的教育。这些成为后来强调教育中注重人的发展的思想渊源。

2. 文艺复兴后的教育

文艺复兴以后，很多著名的人文主义思想家都很重视教育问题，如意大利的维多里诺、尼德兰的伊拉斯谟、法国的拉伯雷和蒙田等。他们反对封建教会对儿童本性的压抑，强调教师要尊重儿童的个性、关心儿童、信任儿童，认为应该通过教育使人类天赋的身心能力得到和谐的发展。他们主张恢复古罗马时期重视体育的传统，组织学生进行富有挑战性的体育运动。他们揭露贵族僧侣阶级虚伪的道德，主张既保持虔诚的宗教信仰，又把勇敢、勤勉、进取、荣誉心等与个人福利有直接关系的品质作为道德的主要要求。在智育方面，人文主义教育家主张扩大教学内容的范围，增加新的学科内容；强调改变经院主义的学风，注意激发学生的兴趣，营造生动活泼的教学气氛，还主张恢复古希腊重视美育的传统，将美与善结合起来。文艺复兴运动对近代扩大受教育范围，增加新的学科教育内容以及欧洲教育的人文化、世俗化都产生了巨大的作用和深远的影响。但是，由于当时不少人文主义者把古希腊教育过于理想化，过于注重希腊文、拉丁文及文法、修辞的教学，逐渐形成了古典主义倾向，导致脱离社会实际，逐渐形成了新的烦琐哲学形式主义，对后世的教育也产生了不良影响。

三、教育学的建立与变革

（一）教育学学科的建立

教育学作为一门独立的学科萌芽于夸美纽斯的《大教学论》。

1. 夸美纽斯

夸美纽斯是受到人文主义精神影响的捷克教育家。他的教育思想集中反映在他的著作《大教学论》（1632 年）中。在书中，夸美纽斯系统地阐述了自己教育理论，对教育学的发展作出了巨大贡献：第一，构建了教育学学科的基本框架，确定了教育学的基本研究内容；第二，强调普及义务教育并论述普及义务教育的合理性；第三，从理论上论证了教育适应自然的思想。年轻时期他就具有强烈的民主主义思想，强调教育的自然性：自然性首先是指人也是自然的一部分，人都有相同的自然性，都应受到同样的教育；其次是说教育要遵循人的自然发展的原则；再次是说要进行把广泛的自然知识传授给普通人的"泛智教育"，而不是仅强调宗教教育。

【真题在线】

[2011年下半年]1632年，捷克的著名教育学家夸美纽斯出版了(   )。这是近代最早的一部教育学著作。在这本著作中，他提出了普及初等教育，主张建立适应学生年龄特征的学校教育制度，论证了班级授课制度，规定了广泛的教学内容，论述了教学原则，高度评价了教师的职业，强调了教师的作用。

A.《大教学论》　　　　B.《学记》　　　　　C.《普通教育学》　　　　　D.《教育论》

【答案及解析】A　1632年，夸美纽斯的著作是《大教学论》。

---

2. 卢梭

法国启蒙时期的思想家、教育家卢梭对自然性思想作了新的解释，并使之哲学化。卢梭对自然性的强调到了使之与现代文明对立的程度。他所理解的自然，是指不为社会和环境所歪曲，不受习俗和偏见支配的人性，即人与生俱来的自由、平等、纯朴和良知。他因宣扬他的自然主义教育理想的作品《爱弥儿》而险些被当局逮捕。卢梭认为，人的本性是善的，但被现存的环境和教育破坏了，假如能为人造就新的、适合人性健康发展的社会、环境和教育，人类就能在更高阶段回归自然。因此，人为的、根据社会要求强加给儿童的教育是坏的教育，让儿童顺其自然发展才是好的教育，甚至越是远离社会影响的教育才越是好的教育。

3. 康德

康德是德国著名的教育家。他受卢梭的自然主义思想的影响很大。康德在他的哲学里，探究道德的本质，充分肯定了个人的价值。他力图通过教育实现他的哲学理想，改造社会。他认为，人的所有自然禀赋都有待于发展，才能生存，"人是唯一需要教育的动物"，教育的根本任务在于充分发展人的自然禀赋，使人人都成为自身，成为本来的自我，都得到自我完善。

教育学作为一门课程首次在大学里讲授，始于康德，他于1776年在德国的柯尼斯堡大学的哲学讲座中讲授教育学。

4. 裴斯泰洛齐

瑞士教育家裴斯泰洛齐深受卢梭和康德思想的影响，并且以他博大的胸怀和仁爱精神进行了多次产生世界影响的教育试验。他认为，教育的目的在于按照自然的法则，全面地、和谐地发展儿童的一切天赋力量。裴斯泰洛齐的教育思想与卢梭不同，他不仅主张教育应适应儿童的身心特点，让儿童在自然中发展，而且主张儿童应在社会中发展，使其成为有智慧、有德行、身体强健并有一定劳动技能的人。

5. 洛克

进入近代，国家教育的思想与民主的教育思想都在发展，其在英国哲学家洛克的教育代表作《教育漫话》中得到了集中体现。一方面，他提出了著名的"白板说"，认为人的心灵如同白板，观念和知识都来自后天，并由此得出结论，天赋的智力人人平等，"人类之所以千差万别，便是由于教育之故"。另一方面，他主张的又是绅士教育，认为绅士教育是最重要的，一旦绅士受到教育，走上正轨，其他人就都会很快走上正轨。绅士应当既有贵族气派，又有资产阶级的创业精神和才干，还要有健壮的身体。绅士的教育要把德行的教育放在首位，基本原则是以资产阶级利己主义的理智克制欲望，确保个人的荣誉和利益。形成鲜明对照的是，他轻视国民教育，认为普通的学校里集中了"教养不良、品行恶劣、成分复杂"的儿童，有害于绅士的培养，主张绅士教育应在家庭实施。

6. 拉伊

20世纪初，在实验心理学的影响下，拉伊和梅伊曼创立了实验教育学。认为教育学是记录并说明教育事实的科学，主张用实验的方法研究教育活动中儿童的身心状态，从研究方法方面把教育学的科学发展推向一个新的阶段。

（二）规范教育学的建立

德国赫尔巴特的《普通教育学》的问世，标志着教育学作为一门规范的、独立的学科正式诞生。

1. 赫尔巴特与《普通教育学》

赫尔巴特于 1806 年出版的《普通教育学》，被誉为第一部具有学科形态的教育学。他在伦理学基础上建立起教育目的论，在心理学基础上建立起教育方法论，形成了"传统教育"思想和教学模式。这个以班级授课制为基础，在教师的主导下系统地传授知识，即以教师、书本和课堂为中心的"三中心"的教育模式，对教育学成为独立的科学有着比较深远的影响。

1809~1833 年间，赫尔巴特一直在柯尼斯堡大学继续康德的哲学讲座，讲授教育学。1835 年，他又出版了《教育学讲授纲要》。他第一个提出要使教育学成为科学，尝试把伦理学和心理学引入教育学。他的贡献在于把教学理论建立在心理学的基础上，把道德教育理论建立在伦理学基础上，可以说是奠定了科学教育学的基础。

在教学上，他把哲学中的统觉观念移用过来，强调教学必须使学生在接收新教材的时候，唤起心中已有的观念，认为多方面的教育应该是统一而完整的，学生所学到的一切应当是一个统一体。赫尔巴特在西方教育史上第一次明确提出"教育性教学"的思想，他明确指出"不存在'无教学的教育'，这个概念，正如反过来，我不承认任何无教育的教学"。

赫尔巴特的教育思想对 19 世纪以后的教育实践和教育思想产生了很大影响，被看作是传统教育学的代表。

【真题在线】

[2012 年上半年] 明确提出"教学永远具有教育性"的教育家是（　　　　）。

A. 夸美纽斯　　　　　　B. 赫尔巴特　　　　　　C. 杜威　　　　　　D. 赞可夫

【答案及解析】B　赫尔巴特在西方教育史上第一次明确提出"教育性教学"的思想。

---

2. 杜威与他的《民主主义与教育》

作为现代教育的代言人，杜威的教育思想与以传统教育为代表的赫尔巴特的教育思想有很大差异，是世界近代教育史上两种教育思想流派和教学模式的论争。其代表作《民主主义与教育》在体系上与《普通教育学》也大不相同。

杜威系统地阐述了实用主义教育主张，强调"教育即生活"、"学校即社会"、"从做中学"等教育和教学原则。他认为，教学的任务不仅在于教给学生科学的结论，更重要的是要促进并激发学生的思维，使他们掌握发展真理、解决问题的科学方法。引导学生发现真理的方法包含两个因素：智慧与探究。智慧与冲动相对立，由于运用了智慧，人对于问题的解决，就与动物的"尝试与错误"区别开来；探究则与传统学校"静听"的方法相对立，它是一种主动、积极的活动，它的价值在于可以使学生在思维活动中获得"有意义的经验"，将经验得到的模糊、疑难、矛盾的情境转化为清晰、确定、和谐的情境。杜威对传统教育的批判，不仅是对方法的批判，而且还是对这种外铄的教育目的使受教育者无思考的余地，限制人思维的批判。受教育者不可能有自由思考、主动创造的空间，只能使用机械的注入法，学生消极地对教师所教的东西作出反应，成为教师和教科书的奴隶。

杜威提出了以儿童为中心的"活动教学"，主张教师应以学生的发展为目的，围绕学生的需要和活动组织教学，以"儿童中心主义"著称，对"传统教育"脱离实际和忽视儿童等缺点给予抨击。

杜威试图把"民主"和"科学试验方法"、"进化论"、"工业的改组"等因素联系起来，探讨它们在教育上的意义。他批判性地讨论了西方以往的教育思想，同时吸取现代哲学、社会学、生物学、心理学上的成就，形成了一个完整的实用主义教育思想体系。

杜威的《民主主义与教育》及反映在他的其他作品中的教育思想，对 20 世纪的教育和教育学有深远的影响。

四、当代教育学的发展

（一）马克思主义教育思想

马克思提出了人的全面发展学说。在他的思想体系中，揭示了教育与社会关系的本质联系，相互作用的辩证关系，社会发展水平与教育发展水平的一致性，深刻分析了人的全面发展的意义和教育对人的全面发展的重要性，强调无产阶级掌握全人类的知识、通晓现代科学才能拥有全世界的意义，揭示了生产力发展水平和社会阶级偏见造成人的片面发展的障碍，要实现人的全面发展，就必须不断提高社会生产力水平，不断消除阶级偏见，将社会劳动与教育有机结合，将社会发展与个人发展有机结合。

（二）马克思主义在苏联、中国的影响

1939 年，苏联教育理论家凯洛夫明确提出了以马克思主义理论指导编写《教育学》的目标。该书是凯洛夫（1893~1978）于 1939 年主编的，系统地总结了苏联 20 世纪 20~30 年代的教育经验，基本吸收了赫尔巴特的教育思想，把教育学分成总论、教学论、德育论和学校管理论四个部分。其主要特点是，重视智育在全面发展中的地位和作用，认为"学校的首要任务，就是授予学生以自然、社会和人类思维发展的深刻而确切的普通知识"，形成学生的技能、技巧，并在此基础上发展学生的认识能力，培养学生的共产主义人生观；肯定课堂教学是学校工作的基本组织形式，强调教师在教育和教学中的主导作用。

该书的弊端主要体现在国家行政领导与学校的关系上，忽视了学校的自主性；在学校与教师的关系上，忽视了教师的自主性；在教师与学生的关系上，忽视了学生的自主性；过于强调了课程、课程大纲、教材的统一性、严肃性，忽视了它们的灵活性和不断变革的必要性。

20 世纪 60 年代以后，我国开始尝试编写具有中国特色的马克思主义教育学，党的十一届三中全会以后，在解放思想精神的鼓舞下，许多教育理论中的重要理论问题都得到了广泛深入的讨论，对许多教育基本问题有了新的认识。对教育的性质、本质、教育与人的发展的关系、课程、教材、思想品德教育等理论的认识取得了许多新的进展。教育改革的实践和教育教学的实验，为教育学的发展提供了重要的理论依据。国外新的教育科学、心理科学成果特别是皮亚杰的发生认识论、布鲁纳的课程结构论和科尔伯格的道德发生论以及赞可夫等人的教学与发展思想，人本主义心理学，教育目标与教育评价理论等，都极大地丰富了我国教育学的建设。

（三）教育学的多元化格局

在多元结构、多元思想、多元文化的影响下，教育学也同样呈现出丰富多样的新格局。教育改革的实践和教育实验，为教育学的发展提供了重要的认识源泉。国外新的教育科学研究成果，如皮亚杰的发生认识论，布鲁纳的道德发生论，赞科夫的教学与发展理论，布卢姆的教育评价理论，舒尔茨的人力资本理论，马斯洛、罗杰斯的人本主义教育思想。这些既体现学术发展的成果和时代的共同特征，又大大地推进了我国教育学的发展。面对飞速发展的社会，国际一体化程度的加快，如何应对新世纪的挑战，培养具有高尚情操和远大理想、具有创造精神和创新能力的人才，成为教育工作和教育理论研究最迫切需要解决的问题。

五、教育研究的基本方法

（一）教育科学研究的含义

教育科学研究就是以教育现象或问题为对象，运用各种科学方法，遵循科学的认识过程，根据对收集到的事实材料的分析，对假设或理论进行检验，以揭示教育现象的本质及其客观规律的活动。教育科学研究是教育科学自身发展的基本途径。

（二）教育科研的基本方法

常用的基本方法有观察法、调查法、历史法、实验法和行动研究法等。

1. 观察法

观察法是研究者依据一定的目的和计划，在自然条件下，对研究对象进行系统的、连续的观察，并做出准确、具体和详尽的记录，以便全面而正确地掌握所要研究的情况。观察法是进行教育科学研究中广泛使用的、最基本的研究方法。观察法有如下分类：

（1）自然观察、实验室观察

根据对观察的环境条件是否进行控制和改变，观察法可以分为自然观察和实验室观察。自然情境中的观察包括自然行为的偶然现象观察和系统的现象观察，能搜集到客观真实的材料，但往往观察的是对象的外部行为表现。实验室中的观察是研究者根据研究的目的，在对观察对象发生的环境和条件加以控制或改变的条件下进行的观察。这种观察有严密的计划，有利于探讨事物内在的因果关系。

（2）直接观察、间接观察

根据观察时是否借助仪器设备，观察法可以分为直接观察和间接观察。直接观察是凭借人的感官，在现场直接对观察对象进行的感知和描述，直观具体。间接观察是利用一定的仪器或其他技术手段作为中介对观察对象进行考查。

（3）参与性观察、非参与性观察

根据观察者是否直接参与被观察者所从事的活动，观察法可以分为参与性观察和非参与性观察。参与性观察是研究者直接参加到所观察的群体和活动中去，不暴露研究者的真正身份，在参与活动中进行隐蔽性的研究观察。非参与性观察不要求研究人员站到与被观察对象同一地位，而是以旁观者的身份，可采取公开的，也可以采取秘密的方式进行。每当一种行为发生时，观察者及时进行观察记录。

（4）结构式观察、非结构式观察

根据是否对观察活动进行严格的控制，观察法可以分为结构式观察和非结构式观察。结构式观察有明确的目标、问题和范围，有详细的观察计划、步骤和合理设计的可控制性观察。非结构式观察是对研究问题的范围目标采取弹性态度，观察内容项目与观察步骤没有预先确定，也无具体记录要求的非控制性观察。

2. 调查法

调查法是在教育理论指导下，通过运用问卷、访谈、作品分析、测量等方式，有目的、有计划、系统地收集研究对象的客观资料，进行整理分析后，从中概括出规律性结论的一种研究方法。调查法有如下分类：

（1）普遍调查、抽样调查、个案调查

根据调查对象的选择范围来分，调查法可以分为普遍调查、抽样调查和个案调查。普遍调查又称全面调查，是对某一范围内所有被研究对象进行调查。抽样调查即从被调查对象的全体范围中，抽取一部分进行调查，并以样本特征值推断总体特征值的一种调查方法。个案调查即在对被调查的对象进行具体分析的基础上有意识地从其中选择某个对象进行调查与描述。

（2）现状调查、相关调查、发展调查、预测调查

根据调查的内容来分，调查法可以分为现状调查、相关调查、发展调查和预测调查。现状调查即对某一对象的现状进行调查。相关调查主要调查两种或两种以上教育现象的性质和程度，分析与考察它们是否存在相关关系。发展调查即对教育现象在一个较长时间内的特征变化进行调查，以找出其前后的变化与差异。预测调查主要揭示某一教育现象随时间变化而表现出的特征和规律，从而推断未来某一时期的发展趋势与动向。

（3）问卷调查、访谈调查、测量调查、调查表法

根据调查的方法和手段来分，调查法可以分为问卷调查、访谈调查、测量调查和调查表法。问卷调查

指以书面提出问题的方式搜集资料的方法。访谈调查是研究者通过与研究对象进行面对面的交谈，以口头问答的形式搜集资料的方法。测量调查是用一组测试题去测定某种教育现象的实际情况，从而搜集数据资料进行量化研究的方法。调查表法指通过向相关的调查对象发放根据研究要求设计好的各种调查表格来搜集有关事实或数据资料的方法。

3. 历史法

历史法是通过对人类已有的教育实践和教育理论的分析，认识教育现象和发现教育规律的研究方法。教育是一种社会现象，我们要了解教育的某一问题，探求教育发展的规律，总结学校和教师的教育经验，都需要运用历史法进行研究。

历史研究法的核心是揭示规律。历史研究法的三个步骤：收集资料、史料的鉴别和史料的分析。

运用历史法研究教育问题时，要注意一下几点：要坚持全面分析的方法、要把历史分析和阶级分析结合起来、要正确处理批判与继承的关系。

【真题在线】

[2012年上半年] 在教育研究中，通过考察事物发生和发展的过程，揭示其本质和发展规律的研究方法是（　　）。

A. 调查法　　　　B. 访谈法　　　　C. 历史法　　　　D. 实验法

【答案及解析】C 题目考察的是教育研究方法中历史法的概念。

---

4. 实验法

实验法是按照研究目的，合理地控制或创设一定条件，人为地变革研究对象，从而验证研究假设，探讨教育因果关系，揭示教育工作规律的一种研究。实验法有如下分类：

（1）实验室实验、自然实验

根据实验进行的场所来分，实验法可以分为实验室实验和自然实验。实验室实验指研究者根据研究的需要在经过专门设计的、人工高度控制的环境中进行的实验。自然实验也叫现场实验，是在实际的教育情境中进行的实验。

（2）确认性实验、探索性实验、验证性实验

根据实验的目的来分，实验法可以分为确认性实验、探索性实验和验证性实验。确认性实验的目标主要在于借助实验搜集事实材料，确认所研究对象是否具有研究假设内容的基本特征，并推动教育实践的发展。探索性实验是以认识某种教育现象或受教育者个性发展规律为目标，通过揭示与研究对象有关的因果关系及问题的解决来创建某种理论体系。验证性实验是以验证已取得的实验成果为目标，对已经取得的认识成果用再实践的经验来检验、修正和完善。

（3）单因素实验、多因素实验

根据同一实验中自变量因素的多少来分，实验法可以分为单因素实验和多因素实验。单因素实验是指同一实验中研究者只操纵一个自变量的实验。多因素实验是指在同一实验中需要操纵两个或两个以上的自变量的实验。

（4）前实验、准实验、真实验

根据实验控制的严密性来分，实验法可以分为前实验、准实验和真实验。前实验指最原始的一种实验类型，它是对任何无关变量都不进行控制的实验。准实验指在实验中未按随机原则来选择和分配被试，只把已有的研究对象作为被试，且只对无关变量作尽可能控制的实验。真实验指严格按照实验法的科学性要求，随机地选择和分配被试，系统地操纵自变量，全面地控制无关变量的实验。

5. 教育行动研究法

教育行动研究，亦称"教师行动研究"，是指教师在现实教育教学情境中自主进行反思性探索，并以

解决工作情境中特定的实际问题为主要目的，强调研究与活动一体化，使教师从工作过程中学习、思考、尝试和解决问题。

教育行动研究的主要类型有：（1）个体研究。教师个人针对某一问题进行研究；（2）小组研究。若干教师组成研究小组，针对某一问题进行研究；（3）群体研究。由行政领导、教育专家和教师组成研究队伍，对某些教育专题进行合作研究。

教育行动研究的实施步骤如下：（1）确定研究课题：发现教育工作中亟待解决的实际问题，选定研究主题，并对研究问题的成因进行分析与判断；（2）拟定研究计划：明确课题研究的总目标，并围绕总目标设计研究的方法、程序、监控手段等；（3）实施行动研究：收集资料、拟定并实施有效的教育措施；（4）进行总结评价：汇集资料、做好观察记录，根据各种信息反馈认真修正行动计划，再实施新一轮行动研究，直至实现研究总目标。

【强化训练】

一、单项选择题
1. 我国古代最早成体系的古代教育学作品是（　　）。
A.《学记》　　　　B.《师说》　　　　C.《论语》　　　　D.《大学》
2. 以下哪一本书的是近代教育学的第一本教育学著作（　　）。
A.《爱弥儿》　　　B.《普通教育学》　　C.《康德论教育》　　D.《大教学论》

二、简答题
1. 简述孔子的教育思想。
2. 简述教育研究的基本方法。

第三节　教育与社会的发展

【导读】
教育与社会发展是教育学的基本问题之一。教育与社会发展的关系即教育与社会各构成要素之间的相互制约关系或彼此之间的作用与反作用。社会是由自然环境、人口和生产方式三个要素构成的，生产方式包括生产力和生产关系，故研究教育与社会发展的问题，也就是研究教育与自然环境、人口、生产力和生产关系之间的基本联系或关系。社会各要素对教育的影响和制约问题，即表现为教育的社会制约性，教育对社会各要素所产生的种种作用，即表现为教育的社会功能。

一、教育与人口

人口是指生活在一定社会、一定地区，具有一定数量、质量与结构的人的总体。教育与人口的关系一方面是人口对教育的制约，另一方面是教育对人口的影响。

（一）人口对教育的制约
马克思主义认为，人口"是一个具有许多规定和关系的丰富的群体。"人口是人类社会存在和发展的基础。人口既有量的特征，又有质的差异，人口增长速度的快慢、数量的多寡、质量的优劣都同教育有着密切的关系。

1.人口数量影响教育发展的规模与教育投入
社会的人口数量是不断变化的，其变化的速度可用增长率来表示。在一般情况下，对人口增长起主要影响的是人口自然增长率。人口增长率影响教育发展规模，进而影响教育结构，并影响教育质量。

2. 人口结构影响教育的结构

人口结构包括人口的自然结构与社会结构。自然结构指人的年龄、性别等方面；社会结构指人口的阶级、文化、地域、民族、就业等方面。人口年龄构成制约各级教育发展规模与进程，人口就业结构制约学校教育结构，人口地域分布制约学校布局。

3. 人口质量影响教育的质量

人口质量是指人口的身体素质、文化修养、道德水平。人口质量对教育质量的影响表现为间接和直接两个方面：直接影响是指入学者已有的水平对教育质量的影响；间接的影响是指年长一代的人口质量影响新生一代的人口质量，从而影响以新生一代为对象的学校的教育质量。

4. 人口流动对教育提出挑战

人口流动种类：一是城乡之间的流动；二是国内贫困地区与国内经济发达地区之间的流动；三是不发达国家与经济发达国家之间的流动。流动人口子女问题：首先是入学难，近半数适龄儿童不能及时入学，超龄上学现象比较严重；其次是流动儿童失学率较高；其三是不在学儿童，即"童工"问题比较突出；其四是由于环境转换与城乡文化反差导致的流动儿童心理问题加剧。

（二）教育对人口的影响

1. 教育可以控制人口的数量，是控制人口增长的手段之一

其一，社会和教育事业的发展对劳动力的文化要求提高，刺激了家庭对教育的需要，而家庭对教育需要的提高增加了抚养儿童的费用，从而抑制了生育率。

其二，教育程度的提高，能改变人们传统的"多子多福"的生育观和家庭观。

其三，受过一定程度教育的人更重视自身价值的实现和对人生幸福的追求，不愿意因多生而耽误自身发展和人生美满。

2. 教育可以提高人口素质，是改变人口质量的手段之一

人口素质是由人口的身体素质、科学文化素质和思想品德素质三个方面的内容构成的，它们都与教育息息相关。

人口身体素质是指人的身体健康状况和大脑的功能状况。它取决于两个因素：一是先天遗传，二是后天的营养、保健和锻炼。受过较高教育的人，能有意识地注意妇女孕期的保健卫生，从而大大减少了先天愚型儿和先天残疾儿的出生。受过教育的父母在安排个人及孩子的饮食起居、卫生和体育锻炼方面更能符合科学的要求，这对提高身体素质也是非常重要的。

教育对人口文化素质的影响更为明显和直接，人口科学文化素质的高低主要取决于教育的好坏。世界上通常用下列具体指标来衡量人口的文化素质：文盲率或识字率，义务教育普及和提高程度，就业人口的平均受教育年限，每万人口中科技人员数，每万人口中的大学生数。显然，这些指标直接受制于教育。

人口思想品德的形成也依赖于教育，什么样的教育环境就会培养出什么品质的人。一个文化素质较高、文化氛围较浓的家庭以及良好健全的学校教育和社会教育的环境，对提高人口思想品德素质的作用是不容忽视和低估的。

3. 教育可以优化人口结构，使人口结构趋向合理化

人口结构的合理化就是指人口结构有利于社会生产和人口的自然平衡。教育会使妇女生育观发生改变，从而调整着新生儿的性别结构。大力发展教育，特别是普及农村教育，可以提高农村人口素质，从而为提高农村科技水平，发展乡镇企业提供可能。教育对人口的行业和职业结构的影响，主要表现为由教育所带来的科技进步使得社会分工越来越复杂细密，有的行业淘汰了，衰退了，有的行业兴起了。

4. 教育可以促进人口合理迁移

人口迁移是指人口从一个地点向另一个地点的迁居活动，人口有计划的合理迁移，对适应生产力发展和资源开发，促进地区间文化技术的交流、合作与发展，都具有积极意义。教育对人口迁移的影响主要表

现为：受过教育的人口更容易作远距离迁移；文化教育发达的城市和地区更吸引迁移人口；教育本身就实现着人口的迁移。

二、教育与生产力

教育作为一种社会现象，一开始就和人类物质资料的生产过程联系在一起。随着社会的发展，人类物质水平的提高，教育与人类物质的关系越来越密切。一方面，经济发展为教育发展提供必要的物质条件，对教育的要求也相应越来越高；另一方面，教育对经济发展的促进作用也越来越明显。

（一）生产力对教育的决定作用

教育的发展，虽然是包括政治、经济制度在内的多种因素影响的结果，但起决定作用的是生产力发展水平。一方面，办教育需要有一定的投入，包括人力、物力和财力。经济发展到一定水平，它所能为教育提供的投入也达到一定的水平。另一方面，经济发展到什么程度，对教育也提出相应的要求，以满足经济发展对人才的需要。

1.生产力水平决定了教育发展的水平

生产力水平是教育发展的物质基础，同时也对教育提出了与生产力发展水平相适应的要求。

原始社会，生产力水平极其低下，生产资料公有制，没有剥削，没有阶级，依靠集体进行生产劳动和生活的前提下，教育也没有阶级性，并表现为一定的民主、平等性，从平等的接受教育，到教育从生产和生活中分化出来成为专门的活动。

奴隶社会，生产力水平比较低下，社会经济以农业为主，出现私有制，阶级开始分化。教育开始表现为明显的阶级性，有了专门的教育机构和教学人员。

封建社会，生产力水平大大提高，农业和手工业已相当发达，私有制已经确立，官僚制度逐步形成。学校教育等级森严，注重思想控制，教育内容长期保持不变。随着教育对象、规模、种类的扩大和增多，初步形成较完整的教育体系。

资本主义社会，属于私有制社会，以机器大工业生产为基础，科学技术在生产中得到广泛运用，生产力有了空前提高，形成了现代科学知识体系。学校教育制度系统化、严密化，普及义务教育达到了一定的年限，教育内容变得更丰富。

社会主义社会，属于公有制社会，提倡共同富裕，两个文明一起抓，消灭剥削、消灭压迫，努力为人的自身解放与发展创造条件，倡导教育平等化和机会均等化，普及一定年限的义务教育，教育内容强调思想性与科学性的统一。

纵观历史，不难发现，生产力发展水平与教育发展水平呈现出一致性。

2.生产力水平决定教育的规模和速度

兴办教育需要投入必要的人力、物力和财力。因此，任何社会教育发展的规模和速度必须取决于两方面的条件：一方面，物质资料生产能为教育的发展提供物质基础；另一方面，生产力发展、社会再生产对劳动力的需求程度，包括需要的劳动力总量和各种劳动力的比例，它们分别决定着整个教育发展的规模、速度和教育的体系、结构。一般来说，一个国家经济发展的水平与该国的文盲率、入学率、义务教育普及的年限、高等教育发展的水平直接相关。从世界教育发展的历程看，第一次工业革命后提出了普及初等教育的要求；第二次工业革命后，提出了普及初级中等教育的要求；第三次工业革命后，提出了普及高等中级教育的要求；信息革命后，提出了高等教育大众化的要求。

3.生产力水平制约着教育体系、结构的变化

教育结构通常指包括基础教育、职业技术教育、高等教育、成人教育在内的各种不同类型和层次的学校组合和比例构成。社会生产力发展水平，以及在这个基础上形成的社会经济体系结构，制约着教育结构。生产力的发展不断引起产业结构、技术结构、消费结构和分配结构的变革，与此相适应，教育结构

也发生了相应的变革。如大、中、小学的比例关系，普通中学与职业中学的关系，全日制学校与社会教育的关系，高等学校中不同层次、不同专业、不同学科类之间的比例关系，都要与一定的社会生产力发展水平相适应。否则，就会出现教育体系结构比例失调，或者教育培养的人才不能满足社会经济的要求，或者出现人才过剩现象。

4. 生产力发展水平制约着教育的内容和手段

从 20 世纪 50 年代中叶开始，世界上出现了新技术革命。生产力的发展、的进步，促进知识以几何级数的速度增长为主，促进人们的认识能力、思维水平的不断提高，因此，促进学校的课程结构与内容不断改进与更新。19 世纪中叶，英国教育思想家斯宾塞根据当时社会经济发展的行业要求，根据他对科学知识分类的观点，提出了较为系统的课程理论，对英国以及欧洲学科教育的发展产生了重大影响。以后，世界各国许多的重大教育改革都是以课程改革为核心的，而每次重大的课程教学内容改革，都反映了生产和科学技术发展的新水平和新要求。同样，学校的设备、教学实验仪器等也都反映了当时的生产发展水平。在今天，把新的科技成果引进教育领域，充分利用现有的科技成果改进我们的教学手段和教学设备，将大大提高教育技术现代化的水平。

5. 教育相对独立于生产力的发展水平

尽管生产力对教育有制约作用，但教育与生产力的发展并非完全同步。一种情况是，在一定时期内，由于人们的思想意识落后于较为先进的生产力，教育的思想、内容、手段、方法等也往往落后于生产力的发展；另一种情况是，在生产力处于较低的水平下，由于文化交流、社会转型以及传统的影响，教育的思想内容甚至方法也可能超越生产力发展的水平。就总体趋势而言，生产力的发展总是要求与教育的发展相适应，两者保持一种相对稳定性。在与生产力的关系上，教育具有相对独立性，并不是说教育的发展可以脱离生产力发展的水平。因为，教育归根结底是要受生产力发展水平以及政治经济制度的制约。

【真题在线】

[2012 年上半年] 决定教育发展的根本因素是（　　　　）。

A. 生产力　B. 文化　　　　　C. 政治经济制度　　　　　　　D. 科学技术

【答案及解析】A 教育的发展，虽然是包括政治、经济制度在内的多种因素影响的结果，但起决定作用的是生产力发展水平。

（二）教育对生产力的促进作用

生产力对教育有制约作用，而教育对生产力的发展起着巨大的推动作用。

1. 教育对生产力的促进作用

教育对生产力的促进作用主要通过两个方面来实现：教育再生产劳动力和教育再生产科学知识。

（1）教育再生产劳动力

教育能把可能的劳动力转化为现实的劳动力，是劳动力再生产的重要手段。教育培养人的劳动能力，使潜在的生产力转化为现实的生产力；教育可以提高劳动力的质量和素质，使它获得一定劳动部门的技能和技巧，成为发达的和专门的劳动力；教育可以改变劳动力的形态，把一个简单劳动力训练成一个复杂劳动力，把一个体力劳动者培养成一个脑力劳动者。教育可以使劳动力得到全面发展，"使年轻人很快就能够熟悉整个生产系统"，"使他们根据社会的需要或他们自己的爱好，轮流从一个生产部门转到另一个生产部门"，劳动力的质量和数量是教育发展的重要条件，教育担当着再生产劳动力的重任。

在现代生产过程中，技术改造、设备更新要靠科学技术、人才，把科技成果应用于生产过程中来完成；丰富的自然资源、先进的生产工具要通过高素质的劳动者来发挥作用；高技术的生产、效率要靠大量高水平管理人员的管理活动来实现。而劳动者基本劳动素质的优劣，技术人员科技水平的高低，管理人员管理能力的强弱，主要取决于他们所受教育的程度和质量。

（2）教育再生产科学知识

马克思曾经指出："生产力也包括科学在内"，但是科学知识在未用于生产之前，只是一种意识形态的或潜在的生产力，必须依靠教育。教育对社会意识形态的传播突出地表现在对文化的传播上。因为任何人刚生下来时，都不会有什么科学知识，如果没有前一辈所积累的科学知识，就无法被后一代人所掌握，科学知识也就无从得到继承和发展。所以，教育是实现科学知识再生产的重要手段。通过教育可以高效能地扩大科学知识的再生产，使原来为少数人所掌握的科学知识，在较短的时间内为更多的人所掌握，使科学知识得到普及，先进的生产经验得到推广，从而提高劳动生产效率，促进生产力的发展。教育的主要职能是传递人类已有的科学知识，但它也担负着发展科学、产生新的科学知识的任务。这在高等学校表现的尤为明显，通过创造和发明新的科学技术，发挥其扩大科学知识再生产的功能。高等学校由于学科设置比较齐全，许多学者专家集中在一起，许多学会、研究室也设在学校，科学研究力量比较集中，学术思想活跃，信息来源丰富，有利于开展综合性课题边缘科学的研究，使其成为科学研究的重要基地，对产生新的科学知识作出特别的贡献。

2. 人力资本理论

人力资本理论的创立来自于经济学家对现代经济增长问题研究的深入。早在 20 世纪 20 年代已有研究者试图以实证的研究证明教育的经济贡献，但到了 60 年代，特别是在人力资本理论形成以后，才真正引起注意。

舒尔茨是人力资本理论的奠基者。1960 年 12 月，舒尔茨在美国经济学会第 73 届年会上所作的"人力资本投资"的演讲被称为人力资本理论创立的"宪章"。他认为，人们拥有的知识和技能是资本的一种形式，是人力资本，它是投资的结果。还有其他学者如贝克尔、丹尼森、闵塞、布劳格、萨卡罗普洛斯等都为人力资本理论的发展作出了贡献。

传统的西方经济学把土地、劳动、资本看作生产的三要素，在一定时期内，生产的产量是由劳动、资本和土地三个基本要素的投入量决定的。第二次世界大战后，西方经济学家从对经济增长的生产要素组合比例的分析中发现，影响经济增长的因素除了资本的投入外，还有其他因素在起作用，这些因素归结为知识的进步、技术的改进和劳动力质量的提高。这便形成了人力资本理论。该理论认为，人力资本是现代经济增长的重要因素，甚至是首要因素。

人力资本理论的核心概念是人力资本，它指的是人所拥有的诸如知识、技能及其类似可以影响从事生产性工作的能力；它是资本的形态，因为它是未来的薪金或未来的偿付的源泉。

人力资本是相对于物质资本而言的，它也是一种资本生产要素，对促进生产发展起重要作用。与物质资本相比，而在经济活动中更为活跃、更具发展特性的因素，在现代经济中，常常是更具关键性的因素。

人力资本投资包括学校教育、职业训练、卫生保健及为适应就业变化而进行的信息搜寻等形式，所有这些方面的投资都不同程度地改善和提高知识、技能、健康等人力品质，从而提高生产力。

三、教育与社会政治经济制度

（一）政治经济制度决定教育的性质

政治经济制度对教育的制约作用集中表现在决定教育的性质，即培养什么人和培养的人为谁服务上。这种制约作用，具体表现在以下几个方面：

1. 政治经济制度决定教育的领导权

教育的领导权是判断和确定教育性质的最主要标志。在一个社会里，掌握着生产资料和国家政权的阶级，也就掌握教育的领导权。在阶级社会里，政治、经济上占统治地位的阶级，利用他们在政治、经济、思想方面的统治地位，通过规定各种教育方针、政策，来控制教育经费，任免教育行政人员和教师，确定教育内容，选编教科书等一系列措施，来控制和影响教育，使之为本阶级服务。

2. 政治经济制度决定着受教育的权利

受教育权是判断和确定教育性质的另一重要指标，教育发展的历史告诉我们，一个国家设立怎样的教育制度，谁有受学校教育的权利，谁没有受学校教育的权利，以及谁有受什么样的学校教育的权利，都是由社会的政治经济制度决定的。在不同的社会里，不同的人享有不同的受教育权。在原始社会，以生产资料原始公有制为基础，没有国家，氏族成员处于平等的地位，因而受教育权也是平等的，所有儿童接受同样的教育。进入阶级社会，统治阶级和被统治阶级在政治上、经济上处于不平等的地位，反映在受教育的权利上，也是不平等的。在奴隶社会、封建社会里，教育的地位主要依赖于宗教和政治。只有统治阶级子女才享有学校教育的权利，被统治阶级无缘接受这种教育。到了资本主义社会，虽然在法律上废除了受教育者在阶级、社会等级地位的限制，受教育权利在形式上似乎是平等的。但实际上，由于经济上和其他条件上的不平等，受教育权仍是不平等的。即使在不收学费的德国、瑞典、英国这些国家，大学生中来自占人口大多数的劳动家庭的子女仍是少数。

3. 政治经济制度决定着教育目的

教育的根本任务是培养人。培养什么样的人，特别是培养出来的人应当具有什么样的政治方向和思想意识倾向，是由一定的社会政治经济制度决定的。社会的政治经济制度不同，教育目的也就不同。政治经济制度，特别是政治制度是直接决定教育目的的因素。毛泽东同志在《新民主主义论》中指出："一定的文化（当作观念形态的文化）是一定社会的政治经济的反映，又给予伟大的影响和作用于一定社会的政治经济，而经济是基础，政治则是经济的集中表现。"这也是研究教育问题的基本观点。

原始社会，没有剥削，没有阶级，教育的目的是培养未来的氏族成员，使他们能从事劳动，能遵守社会生活规范、互助合作，能为保卫氏族的生存而英勇战斗。进入阶级社会后，统治阶级总是力图使教育按照他们的要求培养和塑造年轻一代，教育总是以巩固和发展统治阶级自身利益为根本宗旨的。奴隶社会学校的教育目的，主要是把奴隶主子弟培养成为自觉维护宗教等级制度的统治人才和能征善战，具有暴力镇压奴隶起义和抵御外患本领的军人。封建社会学校的教育目的，主要是把地主阶级子弟培养成为国家政权中的官僚以及实际掌握地方政权的绅士，对广大的劳动人民实行愚民政策。资本主义社会教育，提出实施强迫义务教育，一个重要的原因，就是使教育更有效地培养出具有忠实地维护他们政治统治、经济制度、意识形态和文化素养的人，为资产阶级的政治、经济服务。根据资产阶级需要，一方面，是把资产阶级的子弟培养成为能够掌握国家机器和管理生产的统治、管理人才；另一方面，为了更高的利润和稳固政权，也给予劳动人民有一定年限的义务教育和职业训练，以把他们培养成为适应现代生产需要的熟练工人和政治上的顺民。社会主义学校的教育目的，与历史上任何阶级社会的教育目的不同，是为了培养全面发展的社会主义建设者和接班人。在社会主义社会，教育要为巩固和发展社会主义事业服务。教育的根本任务就是提高和丰富人的精神世界，促进个性和谐发展。这是对构建社会主义和谐社会的终极关怀。教育本身的均衡发展，是以改变人们的社会流向，实现社会公平，化解各种矛盾，营造和谐关系，增进人与社会、自然的和谐发展，同时也有助于民主法制社会的建设。

这充分说明，一个国家的政治理念、意识形态、社会的伦理道德观，直接受到一个国家政治经济制度的制约。学校教育所培养人才的政治、道德同样也反映了国家政治经济制度的要求，而国家的这种要求则是通过制定教育目的、规定政治思想教育的内容以及相应的考试评价手段来实现。

4. 教育相对独立于政治经济制度

教育是一门独立的社会活动，除了受一定的政治经济制度、生产力和社会意识形态影响、决定、制约外，还有其自身的特点，具有相对独立性。

尽管政治经济制度对学校的教育有着巨大的影响和制约，但这并不意味着学校可以忽视自身的办学规律，更不是说学校要放弃学校教育任务直接为政治经济服务，参加具体的政治运动、执行具体的政治任务。那种在教育工作中照搬、照套政治、经济的做法，或以政治、经济取代教育，对教育的特点和规律视而不见，横加干涉的做法，都是不利于教育工作的。

（二）教育对政治经济制度的影响

教育不是消极地受制于一定的政治制度的，它也对政治经济起着积极的影响。一定的教育总是为维护、巩固和发展一定的政治经济服务的，教育对政治经济的影响主要表现在以下几个方面：

1. 教育为政治经济制度培养所需要的人才

通过培养人才来实现对政治经济的影响，是教育作用于政治经济的主要途径。自古以来，任何一种政治经济制度，要想得到维持、巩固和发展，都需要不断有新的接班人，而这些人才的培养，主要是通过学校教育来实现的。进入现代社会，社会生活日益复杂，科学技术高度发展，势必要求国家的政治经济人才具有较高的文化素养和科学文化水平，这必然要依靠学校教育，国家各级政治集团核心人物的学历层次及多方面的素养都将随之而提高，这意味着教育的影响力亦相对增强。

2. 教育是一种影响政治经济的舆论力量

学校自古以来就是宣传、灌输、传播一定阶级的思想体系、道德规范、政策路线的有效阵地。学校又是知识分子和青少年集中的地方，学校通过教育和受教育者的言论、行动以及编写教材、出版刊物等方式，来宣传某种思想，借以影响群众，服务于一定政治经济的现实力量。

3. 教育可以促进民主

国家的政体决定其民主程度，但民主程度又间接取决于这个国家人民的文化程度、教育事业发展的程度。普及教育的程度越高，人们的知识越丰富，就越能增强人民的权利意识，认识民主的价值，推崇民主的政策，推动政治的改革和进步。

从历史上看，教育与政治关系的演进，实质上也就是政治民主化与教育民主化演进和发展的过程。封建社会的教育是特权阶级利益与专制统治的产物。等级性、专制性、道统性及刻板的方法等，都是反民主的。封建教育的反民主性是与封建社会政治的专制和独裁相对应的。新兴资产阶级为了顺应商品经济发展的需要及其资本主义生产关系的要求，首先必须解决的就是摆脱人身依附关系，提供可以自由出卖的劳动力，以及平等的自由竞争。因而，"自由"、"平等"、"人权"等便成了资产阶级民主政治的口号。现代社会越来越关注教学民主问题，由于其核心是教学过程中平等的师生关系，因而民主、平等的师生关系也越来越引起人们的重视。

总之，政治经济制度直接制约着教育的性质和发展方向，教育又对一定的政治经济有积极的反作用，这种影响随着现代化进程的加快，而变得越来越重要。当然，我们不能把教育的作用强调到不适当的程度，以为可以通过教育的作用解决政治、经济的根本问题是不现实的，教育对政治、经济的变革不起决定作用。

四、教育与文化

教育与文化之间有着十分密切的关系。任何文化特性或形态，如果没有教育就难以延续，而教育的发展，也是以一定的社会文化背景为支撑并受社会文化机制的制约。20 世纪以来，世界各国进行的重要教育改革都隐含着社会文化的制约机制。在一定范围、一定时期内取得成功的教育改革，一般都十分注意与社会主流文化保持一致；一项在一个国家中取得显赫成绩的教育改革措施，在另一个具有不同文化的国家或区域中，却并不一定会取得成功。因此，研究教育与文化的相互依存及变化发展方向具有十分重要的意义。

（一）教育与文化的关系

文化一词来源于拉丁文 Cultura，意为耕作、培养、教育、发展、尊重，最初是指人对自然界有目的的影响以及人自身的培养和训练。古希腊人认为，"有教养"是他们与"无文化"的野蛮人的主要区别。从罗马时代后期一直到中世纪，文化一词被理解为有较高道德修养的个人。直到 18 世纪，文化概念才开始被人们科学地加以界定。康德认为，文化是在公民社会形成过程中产生和形成的，文化标志着人类从自然状态向社会状态的转变。黑格尔指出，文化始终与人类劳动相联系，在人类劳动的基础上产生实践文化与理论文化。19 世纪 90 年代以后，文化概念正式进入到人类学家的研究范畴。英国人类学家泰勒在《原始文化》一书中对文化下了定义，他说："文化是一个复合的整体，其中包括知识、信仰、艺术、道德、法律、风俗以及人作为社会成员而获得的任何其他能力和习惯。"这对规范文化概念具有重要意义。

几乎所有的文化定义都注意把文化与人类的活动及其结果联系起来，都承认文化是独立于各种遗传素质和机体的生物特征之外的，即文化不可能通过遗传或其他生物和机械的方法获得。从这种共同性中，我们可以从整体上比较准确地把握文化最本质的特征。

1. 教育是一种特殊的文化现象

人类文化是人类生产和生活的产物，同时又是人们新的社会生产与社会生活的基础和必要条件。根据文化的定义，教育也是一种文化现象，是整个人类文化的有机组成部分。但人类文化不可能通过遗传的方式延续，而只能通过传递方式发展下去，而教育是传递和保存人类文化的重要手段。教育的双重文化属性（传递和深化文化与构成文化本体），决定了它在社会文化中具有十分特殊的地位。教育几乎与文化体内所有部分都发生直接联系，任何一种文化特质和文化模式如果不借助于教育的传递和深化，都将影响它存在的质量或缩短它存在的历史长度。

2. 教育与文化相互依存、相互制约

特定社会中的教育之所以能与特定社会文化中的其他方面共存一体，主要是因为它们经过长期的历史共生和磨合，已被社会性地筛选掉不相适应的部分，并使其余部分组合成为一种特定的相互适应和相互依存的关系。所以在其他文化体中的人看来，毫无存在价值和道理的某些文化特质，在另一文化中却是不可或缺的，这是构成和保持世界文化多元化的重要基础。

教育与文化既有相互依存、相互制约的一面。又有在相互依存、相互制约过程中变化与发展的一面。如，现代教育不仅表现在传递和保存现有文化方面，更重要的是表现在对现有文化进行创造和更新上。教育与文化在相互依存、相互制约的过程中，不断地按照各自的运动规律运动、变化和发展。在开始时，来自教育或文化方面的本体运动只产生一些渐变性的影响，当这种渐变积累到超出所划定的界限范围时，就会引起突发性变革，出现新的文化、新的教育和一种新的与之相适应的关系，从而实现两者在更高水平、更新意义上的和谐一致。

（二）学校文化

1. 学校文化的含义

虽然对学校文化的存在几乎没有不同的意见，但对于如何界说学校文化却有着不同的见解。这些见解可为界定学校文化提供如下见解：学校文化作为特定群体拥有的文化现象，不仅具有所有文化的共同属性，还有自己独特的本质属性；学校文化是学校成员在特定价值观念基础上进行物质和精神创造的结果及过程；学校文化的核心是学校各群体所具有的思想观念和行为方式，其中最具决定作用的是思想观念特别是价值观念。学校文化是指学校全体成员或部分成员习得且共同具有的思想观念和行为方式。

2. 学校文化的分类

学校文化实质上是一种德育隐性课程。通过学校文化，对学生进行道德熏陶，帮助学生在潜移默化中接受道德规范，实现道德成长。学校文化既包括了校园建筑、环境布置等显性的要素，也包括了人际环境、心理环境等隐性的要素。以学校文化的呈现形态进行分类，可分为显性文化与隐性文化两部分：

（1）校园显性文化。显性文化包括了校园物质环境，如校舍建筑、校园场地布置、校园活动仪式等。学校应重视校园建筑、校园仪式蕴涵的德育价值。

（2）校园隐性文化。在校园中，存在着一个无形的环境，如校风、班风、人际关系等，也同样体现出学校的文化积淀，成为极具教育意义的隐性文化。其中，对学生影响最大的就是校园人际环境。

3. 学校文化的特性

（1）学校文化是一种组织文化

学校是一个社会组织，组织现象是人类社会的基本现象。每个组织虽然都是更广大的社会文化系统中的一个子系统，受制于更广阔的社会的需求、社会所确立的总的意识形态和价值观的支配，但由于每一个组织的内外环境、构成因素和历史传统等都各不相同，因而经由自身的运作，会形成其自身独特的文化模式，即形成独特的组织文化。

（2）学校文化是一种整合性较强的文化

文化从整体上来讲，都是整合为一的，有着整体性的特点，作为学校文化来说，这一特点表现得尤为突出。这是因为学校有着明确的价值取向和目的要求，它是以学校内部形成的内化了的观念为核心，以预定的目标为动力，通过一系列活动形成的多层面、多类型的文化。

（3）学校文化以传递文化传统为己任

学校本身就是文化传统的产物，它又是以传递文化传统为己任的，是经过历史的积淀、选择、凝聚、发展而成的，它负载着深厚的文化，在某些方面是文化精神、要求的集中体现。学校文化的这一特征，突出地表现在它所使用的教材或者说传递的教学内容上。作为教师与学生活动中介的教材，是千百年来文化的积聚，它所呈示的知识经验，是人类文化已有成果的提炼和概括。学校是人类文化的储存地，它除了把文化储存在书本、音像出版物等物质形态上以外，而且还集中了一大批创造文化传递文化的教师，他们是文化的活生生的拥有者。

（4）校园文化——学校文化的缩影

校园文化是人们为了保证学校中教育活动顺利进行而创立和形成的一种特有的文化形态。按照不同的层次和标准，可以再细分成学校物质文化、学校组织和制度文化、学校精神文化以及亚文化。亚文化是指由特定社会群体发明、信奉和推行的一种特有的文化价值体系、思维模式和生活方式。

学校物质文化是指校园文化的空间物态形式，是学校精神文化的物质载体。学校物质文化有两种表达方式：一是学校环境文化，包括校园的总体结构和布局、校园绿化和美化、具有教育含义的教育和教学场所以及校园环境卫生等；二是设施文化，包括教学仪器、图书、实验设备、办公设备和后勤保障设施等。

学校的组织和制度文化有三种主要的表达方式：保证学校正常运行的组织形态，不同层次、不同性质的学校有不同的组织形态和体系；规章制度；角色规范。

学校的精神或观念文化是校园文化的核心。有的学者把学校精神文化分解为如下四种基本成分：认知成分，即学校这个群体和构成它的个体对教育目的、过程、规律的认识，属于校园文化的理性因素；情感成分，是学校这个文化体内的成员对教育、学校、班级、同事、同学、老师、学生特有的依恋、认同、参与、热爱的感情，这种感情内通常包含着很深的责任感、归属感、优越感和献身精神；价值成分，即学校校园所独有的价值取向系统，像"有教无类"的价值取向，"忠于职守"的价值取向，"尊师爱生"的价值取向，"教育、教学活动优先"的价值取向以及"严谨、守纪、规范、团结"的价值取向等；理想成分，即学校及其成员对各种教育活动和学生的发展水平所表达的希望和追求。

校园文化特别是良好的校风，具有鲜明的教育作用。尤其对学生个性和品德的陶冶和导向功能，是其他教育形式所难以替代的。校风是学校中物质文化、制度文化、精神文化的统一体，是经过长期实践形成的。一旦形成往往代代相传，因为它已经成为学校所有成员特别是教师的自觉行为，良好的校风对教师学生能起到潜移默化的影响。

（三）学生文化

从学校教育的对象来进行划分，还可以将学校文化分成教师文化、学生文化等。学生是学校教育的主体，那么，在学校文化建设上，也应该充分关注学生文化。

1.学生文化的成因

（1）学生个人的身心特征

学生处于不同的年龄阶段，由于特定身心发展的需求，有一些不同于其他年龄阶段的思想观念和行为规范；同时某些学生由于身心方面的显著特征，在其生活经历中会存在不同于其他学生的文化特征。

（2）同伴群体的影响

学生多处于青少年时期，有着自己交往的同年龄的群体，在这种群体中，会形成一些共同的价值规范，构成一种与成人文化不同的文化形态。

（3）师生的交互作用

教师与学生的交往活动，是学校生活中一个最为主要的组成部分。在这种交往中，教师所采用的教学形式不同，学生的反映也就随之各异。不同的师生互动模式，可以产生不同的社会气氛和不同的行为方式。

（4）家庭社会经济地位

学生所处家庭的社会经济背景是制约学生文化特征的又一重要因素。社会经济地位一般都有着一些特定的思想观念、价值规范等，学生生活在家庭中，其思想、行为也难免会受家庭的影响。

（5）社区的影响

学生生活的社区对其文化的形成也产生着一定的影响。社区作为聚集在一定地域范围内的社会群体和社会组织，一般总会形成与社会共同体相应的规范与制度，它使得生活在其中的学生在有意无意之中习得了社区的文化特征，并把它带到学校中来。

2.学生文化的特征

（1）学生文化具有过渡性

学生文化是介于儿童世界与成人世界的一种文化现象，是学生从儿童迈向成人的一种过渡性的产物。他们在一定程度上认同成人的价值观念，但又表现出要求自主、独立的需求。

（2）学生文化具有非正式性

学生文化往往都是在日常的相互交往中，有着共同的价值观念和行为方式，作为一个群体而表现出来。同时，它对学生所形成的影响也是非正式的，学生文化中蕴涵着学生群体的价值和规范，使得学生在不知不觉中就习得了这种文化。

（3）学生文化具有多样性

学生文化的类型是多种多样的，他们存在着不同的社会经济背景，不同的种族、性别、年龄差异，表现出不同的文化倾向。

（4）学生文化具有互补性

从整个学校文化来讲，学生文化作为一种独特的文化类型，是对学校文化的一种补充。人的生活是多侧面、多色彩的，人的主观能动性也是不断地在发挥着作用，从学生文化的不同类型和样式上来讲，年龄文化、性别文化、同伴文化等，也是在发挥各自作用的同时进行互相补充。

【强化训练】

一、单项选择题

1.教育和经济的关系，总的来说是（　　　）。

A.经济决定教育，教育反作用于经济　　　　　B.教育决定经济，经济反作用于教育

C.经济决定教育，教育对经济没有影响　　　　D.教育决定经济，经济对教育没有影响

2.决定教育发展的规模速度和结构的是（　　　）。

A.生产力发展水平　　　　　B.生产关系　　　　　C.物质资料生产　　　　　D.人口

二、简答题

1.简述教育对生产力的发展的促进作用。

2.简述教育与人口之间的关系。

第四节　教育与人的发展

【导读】

教育学是研究教育现象，揭示教育规律的一门科学。从本质上说，教育学研究教育的目的是为了更好地完成育人的任务。因而，也有人说，教育学是研究如何培养人的学问。教育学要真正搞清如何培养人的技术和艺术，一个首要的前提是对人的全面的了解。正如俄国著名教育家乌申斯基指出的那样："如果教育学希望从一切方面去教育人，那么就必须首先也从一切方面去了解人。"

一、个体身心发展

（一）个体身心发展的概念

促进人的身心发展是教育的直接目的，个体身心的发展、个性的发展，在相当大的程度上依赖教育。另外，能否遵循人的身心发展的规律，则是教育工作能否达到预期目的的关键。

1.个体身心发展的概念

个体的身心发展包括生理发展和心理发展，是指作为复杂整体的个体在从生命开始到生命结束的全部人生过程中，在身体和心理两方面发生的变化逐渐形成个体素质、品格或才能特征的变化过程，特别是指个体的身心特点向积极的方面变化的过程。这是人的各方面的潜在力量不断转化为现实个性的过程。

2.个体身心发展的特殊性

（1）个体身心发展是在社会实践过程中实现的

人是在社会环境中发展的。在社会环境中，不仅存在着与每个个体有不同性质、不同联系程度的各类群体，而且还存在着人的创造物和各种创造性工具。个体的人只有参与社会实践，才能生存与发展。认识人的身心发展的社会实践性，可以使我们不仅重视学校教育的重要任务是促进人的社会化，重视学校教育活动的社会意义，加强学校与社会实践的联系，而且重视每个学生社会实践活动的质量。

（2）个体身心发展具有能动性

主观能动性是指个体积极主动地认识世界、改造世界的心理倾向和实际行动。人具有认识和改造外部世界的能力，这已经使人超越动物界；人还有认识和改造自己的能力；人具有自我意识，发展到一定阶段，人还具有规划自己的未来和为未来的发展创造条件的能力。人的能动性能否较好地发挥，是一个人的发展能否达到较高水平的重要因素。

如果说环境、教育是个体发展的外部因素，那么主观能动性是个体发展的内部因素。外因是变化的条件，内因是变化的根据，外因只有通过内因才能起作用。从直接意义上讲，如果学生没有学习的要求，懒于思考，心不在焉，缺乏学习的动力，教师所讲的东西不会变成学生的精神财富。在同样的环境和教育条件下，每个学生发展的特点和成就，主要取决于自身的态度，决定于他在学习劳动和科研中所付出的精力。所以，学生个体的主观能动性是其身心发展的动力。

人不仅具有认识和改造外部世界的能力，而且还有认识和改造自己的能力。人具有自我意识，当意识发展到一定阶段，便具有规划自己的未来和为未来的发展创造条件的能力。人的能动性能否较好地发挥，是一个人的发展能否达到较高水平的重要因素。对人的潜在能力的充分发挥以及对社会实践在人的发展中重要作用的高度重视，是对发展主体自我意识在人的发展中的价值的清醒认识，是学校教育个体发展功能正常发挥的重要前提，也是我们教师在教育活动中促进学生发展的基本要求。

（二）个体身心发展的动因

1. 内发论

内发论者一般强调人的身心发展的力量主要源于人自身的内在需要，身心发展的顺序也是由身心成熟机制决定的。孟子是中国古代内发论的代表。他认为人的本性是善的，万物皆备于我心，人的本性中就有"恻隐之心"、"羞恶之心"、"辞让之心"、"是非之心"四端，这是仁、义、礼、智四种基本品性的根源，人只要善于修身养性，注重"内省"，这些品性就能得到发展。现代西方的内发论者进一步从人的机体需要和物质因素来说明内发论。如奥地利精神分析学派的创始人弗洛伊德认为，人的性本能是最基本的自然本能，它是推动人发展的根本动因。美国当代生物社会学家威尔逊把"基因复制"看作是决定人的一切行为的本质力量，而美国心理学家格塞尔则强调成熟机制对人的发展的决定作用，他认为，人的发展顺序受基因决定，教育要想通过外部训练抢在成熟的时间表前面形成某种能力是低效的，甚至是徒劳的。格塞尔认为，人的所有功能，包括道德功能、机体发展顺序都受生长规律的制约。

2. 外铄论

外铄论者认为，人的发展主要依靠外在的力量，诸如环境的刺激和要求、他人的影响和学校的教育等。如我国古代性恶论的代表人物荀子认为，"人之性恶，其为善者，伪也"就说明了这一点。英国哲学家洛克的"白板"说是外铄论的典型代表。他认为，人的心灵犹如一块白板，它本身没有内容，可以任人涂抹，外部的力量决定了人的发展状况。外铄论的另一个典型代表是美国行为主义心理学家华生。他曾说：给他一打健康的婴儿，不管他们祖先的状况如何，他可以任意把他们培养成从领袖到小偷等各种类型的人。由于外铄论者强调外部力量的作用，故一般都注重教育的价值，对教育改造人的本性，形成社会所要求的知识、能力、态度等方面，都持积极乐观的态度。

3. 多因素相互作用论

辩证唯物主义认为，人的发展是个体的内在因素（先天遗传的素质、机体成熟的机制等）与外在因素（外在刺激的强度、社会发展的水平个体的文化背景等）在个体活动中相互作用的结果。人是能动的实践主体，没有个体的积极参与，个体的发展是不能实现的，在主客观条件大致相似的情况下，个体主观能动性发挥的程度，对人的发展有着决定性的意义。因此，我们把实践、个体积极投入实践的活动，看作是内因和外因对个体身心发展综合作用的结果，也是推动人身心发展直接的、现实的力量。根据这种观点，教育活动中主客体之间的关系、师生之间的关系，以及如何提高学生主动积极地参与各种教育活动，理应受到特别的重视。

（三）个体身心发展的一般规律

个体的身心发展遵循着某些共同的规律，这些规律制约着我们的教育工作。遵循这些规律，利用这些规律，可以使教育工作取得较好的效果，反之，则可能事倍功半，甚至伤害学生。

1. 个体身心发展的顺序性与阶段性

个体身心的发展在整体上具有一定的顺序性。身体的发展遵循着从上到下、从中间到四肢、从骨骼到肌肉的顺序发展，身心发展的个别过程和特点的出现也具有一定的顺序性，心理的发展总是由机械记忆到意义记忆，由具体形象思维到抽象逻辑思维，情感则由喜怒哀乐等一般情感到理智感、道德感、美感等复杂情感。瑞士心理学家皮亚杰关于发生认识论的研究，揭示了个体认知发展的一般规律，即按照感知运动水平、前运算水平、具体运算水平、形式运算水平顺序发展的特征。美国心理学家科尔伯格研究证明，皮亚杰的发生认识论在个体的道德认知过程中，也具有普遍的推广意义，人的道德认知遵循着从前习俗水平到习俗水平，再到后习俗水平的发展过程。这对于教育工作有非常重要的意义。

个体身心发展的阶段性是指个体的发展是一个分阶段的连续过程，前后相邻的阶段是有规律地更替的，前一阶段为后一阶段的过渡作准备。个体在不同的年龄阶段表现出身心发展不同的总体特征及主要矛盾，面临着不同的发展任务。现代心理学将人的发展阶段划分为：婴儿期（0~3岁），幼儿期（3~6、7岁），童年期（6、7岁~11、12岁），少年期（11、12岁~14、15岁），青年期（14、15岁~25岁），成年期（25

岁~65 岁），老年期（65 岁以后）。

个体发展总体上经历的阶段是相对稳定的。前后相邻的阶段是有规律地更替的，在一段时期内，发展主要表现为数量的变化，经过一段时间发展由量变到质变，从而发展水平达到一个新的阶段。青少年身心发展的年龄特点，是在发展的不同年龄阶段中形成的一般的、典型的、本质的特征。当然，不同发展阶段之间是相互关联的，上一阶段影响着下一阶段的发展方向，所以，人生的每一阶段对于人的发展来说，不仅具有本阶段的意义，而且具有人生全程性的意义。

2. 个体身心发展的不平衡性

人的身心发展的不平衡性，首先表现在，在不同的年龄阶段，人的身心的同一个方面的发展速度不同。具体表现在两方面：首先是同一方面的发展速度，在不同的年龄阶段变化是不平衡的。青少年的身高体重有两个生长的高峰，第一个高峰出现在出生后的第一年，第二个高峰则在青春发展期。在这两个高峰期内，身高体重的发展速度比平时要迅速得多。其次，是不同方面发展的不平衡性。有的方面在较早的年龄阶段就已达到较高的发展水平，有的则要到较晚的年龄阶段才能达到成熟的水平。青少年在生理方面，神经系统、淋巴系统成熟在先，生殖系统成熟在后。在心理方面，感知成熟在先，思维成熟在后，情感成熟更后。

人的身心在不同方面有着不同的发展期现象，越来越引起心理学家的重视，心理学家提出了发展关键期或最佳期的概念。所谓发展关键期是指身体或心理的某一方面机能和能力最适宜于形成的时期。在这一时期中，对个体某一方面的训练可以获得最佳成效，并能充分发挥个体在这一方面的潜力。

3. 个体身心发展的互补性

互补性反映个体身心发展各组成部分的相互关系，它首先指机体某一方面的机能受损甚至缺失后，可通过其他方面的超常发展得到部分补偿。如失明者通过听觉、触觉、嗅觉等方面的超常发展得到补偿。机体各部分存在着互补的可能，为人在自身某方面缺失的情况下依然能与环境协调，从而为能继续生存与发展提供了条件。

互补性也存在于心理机能与生理机能之间。人的精神力量、意志、情绪状态对整个机体能起到调节作用。帮助人战胜疾病和残缺，使身心依然得到发展。相反，如果一个人的心理承受能力太差，缺乏自我调节能力和坚强的意志，那么，就是不很严重的疾病或磨难也会把他击倒。互补性告诉我们，发展的可能性有些是直接可见的，有些却是隐现的，培养自信和努力的品质是教育工作的重要内容。

4. 个体身心发展的个别差异性

个体差异性在不同层次上存在。从群体的角度看，首先表现为男女性别的差异，它不仅是自然性上的差异，还包括由性别带来的生理机能和社会地位、角色、交往群体的差别。其次，个别差异表现在身心的所有构成方面。其中有些是发展水平的差异，有些是心理特征表现方式上的差异。需要说明的是，个体发展水平的差异不仅是由于个人的先天素质、内在机能的差异造成的，它还受到环境及发展主体在发展过程中的努力程度和自我意识的水平、自我选择的方向的影响。在教育工作中发现研究个体间的差异特征，做好因材施教工作是非常重要的。

二、教育对人的发展的影响

教育可以提升人的地位，这具体表现在四个方面：发现人的价值、发掘人的潜力、发挥人的力量、发展人的个性。具体表现在以下方面：

（一）教育对人的价值的发现

人的价值是指人在世界中的地位得到肯定，人的作用得到发挥，人的尊严得到尊重。教育有责任不断提高人们对人自身价值的认识，提高人们对人与人、人与社会、人与自然关系的认识。教育要充分认识到人的生命价值，人的主体地位，人的个体的独特尊严。教育不仅要教给人们知识和技能，而且要教会人们驾驭知识技能，要教会人们怀疑和创新知识的能力。

（二）教育对人的潜能的发掘

潜能是人区别于动物的重要标志，是能够把未成熟的人培养为成熟的人、把平凡的人培养成出色的人的可能性或前提条件。

任何人都具有一定的潜能，甚至是巨大的潜能。人的潜能很少能自动表现出来，人的潜能的充分发掘，必须通过教育和学习才能实现。教育者必须认识到，当具备了某种条件时，人的潜能会得到超常的发挥。充分认识学生的潜能存在的事实及价值，尽可能地使学生的潜能得到发展，是教育工作者应该努力追求的目标。

（三）教育对人的力量的发挥

人的力量是人的身体力量与精神力量的综合。人类早期在与自然的斗争中，主要是依靠人身体的力量。历史上流传着无数力大无比的英雄故事能说明这一点。但人的根本力量，人与动物的区别，在于人具有精神力量。它能创造和使用工具以增强人自身的生存能力；它能认识世界和改造世界，以实现和满足人的各种需要；它能认识自己和改造自己，以发展和完善人自身。

人的身体力量的发展有多种途径，教育也是其中的一个重要方面，但人的精神力量的发展只有通过教育才能实现。教育不仅需要分别培养和发展人的身体之力和精神之力，而且要力图使人的身心发展得到和谐，尽可能得到充分的发展。

（四）教育对人的个性的发展

个性是指个体在社会实践活动中形成的独特性，个人化是指个体在社会活动中形成独特性、自主性和创造性的过程，而人的个性化的形成和实现依赖于教育的作用。教育具有促进人的个性化的功能，这主要体现在：教育可以促进人的主体意识的发展、可以促进人的个体特征的发展、可以促进人的个体价值的实现。在教学实践中，教师要注意发挥学生的主体性，要尊重学生的个体差异，帮助其充分开发内在的潜力并充分发展其特长；同时，教师还要使学生认识到自身的价值，给其创造生命价值的信心和力量，促使其个体价值和社会价值的实现。

三、影响个体身心发展的因素

个体身心发展的水平受到多种因素的影响，主要是受到遗传素质、成熟、环境和个体实践活动的影响，学校教育是一种特殊的环境，它对个体的发展有着特殊的意义。

（一）遗传

1.遗传素质的概念

遗传是一种生物现象。遗传的生物特征，或称遗传素质，是指与生俱来的有机体的结构、形态、感官和神经系统等的特点，也叫遗传素质。

2.遗传对个体发展的意义

（1）遗传素质是人的身心发展的前提

没有遗传素质这个前提，个体的任何发展都是不可能的。遗传素质并不会直接转变为个体的知识、才能、态度、道德品质等，如果离开了后天的社会生活和教育，遗传素质所给予人的发展的可能性便不能成为现实。

（2）遗传素质的差异对人的身心发展有一定的影响作用

个体的遗传素质是有差异的。个体遗传素质的差异不仅表现在体态、感觉器官方面，也表现在神经活动的类型上。婴儿一出生，就会有不同的表现，有的安静，有的大哭大闹；一两岁的儿童对外部世界的反应就有快、有慢，有的敏感，有的迟钝。现代遗传学研究证明，遗传基因的物质基础在于核糖核酸排列及其活动的差异。一个具有良好智力素质或音乐素质的儿童，能否成为一名学者或音乐家，最终还是要看他是否具备一定的社会生活条件，有没有相应的实践活动和个人的主观努力。据中国科学院心理研究所对22.8万名儿童的调查发现，低能儿占同龄儿童的3%～4%，而低能儿中有50%以上是先天因素造成的。所以，我们必须承认遗传对人的发展的影响是客观存在的，我们需要关心的是，怎样创造条件使具有不同先天素质的人得到尽可能充分的发展。

（3）遗传在人的发展中的作用是不能夸大的

遗传素质对人的发展是必要的，但它并不是决定一个人的发展的唯一因素。遗传素质仅为人的一般发展提供了最初的前提和可能，而不能预定一个人的发展。遗传决定论者把遗传看作是决定人发展的唯一因素，他们认为社会生活条件和教育的作用只在于延迟或加速遗传能力的实现。

（二）成熟

1.成熟的概念

美国生理和心理学家格塞尔认为，胎儿的发育大部分是由基因制约的。这种由基因制约的发展过程的机制就是成熟。在教育学中，成熟是指儿童个体生长发育的一种状况，指个体的生理和心理机能与能力都达到比较完备的阶段，即已由儿童成长发育为成人。其主要标志是：生理方面具有生殖能力，心理方面具有独立自主的自我意识。

2.成熟对个体发展的意义

人具有某种先天素质，是在发展过程中逐步成熟的。人的各种身体器官的构造和机能在出生时是很不完备和孱弱无力的。个体的器官和整个系统的结构、功能都随年龄的增长而发展。人的机体的成熟程度制约着身心发展的程度和特点，它为一定年龄阶段身心特点的出现提供了可能和限制。成熟与教学的效果是契合的，一种技能的发展由成熟支配时，没有必要超前加以训练。在这方面，格塞尔的双生子爬楼梯的实验就说明了这一点。被试是一对出生才46周期的同卵双生子甲和乙。格塞尔先让甲每天进行10分钟的爬梯训练，乙则不进行此种训练。6周后，甲爬5级梯只需26秒，而乙却需45秒。从第7周开始，格塞尔对乙连续地进行两周的爬梯训练，结果乙越过了甲，只要10秒钟就爬上了5级梯。格塞尔据此提出了个体发展的成熟决定论。这虽然夸大了成熟的作用，但教育中充分重视成熟的意义非常必要。成熟的作用在思维、情感、个性等高级心理活动中也同样有不可忽视的作用。

（三）环境

1.环境的概念

环境是指存在于人们周围并能给予一定影响的客观世界。

按环境的性质来分，环境可分为自然环境（包括自然条件与地理位置）和社会环境（包括政治、经济、文化以及与个体相关的其他社会关系）。若按环境的范围分，可分为大环境（指个体所处的总体自然环境与社会环境，如某一国家、某一地区）和小环境（与个体直接发生联系的自然环境和社会环境，如一个家庭、一所学校）。在同一国家或地域内，人们的大环境通常相差不大，但小环境却千差万别。但由于社会的变化不断加快，社会通讯、交往手段更加丰富和便利，大环境对人尤其是对青少年的影响也不容忽视。

2.环境对个体发展的影响

环境对个体的影响表现在如下几个方面：

（1）为个体的发展提供了多种可能，包括机遇、条件和对象。人的生存和发展离不开环境，环境为人的发展提供条件、机遇和对象，因人生活在不同的小环境中，这些环境所提供的条件并不相同，对个体发展的意义也不相同，因而不同环境中人的发展有很大区别。但个体对环境的作用也不是消极的，对环境持积极态度，就会挖掘环境中有利于自己发展的因素，克服消极的阻力，从而扩大发展的天地。所以教育者不仅要注意为受教育者的发展提供较有利的条件，更要培养受教育者认识、利用和超越环境的意识和能力。

（2）环境对个体发展的影响有积极和消极之分

在同一环境中，各种因素作用的方向、力量的大小是不相同的。但对教育者来说，分析、综合利用环境因素的积极作用，抵制消极影响是极其重要的。教育需要研究如何既保持校园小环境的有利条件，又积极加强与社会的联系，充分利用社会的有利因素来发展教育事业。

（3）人在接受环境影响和作用时，也不是消极的、被动的

因为人具有主观能动性，人能改造环境，人在改造环境的实践中发展着自身。表现为个体对环境的发展有积极作用。因此，夸大环境对人的发展的作用，特别是环境决定论的观点，也是错误的。

（四）学校教育

学校教育是由承担教育责任的教师和接受教育的学生共同参与和进行的，学校教育的环境具有极大的人为性，具有明确的目的、有指定的教育内容与活动计划、有系统的组织和特殊的教育条件。学校洋溢着科学、文化和道德规范的气息。这些构成了学校教育环境的特殊性。这些特殊性使学校在影响人的发展上具有独特的功能。

1.学校教育对个体发展作出社会性规范

社会对个体的要求或期望有体质、思想道德、知识能力等多方面，并提出一系列规范。学校根据这些要求，针对不同年龄、不同专门人才培养的要求而作相应的调整，并有意识地以教育目的和目标的形式去规范学校的其他工作，通过各种教育活动促使学生达到规范的目标。

2.学校教育具有加速个体发展的特殊功能

学校教育目标明确、时间相对集中、有专人指导并进行专门组织的教育活动，此外，学校教育使个体处在一定的学习群体中，如果学校教育能正确判断学生的最近发展区，这种加速作用将更明显、更富有成效。前苏联心理学家维果茨基的研究揭示：教育对儿童的发展能起主导作用和促进作用，但需要确定儿童发展的两种水平。一种是已经达到的发展水平，表现为儿童能够独立解决的智力任务；另一种是儿童可能达到的发展水平，表现为"儿童还不能独立解决任务，但在成人的帮助下，在集体活动中，通过模仿，却能够解决这些任务"。这两种水平之间的距离就是"最近发展区"。把握好最近发展区，能加速学生的发展。

3.学校教育对个体的发展具有即时和延时的价值

学校教育，尤其是基础教育对个体发展的影响不仅具有即时的价值，而且具有延时的价值。学校教育提高了人的需求水平、自我意识和自我教育的能力，这对人的发展来说，更具有长远的意义。学校教育的内容大部分具有普遍性和基础性，即使专门学校的教育内容，也属于该领域普遍和基础的部分，因而对人今后的进一步学习具有长远的价值。

4.学校教育具有开发个体特殊才能和发展个性的功能

在开发特殊才能方面，普通学校教育内容的多面性和学生在集体中表现出的差异性，有助于个体特殊才能的表现与发现。在个性发展方面，学校教师和领导有教育学和心理学方面的知识素养，这有助于他们发现学生的个性，并尊重和注意学生个性的健康发展。同时，学生在群体中的生活也有助于他们从其他人身上发现闪光点，丰富自己的个性。

当然，学校教育对个体发挥其特殊功能是有条件的，所以教育不是万能的。教育既不能超越它所依存的社会条件或高于社会之上去发挥它的能动作用；又不能违背儿童身心发展的客观规律及年龄阶段去任意地决定人的发展。它要求学校按照教育规律办事，并且积极协调各方面的影响。

（五）主观能动性

个体在与环境之间相互作用中所表现出来的个体主观能动性，是促进个体发展从潜在的可能状态向现实状态转变的决定性因素，是人的身心发展的内在动力。个体的主观能动性从过程结构的角度看，包括活动主体的需要与动机，指向的客体对象，活动的目的、内容、手段与工具，行为程序、结果及调控机制等基本要素。从活动水平的角度看，由生理、心理和社会三种不同层次和内容的活动构成。每一层次的活动对个体身心发展都具有特殊性和整体性的影响。

个体主观能动性的第一层次活动是人作为生命体进行的生理活动。第二层次是个体的心理活动，其

中最基本的是认识活动。最高层次是社会实践活动。对个体来说，具有满足人的生存、发展和创造需要的意义，是人与环境之间最富有能动性的交换活动，是一种能量的交换。它具有鲜明的目的性、指向性和程序性，体现了人的主动选择。

以上三类不同水平的个体活动及其作用，实际上是共时、交融的。人的生理活动和心理活动渗透在一切社会活动中。人的一切社会活动又受到它们的"支持"和影响。人的主观能动性从综合的意义上把主体与客体、个体与社会、人的内部世界与外部世界联系起来，成为推动人本身发展的决定性因素。教育需要非常重视对学生主观能动性的发挥。

【真题在线】

[2011年下半年] 我们常用"孟母三迁"的故事来说明哪种因素的教育意义（　　）。

A. 遗传　　　　　B. 环境　　　　　C. 教育　　　　　D. 主观能动性

【答案及解析】B "孟母三迁"说明的是环境的作用。

【强化训练】

一、单项选择题

1. 在教育、教学中采用"一刀切、一锅煮"、整齐划一的方法，违背了个体身心发展的（　　）。

A. 人不平衡性　　　　B. 阶段性　　　　C. 顺序性　　　　D. 差异性

2. 遗传素质是人身心发展的（　　）。

A. 决定因素　　　　B. 无关因素　　　　C. 生理前提　　　　D. 补充因素

二、简答题

1. 简述个体身心发展的规律。

2. 简述环境在人的发展中的作用。

第五节　教育制度

【导读】

学校教育制度是国家通过立法作出规定而建立起来的，从而保证一个国家学制的统一性、稳定性和完整性。学校教育制度是教育制度体系中最严密、最有效的基本制度，是国家实现教育目的的基本制度保证，对社会的政治、经济、文化等各个领域的发展具有重要影响。

一、教育制度概述

（一）教育制度的概念

广义的教育制度指国民教育制度，是一个国家为实现其国民目的，从组织系统上建立起来的一切教育设施和有关规章制度。

狭义的教育制度指学校教育制度，简称学制，是一个国家各级各类学校的总体系，具体规定各级各类学校的性质、任务、目的、入学条件、修业年限以及它们之间相互衔接关系。其中学校教育制度处于国民教育的核心和主体地位，体现了一个国家国民教育制度的实质。

（二）教育制度的特点

教育制度，特别是学校教育制度既有与其他类型的社会制度相类似的性质，又有自身独特的特点。

1. 客观性

教育制度作为一种制度化的东西，自然不是从来就有的，而是一定时代的人们根据自己的需要制定的。教育制度的制定虽然反映着人们的一些主观愿望和特殊的价值需求，但是，人们并不是也不可能随心所欲地制定或废止教育制度，某种教育制度的制定或废止，有它的客观基础，是有规律可循的。

2. 规范性

任何教育制度都是其制定者根据自己的需要制定的，是有其一定的规范性的。这种规范性，主要表现为入学条件即受教育权的限定和各级各类学校培养目标的日益标准化。

3. 历史性

教育制度既是对客观现实的反映，又是一种价值性的选择和体现，而客观性和价值性的具体内容又是随着社会的变化而变化的，因此在不同的社会历史时期和不同的文化背景下，就会有不同的教育制度，就需要建立不同的教育制度。教育制度是随着时代和文化背景的变化而不断创新的。教育制度创新是教育改革的一个重要内容，也是教育实践得以深化的一个重要条件。

4. 强制性

教育制度作为教育机构系统的制度，是先于个体而存在的。它独立于个体之外，对个体的行为具有一定的强制作用。但随着教育制度的发展，特别是终身教育制度的确立，个体的可选择性也愈来愈大。

（三）学校教育制度在形式上的发展

历史上曾经有过从非正式教育到正式而非正规教育再到正规教育的演变。正规教育的主要标志是，近代以学校系统为核心的教育制度，又称制度化教育。以制度化教育为参照，之前的非正式、非正规教育都可归为前制度化教育，而之后的非正式、非正规化教育则都归为非制度化教育。因此，教育制度的发展经历了从前制度化教育到制度化教育再到非制度化教育的过程。

1. 前制度化教育

前制度化教育，始于与社会同一的人类早期教育，终于定型的形式化教育，是人类教育史上的一个重要阶段，它为制度化的教育提供了必不可少的发展基础，并对教育的发展产生了难以估量的影响。

教育实体的出现，意味着教育形态已趋于定型。教育实体的产生是人类文明的一大进步，它属于形式化的教育形态。它的形成具有以下特点：①教育主体确定；②教育对象相对稳定；③形成系列的文化传播活动；④有相对稳定的活动场所和设施；⑤由以上因素结合而形成的独立的社会活动形态。当这些形式化的教育实体的特点比较稳定并形成教育的简单要素时，教育初步定型。因此，教育实体化的过程是形式化的教育从不定型发展为定型的过程。其中，定型的教育组织形式包括了古代的前学校与前社会教育机构、近代的学校与社会教育机构。

2. 制度化教育

制度化教育主要指的是正规教育，也就是指具有层次结构的、按年龄分级的教育制度，它从初等学校延伸到大学，并且除了普通的学术性学习以外，还包括适合于全日制职业技术训练的许许多多专业课程和机构。从这一定义中我们可以发现，制度化的教育指向形成系统的各级各类学校。近代学校系统的出现，开启了制度化教育的新阶段。从 17 世纪后期到 19 世纪末，在西方，随着生产的发展、社会的进步、科学文化的繁荣，教育有了相应的发展。教育实践的丰富，教育经验的积累，使人们对教育现象、教育问题的认识逐步深入，许多教育专著相继问世，教育学开始从哲学和其他学科中分化出来，即意味着教育制度化的形成。

中国近代制度化教育兴起的标志是清朝末年的"废科举，兴学校"，以及颁布了全国统一的教育宗旨和近代学制。中国近代系统完备的学制系统产生于 1902 年的《钦定学堂章程》（又称壬寅学制）以及 1903 年的《奏定学堂章 程》（又称"癸卯学制"）。

随着学历社会的出现，制度化教育趋于成熟。制度化教育的发展越来越成为社会发展的重要因素。制度化教育的影响已经渗透到社会的各个层面，甚至可以用"学历社会"来描述制度化教育对于整个社会的深刻影响。制度化教育对于经济发展的贡献，对于社会、政治、经济、文化乃至个人发展的影响，已经为社会普遍接受。

3.非制度化教育

非制度化教育是相对于制度化教育而言，它针对了制度化教育的弊端，但又不是对制度化教育的全盘否定。非制度化教育所推崇的理想是："教育不应再限于学校的围墙之内"。每一个人应该能够在一个比较灵活的范围内，比较自由地选择他的道路。如果他离开这个教育体系，他也不至于被迫终身放弃利用各种教育设施的权利。非制度化教育相对于制度化教育而言，改变的不仅是教育形式，更重要的是教育理念。

库姆斯等人陈述的非正规教育的概念、伊里奇所主张的非学校化观念都是非制度化教育思潮的代表。

（四）学校教育制度的类型

现代学制主要由两种结构构成：一是纵向划分的学校系统，二是横向划分的学校阶段。不同类型的学制只不过是学校的系统性和阶段性的不同组合。由此可以划分出学制的三种类型：即双轨制、单轨制和分支型学制。

1.双轨学制

双轨学制是由纵向划分的学校系统占绝对优势的学制结构。它形成于18、19世纪的西欧。当时在社会政治、经济发展及特定历史文化条件的影响下，由中世纪学校演变而来的带有等级特权痕迹的学术性现代学校和新产生的供劳动人民子女受教育的群众性现代学校都得到了比较充分的发展，由此形成了这两个系列平行的双轨学制。一轨自上而下，其结构是大学（后来也包括其他高等学校）→中学（包括中学预备班），为贵族和资产阶级子女设立；另一轨自下而上，结构是小学（后来是小学和初中）→职业学校（先是与小学相连的初等职业教育，后来发展为与初中相连接的中等职业教育），为劳动人民子女设立，这一轨所设立的学校被称为国民教育学校。由于两个系列的学校体系形同火车的两股车道，既不相通，也不相接，教育史上形象地称之为"双轨制"。这两轨最初甚至也不对应，这就剥夺了在国民教育学校上学的劳动人民子女升入中学和大学，接受高一级教育的权利。后来国民教育学校一轨从小学发展到中学时，才有了初中这个相对应的部分。国民教育学校这一轨是英国的现代中学、法国的市立中等学校和德国的初级中学，另一轨是英国的文法中学、法国的国立中学和德国的文科中学的第一阶段。以法国、英国、德国为代表的欧洲国家都曾采用双轨学制。

双轨学制的优点是学术性的一轨具有较高的学术水平，有利于高级人才的培养。缺点是不利于教育特别是中等教育的普及，不利于大面积地培养人才，而且具有明显的阶级性和等级性，不利于社会政治、文化的民主化发展。

2.单轨学制

单轨学制是由横向划分的学校阶段占绝对优势的学制结构。它是19世纪资本主义国家实施普及义务教育时出现的一种学制类型。它只有一套自下而上的学制体系，从小学、中学到大学，上下沟通，教育史上称为"单轨制"。美国在独立以前，多数地区都曾沿用欧洲的双轨学制。19世纪中后期，由于产业革命和电气化的推动，美国由农业社会向工业社会急剧地发展。这种经济条件和美国较少特权传统的文化历史背景，使得美国学制的变化呈现出一种与欧洲学制迥然不同的图景。原来双轨学制中的学术性一轨没有得到充分的发展，却被在短期内迅速发展起来的群众性小学和群众性中学所淹没，从而形成了美国的单轨学制。该学制自下而上的结构是：小学→中学→大学，其特点是一个系列、多种分段，即六三三、五三四、八四、六六、四四四等多种分段。这种学制形式有利于逐级普及教育，有更大的适应能力，且克服了双轨学制的弊端，因此被世界许多国家先后采用。

3.分支型学制

分支型学制也叫混合型学制。它既有单轨制的特点，也有双轨制的某些因素。是苏联制定并实施的一种学制类型。在十月革命前，沙皇俄国时代的学制是欧洲传统的双轨制。十月革命后，苏联建立了单轨的社会主义统一劳动学校系统。在其后的发展过程中，又部分恢复了帝俄时代文科中学的某些传统和职业学校单设的做法，由此形成了苏联特有的混合型学制。这种学制不属于欧洲双轨学制，因为它一开始并不分轨，而且职业学校的毕业生也有权进入对口的高等学校（少数优秀毕业生可直接升学，其余工作三年后也可升学）。但它和美国的单轨学制也有区别，因为该学制在进入中学阶段时又开始分叉，前段（小学、初中阶段）是单轨，后段（高中阶段始）分叉成双轨。因此是介于双轨学制和单轨学制之间的混合型学制。这种学制上通（高等学校）下达（初等学校），左（中等专业学校）右（中等职业技术学校）互连，既有利于学术人才的培养也有利于职业教育发展。

（五）教育制度的影响因素

1.生产力发展水平和科学技术发展状况

社会生产力发展为教育制度提供一定的物质基础和相应的客观需要。从学校的产生来看，只有社会生产力水平提高，出现了社会剩余产品，可以保证一部分人从事脑力劳动时，才产生了学校这种专门的教育机构。

生产力发展水平较低的情况下，学校类型单一，规模较小。随着生产力水平的提高，出现了近代学制。当前社会学校类型更加多样化，这些都是生产力发展的反映。此外，生产力发展水平对于学校的师资、设备和教材等都具有重要的制约作用，也对学习内容、学习年限的长短产生一定的影响。

2.社会政治经济制度

社会政治、经济制度直接制约着学校教育制度。学制中关于学校专业的设置，各级各类学校教育目的，学制年限，入学条件等，要直接受统治阶级的有关方针、政策的制约，反映着统治阶级的愿望和要求。不同社会的学制，受社会政治、经济制度直接制约，并体现不同性质的政治经济制度的需要。办学宗旨、目标、方针，以及入学儿童条件的规定都依据和反映着一定政治经济利益的需要。

3.青少年身心发展规律

学校教育制度的确立还要依据人的身心发展规律。人的成长要经历不同的年龄阶段，这些相互衔接的年龄阶段各有其特征，学制的确立必须适应人的身心发展的年龄特征。在确定入学年龄、修业年限、各级各类学校的分段时，都要切合人的智力、体力和个性与社会性等的发展水平。学制的建立与改革必须遵循青少年儿童身心发展规律，否则就有可能贻误对青少年进行教育的最佳时机。

4.本国学制的历史发展和外国学制的影响

制定学制时，要把坚持本民族特点与文化传统同借鉴其他国家的经验结合起来，立足于本国、本地区、本民族的文化传统和历史特点，参考其它国家和地区的学制特点。学制的建立要考虑本国学制的历史发展和外国学制的影响。充分考虑本国原有教育的发展水平和整体结构中各级各类学校内在联系的合理性，继承和发扬本国学制的长处，同时参照国外学制的有益经验，形成具有民族特色和人类历史继承性的良好的学制。

二、西方发达国家学制改革的主要趋势

（一）义务教育的范围逐渐扩展，年限不断延长

各国的义务教育年限长短不一，大多在9年左右，包括小学和初中教育阶段。随着知识社会的到来，为了提高人才素质，大多数国家的义务教育的范围有进一步扩大的趋势。这主要表现在义务教育的一端在逐渐向学前教育方向扩展，而另一端则向初中后教育阶段延伸。

1.加强学前教育并重视与小学教育的衔接

二战前学前教育很少被纳入国家教育系统，但现在许多国家采取了措施，把学前教育列为国家义务教育范围，以提前实施义务教育，把学前教育的后期和义务教育的前期有机地衔接起来，改变过去那种学前教育与义务教育相互脱节的情况。

2.延长义务教育年限

自19世纪中叶，一些欧美国家颁布了初等教育的义务教育法后，义务教育逐步成为国际潮流，被视

为衡量一个国家文明的标志之一。现在世界上有近三分之一的国家提出了年限不等的义务教育普及目标。许多国家，特别是发达国家的义务教育正继续向后延伸，不仅要普及高中，还要普及职业技术教育，甚至高等教育。

（二）普通教育与职业教育朝着相互渗透的方向发展

普通教育主要是以升学为目标，以基础科学知识为主要教学内容的学校教育；职业教育是以就业为目标，以从事某种职业或生产劳动的知识和技能为主要教学内容的学校教育。二战前，世界各国普遍推行双轨制教育制度，即为升入高一级学校做准备和为就业做准备的教育制度，双轨之间几乎是不通的。二战后，综合中学的比例逐渐增加，出现了普通教育职业化、职业中学普通化的趋势。

（三）高等教育大众化、普及化

在当前各国的学制改革中，高等教育大众化、普及化的趋势也非常明显。按通行说法，一国高校入学率，即在校大学生人数占同龄人的比例在 15% 以下为精英教育，15%~50% 为大众化教育，50% 以上可算是达到普及。目前，西方发达国家的高等教育已达到大众化，正在向着普及化发展，有的国家如美国甚至已经进入了高等教育普及化阶段。而大多数发展中国家正在为高等教育的大众化而努力。我国高校于 1999 年开始大幅度扩招，高等教育在读人数急剧增加，毛入学率已经由 1998 年的 9.8% 增长到 2010 年的 26.5%，跨入高等教育大众化阶段。

（四）终身教育体系的建构

知识经济社会的到来，以及人们就业所需的受教育程度不断提高，以往那种一次职前受教育终身享用的教育和劳动格局开始被打破。于是，人们对接受年限越来越长的教育有了要求，尤其是专业技术人员，更需要通过不断学习来改造、补充、发展自己的知识与技能结构，以不断适应日益变化的社会与日益复杂的工作。作为提供和更新人们的知识、提高人们生存和工作能力的主要手段的终身教育便应运而生，并且得到迅速发展。同时，成人教育、继续教育、回归教育等也迅速发展，如各种形式的函授教育、广播电视教育、业余教育、在职教育等得到广泛的发展。

三、我国学制

（一）我国学制的沿革

1. 旧中国学制的演变

我国的学校教育制度起源于古代，形成于近代，日趋完善于现代。在古代原始社会末期、奴隶社会初期我国就出现了的最初的学校，并逐步形成了相应的学校教育制度。《周礼》中言："乡有庠，州有序，党有校，闾有塾。"《学记》中言："古之教者，家有塾，党有庠，术有序，国有学。比年入学，中年考校。一年视离经辨志；三年视敬业乐群；五年视博习亲师；七年视论学取友；谓之小成。九年知类通达，强立而不反，谓之大成。"这些就是对当时教育机构系统和它们运行的规则体系的概括和描述。在我国漫长的封建社会里，学校主要有官学、私学、书院三种类型。相对而言，不同朝代的官学都形成了相对完备的学校教育体系，而私学和书院则未被纳入国家教育体系。

我国现代学制是清末民初从西方引进的，大体说来，从引进到发展到基本定型，先后经历了三个发展阶段。

（1）壬寅学制与癸卯学制

1902 年（光绪二十八年），清政府颁布了《钦定学堂章程》，也称"壬寅学制"。它由当时的管学大臣张百熙以日本学制为蓝本起草。它是中国教育史上第一个系统完备的现代学制，但没有实行。

1903 年，清政府又命张之洞、荣庆和张百熙三人共同修订"壬寅学制"，另颁发了《奏定学堂章程》，亦称"癸卯学制"。这是中国教育史上第一个以法令形式颁布并在全国范围内正式实行的学制，标志着我国近代学校教育制度的开始。这个学制既吸收了现代学制的长处，又保留了封建学制的特点，明显反映了"中学为体，西学为用"的思想。

（2）壬子癸丑学制

1912年，在南京临时政府教育总长蔡元培先生主持下，对旧学制进行修订，颁布了"壬子癸丑学制"。该学制明显反映了资产阶级在学制方面的要求。该学制较之清末学制有较大进步，体现为：规定了义务教育年限；缩短了修业年限；第一次规定了男女同校，把女子教育正式列入学制系统；废除了毕业生奖励出身的制度；充实了自然科学课程和生产技能训练内容；相对提高了职业教育和师范教育的地位；办学权限上取消了清末的种种限制。这个学制在一定程度上标志着我国教育开始向现代化迈进。

（3）壬戌学制

1922年，北洋军阀政府依托留美派主持的全国教育联合会，以美国的学制为蓝本，颁布了"壬戌学制"，又通称为"六三三"学制或新学制体系。该学制的突出特点是：缩短了小学修业年限，延长了中等教育年限，设置了三年制综合高中，大学取消了预科；中学分为初级和高级两个阶段，更符合学生身心发展特点；职业教育自成系统，代替了实业教育；课程无男女校的区别。自此，我国教育才从封建社会的母腹中摆脱出来，走上了现代的发展轨道。国民党统治时期曾提出过"整理中华民国学校系统"等方案，对该学制作了某些修改，但没有大的变动，一直沿用到新中国成立。

总体来看，我国近代学制有三个明显的特点：注重向发达国家学习；学校直系和旁系比较完备，相互衔接，构成系列；修业年限逐渐缩短，分段分期更符合学生身心发展规律，更符合普及教育需要，为教育的平民化打下了基础。另外，从清末废科举兴学校到国民党统治时期，学制虽几经变更，由于中国的社会性质没有根本改变，学制也都具有半封建半殖民地的性质和特点。

【真题在线】

[2011年下半年]1904年，清政府颁布了由张之洞、张百熙等人制定的《奏定学堂章程》，史称（　　），这个学制体现的是张之洞的"中学为体，西学为用"的思想，吸收了日本明治维新时期的学制形式，也保留了一定的封建科举制度的残余，该学制最大的特点是修业年限长，从小学堂到大学堂需要21年，至通儒院需要26年。这是我国正式实施的第一个学制。

A. 六三三学制　　　　　　　B. 五四学制　　　　　　　C. 壬寅学制　　　　　　　D. 癸卯学制

【答案及解析】D 1903年，清政府又命张之洞、荣庆和张百熙三人共同修订"壬寅学制"，另颁发了《奏定学堂章程》，亦称"癸卯学制"。

---

2. 新中国的学制改革

（1）新中国成立前老解放区的学制

新中国成立前，在中国共产党领导下的革命根据地和老解放区建立了包含不同培养目标、不同程度、不同要求、不同类型的学校，并形成了一套独特的运行制度。其显著特点是：密切为政治、经济的需要服务，教育内容和方法以及办学形式从实际出发，灵活多样。主要有干部教育和群众教育两大类，高小以上的教育统归于干部教育，初小和一般群众教育称为群众教育。

（2）新中国第一次学制改革

新中国成立初期，我国实际上存在两种学制系统：一是老解放区的学制，另一种是国民党统治下形成的学制。但当社会秩序稳定后，随着国民经济的恢复和发展，旧的学制已不能适应社会主义革命和建设的需要，学制改革势在必行。

1951年10月1日，在教育为工农服务，教育为生产建设服务的方针指引下，中央人民政府政务院颁布了《关于改革学制的决定》，标志着我国学制的建设和发展进入了一个新的阶段。新学制组织系统分为幼儿教育（幼儿园）、初等教育（小学和青年、成人的初等学校）、中等教育（中学、工农速成中学、业余学校、中等专业学校）、高等教育（大学、专门学院和研究部）以及各级政治学校和政治训练班，此外，还有各级各类补习学校，函授学校以及聋哑、盲人等特殊学校。

新学制的主要特点是：体现了学校面向工农的原则；教育为生产建设服务的原则；重视在职干部再教育的原则；民族平等、男女平等的原则；方针、任务的统一性和方法、方式的灵活性相结合的原则。

这个新学制从 1952 年起，就在全国各地有计划有重点地逐步推行，促进了我国教育事业的发展，提高了广大劳动人民的文化科学水平，培养了大批的各级各类的建设人才。

（3）1958 年的学制改革

为了使我国的教育发展与社会主义建设事业的需要相适应，1958 年中共中央、国务院颁发了《关于教育工作的指示》，明确指出："现行的学制是需要积极地妥当地加以改革的。各省、市、自治区党委和政府有权对新学制积极地进行典型实验，并报告中央教育部。经过典型试验取得充分经验之后，应当规定全国通行的新学制。"其主要目的是"为了多快好省地发展教育事业。"在这次学制改革中，依据我国的国情，提出了"两条腿走路"的办学方针和"三个结合"、"六个并举"的具体办学原则，并确定了三类主要学校（全日制学校、半工半读学校、业余学校）的地位和作用。

三个结合的具体内容是：统一性和多样性结合；普及与提高结合；全面规划与地方分权相结合。六个并举的具体内容是：国家办学与厂矿企业、农村合作社办学并举；普通教育与职业（技术）教育并举；成人教育与儿童教育并举；全日制学校与半工半读、业余学校并举；学校教育与自学（包括函授学校、广播学校）并举；免费教育与收费教育并举。

（4）1985 年的教育体制改革

1976 年十年浩劫结束。特别是党的十一届三中全会以后，经过指导思想上的拨乱反正，国家迅速中止了教育上的混乱局面，采取了一系列措施着手重建和发展被破坏的学制系统。1985 年正式颁布了《中共中央关于教育体制改革的决定》，明确指出："要从根本上改变这种状况，必须从教育体制入手，有系统地进行改革"。改革的根本目的是"提高民族素质，多出人才，出好人才。"

这次教育体制改革的主要内容包括以下几个方面：加强基础教育，有步骤地实施九年义务教育；调整中等教育结构，大力发展职业技术教育；改革高等教育；对学校教育实行分级管理。

（5）20 世纪 90 年代的学制改革

为了指导 20 世纪末 21 世纪初我国教育的改革和发展，使教育更好地为社会主义现代化建设服务，1993 年 2 月 13 日，中共中央、国务院颁发了《中国教育改革和发展纲要》（以下简称《纲要》），从战略的高度对我国教育事业的发展作出了总体规划。《纲要》指出：我国教育事业的发展"在结构选择上，以九年义务教育为基础，大力加强基础教育，积极发展职业技术教育、成人教育和高等教育，把提高劳动者素质和培养初中级人才摆到突出位置"，并对各级教育的发展提出了要求和规划。

1995 年，经第八届全国人民代表大会第三次会议审议通过的《中华人民共和国教育法》是新中国成立以来的第一部教育大法，以法律形式规定了我国基本教育制度。1999 年，中共中央国务院提出了《中共中央、国务院关于深化教育改革，全面推进素教育的决定》，有关教育制度的内容：第一次明确提出教育目的，提出"两基"目标，即全国基本普及九年义务教育和基本扫除青壮年文盲。

（6）21 世纪的学制改革

2004 年，教育部提出《2003 年~2007 年教育振兴行动计划》，继续推进"三教统筹"（普通教育、职业教育、成人教育）和"农科教"结合；努力提高普及九年制义务教育的水平和质量，为 2010 年全面普及九年制义务教育和全面提高义务教育质量打好基础。

2010 年 6 月 21 日，通过了《国家中长期教育改革和发展规划纲要（2010~2020）》（简称《纲要》），这是 21 世纪以来我国第一个教育规划纲要，是指导教育改革和发展的纲领性文件。根据这一规划，今后一个时期我国教育事业改革发展的工作方针是：优先发展、育人为本、改革创新、促进公平、提高质量。纲要指出：坚持把教育摆在优先发展的战略地位，把育人作为教育工作的根本要求，把改革创新作为教育发展的强大动力，把促进公平作为国家基本教育政策，把提高质量作为教育改革发展的核心任务。到 2020 年，我国教育事业改革发展的战略目标是："两基本、一进入"，即基本实现教育现代化，基本形成学习型社会，进入人力资源强国行列。第一，加强基础教育，落实义务教育；第二，调整中等教育结构，发展职业教育；第三，稳步发展高等教育，走内涵发展为主的道路；第四，重视成人教育、发展终身教育。

（二）我国当前的学制

经过一个世纪的发展，我国现在已经建立了比较完整的学校教育制度。我国现行学制在1995年颁布的《中华人民共和国教育法》里得到了确认。我国现行学制包括以下几个层次的教育。

1.学前教育

学前教育的主要机构是幼儿园，招收3~6岁幼儿。任务是使幼儿在德、智、体等几方面得到发展，为接受小学教育做好准备。

2.初等教育

初等教育的机构主要是全日制小学。儿童一般6岁入学，修业年限为5~6年，属于义务教育。任务是给学生以德、智、体全面发展的基础教育，为接受中等教育打好基础。此外，同级的还有成人业余教育机构，包括各种成人文化补习班、识字班，属于扫盲性质的教育，招收成人文盲或半文盲；以及特殊儿童教育机构，如盲人学校、聋哑人学校。

3.中等教育

中等教育的主要机构是全日制普通中学，分初中、高中两个阶段，修业年限为6年，初中3年属于义务教育，高中3年。也有一部分学校实施"五四三"学制，即小学5年，初中4年，高中3年。任务是为国家培养后备力量和为高一级学校培养合格新生。职业高中、中等专业学校、技工学校等，一般与高中同级，修业年限分别为2~3年、3~4年、2~3年，任务是为国家各部门培养熟练劳动者和初中级技术人员。同级的还有成人中等学校，包括成人业余文化补习学校、电视中专、半工半读的职工中专和各种短期的职业培训班等。

4.高等教育

高等教育的机构主要为全日制高等学校，包括专科学校（2~3年）、大学（包括综合大学、专门大学和专门学院，4~5年）、研究生院（硕士研究生2~3年，博士研究生3~6年）和各种形式的业余大学。招收高中毕业生和同等学历者。全日制高等学校的任务是为国家培养高级专门人才、研究人员和学者。同级的还有成人高等学校，其形式与类型较多，主要的有函授学院、广播电视大学、管理干部学院、教育学院、职工大学、农民大学和自修大学（辅导学生参加成人高等自学考试）等，一般为专科，年限3~4年，招收在职人员和部分待业青年，为国家培养中级和高级专门人才。

四、义务教育制度

（一）义务教育的概念

义务教育是依据法律规定，适龄儿童和少年必须接受的，国家、社会、学校、家庭必须予以保证的国民教育。

（二）义务教育的特点

义务教育主要有三个特点：

（1）强制性。强制性的表现在两个方面：一是适龄儿童必须接受教育；二是国家必须予以保障。

（2）普及性。原则上义务教育覆盖我国所有适龄儿童、少年，也包括具有接受教育能力的盲、聋、哑、弱智和肢残的儿童、少年。

（3）免费性。《义务教育法》明确规定义务教育免收学费和杂费。

（三）我国的义务教育制度

1985年颁布的《中共中央关于教育体制改革的决定》，规定把普及九年义务教育的责任交给地方，有计划、有步骤地普及九年义务教育。

1986年4月全国六届人大四次会议通过了《中华人民共和国义务教育法》，规定国家实行九年制义务教育，标志着中国义务教育制度的确立。

2006年6月29日，中华人民共和国第十届全国人民代表大会常务委员会第二十二次会议再次修订通过《中华人民共和国义务教育法》（简称新《义务教育法》），该法自2006年9月1日起实施，由此拉开了我国义务教育向着均衡、公平方向发展的序幕。

新《义务教育法》规定了"国家实行九年义务教育制度"，"实施义务教育，不收学费、杂费。""义务教育实行国务院领导，省、自治区、直辖市人民政府统筹规划实施，县级人民政府为主管理的体制"等一系列制度。

我国义务教育的学制年限方面，实行多种方式，有"六三制"、"五四制"、"九年一贯制"，有幼儿园、小学、初中一贯制等形式。各地根据实际情况，灵活采取不同的学制形式。

【真题在线】

[2012年下半年] 当前我国九年制义务教育学制年限划分采用的是（   ）。

A. "六三"制　　　　　　B. "五四"制　　　　　　C. 九年一贯制　　　　　　D. 多种形式并存

【答案及解析】D 我国义务教育的学制年限方面，实行多种方式，有"六三制""五四制""九年一贯制"、有幼儿园、小学、初中一贯制等形式。各地根据实际情况，灵活采取不同的学制形式。

【强化训练】

一、单项选择题

1. （   ）是教育制度的主要构成部分，是其核心和主体。

A. 教育政策法规　　　　B. 学校管理制度　　　　C. 教育领导体制　　　　D. 学校教育制度

2. 中国教育史上第一个系统完备的现代学制是（   ）。

A. 壬寅学制　　　　　　B. 癸卯学制　　　　　　C. 壬子癸丑学制　　　　D. 壬戌学制

二、简答题

1. 简述义务教育的特点。

2. 简述学制改革发展的主要趋势。

第六节　教育目的

【导读】

在进行教育活动之先，人们对于要把受教育者培养成什么样的人，已经在观念上有了某种预期的结果或理想的形象。人们其所以进行教育活动，也就是要引起受教育者的身心发生预期的变化，形成他们的个性，使他们成长为合乎社会需要的人。这种预期的结果或理想的形象，就是我们所说的教育目的。

一、教育目的概述

（一）教育目的的概念

教育目的是教育的核心问题，是指国家对各级各类学校教育关于人的培养质量、规格的总规定，是指导、调节教育活动的根本因素，是一切教育活动的出发点和归宿点。

广义的教育目的是指人们对受教育者的期望，即人们希望受教育者通过教育在身心诸方面发生什么样的变化，或者产生怎样的结果。国家和社会的教育机构、学生的家长和亲友、学校的教师等，都对新一代寄予这样或那样的期望，这些期望都可以理解为广义的教育目的。

狭义的教育目的是国家对把受教育者培养成为什么样人才的总的要求。任何一个时代，任何一个国家，教育目的的提出，无不是以社会政治经济制度的需要为背景的；同时，也要兼顾教育对象的身心发展水平。因此，教育目的对所有的学校具有指导意义。

（二）教育目的的意义和作用

目的是一种引导和推动人们在实践中改造世界、改造社会的精神性动力。目的为实践指明方向，使实践带有自觉性；实践将目的付诸实现，使目的具有客观现实性。目的与实践的关系表现为，一个具体的目的是人们实践活动的起点，并体现于实践活动的全过程和归宿中。假如教育目的强调培养军人或武士，教育体系遂有军国主义倾向；教育目的强调培养国家公民，教育目的遂有重视基础教育和注重民族性倾向；教育目的强调个性自由发展，教育体系遂有灵活多样和自由活泼的倾向。教育目的对整个教育工作的指导意义是通过发挥以下作用实现的：

1. 导向作用

教育目的一经确立就成为人们行动的指南。教育目的具有引导受教育者的发展方向，制约受教育者的发展进程的作用。教育目的中所设想的人的身心素质既体现个体身心发展的需要又反映一定时代社会现实的发展趋势对受教育者的发展的客观需求，既为受教育者指明了一个发展的美好前景（方向）又提出了发展的要求（内容）。

2. 激励作用

目的反映人的需要和动机，是人们在一起共同活动的基础。因此，共同的目的一旦被人们认识和接受，它不仅能指导整个实践活动过程，而且能够激励人们为实现共同的目标而努力。

3. 评价作用

教育目的是衡量和评价教育实施效果的根本依据和标准。评价学校的办学方向、办学水平和办学效益；检查教育教学工作的质量；评价教师的教学质量和工作效果；检查学生的学习质量和发展程度等工作，都必须以教育目的为根本标准和依据进行。

因此，教育目的明确了教育对象未来的发展方向和预定的发展结果，指导着整个教育活动的开展，支配着教育工作的各个方面和全过程。无论是教育政策的制定，教育制度的建立，还是教育内容的确定，教育方法的选择及效果的评价等，都受到教育目的的制约。

（三）教育目的层次结构

1. 教育目的的基本层次

教育目的是各级各类教育培养人的总要求，是各级各类学校工作遵循的总方针，但它不能代替各级各类学校对所培养的人的特殊要求。各级各类学校还有各自的具体培养目标，这便决定了教育目的的层次性。教育目的的层次包括：国家的教育目的；各级各类学校的培养目标；教师的教学目标。

2. 各级各类学校培养目标

（1）各级各类学校培养目标的确立

根据各级各类学校要完成各自的任务确定的对所培养的人的特殊要求，我们习惯上称为培养目标。它是由特定的社会领域（如教育领域、医疗卫生领域、工业生产领域、农业生产领域等）和特定的社会层次（如工程师、专家、科学家；小学教师、中学教师、大学教师）的需要决定的；也因受教育对象所处的学校级别（如初等、中等、高等学校）而变化。为了满足各行各业、各个社会层次的人才需求和不同年龄层次受教育者的学习需求，才有各级各类学校的建立。各级各类学校要完成各自的任务，培养社会需要的合格人才，就要制定各自的培养目标。

（2）教育目的与培养目标之间的关系

教育目的与培养目标之间是普遍与特殊的关系。教育目的是针对所有受教育者提出的，而培养目标是针对特定的教育对象提出的，各级各类学校的教育对象有各自不同的特点，制定培养目标需要考虑各自学校学生的特点。

3. 教师的教学目标

教学目标是教育者在教育教学过程中，在完成某一阶段（如一节课、一个单元或一个学期）工作时，希望受教育者达到的要求或产生的变化结果。学校培养人的工作是长期的、复杂而又细致的，学校实现教育目的和培养目标不是一蹴而就的事，对学生的培养要靠日积月累。这就要求学校、教师将教育目的、培养目标具体化，并明确在每一阶段、每一学科、每一次活动时，希望学生在认知、情感、行为和身体诸方面需要达到的具体目标。

教学目标与教育目的、培养目标的关系是具体与抽象的关系，他们彼此相关，但相互不能取代。目的与目标根本不同，目标能测量，但目的不能测量。我们在研究教育目的时必须弄清是什么主体的教育目的，以便在不同场合使用的"教育目的"虽表示不同意义但有准确的定位，这些不同主体的教育目的可以构成相互联系的有机统一。

二、教育目的理论

（一）教育目的的个人本位论

其代表人物有卢梭、夸美纽斯、福禄倍尔、裴斯泰洛齐及中国古代的孟轲等人。主张确定教育目的应从人的本性、本能需要出发，使人的本性和本能得到高度发展。其具体观点是：教育目的不是根据社会需要制定的，而是根据个人发展需要制定的；一个人应为他自己受教育，而不是为社会需要受教育；教育的个人价值高于社会价值，个人决定社会，而不是社会决定个人；人生来就有健全的本性和本能，教育目的就是使这种本性和本能顺利地得到发展。这种教育目的观，在一定历史条件下，有过积极作用，但从根本上来说则是不全面的。

（二）教育目的的社会本位论

其代表人物有中国古代的孔子和国外的斯宾塞、涂尔干、孔德、凯兴斯坦等。主张确定教育目的不应该从人的本性需要出发，应该从社会需要出发，社会需要是确定教育目的的唯一依据。具体观点是：个人的发展有赖于社会，没有社会需要就谈不上个人的教育和发展；教育除社会目的之外，没有其他目的；教育成果只能以社会功能来衡量。这种教育目的观十分重视教育目的的社会制约性，是值得肯定的。但完全否认教育目的对个体的依存，否认教育对象对教育目的的影响，则是不可取的。

（三）教育无目的论

其代表人物是美国的实用主义教育家杜威。他主张"教育即生活"的无目的教育理论。这种理论从根本上否定了教育是一种有目的的培养人的活动。认为教育就是社会生活本身，是个人经验的不断扩大积累，教育过程就是教育目的，教育之外再没有什么教育目的。这种把教育与社会生活、教育过程与教育目的混在一起的主张，是实用主义教育理论的一种表现，是不科学、不可取的。

（四）教育目的的辩证统一论

这是马克思主义的教育目的论。它主张教育是培养人的活动，教育目的要考虑人的身心发展的各个要素。给予个体自由地充分发展，并予以高度重视；但不是抽象的脱离社会和历史来谈人的发展，而是把个体的发展放在一定的历史范围之内，放在各种社会关系中考察，因而把两者辩证地统一起来。此观点准确地揭示了社会需要与个人发展的辩证关系及其对教育目的的意义，克服了个人本位论与社会本位论的片面性。作为教育实践活动，首先要服务的是社会，适应社会的需要，为一定社会培养人才。而社会对人的需要必然要涉及到人才的发展问题。二者共同作为教育目的的客观依据，并根据两者之间的辩证关系认识各自在教育目的确定中的具体作用，为解决教育目的的依据问题确定了正确的途径。

[2012年下半年] 在教育目的的价值取向上，主张教育是为了使人增长智慧、发展才干、生活更加充实幸福的观点属于（　　）。

A.个人本位论　　　　　　B.社会本位论　　　　　　C.知识本位论　　　　　　D.能力本位论

【答案及解析】A 个人本位论主张教育应从人的本性、本能需要出发，使人的本性和本能得到高度发展。

三、教育目的的制定依据

（一）教育目的的制定受制于特定的社会政治、经济、文化背景

教育目的就其本质来说，是要培养社会所需要的人。但是，由于教育目的具有社会制约性，存在社会制度、经济条件、文化历史背景的不同，教育目的的内涵也不尽相同。

1. 不同的社会发展阶段有不同的教育目的

教育目的具有历史性、时代性、社会性，在阶级社会具有鲜明的阶级性。教育目的随时代的变迁、社会条件的变化而变化，万古不变的教育目的是没有的。

2. 不同的社会制度有不同的教育目的

在阶级社会里，不同的政治制度有不同的教育目的，教育目的决定于统治阶级的利益，决定于一定社会的生产关系和政治制度，它集中反映了统治阶级对培养人的根本要求。

3. 不同国家的文化背景也使教育培养的人各具特色

不同国家、不同时代的教育目的的制定，都受到当时的社会政治、经济、文化等因素的影响。因此，教育目的是社会需求的集中反映，是教育性质的集中体现。它反映了社会政治和社会生产的需求，体现了教育的历史性、阶级性和生产性的性质。

（二）教育目的体现了人们的教育理想

教育目的是一种理想，它同政治理想、社会理想等紧密结合在一起，因此，从不同的哲学观点出发就有不同的教育目的，如实用主义教育目的，要素主义教育目的，永恒主义教育目的，存在主义教育目的等。

在漫长的教育实践历史进程中，人们从各自的理想出发，赋予了教育所要培养的人以不同的内涵。如柏拉图把教育的最高目的限定在培养治理国家的哲学家上，他们是"心灵的和谐达到完美的境地"的人。而启蒙运动的先锋卢梭心目中的理想人是一个自然天性获得了自由发展的人，他身心协调和谐，既有农夫或运动员的身手，又有哲学家的头脑；他心地仁慈，乐于为善，感觉敏锐，理性发达，爱美，既富于情感，更富于理智，还掌握了很多有用的本领。人文主义者拉伯雷心目中理想的人能读、能写、能唱、能弹奏乐器，会说四至五种语言，会写诗作文，勇敢、知礼、健壮、活泼、爱做什么就做什么。我国近代梁启超主张培养的人应具有的特征是：公德、国家思想、进取冒险、权力思想、自由、自治、进步、自尊、合群、生利分利、毅力、义务思想、尚武。

（三）我国教育目的建立的基础是马克思主义关于人的全面发展的学说

我国的教育目的是建立在马克思关于人的全面发展学说基础上的。马克思主义关于人的全面发展学说为社会主义教育目的的制定提供了重要的方法论的指导和理论上的依据。

马克思主义关于人的全面发展的学说是建立在历史唯物主义和剩余价值学说的理论基础上的，它把人的全面发展既看成是现代化大生产的客观要求，也是对于共产主义新人的理想蓝图的描绘。

马克思主义关于人的全面发展学说的基本理论有如下要点：全面发展的人是精神和身体、个体性和社会性得到普遍、充分而自由发展的人；社会条件决定了人朝什么方向发展，怎样发展，发展到什么程度；

从历史发展的进程来看，人的发展受到社会分工的制约；现代大工业生产的高度发展必将对人类提出全面发展的要求，并提供全面发展的可能性；马克思预言，人类的全面发展只有在共产主义社会才能得以实现；教育与生产劳动相结合是实现人的全面发展的唯一方法。

马克思主义关于人的全面发展的学说确立了科学的人的发展观，指明了人的发展的必然规律，并为我们制定教育目的提供了理论依据。我们只有正确地理解马克思主义关于人的全面发展的学说，并结合当前社会实际情况，才能制定出科学的教育目的。

四、我国的教育方针

（一）新中国不同历史时期的教育方针

建国以来，我国教育目的的表述发生过多次变动。

1957年，在生产资料所有制的社会主义改造基本完成以后，毛泽东在最高国务会议上提出："我们的教育方针，应该使受教育者在德育、智育、体育几方面都得到发展，成为有社会主义觉悟的有文化的劳动者。"

1958年，中共中央、国务院在《关于教育工作的指示》中提出了"两个必须"的教育方针，规定："党的教育工作方针是教育必须为无产阶级政治服务，必须同生产劳动相结合。"

1981年，党的十一届三中全会通过的《中国共产党中央委员会关于建国以来若干历史问题的决议》中指出，我们必须"坚持德智体全面发展，又红又专，知识分子与工人农民相结合，脑力劳动与体力劳动相结合的教育方针。"

1982年，第五届全国人民代表大会第五次会议通过了《中华人民共和国宪法》，其中规定："国家培养青年、少年、儿童在品德、智力、体质等方面全面发展。"

1985年，《中共中央关于教育体制改革的决定》指出：教育要为我国的经济和社会发展培养各级各类合格人才，"所有这些人才，都应该有思想、有道德、有文化、有纪律，热爱社会主义祖国和社会主义事业，具有为国家富强和人民富裕而艰苦奋斗的奉献精神，都应该不断追求新知，具有实事求是、独立思考、勇于创造的科学精神。"

1986年通过的《中华人民共和国义务教育法》规定了我国义务教育的目的："义务教育必须贯彻国家的教育方针，努力提高教育质量，使儿童、少年在品德、智力、体质等方面全面发展，为提高全民族的素质培养有理想、有道德、有文化、有纪律的社会主义建设人才奠定基础。"

1993年中共中央、国务院印发的《中国教育改革和发展纲要》重申："各级各类学校要认真贯彻：教育必须为社会主义现代化建设服务，必须与生产劳动相结合，培养德、智、体全面发展的建设者和接班人的方针。"

1995年，第八届全国人民代表大会第三次会议通过的《中华人民共和国教育法》规定教育要"培养德、智、体等方面全面发展的社会主义事业的建设者和接班人"。

【真题在线】

[2011年下半年]1958年，我国曾提出"两个必须"的教育方针，"两个必须"是指（　　　）。

A.教育必须为当前建设服务，必须与生产劳动相结合

B.教育必须为阶级斗争设服务，必须与社会活动相结合

C.教育必须为无产阶级政治服务，必须与生产劳动相结合

D.教育必须为社会主义建设服务，必须与工农动相结合

【答案及解析】C"两个必须"是指教育必须为无产阶级政治服务，必须同生产劳动相结合。

（二）现阶段我国的教育目的及基本精神

1999 年 6 月，中共中央、国务院颁布了《关于深化教育改革，全面推进素质教育的决定》（以下简称《决定》），《决定》提出教育要"以培养学生创造精神和实践能力为重点，造就'有理想、有道德、有文化、有纪律'的、德智体美等全面发展的社会主义事业建设者和接班人"。

教育目的的这一表述体现了时代的特点，反映了现阶段我国教育目的的基本精神：

第一，我国的教育目的要求培养的人是社会主义事业的建设者和接班人，因此要坚持思想政治道德素质与科学文化知识能力的统一。

第二，我国的教育目的要求学生在德、智、体等方面全面发展，要求坚持脑力劳动与体力劳动两方面的和谐发展。

第三，我国的教育目的需要适应时代发展的要求，强调学生个性的发展，培养学生的创造精神和实践能力。

第四，我国的教育目的的实现途径是教育与生产劳动和社会实践相结合。

五、全面发展教育

素质教育强调培养学生在德智体美劳等方面全面发展，为此，《决定》指出："实施素质教育，必须把德、智、体、美、劳等有机地统一在教育活动的各个环节中。学校教育不仅要抓好智育，更要重视德育，还要加强体育、美育、劳动技术教育和社会实践的教育，使诸方面教育相互渗透、协调发展，促进学生的全面发展和健康成长。"全面发展并不是指这五个方面都要发展的很好，而是说这几个方面都要得到发展。同时，不要求学生门门功课都精通，学生可以有自己的特长。

（一）德育

德育是教育工作者组织适合受教育者品德成长的价值环境，是培养学生正确的人生观、世界观、价值观，使学生具有良好的道德品质和正确的政治观念，形成学生正确的思想方法的教育。

普通中学在德育方面的要求是：①帮助学生初步了解马克思主义的基本观点和具有中国特色的社会主义理论；②热爱党、热爱人民、热爱祖国、热爱劳动、热爱科学；③建立民主和法制的意识，养成实事求是、追求真理、独立思考、勇于开拓的思维方法和科学精神；④形成社会主义的现代文明意识和道德观念；⑤养成适应不断改革开放形势的开放心态和应变能力。

（二）智育

智育是教育者创设一定的情境以提升教育对象的智慧水平为目标的教育，即授予学生系统的科学文化知识、技能，发展他们的智力和与学习有关的非认知因素的教育。

普通中学在智育方面的要求是：①帮助学生在小学教育的基础上，进一步系统地学习科学文化基础知识，掌握相应的技能和技巧；②发展学生的思维能力、想象能力和创造能力，养成良好的学习习惯和自学能力；③培养学生良好的学习兴趣、情感、意志和积极的心理品质。

（三）体育

体育是指以发展学生的体能为目标的教育活动，授予学生健康的知识、技能，发展他们的体力，增强他们的自我保健意识和体质，培养参加体育活动的需要和习惯，增强其意志力的教育。

普通中学在体育方面的要求是：①使学生掌握基本的运动知识和技能，养成坚持锻炼身体的良好习惯；②培养学生的竞争意识、合作精神和坚强毅力；③培养学生良好的卫生习惯，了解科学营养知识。

（四）美育

美育是培养学生感受美、鉴赏美、表现美、创造美的能力，从而促进学生追求人生的情趣与理想境界为目标的教育，即健康的审美观、高尚的情操与文明素养的教育。美育不等于艺术教育，也不仅仅是

"美学"的学习，它的内容要比艺术教育和"美学"学习宽阔得多。

普通中学在美育方面的要求是：①提高学生感受美的能力，即对自然、社会中存在的现实美，对艺术作品的艺术美的感受能力。提高学生感受美的能力，从根本上说是提高人的整体性的精神素养。②培养学生鉴赏美的能力，即具有美学的基础知识，具有分辨美与丑、文明与野蛮、优与劣的能力，具有区分美的程度和种类的能力，懂得各种类型美的特性与形态的丰富性，领悟美所表达的意蕴和意境，从而达到"物我同一"的审美境界，并使人格与性情得到陶冶。③形成学生创造美的能力，即能把自己独特的美感用各种不同的形式表达出来的能力。创造美的能力既包括艺术美的创造，也包括生活美的创造。形成学生创造美的能力是美育的最高层次的任务。

（五）劳动技术教育

劳动技术教育是引导学生掌握劳动技术知识和技能，形成劳动观点和习惯的教育。劳动技术教育包括劳动教育和技术教育两个方面。开展劳动技术教育有重要的意义：劳动技术教育有利于促进学生的全面发展；加强劳动技术教育是提高全民族科学文化素质的需要，也是解决当前学生缺乏劳动能力的现实需要；劳动技术教育的推广是世界各国教育的共同趋势。

普通中学在劳动技术教育方面的要求是：①通过科学技术知识的教学和劳动实践，使学生了解物质生产的基本技术知识，掌握一定的职业技术知识和技能，培养学生的动手能力，养成良好的劳动态度、劳动习惯和艰苦奋斗的精神；②结合劳动技术教育，还可以授予学生一定的商品经济知识，使学生初步懂得商品的生产、经营和管理，了解当地的资源状况和经济发展规划，以及国家的经济政策、法律法规，具有一定的收集和利用商品信息的能力。

综上所述，德育、智育、体育、美育和劳动技术教育都是全面发展的有机组成部分。它们各自有自身的基本任务，不能相互代替，但又是相互联系，相互促进的一个整体。其中，德育是实施各育的思想基础，为其它各育起着保证方向和保持动力的作用；智育是其他各育的知识和智力基础，各育的实施都不能离开知识技能教育；体育为各育的实施提供健康基础，是各育得以实施的物质保证；美育和劳动技术教育是德、智、体的具体运用与实施，可以促进学生德、智、体的发展和提高。因此，对学生实施德育、智育、体育、美育和劳动技术教育，是实现教育目的培养全面发展人才的基本教育内容。

【强化训练】

一、单项选择题

1. 主张"教育即生活"的无目的教育理论的是（　　　　）。
A. 杜威　　　　　　B. 陶行知　　　　　　C. 赫尔巴特　　　　　　D. 卢梭
2. 当前我国全面发展教育的组成部分是德育、智育、（　　　）。
A. 体育　　　　　　　　　　　　　　B. 体育、美育
C. 体育、美育、劳动教育　　　　　　D. 体育、美育、劳动技术教育

二、简答题

1. 简述教育目的的作用或功能。
2. 简述教育目的制定的依据。

【内容精要】

1. 教育有广义和狭义之分。广义的教育泛指一切增进人的知识和技能、发展人的智力和体力、影响人的思想和品德的活动。狭义的教育主要指的是学校教育，学校教育有三个构成要素：教育者、受教育者与教育影响。

2. 有关教育的起源的说法有四种：神话起源说、生物起源说、心理起源说和劳动起源说。教育的基本

形态有三种：家庭教育、社会教育和学校教育。教育的历史发展主要经历了四个阶段：古代教育、文艺复兴后的欧洲教育、近代教育和 20 世纪以后的教育。

3. 教育学的发展经历了历史上的教育学思想、教育学的建立与变革、当代教育学的发展几个阶段。不同阶段有不同的代表人物及思想观点。教育研究的基本方法有观察法、调查法、历史法、实验法和行动研究法。

4. 教育与社会发展的关系主要体现在：一方面，教育对人口、社会生产力、社会政治经济制度和精神文化具有促进作用；另一方面，人口、社会生产力、社会政治经济制度和精神文化对教育具有制约作用。

5. 教育对人的发展具有一定的影响。人的发展包括生理的发展和心理的发展，人的发展顺序性与阶段性、不平衡性、互补性、相似性与个别差异性。青春期的个体在身体外形、体内机能、脑的发育、性的发育和成熟等方面都有其独特的特征。人的发展受到遗传、环境、教育和人的主观能动性的影响。

6. 教育制度有广义和狭义之分。广义的教育制度指国民教育制度，是一个国家为实现其国民目的，从组织系统上建立起来的一切教育设施和有关规章制度。狭义的教育制度指学校教育制度，简称学制。学制有三种类型：双轨制、单轨制和分支型学制。学制的影响因素有：生产力发展水平和科学技术发展状况、社会政治经济制度、青少年身心发展规律、本国学制的历史发展和外国学制的影响。西方发达国家学制改革的主要趋势有：义务教育年限不断延长；普通教育与职业教育朝着相互渗透；高等教育大众化、普及化；终身教育体系不断完善。我国学制的发展经历了旧中国学制的演变和新中国的学制改革。我国现行学制包括学前教育、初等教育、中等教育和高等教育几个层次的教育。义务教育的特点有：强制性、普及性和免费性。

7. 教育目的是教育的核心问题，是指国家对各级各类学校教育关于人的培养质量、规格的总规定。教育目的具有导向、激励和评价三个作用。教育目的理论主要有四个：个人本位论、社会本位论、教育无目的论和教育目的的辩证统一论。我国教育目的的发展经历了不同的时期，最终形成了现今的教育目的，即"以培养学生创造精神和实践能力为重点，造就'有理想、有道德、有文化、有纪律'的、德智体美等全面发展的社会主义事业建设者和接班人"。全面发展的教育是把德、智、体、美、劳等有机地统一在教育活动的各个环节中，学校教育不仅要抓好智育，更要重视德育，还要加强体育、美育、劳动技术教育和社会实践的教育，使诸方面教育相互渗透、协调发展，促进学生的全面发展和健康成长。

【本章自测】

一、单项选择题（本大题共 10 个小题，每个 3 分，共 30 分）

1. 人的身心发展的内在动力是（   ）。
A. 环境　　　　B. 遗传素质　　　　C. 教育　　　　D. 个体主观能动性

2. 提出"白板说"思想的教育家是（   ）。
A. 夸美纽斯　　B. 康德　　　　　　C. 卢梭　　　　D. 洛克

3. 人的身心发展是指（   ）。
A. 身体和心理的发展　　　　　　B. 个性的品德的形成
C. 体重和身高的增加　　　　　　D. 技能和技巧的提高

4. 关键期体现了个体身心发展的（   ）。
A. 阶段性　　　B. 个体差异性　　　C. 不平衡性　　D. 互补性

5. 一个国家教育经费投入的多少最终取决于（   ）。
A. 文化传统　　B. 受教育者的需求　C. 生产力发展水平　D. 教育的规模

6. 关于全面发展，下列说法中错误的是（   ）。
A. 德、智、体、美、劳等方面都得到发展
B. 使每位学生在德、智、体、美、劳等方面都得到同样的发展
C. 学生可以有自己的特长
D. 不要求学生门门功课都精通

7.1762 年，法国启蒙思想家卢梭出版了反映其"自然教育"思想的著作（　　　）。

A.《教育漫话》　　　　　　　　　B.《林哈德与葛笃德》

C.《人的教育》　　　　　　　　　D.《爱弥儿》

8. 我国教育目的的理论基础是（　　　）。

A. 社会本位论　　　B. 个人本位论　　　　C. 马克思主义　　　　D. 人的全面发展学说

9. 我国现行学制的类型是（　　　）。

A. 单轨学制　　　B. 双轨学制　　　　　C. 分支型学制　　　　D. 以上都不是

10. 当代教育制度的发展方向是（　　　）。

A. 全民教育　　　B. 教育民主化　　　　C. 终身教育　　　　　D. 教育公平化

二、辨析题（本大题共 2 个小题，每个 10 分，共 20 分）

1. 教育就是指学校教育。

2. 人的发展完全由环境决定。

三、简答题（本大题共 3 个小题，每个 10 分，共 30 分）

1. 简述古代学校教育的特征。

2. 简述教育对政治制度的影响。

3. 简述教育制度的特点。

四、材料分析题（20 分）

有些教师说他们没学过教育学，但是一样办了几十年教育，教了几十年课，培养了一届又一届的学生。还有一些教师说，孔子有没有学过教育学，但他还是成为了万世师表。

你认为上述的观点正确吗? 运用所学原理进行分析。

第二章　中学课程

【考纲链接】

1.了解不同课程流派的基本观点，包括学科中心课程论、活动中心课程论、社会中心课程论等；理解课程开发的主要影响因素，包括儿童、社会以及学科特征等。

2.掌握基本的课程类型及其特征，其中包括分科课程、综合课程、活动课程；必修课程、选修课程；国家课程、地方课程、校本课程；显性课程、隐性课程等。

3. 了解课程目标、课程内容、课程评价等涵义和相关理论。

4.了解我国当前基础教育课程改革的理念、改革目标及其基本的实施状况。

第一节　课程概述

【导读】

课程是学校教育的基础，课程理论是教育科学体系中的重要分支。课程改革是教育改革的核心，课程研究与教学研究同样重要。课程论侧重研究提供哪些教育内容，怎样有效地组织这些内容，即"教什么"；教学论侧重的是研究如何有效地教学这些内容的问题，即"如何教"。

一、课程的概念

"课程"的原始含义是学习的范围与进程。在我国，"课程"一词始见于唐朝。宋代朱熹在《朱于全书·论学》中提及"宽着期限，紧着课程"，"小立课程，大作工夫"就是这意思。在西方，"课程"一词源于拉丁语，意为跑马道，指学生要沿着学习的"跑道"进行学习。英国的牛津字典和美国韦伯字典也把课程理解为"学习的进程"。把课程用于教育科学的专门术语，始于英国教育家斯宾塞，作为教育科学的重要倡导者，他把课程解释为教学内容的系统组成。

关于课程的科学含义，目前在国内外课程论专家中还没有统一的、一致性认识。我国很多教育教材都把课程界定为广义和狭义两种。广义的课程是指学生在校期间所学内容的总和及进程安排。狭义的课程特指某一门学科。我们所研究的课程是广义的，是各级各类学校为实现培养目标而规定的学习科目及其进程的总和。具体包括以下内容：

第一，课程是某一类学校中所要进行的德、智、体全部教育内容的总和；

第二，课程不仅包括各门学科，课内教学，也包括课外活动、家庭作业和社会实践活动；

第三，课程兼有计划、途径、标准的含义。不仅规定了各门学科的目的、内容及要求，而且规定了各门学科设置的程序和课时分配，学年编制和周学时的安排。

二、课程的分类

（一）基础型课程、拓展型课程、研究型课程

根据课程任务的角度进行分类，课程可以分为基础型课程、拓展型课程和研究型课程。

1. 基础型课程

基础型课程是一种注重学生基础培养的课程，它的内容是基础的，以基础知识和基本技能为主，不仅注重知识、技能的传授，也注重思维力、判断力等能力的发展和学习动机、学习态度的培养。我国十分重视基础课程的教学，特别是在义务教育阶段。基础型课程是必修的、共同的课程，无论哪个学生都要学习。基础型课程要求很严格，必须有严格的考试。基础型课程的内容是不断发展的，它随学段的不同而有所不同。

2. 拓展型课程

拓展型课程，注重拓展学生知识与能力，开阔学生的知识视野，发展学生各种不同的特殊能力，并迁移到其他方面的学习。例如，注重加强学生文学、艺术鉴赏方面教育与拓展学生文化素质的文化素养课程和艺术团队活动的教育，注重加强学生科学素质教育、培养学生知识与社会实践相结合的能力课程，都属于拓展型课程。拓展型课程常常以选修课的形式出现，比起基础型课程来有较大的灵活性。

3. 研究型课程

研究型课程，注重培养学生的探究态度与能力。这类课程可以提供一定的目标、一定的结论，而获得结论的过程和方法则由学生自己组织、自己探索和研究，教师引导他们形成研究能力与创新精神；也可以不提供目标和结论，由学生自己确立目标、得出结论。课程从问题的提出、方案的设计到实施以及结论的得出，完全由学生自己来做，重研究过程甚于注重结论。

基础型课程、拓展型课程、研究型课程三者之间关系紧密，基础型课程的教学是拓展型、研究型课程的学习基础，拓展型课程的教学是研究型课程的学习基础，而从一定程度来说，拓展型、研究型课程的学习，对基础型课程的教与学两方面都起着至关重要的增益促效的基础作用。各类型、各科目课程在教育过程中虽然任务不同、层次要求不同，但都具有渗透性、综合性。从课程目标来说，基础型、拓展型、研究型课程，在不同层次的要求上功能互补递进，合力形成一个整体；三类课程在课程体系中有机地组成整体，在全面提高全体学生素质与发展学生个性特长方面起着十分重要的作用。

（二）国家课程、地方课程、学校课程

根据课程制定者或管理层次进行分类，课程可以分为国家课程、地方课程和学校课程。

1. 国家课程

国家课程是指由中央教育行政机构编制和审定的课程，其管理权属中央级教育机关，是国家一级课程。它编订的宗旨是保证国家确定的普通教育的培养目标和普通教育的世界先进水准，规定学生应掌握的基础知识和基本能力。这类的课程计划、教学大纲和教材由国家统一审定，未经批准，地方不得随意变动。国家课程的编制往往采用研制——开发——推广的开发模式，实施"中央—外围"即自上而下的政策，以确保一个国家所实施的课程能够达到统一、共同的质量。

2. 地方课程

地方课程是指省、自治区、直辖市教育行政机构和教育科研机构编订的课程，属二级课程。二级课程的编订权在省、自治区和直辖市，县、校不经批准无权变动。省市级课程的编订的宗旨是补充、丰富国家级课程的内容或编订本地区需要的教材。

3. 学校课程

学校课程是指在具体实施国家课程和地方课程的前提下，通过对本校学生的需求进行科学评估，充分利用当地社区和学校的课程资源而开发的多样性的、可供学生选择的课程。其目的在于尽可能满足各社

区、学校、学生之间客观存在的差异性，因而具有一定的适应性和参与性，通常以选修课或特色课的形式出现，学校课程的开发可分为新编、改编、选择和单项活动设计等。

学校课程开发的原则有：科学性原则、多元化原则、自主性原则、适宜性原则、补充性原则、适应性原则和特色性原则。

（三）必修课程、选修课程

从课程选修的角度进行分类，课程可以分为必修课程和选修课程。

1. 必修课程

必修课程是指同一学年的所有学生必须学习的公共课程，是为保证所有学生的基本能力而开发的课程。必修课程关注学生基本的科学文化素质，追求知识与技能的基础性、全面性、系统性、完整性，为学生的一般发展奠定知识技能与情感态度基础。必修课程的根本特征是其强制性，它是社会或机构权威在课程中的体现，具有多方面的功能。

2. 选修课程

选修课程是指依据不同学生的个性特点与发展方向，允许个人自由选择的课程，是为适应学生的个别差异而开发的课程。选修课可以对必修课的内容进行拓展或深化，可以拓展学生的知识与技能，发展学生的兴趣和特长，培养学生的个性。它扩展了学校课程的种类与范围，促进教师的专业成长，使学校课程生机勃勃，充满活力，强化了学校课程与知识世界的动态联系，促进学校特色的形成与办学模式的多样化。选修课程"更应该致力于让学生有选择地学习，促进学生有个性地发展"。"有选择"和"个性发展"强调选修课是基于学生自主和服务学生个性发展的教学。

选修课和必修课之间的不同主要体现在：（1）从教学目标看，必修课侧重共同知识、技能、素质的形成，为学生的终身发展奠定共同的根基；而选修课则侧重拓展学科视野，深化学科知识与技能，发展学生的特长、个性；（2）从教学功能看，必修课传授基本的科学文化知识、技能、技术，保障基本能力，培养基本素质，奠定个性化发展和终身学习的基础；而选修课则着眼于学科知识的拓展、深化，满足学生的兴趣爱好，发展学生的个性与特长；（3）从教学内容看，必修课强调知识技能的基础性、基本性、系统性与完整性，内容比较稳定；而选修课则关注较深、较广、较新的知识技能与当代社会生活中的重大问题，有较大的弹性，且须随时代变化及学生的要求进行及时调整；（4）从教学方法看，必修课实施应循序渐进、线性推进，注重课堂讲授，讨论探究和加强基本技能的训练；而选修课则可跨越跃进，以非线性的方式加以实施，专家讲座、学生自学、讨论、实践为其基本形式。

当然，这种区分仅具有相对的意义，对那些学科课程中的选修模块来说，其教学与必修模块的教学有许多共同之处。选修课和必修课具有等价性，即两者具有相等的价值。必修课与选修课彼此之间不存在主次关系，选修课程不是必修课程的附庸或陪衬，是具有相对独立性的一个课程领域。

（四）学科课程、活动课程、综合课程

根据课程的组织核心进行分类，课程可以分为学科课程、活动课程和综合课程。

1. 学科课程

学科课程，又称分科课程，是按一门门学科编制的多学科并列的课程，有较强的逻辑体系，注重知识的传授，知识相对独立，但不利于联系实际和吸收新学科的知识。其优点是有助于人类文化遗产的完整保存与传递，有助于教师组织教学，学生能获得系统完整的知识体系。缺点在于容易导致青少年机械被动的学习，缺乏与实际的联系；学科间划分过于细致，容易造成学生知识的割裂，不利于学生对事物的整体认识；由于教材偏重逻辑，易造成学生死记硬背，忽视对知识的真正理解；学科种类繁多易造成学生负担过重。

【真题在线】

[2012年上半年] 在中学阶段开设语文、数学、物理、化学等课程属于（　　　）。

A.学科课程　　　　　　B.综合课程　　　　　C.活动课程　　　　　D.社会课程

【答案及解析】A 在中学阶段开设语文、数学、物理、化学等课程属于学科课程。

2.活动课程

活动课程，又称"经验课程"、"儿童中心课程"，是指从儿童的兴趣和需要出发，以儿童的活动为中心，通过亲身体验获得直接经验的课程。最早提出活动课程思想的是法国教育工作者卢梭。他主张儿童应在大自然中通过身体锻炼、劳动和观察事物来学习。20世纪初，美国实用主义教育家杜威以实用主义哲学和进步主义思想为基础，建立了完整的活动课程论，并付诸实践。其优点是改变了学生在教学过程中静听的被动状态，使学生在活动中积极地探索，有利于培养学生的主体性和解决实际问题的能力。其缺点是活动课程不是预先的规定，带有偶发性质，教科书只是学生学习的参考资料，很难保证知识系统的完整性。

3.综合课程

综合课程，又称为广域课程，它是为了克服学科课程的封闭性和活动课程的随意性而通过合并相邻领域学科的办法，把若干门教材组织在一门学科中综合而成的。这种综合可大可小，既可以指对相邻两门学科的综合，也可以指对两门以上相邻学科的综合。但绝不是简单堆砌的"大拼盘"，而是根据各学科内在的联系和学生的年龄特征而组成的有机体。目前，世界上许多国家都在中小学开设了一定的综合课程，如欧美一些国家开设的"社会研究课"，便是综合历史、地理、政治、经济、法学等学科内容而成。又如我国台湾中学开设的"地球科学课"，也是综合天文、地理、生物和人类学的学科内容而成的。我国2001年启动的新一轮课程改革，小学除语文、数学和外语外，低年级的品德与生活、体育与健康、艺术，中高年级的思想品德与社会、科学、综合实践活动、体育与健康、艺术等均为综合课程；初中阶段以综合的课程为主，如历史与社会、科学、体育与健康、艺术、综合实践活动等，均为综合课程。综合课程的主要优点是：①打破了旧有的学科界限，促进了知识的融合，有利于增强课程的内在联系，使学校课程更加贴近学生生活；②有利于学生开阔视野，从整体上去认知世界，形成科学的世界观和方法论；③有利于减少学科数目，减轻学习负担。其缺点是：教科书编写难度大，怎样有机地将几门学科知识综合在一起，颇费心思。而且，这种课程的逻辑体系比较松散，不利于学生获得某一门学科的系统知识。另外，对于教师的能力和水平也要求较高。

（五）显性课程与隐性课程

显性课程亦称正式课程、公开课程，是指在学校情境中以直接的、明显的方式呈现的课程。隐性课程亦称为潜在课程、隐蔽课程、无形课程、自发课程，可以看作是隐含的、非计划的、不明确或未被认识到的课程，或看成是学校情境中以间接的、内隐的方式呈现的课程。

显性课程和隐性课程的区别主要表现在以下三个方面：

第一，在学生的学习结果上，学生在隐性课程中得到的主要是非学术性知识，而在显性课程中获得的主要是学术性知识。

第二，在计划上，隐性课程是无计划的学习活动，学生在学习过程中大多是无意接受隐含于其中的经验，而显性课程则是有计划、有组织的学习活动，学生有意参与的成分很大。

第三，在学习环境上，隐性课程是通过学校的自然环境和社会环境进行的，而显性课程则主要通过课堂教学的知识传递进行。

三、课程开发的主要影响因素

课程是随社会的发展而演变的，受社会、儿童和课程理论三大因素的制约，即课程反映一定社会的政治、经济的要求，受一定社会生产力和科学文化发展水平以及学生身心发展规律的制约。

（一）历史时期社会发展的要求

社会要求包括生产、经济、政治、道德、文化、科技等多方面。学校课程直接受制于教育目的和培养目标的规定。社会时代发展的状态与需要，是形成不同时代学校教育课程总体结构体系重大差别的重要原因。社会对课程的发展起着决定性作用，是影响课程开发的根本因素。现代的学校课程必须反映现代社会发展对人的要求以及内容、手段的更新变化。

（二）人类文化及科学技术发展水平

课程内容应反映各门科学中那些具有高度科学价值和实践价值的基本理论、法则和基本要领。课程的编制应考虑学科体系的完整性、知识结构的内在逻辑性，反映现代科学技术发展的水平，以保证学校课程的科学性、系统性。

（三）学生的年龄特征、知识、能力

课程内容的深度、广度和逻辑结构，不仅要适合学生年龄特征，符合学生身心发展的一般规律，而且要正确处理需要与可能，现实与发展的关系，从而最大限度地促进学生身心和谐发展。

（四）课程理论的制约

课程设置者的教育思想是影响课程的重要因素，建立在不同的教育哲学理论基础上的课程论及课程的历史传统，对课程产生重要的结构性影响，是影响课程自身发展中的一个重要的内在因素。对课程设计影响较大的课程理论有学科课程论、活动课程论、综合课程论、结构课程论等。

四、课程理论

（一）学科中心课程论

学科中心论又称为知识中心论，它主张分科教学，是一种以传递各学科知识为中心任务的课程观。它的由来悠久，如中国古代的"六艺"和欧洲古代的古典"七艺"就是这种课程思想的反映。20世纪以来流行一时的"要素主义课程"和"结构主义课程论"则是学科课程论在当时的反映。20世纪30年代兴起于美国的要素主义认为人类文化遗产中有着"一种知识的基本核心"，强调掌握"体系化了的人类经验的宝库"，主张恢复各门学科在教育过程中的地位，严格按逻辑系统编写教材。后来布鲁纳提出的在"学科结构"基础上的"发现学习"，其实质也在于通过学习者的学习，掌握各门学科的基本概念，并获得良好的迁移能力。学科中心论认为，学校教育的重要目的在于将人类长期以来积累的知识传递下去，而这些人类知识的精华就包含在各门学科里，每门学科的教材要按科学的系统性和连贯性编制。这种课程有利于学生学到系统的知识，但不易照顾到学生的兴趣和特长，不利于因材施教。

（二）活动中心课程论

与学科中心课程论相对立的是活动中心课程论，这是一种实用主义的课程价值观。代表人物是美国实用主义教育家杜威，他反对分科教学，认为分科教学是把一堆死知识强加于学生的心灵，忽视了学生的兴趣和需要，主张以儿童的兴趣、动机和需要为中心来组织课程。杜威曾写道："学校课程中相关的真正中心，不是科学、不是文学、不是历史、不是地理，而是儿童本身的社会活动。"他认为教育即生活，而生活离不开活动，所以要求以活动为中心来开展课程，叫做"活动课程"。我们可以看出这种课程的组织形态是"工作单元"的形态，而不是知识的分科。它尊重了儿童的现时的需要和兴趣，有利于培养学生的主体性和个性发展，但忽视了知识本身的逻辑顺序，不能帮助儿童学习系统的全面的科学文化知识，降低了教学质量。

（三）社会中心课程论

社会中心课程论是一种围绕重大社会问题来组织课程内容的理论。其代表人物是美国学者布莱梅尔德和巴西学者费莱雷。它批判活动中心课程论夸大了学生个人的自由，主张把课程的重点放在现实社会问题、社会改造和社会活动计划及学生关心的社会问题上，认为课程的编订不应从学生掌握知识、智力和人格发展出发，而应从社会改造要求出发，使课程在统一的社会整体内完整地联系起来；通过编订这样的课程，帮助学生摆脱对社会制度的奴隶般地服从，明确社会改革的需要形成参加各种社会运动、塑造新的社会秩序和社会文化的能力。以这种思想为指导设置的课程称为社会改造课程。此外，它还主张以解决实际的社会问题的逻辑而不是学科知识的逻辑为主线来组织课程，使课程与社会生活联系起来，增强学生适应社会生活的能力；但课程应由教育者按社会的需要来决定，而不是由学生自己决定。以这种思想为指导设置的课程即为前文述及的核心课程。

学校教育具有变革社会的功能，学校课程的设置应为实现这一功能服务；学校课程的设置也不应脱离社会，对学生如何适应现实社会生活的问题于不顾。但社会中心课程论夸大了学校变革社会功能，把课程设置的重心放在适应社会生活的要求上，并把它们推向极至，必然扼杀学生的主体性，阻碍学生主体意识和能力的发展，这样，社会中心课程论所预想的课程目标最终也难以实现。

【强化训练】

一、单项选择题

1. 在我国，"课程"一词始见于（　　　）。

A. 汉　　　　　　　　　B. 五代十国　　　　　　　　C. 唐　　　　　　　　D. 宋

2. 中学的文综、理综属于（　　　）课程。

A. 学校课程　　　　　　B. 综合课程　　　　　　　　C. 学科课程　　　　　　D. 活动课程

二、简答题

1. 简述课程的影响因素。

2. 简述学校课程开发的原则。

第二节　课程目标

【导读】

教学活动是极富创造性的活动。同一内容的教学，不同教师都会有自己的教学策略、方法和风格，可以说，教学活动也是极富个性化的活动。但不管什么样的创造，不管什么样的个性，都应该是更出色地达到课程的目标。

一、课程目标概述

课程目标，是指课程本身要实现的具体目标和意图，它规定了某一教育阶段的学生通过课程学习后，在发展品德、智力、体质等方面期望实现的程度，它是确定课程内容、教学目标和教学方法的基础。课程目标可以采取多种方式来陈述，但就一般而言，课程目标应该明确而又清晰。课程目标的特征有如下几点：

第一，整体性。各级各类的课程目标是相互关联的，而不是彼此孤立的。

第二，阶段性。课程目标是一个多层次和全方位的系统，如小学课程目标、初中课程目标、高中课程目标。

第三，持续性。高年级课程目标是低年级课程目标的延续和深化。

第四，层次性。课程目标可以逐步分解为总目标和从属目标。

第五，递进性。低年级课程目标是高年级课程目标的基础，没有低年级课程目标的实现。

二、确定课程目标的方法

（一）筛选法

筛选法是美国北加州大学课程开发中心研制的方法，多年来被许多教育机构模仿。具体步骤如下：

1.预定若干项课程目标，涉及课程的各个方面。如"培养阅读、写作、说、听的技能"、"培养艰苦的性格和自尊心"。

2.书面征求有关人员对预定课程目标的意见，允许他们补充其他课程目标。

3.把原先预定的课程目标和补充的其他课程目标汇总在一起。

4.请有关人员根据汇总的课程目标，依次选出若干项最重要的课程目标。

5.根据统计结果，确定名次靠前的若干项课程目标。

（二）参照法

在确定课程目标的过程中，参考过去的课程目标和其他国家的课程目标，并根据本国国情和教育状况，确定符合本国情况的课程目标。

在某些国家，专业学术团体、教材出版商经常提出建设性的课程目标和教学目标。例如，位于美国洛杉矶的加州大学评价研究中心创办了课程目标和教学目标交换机构，专门收集和散发各种有关课程目标和教学目标的资料，供学校和教师索取和参考。依靠"剪刀加糨糊加复印"拼凑起来的课程目标和教学目标历来受到批评，但从比较、借鉴和参考现有资源和材料的角度看，也不失为一条便捷之路。

除了上述两种方法，还有其他多种多样确定课程目标的方法。确定课程目标从来没有固定划一的模式，如果一成不变地采用上述两种方法，未免过于教条和死板。

三、课程目标的分类

（一）课程目标的垂直分类

课程目标的垂直分类，一般可分为教育目的（总目标）、培养目标、课程目标和教学目标。

1.教育目的

教育目的是根据不同社会的政治、经济、文化、科学、技术发展的要求和受教育者身心发展的规律确定的，指一定社会培养人的总要求。它是教育工作的出发点和最终目标，也是制定教育目标、确定教育内容、选择教育方法、评价教育效果的根本依据。我国现行宪法规定学校教育的目的："国家培养青年、少年、儿童在品德、智力、体质等方面全面发展。"它普遍适用于各级各类学校教育，因而具有高度的概括性。

从国家或整个社会的角度来看，教育目的只能是总体性的、高度概括性的，而不可能是具体的。在实现同一教育目的上，不同地区和不同学校会有不同的做法。造成这种差异的原因，除了由于各地区、各学校、各学科的实际情况有所不同之外，也不能否认是由于一些教育工作者对教育目的理解上的差异造成的。所以，为了确保教育目的得到正确的贯彻落实，就需要根据各级各类学校的实际情况予以具体化，即要明确培养目标。

2.培养目标

培养目标是对各级各类学校的具体培养要求。它是根据国家的教育目的和自己学校的性质及任务，对培养对象提出的特定要求。所以，教育目的与培养目标没有实质性的区别，只是概括性的程度不同。两者的关系可以说是一般与个别的关系，或整体与局部的关系。教育目的是整个国家各级各类学校必须遵循的统一的质量要求；培养目标则是某级或某类学校的具体要求，后者是前者的具体化。即是说培养目标要根据教育目的来制定，而教育目的又只有通过各级各类学校的培养目标才能实现。

培养目标的实现，主要是通过学校所设置的课程而达成的。但培养目标通常不涉及具体的学习领域，因此，为了使课程编制工作切实有效，我们还必须使培养目标具体化，即要确定课程目标。

3. 课程目标

课程目标，是指导整个课程编制过程的最为关键的准则，是指特定阶段的学校课程所要达到的预期结果。它有五个方面的规定性：①时限性，即课程目标要同特定的教育阶段相联系，不是对所有教育阶段预期结果的笼统规定；②具体性，即课程目标要详细描述学生身心发展的预期结果，明确学生所要达到的发展水平；③预测性，即课程目标所描述的结果是预期性的，不是实际的结果，是学生发展状态的理想性规划；④操作性，即课程目标是明确的，可以付诸实现，不是一般性的规划，与教育目的不同；⑤指导性，课程目标是具体的教育培养规格的实施，它要有较强的实用价值和指导作用。

4. 教学目标

教学目标，是课程目标的进一步具体化，是指导、实施和评价教学的基本依据，是师生在学科教学活动中预期达到的教学结果、标准。它具有这样几个特征：①具有可操作指标体系；②体现学生学习行为及其变化；③具有灵活性，教师可根据教学实际情况进行调整。

总之，从国家制定的教育目的，教育行政部门确定的培养目标，到课程工作者所要明确的课程目标，以及教学工作者要考虑的教学目标，经历了一系列的转化。当然，这种转化不是一种简单的推演，而是要在对学生、社会、学科进行深入研究的基础上作出明智的抉择。

（二）课程目标的水平分类

一个完整的课程目标应当包括认知领域目标、情感领域目标和动作技能领域目标三个部分，每一个领域又可进行更为详细的划分。认知领域目标又可分为：知识、领会、运用、分析、综合、评价等层次；情感领域目标又可分为：接受（注意）、反应、价值化、组织、价值与价值体系的性格化等层次；动作技能目标又可分为：知觉、定向、有指导的反应、机械动作、复杂的外显反应、适应层次。

四、课程目标的依据

课程目标的依据主要有以下三个方面：

（一）对学生的研究

对学生的研究，就是要找出教育者期望在学生身上所要达到的预期结果。它通常包括三方面内容：了解学生身心发展的现状，并把它与理想的常模加以比较，确认其中存在的差距；了解学生个体的需要；了解学生的兴趣和个性差异。

（二）对社会的研究

在课程领域里对社会的研究通常采用把社会生活划分为若干有意义的方面，再分别对各个方面进行研究的方法。泰勒介绍的一种可行的分类是：健康、家庭、娱乐、职业、宗教、消费和公民。他认为这种分类有利于把整个社会生活分析成一些便于控制的方面，保证不遗漏任何重要的东西。

如何看待已有的社会研究的结果，是课程编制者面临的一个问题。另外，课程编制者还需要对"学校课程能够给予适当满足的社会需求"与"只有通过社会上其他各种机构的合力才能完成的社会需求"两者之间作出区分。例如，学生健康的问题，学校课程可以使学生获得必要的知识、习惯和态度，但这需要家长和社会各界的全力配合。这类目标不可能仅凭学校课程就能达到。

（三）对学科的研究

由于不同的学科专家熟悉该领域的基本要领、逻辑结构、探究方式、发展趋势，以及该学科的一般功能及其与相关学科的联系，所以，学科专家的建议是课程目标最主要的依据之一。事实上，大多数课程的教科书通常就是由学科专家编写的。

由于学生、社会、学科这三个因素是交互起作用的，对任何单一因素的研究结果都不足以成为课程目标的唯一来源。如果过于强调某一因素，就会走到极端。

【强化训练】

一、单项选择题

1.（　　）是指课程本身要实现的具体目标和意图。

A. 课程目标　　　　　　B. 课程内容　　　　　　C. 课程标准　　　　　　D. 课程评价

2. 以下（　　）不属于课程目标的依据。

A. 学生　　　　　　　　B. 社会　　　　　　　　C. 学科　　　　　　　　D. 教师

二、简答题

1. 简述确定课程目标的方法。

2. 简述课程目标的特征。

第三节　课程内容

【导读】

课程目标对课程的内容具有方向指导作用。也就是说课程目标一旦有了明确的表述，就在一定程度上为课程内容的选择和组织提供了一个基本的方向。而课程内容是课程目标的最直接的体现，是实现课程目标的手段，直接指向"应该教什么"的问题。

一、课程内容概述

课程内容即以实现课程目标所组织的教学材料。课程内容主要表现为课程计划、课程标准和教材。

（一）课程计划

课程计划是教育主管部门制定的有关学校教学教育工作的指导性文件，体现了国家对学校的统一要求，是组织学校活动的基本纲领和重要依据，也是制定课程标准的依据。

课程计划是课程设置的整体规划，它对学校的教学、生产劳动、课外活动等作出全面安排，具体规定学校应设置的学科、学科开设的顺序及课时分配，并对学期、学年、假期进行划分。

课程计划由培养目标、课程设置、学科顺序、课时分配、学年编制和学周安排构成。其中，课程设置也就是开设哪些学科是课程计划的中心。

（二）课程标准

课程标准是课程计划的具体化，是课程计划中每门学科以纲要的形式编定的、有关学科教学内容的指导性文件，也是教材编写、教学、评价和考试命题的依据，是国家管理和评价课程的基础。它规定了学科的教学目的和任务，知识的范围、深度和结构、教学进度以及有关教学法的基本要求。

1. 课程标准的结构

（1）说明部分：扼要说明本学科开设的意义、规定教学的目的、任务和指导思想，提出教材选编的原则以及教学法的建议等。

（2）本文部分：课程标准的中心部分或基本部分。系统地安排一门学科全部教材的主要课题、要目或章节，规定每个课题教学的要点和时数，并编有练习、实习、实验、参观等实际作业的要求以及其他教学活动的时数。

（3）其他部分：有些课程标准还列出教师的参考用书，学生的课外活动，教学仪器、直观教具和视听教材以及规定学生的试验、实习作业、参观等内容。

2. 课程标准的理解和执行

（1）研究本学科的发展水平和结构、体系，掌握本学科的基础知识和基本技能的结构以及与本学科有关的思想观念、价值、态度、情感、智力和能力因素，确定需要吸收的新知识、新技能。

（2）研究学生学习本学科的心理准备和心理特点，探寻本学科的逻辑顺序和学生学习的心理顺序之间的最佳结合方式。

（三）教材

教材又称教科书，它是依据课程标准编制的、系统反映学科内容的教学用书，教材是课程标准的具体化，它不同于一般的书籍，通常按学年或学期分册，划分单元或章节。它主要由目录、课文、习题、实验、图表、注释和附录等部分构成，课文是教材的主体部分。随着科学技术的发展，教学手段的现代化，教学内容的载体也多样化了。除教材以外，还有各类指导书和补充读物；工具书、挂图、图表和其他教学辅助用具，教学程序软件包；幻灯片、电影片、音像磁盘等。此外，教材的编辑要妥善处理思想性与科学性、观点与材料、理论与实际、知识和技能的广度与深度、基础知识与当代科学新成就的关系。

【真题在线】

[2012年上半年] 编写教材（教科书）的直接依据是（　　　）。

A. 课程计划　　　　　B. 课程目标　　　　　C. 课程标准　　　　　D. 课程说明

【答案及解析】 C 教材又称教科书，它是依据课程标准编制的、系统反映学科内容的教学用书，教材是课程标准的具体化。

---

1. 教材的组织方法

其一，逻辑式组织。按照有关科学知识的内在逻辑顺序组织教材。

其二，心理式组织。以学生为本位，注重学生的兴趣、需要和能力，强调以学生的经验作为教材组织的出发点，逐步扩大教材的内容范围，使学生愿学、乐学，而较少考虑知识体系的完整性。

其三，折衷式组织。兼顾学科与学生两方面的需要和情况，择两者之长。不过在兼顾学科与学生这两方面时，在不同的学科和学生不同的学习阶段，又有所侧重。

2. 教材的编排

教材的编排形式要有利于学生的学习，符合卫生学、教育学、心理学和美学的要求。教材的内容阐述要层次分明；文字表述要简练、准确、生动、流畅；篇幅要详略得当。标题和结论要用不同的字体或符号标出，使之鲜明，醒目。封面、图表、插图等，要力求清晰、美观。字体大小要适宜，装订要坚固，规格大小、厚薄要合适，便于携带。

教材的编排方式有两种：直线式和螺旋式。直线式是把课程内容组织成一条在逻辑上前后联系的"直线"，前后内容基本不重复，即课程内容直线前进，前面安排过的内容在后面不再呈现。螺旋式是指在不同单元乃至阶段或不同课程门类中，使课程内容重复出现，逐渐扩大知识面，加深知识难度，即同一课程内容前后重复出现，前面呈现的内容是后面的内容的基础，后面的内容是前面内容的不断扩展和加深，层层递进。

【真题在线】

[2012年下半年] 在教材编写过程中，课程内容前后反复出现，且后面的内容是前面内容的扩展和加深，这种教材编排方式是（　　）。

A.直线式　　　　B.螺旋式标　　　　C.分科式　　　　D.综合式

【答案及解析】B 螺旋式是指在不同单元乃至阶段或不同课程门类中，使课程内容重复出现，逐渐扩大知识面，加深知识难度，即同一课程内容前后重复出现。

3.教材的作用

（1）教材是学生在学校获得系统知识、进行学习的主要材料，它可以帮助学生掌握教师讲授的内容；同时，也便于学生预习、复习和做作业。教材是学生进一步扩大知识领域的基础。所以，要教会学生如何有效地使用教材，发挥教材的最大作用。

（2）教材也是教师进行教学的主要依据，它为教师备课、上课、布置作业、学生学习成绩的评定提供了基本材料。熟练地掌握教材内容是教师顺利完成教学任务的重要条件。

（3）根据课程计划对本学科的要求，分析本学科的教学目标、内容范围和教学任务。

（4）根据本学科在整个学校课程中的地位，研究本学科与其他学科的关系，是理论与实际相联系的基本途径和最佳方式，有利于确定本学科的主要教学活动、课外活动、实验活动或其他社会实践活动，对各教学阶段的课堂教学和课外活动做出统筹安排。

4.教材编写的原则

（1）按照不同学科的特点，体现科学性和思想性。

（2）强调内容的基础性。在加强基础知识和基本技能的同时，注意贴近社会生活，并适当渗透先进的科学思想，为学生今后学习新知识奠定基础。

（3）在保证科学性的前提下，教材还要考虑到我国社会发展现实水平和教育现状，必须注意到基本教材对大多数学生和大多数学校的适用性。

（4）在教材的编排上，要做到知识的内在逻辑与教学法要求的统一。

（5）教科书的编排形式要有利于学生的学习。

（6）教科书的编排要兼顾同一年级各门学科内容之间的关系和同一学科各年级教材之间的衔接。

二、课程内容的选择原则

（一）实用性与发展性相统一

课程内容是课程目标的具体化与现实化，而课程目标中必定体现出一定社会的价值要求，即某一种文化，某一个国家主流价值观点、主流意识形态的要求。

实用性的课程内容便于课程实现其社会价值，发展性的课程内容便于课程实现其对学生的思维训练价值，在课程内容的选择过程中，必须坚持两方面相统一的原则。课程应该通过提高人的全面素质去实现其社会价值，因而，课程内容应该选择对人的发展价值较大的、有一定实用价值的知识。诚然，有的知识兼备这两种功能，毫无疑问是课程内容应该首当其冲选择的知识；但较多的知识只具备其中一种功能，如果某种知识在某一方面的功能特别突出、有效，也不应该简单地将其削弱和淡化，忽略了其特有的作用与价值。

（二）学科化与生活化相统一

最古老、应用最广泛的课程类型是学科课程，受学科课程的影响，课程内容的选择总是自觉不自觉地以学科结构的需要为依据，而过于关注学科结构的课程，易远离学生的生活，而过于生活化的课程，易淹没学科的基本结构，课程内容的选择，应坚持学科化与生活化相统一的原则。

课程内容联系学生的现实生活是非常必要的，但是下列几个方面的问题在课程内容选择时应引起注意：课程内容生活化必须适度；课程内容生活化必须适应学生的知识水平；课程内容生活化必须符合生活实际；课程内容生活化还必须与学生的年龄特征相符合。

（三）基础性与时代性相统一

基础知识是学科主干知识以及形成的学科基本结构，随着时代的发展，不同的时代，社会对课程就会有不同的要求，时代发展了，必然提出了对课程内容现代化的要求。基础知识是那些具有基本性、全面性和迁移性的特点的知识，课程内容现代化主要是指将现代的科学、技术、文化成果在课程中及时地得到反映。

在课程内容选择中，遵循基础性和时代性相统一的原则，具体包含以下几方面的内容：对基础知识的选择要精中求简，把对学科、对学生、对社会需求而言都必须的、真正的基础知识精选出来。从现代科学、技术、文化成果中，选择具有代表性、典型性、与基础知识联系密切的内容作为课程内容。用现代观念形成基础知识的组织结构和呈现方式，如物理课程中，大量的经典物理实验都可以通过传感器在数字化平台上，实现可视化、即时性的处理；各学科课程中的作图，均可通过计算机实现。

（四）过程性与结果性相统一

从知识形成与建构的角度，我们可以把课程内容的知识分为过程性知识与结果性知识，某一知识的探究过程和探究方法构成了过程性知识，而探究的结果构成了结果性知识（概念、原理）。

过程性知识与结果性知识，它们是相互作用、相互依存、相互转化的，一方面，探究的过程与方法决定着探究的结论或结果，即概念原理体系依赖于特定的探究过程与方法，人类已有的知识都是未竟性的，有待于新的探究过程与方法来加以完善；另一方面，探究的过程与方法隐含于概念的原理体系之中，并随着概念原理体系的发展而不断变化。

三、课程内容的选择依据

课程内容必须考虑课程目标、社会需求、学生和课程内容本身等因素。

（一）课程目标

课程目标是作为课程编制过程中最重要的组成部分，对课程内容的选择起着指导作用。课程内容的选择必须依据课程目标，有什么目标，就需要什么内容。

（二）学生的需要、兴趣和身心发展水平

课程的一个基本职能就是促进学生的发展。因此，课程内容的选择应该关注有关学生的各种研究，尤其是学生的需要、兴趣、身心发展特点等方面的研究。学生的需要和兴趣是在课程内容选择时应该考虑的一个重要因素，学生的身心发展水平决定了对课程内容的接受程度。

（三）社会发展需要

学生个体的发展总是与社会的发展交织在一起的。因此，在选择课程内容时，要考虑到现实社会和未来社会的需要，使学生在未来的社会生活中能有所作为。

（四）课程内容本身的性质

课程内容的选择要考虑内容本身的性质，主要包括内容的重要性、实用性、正确性等。

【强化训练】

一、单项选择题

1.（   ）是课程标准的具体化，它不同于一般的书籍，通常按学年或学期分册，划分单元或章节。

A.教材　　　　　　　B.课本　　　　　　　C.习题　　　　　　　D.工具书

2.各学科的纲领性指导文件是（　　　）。

A.课程目标　　　　　B.课程内容　　　　　C.课程标准　　　　　D.课程评价

二、简答题

1.简述教材的编排形式。

2.简述课程内容的选择依据。

第四节　课程评价

【导读】

课程评价是对课程实施的过程、质量和水平所作出的价值判断，对课程实施和教学操作具有重要导向和监控作用。课程评价是实现课程目标的关键环节。同时，课和评价也是重要的教育手段之一，它及时地指导和帮助师生改进教和学的活动，不断提高教学质量。

一、课程评价的概念

课程评价是指检查课程的目标、编订和实施是否实现了教育目的，实现的程度如何，以判定课程设计的效果，并据此作出改进课程的决策。它应当是一个客观的过程，需要运用科学的手段如教育测验，对课程作出量的分析，即量的评价；根据观察学生的行为表现，作出质的分析、说明和鉴定，即质的评价。

二、课程评价的主要模式

由于课程评价有助于改进课程计划，从而提高学校教育的质量，因而引起许多教育工作者的注意，并在实践中开发各种课程评价的模式。

（一）目标评价模式

这一评价模式是以目标为中心而展开的，是针对20世纪初形成并流行的常模参照测验的不足而提出的，是在泰勒的"评价原理"和"课程原理"的基础上形成的。泰勒是现代课程理论的重要奠基者，是科学化课程开发理论的集大成者。他在1949年出版的《课程与教学的基本原理》被誉为"现代课程理论的圣经"。目标评价模式的评价原理可概括为七个步骤或阶段：①定教育计划的目标；②根据行为和内容来界定每一个目标；③确定使用目标的情境；④设计呈现情境的方式；⑤设计获取记录的方式；⑥确定评定时使用的计分单位；⑦设计获取代表性样本的手段。

泰勒在这一评价原理的基础上，结合课程编制的实践，提出了更引人注目的"课程原理"。可概括为四个步骤或阶段：①确定课程目标；②根据目标选择课程内容；③根据目标组织课程内容；④根据目标评价课程。其中，确定目标是最为关键的一步，因为其他所有步骤都是围绕目标而展开的。

目标评价模式强调要用明确的、具体的行为方式来陈述目标，并以预先规定和界定的教育目标为中心来设计、组织和实施评价，从而确定学生通过课程教学所取得的进步，亦即确定学生达到教育目标的程度，找出实际结果与课程目标之间的差距，并利用这种信息反馈作为修订课程计划或更新课程目标的依据。由于这一模式既便于操作又容易见效，所以在很长时间里在课程领域占主导地位。但由于它只关注预期的目标，忽视了其他方面的因素，因而遭到不少人的批评。

（二）目的游离评价模式

目的游离评价模式是由美国学者斯克里文针对目标评价模式的弊病而提出来的。即主张把评价的重点从"课程计划预期的结果"转向"课程计划实际的结果"上来。评价者不应受预期的课程目标的影响，尽管这些目标在编制课程时可能是有用的，但不适宜作为评价的准则。

该评价模式对目标评价模式的批判是击中要害的。它认为评价除了要关注预期的结果之外，还应关注非预期的结果。评价的指向不应该只是课程计划满足目标的程度，而且更应该考虑课程计划满足实际需要的程度。但它也存在问题：如果在评价中把目标搁在一边去寻找各种实际效果，结果很可能顾此失彼，背离评价的主要目的。此外，目的完全"游离"的评价是不存在的。因为评价者总是会有一定的评价准则，游离了课程编制者的目的，评价者很可能会用自己的目的取而代之。而且，严格地说，目的游离评价不是一个完善的模式，因为它没有一套完整的评价程序。

（三）CIPP 评价模式

CIPP 是由背景评价（content evaluation）、输入评价（input evaluation）、过程评价（process evaluation）、成果评价（product evaluation）这几种评价名称的英文第一个字母的缩略语。该模式包括以下四个步骤：

第一，背景评价，根据评价对象的需要对课程目标本身作出判断，即要确定课程计划实施机构的背景；明确评价对象及其需要；明确满足需要的机会；诊断需要的基本问题；判断目标是否已反映了这些需要。

第二，输入评价，主要是为了帮助决策者选择达到目标的最佳手段，对各种可供选择的课程计划进行评价。

第三，过程评价，主要是通过描述实际过程来确定或预测课程计划本身或实施过程中存在的问题，从而为决策者提供如何修正课程计划的有效信息。

第四，成果评价，即要测量、解释和评判课程计划的成绩。它要收集与整理有关的各种描述与判断，把它们与目标以及背景、输入和过程方面的信息联系起来，并对它们的价值和优点作出解释。

CIPP 课程评价模式考虑到影响课程计划的种种因素，可以弥补其他评价模式的不足，相对来说比较全面，但由于它的操作过程比较复杂，难以被一般人所掌握。

三、课程评价的过程

绝大多数课程评价模式在评价过程中都涉及一些需要解决的基本问题和一些需要把握的基本步骤。

（一）课程评价过程的基本问题

第一，评价概念是否合适。可以从概念的清晰性、适切性、变通性和可行性四个方面加以考虑。

第二，搜集和加工信息是否合适。应从可靠性、客观性、代表性、概括性四个方面进行考察。

第三，报告评价结果的信息是否合适。这里应考察报告的方法和报告的时间安排等是否能满足需求，以及评价结果的传播效果。

（二）课程评价的基本阶段

在课程评价中，评价者通常要经历以下几个步骤：

第一步，把焦点集中在所要研究的课程现象上。这个阶段评价者要确定评价的对象和方法。

第二步，搜集信息。评价者要确定什么是必不可少的信息，用什么手段和工具可以搜集到这些信息。

第三步，组织材料。评价者对搜集到的资料和信息进行组织，此时应当注意到信息编码、组织、储存和提取的手段。

第四步，分析资料。评价者根据评价的焦点或者重点选择、使用适合的分析技术。

第五步，报告结果。评价者根据报告的听众和用户，决定怎样报告所处理的信息。

【强化训练】

一、单项选择题

1.课程评价的主要模式不包括（　　　）。

A.目标评价模式　　　　　　　　B.目的游离评价模式

C.CIPP 模式　　　　　　　　　　D.CAPP 模式

2.主张把评价的重点从"课程计划预期的结果"转向"课程计划实际的结果"上来的课程评价模式是（　　　）。

A.目标评价模式　　　　　　　　B.目的游离评价模式

C.CIPP 模式　　　　　　　　　　D.CAPP 模式

二、简答题

1.简述课程评价过程的基本问题。

2.简述课程评价的基本阶段。

第五节　基础教育课程改革

【导读】

改革开放以来，我国基础教育取得了辉煌成就，基础教育课程建设也取得了显著成绩。但是，我国基础教育总体水平还不高，原有的基础教育课程已不能完全适应时代发展的需要。教育部决定，大力推进基础教育课程改革，调整和改革基础教育的课程体系、结构、内容，构建符合素质教育要求的新的基础教育课程体系。

一、基础教育课程改革的理念

（一）基本理念

第一，三维目标观，即教学的目标是知识技能、过程方法、情感态度价值观三维目标。

第二，综合课程观，课程的设置要更加综合，体现整体性、开放性、动态性，培养学生综合的视角和综合的能力，以适应科学技术既分化又综合的现实。

第三，内容联系观，即课程内容的教学，要努力与社会生活相联系，与学生已有的经验相联系，加强教学内容的"生活化"，使学习更有意义。

第四，学习方式观，强调自主、合作、探究的学习方式，培养学生的自主性、合作性、创造性，使学生适应社会发展的需要。

第五，发展评价观，重视学习的过程评价，通过评价发挥促进学习的作用，而不是检查验收的作用。

第六，校本发展观，从学校的实际情况和学生的实际情况出发，开发校本课程，增强学生的选择性，促进学校、教师、学生的特色发展。

（二）核心理念

教育改革的核心是课程改革。新课程标准的核心理念就是教育以人为本，即："一切为了每一位学生的发展"。

第一，关注每一位学生。每一位学生都是生动活泼的人、发展的人、有尊严的人，在教师的课堂教学理念中，包括每一位学生在内的全班所有学生都是自己应该关注的对象，关注的实质是尊重、关心、牵挂，关注本身就是最好的教育。

第二，关注学生的情绪生活和情感体验。教师必须用"心"施教，不能做学科体系的传声筒。用"心"

施教体现着教师对本职的热爱，对学生的关切，体现着教师热切的情感。

第三，关注学生的道德生活和人格养成。课堂不仅是学科知识传递的，更是人性养育的圣殿。教师不仅要充分挖掘和展示教学中的各种道德因素，还要积极关注和引导学生在教学活动中的各种道德表现和道德发展，从而使教学过程成为学生一种高尚的道德生活和丰富的人生体验，这样，学科知识增长的过程同时也就成为人格的健全与发展过程，伴随着学科知识的获得，学生变得越来越有爱心，越来越有同情心，越来越有责任感，越来越有教养。

二、基础教育课程改革背景下的教育观

（一）学生观

新课程背景下的学生观主要有：学生是发展的人；学生是独特的人；学生是具有独立意义的人。

1. 学生是发展的人

第一，学生的身心发展是有规律的；第二，学生具有巨大的发展潜能；第三，学生是处于发展过程中的人。

2. 学生是独特的人

第一，学生是完整的人；第二，每个学生都有自身的独特性；第三，学生与成人之间存在着巨大的差异。

3. 学生是具有独立意义的人

第一，每个学生都是独立于教师的头脑之外，不依教师的意志为转移的客观存在；第二，学生是学习的主体；第三，学生是责权的主体。

（二）学习观

新课程背景下的学习方式是提倡自主、合作、探究的学习方式。

自主学习是以学生作为学习的主体，通过学生独立地分析、探索、实践、质疑、创造等方法来实现学习目标，即主动地自觉自愿地学习，而不是被动地或不情愿地学习。学习的"自主性"具体表现为"自立"、"自为"、"自律"三个特性，这三个特性构成了"自主学习"的三大支柱及所显示出的基本特征。

合作学习是指学生为了完成共同的任务，有明确的责任分工的互助性学习。

探究学习是在学生在主动参与的前提下，根据自己的猜想或假设，在科学理论指导下，运用科学的方法对问题进行研究，在研究过程中获得创新实践能力、获得思维发展，自主构建知识体系的一种学习方式，具有主动性、问题性、开放性、生成性和创造性。

（三）教师观

1. 从教师与学生的关系看，新课程要求教师应该是学生学习的促进者。具体来说，教师是学生学习的合作者、引导者、参与者。

2. 从教学与研究的关系看，新课程要求教师应该是教育教学的研究者。

3. 从教学与课程的关系看，新课程要求教师应该是课程的建设者和开发者。

4. 从学校与社区的关系来看，新课程要求教师应该是社区型的开放教师。

（四）教学观的转变

1. 教学从"教育者为中心"转向"学习者为中心。教师应鼓励学生参与教学；创设智力操作活动；教给学生思维的方法并加强训练。

2. 教学从"教会学生知识"转向"教会学生学习"。教师应指导学生掌握基本的学习过程；指导学生了解学科特征，掌握学科研究方法；培养学生良好的学习习惯。

3. 教学从"重结论轻过程"转向"重结论的同时更重过程"。教师应做到教学相长，提倡重结论的同时更重过程的意义。

4. 教学从"关注学科"转向"关注人"。关注人的教学理念的表现为：关注每一位学生，关注学生的情

绪生活和情感体验，关注学生的道德生活和人格养成。

（五）教师教学行为的转变

1.在对待师生关系上新课程强调尊重、赞赏。

2.在对待教学关系上，新课程强调帮助、引导。

3.在对待自我上，新课程强调反思。

4.在对待与其他教育者的关系上，新课程强调合作。

三、基础教育课程改革的目标

（一）实现课程功能的转变

改变课程过于注重知识传授的倾向，强调形成积极主动的学习态度，使获得基础知识与基本技能的过程同时成为学会学习和形成正确价值观的过程。即从单纯注重传授知识转变为引导学生学会学习，学会合作，学会生存，学会做人。

（二）体现课程结构的均衡性、综合性和选择性

改变课程结构过于强调学科本位、科目过多和缺乏整合的现状，整体设置九年一贯课程门类和课时比例，并设置综合课程，以适应不同地区和学生发展的需求。

（三）密切课程内容与生活和时代的联系

改变课程内容"难、繁、偏、旧"和过于注重书本知识的现状，加强课程内容与学生生活以及现代社会和科技发展的联系，关注学生的学习兴趣和经验，精选终身学习必备的基础知识和技能。

（四）改善学生的学习方式

改变课程实施过于强调接受学习、死记硬背、机械训练的现状，倡导自主学习、探究学习、合作学习的学习方式。

（五）建立与素质教育理念相一致的评价与考试制度

改变课程评价过分强调甄别与选拔的功能，发挥评价促进学生发展、教师提高和改进教学实践的功能。

（六）实行三级课程管理制度

改变课程管理过于集中的状况，实行国家、地方、学校三级课程管理，增强课程对地方、学校及学生的适应性。

四、基础教育课程改革的实施状况

（一）课程结构

1.对课程类型的调整

（1）整体设置九年一贯的义务教育课程：小学阶段以综合课程为主；初中阶段设置分科与综合相结合的课程；高中以分科课程为主；

（2）从小学至高中设置综合实践活动并作为必修课程；

（3）农村中学课程要为当地社会经济发展服务。

2.对科目比重的调整

（1）将语文所占的比重由原来的24%降至20%～22%，将数学由原来的16%降至13%～15%，并对其他传统优势科目所占的比重进行了适当的下调；

（2）将下调后积累下来的课时分配给综合实践活动和地方与校本课程。其中综合实践活动拥有了6%～8%的课时，地方与校本课程拥有了10%～12%的课时。

（二）课程内容

1. 制定课程标准的原则

（1）义务教育阶段课程标准的原则：义务教育阶段的课程标准应体现普及性、基础性和发展性；

（2）普通高中课程标准的原则：普通高中课程标准应在坚持使学生普遍达到基本要求的前提下，有一定的层次性和选择性，并开设选修课程，以利于学生获得更多的选择和发展的机会，为培养学生的生存能力、实践能力和创造能力打下良好的基础。

2. 教材

（1）教材管理由"国编制"转变"国审制"，教材呈现方式多样性；

（2）适当降低了知识难度，大量引进现代信息；

（3）密切联系生活，关注学生个体经验；

（4）重视活动设计，鼓励学生探究创造；

（5）尊重师生个性，给师生广阔的发展空间。

（三）课程评价

1. 学生评价的改革重点

（1）建立评价学生全面发展的指标体系；

（2）重视采用灵活多样、具有开放性的质性评价方法；

（3）考试只是学生评价的一种方式。

2. 教师评价的改革重点

（1）打破惟"学生学业成绩"论教师工作业绩的传统做法，建立促进教师不断提高的评价指标体系；

（2）强调以"自评"的方式促进教师教育教学反思能力的提高，倡导建立教师、学生、家长和管理者共同参与的、体现多渠道信息反馈的教师评价制度；

（3）打破关注教师的行为表现、忽视学生参与学习过程的传统的课堂教学评价模式，建立"以学论教"的发展性课堂教学评价模式。

3. 课程实施评价的改革重点：

（1）建立促进课程不断发展的评价体系；

（2）以学校评价为基础，促进新课程的实施与发展。

（四）课程实施

1. 教学不只是课程传递和执行的过程，更是创造与开发的过程；

2. 教学是师生交往、积极互动、共同发展的过程；

3. 教学不仅要重结论，还要重过程；

4. 教学应将重心放在关注人；

5. 把学生看成发展的人，独特的人，具有独立意义的人；

6. 建立新型的师生关系。

（五）课程管理

1. 建立以校为本的教学研究制度；

2. 建立民主科学的教学管理机制；

3. 建立旨在促进教师专业成长的考评制度。

【强化训练】

一、单项选择题

1. 教育改革的核心是（　　　　）。

A. 课程改革　　　　　　B. 内容改革　　　　　　C. 方法改革　　　　　　D. 途径改革

2.在我国新的课程结构中，高中阶段以（　　　）为主。

A.综合课程　　　　　　　B.分科课程　　　　　　　C.选修课程　　　　　　　D.活动课程

二、简答题

1.简述基础教育课程改革的核心理念。

2.简述基础教育课程改革背景下的学生观。

【内容精要】

1.课程有广义和狭义两种。广义的课程是指学生在校期间所学内容的总和及进程安排。狭义的课程特指某一门学科。在我国，课程具体表现为课程计划、课程标准、教材。课程的影响因素有：社会、儿童和课程理论。

2.课程分类是指课程的组织方式或指设计课程的种类。以课程任务为依据进行分类，可分为基础型课程、拓展型课程、研究型课程；从课程制定者或管理层次的角度，可分为国家课程、地方课程、学校课程；从课程选修的角度，可分为必修课程和选修课程；根据课程的组织核心，可分为学科课程和活动课程；还有显性课程与隐性课程；分科课程与综合课程。

3.课程理论主要有学科中心论、活动中心论和社会中心论。学科中心论又称为知识中心论，它主张分科教学，是一种以传递各学科知识为中心任务的课程观。活动中心论强调学生的兴趣和需要，主张以儿童的兴趣、动机和需要为中心来组织课程。社会中心论主张把课程的重点放在现实社会问题、社会改造和社会活动计划及学生关心的社会问题上。

4.课程目标，是指课程本身要实现的具体目标和意图。课程目标的特征有整体性、阶段性、持续性、层次性和递进性。课程目标的确定方法有筛选法和参照法。课程目标的垂直分类，一般可分为教育目的（总目标）、培养目标、课程目标和教学目标；课程目标的水平分类，可分为认知领域目标、情感领域目标和动作技能领域目标。课程目标的依据主要有以下三个方面：学生、社会和学科。

5.课程内容即以实现课程目标所组织的教学材料。课程内容的构成通常包括课程标准、教材、教师用书、练习册等。课程内容的选择原则有：实用性与发展性相统一、学科化与生活化相统一、基础性与时代性相统一和过程性与结果性相统一。课程内容必须考虑课程目标、社会需求、学生和课程内容本身等因素。

6.课程评价是指检查课程的目标、编订和实施是否实现了教育目的，实现的程度如何，以判定课程设计的效果，并据此作出改进课程的决策。课程评价的主要模式有：目标评价模式、目的游离评价模式和CIPP评价模式。课程评价通常要经历以下几个步骤：确定评价的对象和方法；搜集信息；组织材料；分析资料；报告结果。

7.我国基础教育课程改革的基本理念包括：三维目标观、综合课程观、内容联系观、学习方式观、发展评价观和校本发展观等。核心理念有：关注每一位学生、关注学生的情绪生活和情感体验、关注学生的道德生活和人格养成。基础教育课程改革的目标有：实现课程功能的转变；体现课程结构的均衡性、综合性和选择性；密切课程内容与生活和时代的联系；改善学生的学习方式；建立与素质教育理念相一致的评价与考试制度；实行三级课程管理制度。

【本章自测】

一、单项选择题（本大题共10个小题，每个3分，共30分）

1.根据课程的（　　　）进行分类，课程可以分为学科课程、活动课程和综合课程。

A.组织核心　　　　　　　B.任务的角度　　　　　　C.选修的角度　　　　　　D.公开程度

2.课程的组织方式或指设计课程的种类指的是（　　　）。

A.课程标准　　　　　　　B.课程分类　　　　　　　C.教科书　　　　　　　　D.教学计划

3. 属于一级课程的是（　　　）。

A. 国家课程　　　　　B. 地方课程　　　　　C. 学校课程　　　　　D. 综合课程

4. 在我国新的课程结构中，小学阶段以（　　　）为主。

A. 综合课程　　　　　B. 分科课程　　　　　C. 选修课程　　　　　D. 活动课程

5. 最早提出活动课程思想的是（　　　）。

A. 卢梭　　　　　　　B. 杜威　　　　　　　C. 洛克　　　　　　　D. 费莱雷

6. 根据各学科内在的联系和学生的年龄特征而组成的课程是（　　　）。

A. 综合课程　　　　　B. 分科课程　　　　　C. 核心课程　　　　　D. 活动课程

7. 贯彻新课程"以人为本"的教育理念，首先应该做到的是（　　　）。

A. 充分的传授知识　　　　　　　　　　　B. 培养学生正确的学习态度

C. 让学生自主地选择课程　　　　　　　　D. 尊重学生人格，关注个体差异

8. 活动中心课程论的代表人物是（　　　）。

A. 陶行知　　　　　　B. 布莱梅尔德　　　　C. 杜威　　　　　　　D. 费莱雷

9. 从儿童的兴趣和需要出发，以儿童的活动为中心，通过亲身体验获得直接经验的课程是（　　　）。

A. 综合课程　　　　　B. 活动课程　　　　　C. 研究课程　　　　　D. 分科课程

10. 课程开发的影响因素没有（　　　）。

A. 儿童　　　　　　　B. 社会　　　　　　　C. 教师　　　　　　　D. 课程理论

二、辨析题（本大题共 2 个小题，每个 10 分，共 20 分）

1. 国家课程在实施上具有可选择性。

2. 课程的一个基本职能是促进学生的发展，因此，学生的年龄、需要、兴趣对课程发展起决定性作用，是影响课程发展的根本因素。

三、简答题（本大题共 3 个小题，每个 10 分，共 30 分）

1. 简述课程理论。

2. 简述课程目标的依据。

3. 简述 CIPP 评价模式。

四、材料分析题（20 分）

我是差生行列的一员，我也曾努力过，刻苦过，但最后被一盆盆冷水浇的心灰意冷，就拿一次英语考试来说，我学英语觉得比上青天还难，每次考试不是个位数就是十几分，一次老师骂我是蠢猪，我一生气就下定决心下次一定要好好考。于是，我加倍努力真的拿了个英语第一名。心想老师这次一定会表扬我了，但是出乎意料的是，老师走进教师当着全班学生的面问我"你这次考这么好，不是抄来的吧？"听了这话，我一下子从头凉到脚，难道我们差生一辈子都翻不了身吗？

问题：透过这个案例，深切的感受到学生对现行评价制度和评价方法的恐惧、不满与无奈。现行课程评价主要存在哪些问题。

第三章　中学教学

1.理解教学的意义，了解有关教学过程的各种本质观。

2.熟悉和运用教学过程的基本规律，包括教学过程中学生认识的特殊性规律（直接经验与间接经验相统一的规律）、教学过程中掌握知识与发展能力相统一的规律、教学过程中教师的主导作用与学生的主体作用相统一的规律、教学过程中传授知识与思想教育相统一的规律（教学的教育性规律），分析和解决中学教学实际中的问题。

3.掌握教学工作的基本环节及要求；掌握和运用中学常用的教学方法；了解教学组织形式的内容及要求。

4.了解我国当前教学改革的主要观点与趋势。

第一节　教学概述

【导读】
教学是学校教育最基本的途径。学生的发展主要是通过教学这条途径进行的，教学对学生的影响最广泛、最深刻；教师和学生在学校从事的活动绝大部分是教学活动，学校的主要工作是教学工作，学校的其它工作也主要围绕教学工作来展开。因此，组织开展好教学工作，对学生和学校的发展具有十分重要的意义。

一、教学的内涵

教学是在国家教育目的规范下、由教师的教与学生的学共同组成的一种活动。这种教育活动的核心，是学生通过教师有目的、有计划地积极引导和培养，主动掌握系统的文化科学知识和技能，发展能力，增强体质，陶冶品德、美感，从而促进他们自身全面发展的过程。

教学是对学生进行全面发展教育的基本途径，是学校教育的核心，是教师教、学生学的统一活动。它包含以下几个方面：

首先，教学以培养全面发展的人为根本目的。教学通过系统知识技能的传授和掌握，促进学生身心发展。教学与智育是两个相互关联又有区别的概念：一方面，教学也是德育、美育、体育等的途径；另一方面智育也需要通过课外、校外活动等才能全面实现。

其次，教学由教与学两方面活动组成。教学是师生双方的共同活动，教学双方在活动中相互作用，失去任何一方，教学活动便不存在。

再次，教学具有多种形态，是共性与多样性的统一。教学与教育是部分与整体的关系。教育是个大概念，包括学校培养人的全部工作，而教学只是学校进行教育的一条基本途径。教学不同于教育，教学是教育的一条主要途径。

二、教学的意义

教学是学校教育中最基本的活动，不仅是智育的主要途径，也是德育、体育、美育等的基本途径，在学校整个教育系统中居于中心地位。教学的意义表现在以下几个方面：

首先，教学是社会经验得以再生产的一种主要手段。教学是解决个体经验和人类社会历史经验之间矛盾的强有力工具之一。教学，作为一种专门组织起来传递人类知识经验的活动，能简捷地将人类积累的科学文化知识转化为学生个体的精神财富，使他们在短时间内达到人类发展的一般水平。通过教学，不仅促进个体实现社会化的进程，而且使人类文化一代代继承发展。

其次，教学为个人全面发展提供科学的基础和实践。教学的作用直接地、具体地表现在对个体发展的影响：①它使个体的认识突破时空局限及个体直接经验的局限，扩大了他们的认识范围，赢得了认识的速度；②使个体的身心发展建立在科学的基础上，结合科学知识的传授和学习，在一个统一的过程中实现德、智、体、美诸方面的和谐发展。

再次，教学是教育工作构成的主体部分，又是教育的基本途径。学校工作应坚持以教学为主，但是并不等于以智育为主，更不是教学的唯一。教学必须与其他教育形式结合，必须与生活实践加强联系才能充分发挥作用。因此，学校工作要在保证教学为主的前提下全面统筹、合理安排。

【强化训练】

一、单项选择题

1.教学是在国家（　　　）规范下、由教师的教与学生的学共同组成的一种活动。

A.教育目的　　　　　　B.教育方针　　　　　C.教育设计　　　　　D.教育标准

2.教学以培养（　　　）为根本目的。

A.四有新人　　　　　　B.全面发展的人　　　　C.专门人才　　　　D.符合社会需要的人才

二、简答题

1.简述教学的意义。

2.简述教学的内涵。

第二节　教学过程

【导读】

教学过程是教学活动的启动、发展、变化和结束在时间上连续展开的程序结构。人们对教学过程的认识，经历了漫长的历史发展过程。随着时间的推移和研究的深入，人们逐渐认识到教学过程的复杂性和多元性，教学过程不仅是认识过程，也是心理活动过程、社会化过程。

一、教学过程的概念

教学过程是教师根据教学目的、任务和学生身心发展的特点，通过指导学生有目的、有计划地掌握系统的文化科学基础知识和基本技能，发展学生智力和体力，形成科学世界观及培养道德品质、发展个性的过程。

在教学过程中，教师和学生都是活动的主体，不过两者在教学过程中的地位有所不同。在基础教育阶段，教师处于主导和引领地位，学生处于服从和选择性发展的地位，这是由教师的社会角色、资历和智能水平所决定的。教学活动的内容是师生在课堂教学过程中传授和学习的对象，也是学生得以发展的中介和工具；教学活动的条件和方式包括教学的时空条件、教学的组织形式、教学的手段和方法等。

如何选择教学过程诸多因素的优化组合模式，取得教学过程的整体最佳效果，是教学过程理论研究的中心问题，也是切实有效提高教学质量的关键。

二、教学过程的本质观

关于教学过程的本质，理论界有不同的看法。在我国，长期通行的看法是把教学工作看作是一种特殊的认知活动，是实现学生身心发展的过程。教学过程的本质表现在以下两个方面：

（一）教学过程主要是一种认识过程

这里的认识不等于"认知"，是一个层次高于心理学中的认知的哲学概念，即人脑对于客观世界积极的反映，概括着心理学上认知、情感、意志以及个性心理品质形成等全部活动和过程。教学过程首先主要是一种认识过程，是学生在教师指导下，借助教材或精神客体的中介，掌握科学认识方法，以最经济的途径认识现实世界并改造主观世界、发展自身的活动过程。教学认识的主体是学生，学生是在教师指导下进行学习活动的主体，具有发展性和可塑性。教学认识的客体以课程教材为基本形式，是人类社会历史经验凝聚的精神客体，既是学生认识的对象，又是他们认识和发展自身的工具，具有中介性。

教学过程是教师教学生认识世界的过程，教学过程包括教师教与学生学这两个既有区别又相互依存的有机统一的活动。其内部发展动力是教师提出的教学任务同学生完成这些任务的需要、实际水平之间的矛盾。

（二）教学过程是一种特殊的认识过程

教学过程是认识的一种特殊形式，其特殊性在于，它是学生个体的认识，是由教师领导未成熟的主体通过学习知识去间接认识世界。学生认识的特殊性表现有以下几方面：

1. 认识的间接性

学生学习的内容是已知的间接经验，并在教学中间接地去认识世界。教学基本方式是"掌握"，是一种简约的经过提炼的认识过程，同样以教学实践活动为基础。要利用和激发学生原有的以生活经验和感性知识为核心的直接经验，激活旧知识，引出新知识。

2. 认识的交往性

教学活动是教师的教和学生的学组成的双边活动，教学活动是发生在师生之间（学生间）的一种特殊的交往活动。学生的认识如果离开了师生在特定情境和为特殊目的进行的交往，教学活动的概念就可以扩大到生活教育的领域。

3. 认识的教育性

教学中学生的认识既是目的，也是手段，认识是发展。认识中追求与实现着学生的知、情、行、意的协调发展与完全人格的养成。

4. 有领导的认识

学生的个体认识始终是在教师的指导下进行。老师要促进学生由导学阶段向学导阶段转化，要促进学生由"教"到"悟"到"化"（内外和外化），从而真正促进学生的主体发展。

三、教学过程的基本规律

教学过程内部的各种因素相互依存、相互作用，形成了一些稳定的、必然的联系。按照上述对教学过程的理解，教学过程主要具有以下几个基本规律。

（一）间接经验与直接经验相统一

直接经验就是学生通过亲自活动，探索获得的经验；间接经验是指他人的认识成果，主要指人类在长期认识过程中积累并整理而成的书本知识，此外还包括以各种现代技术形式表现的知识与信息，如磁带、录像带、电视和电影片等。

教学认识活动不同于科研活动，后者以探索未知为主，而教学则以学习已知为主。教学内容的间接性特点，要求我们正确处理好直接经验和间接经验的关系，遵循和贯彻直观性教学的原则和要求。教学工作中，间接经验和直接经验相结合，反映教学中传授系统的科学文化知识与丰富学生感性知识的关系，理论与实践的关系，知与行的关系。

1.学生以学习间接经验为主

教学中学生学习的主要是间接经验，并且是间接地去体验。学生主要是通过"读书""接受"现成的知识，然后再去"应用"和"证明"。这是一条认识的捷径。它的特点是，把人类世世代代积累起来的科学文化知识加以选择，使之简约化、洁净化、系统化、心理化，组成课程，引导学生循序渐进地学习，这样可以避免人类在认识发展中所经历的错误与曲折，使学生能用最短的时间、最高效率地掌握大量的系统的文化科学基础知识，同时，还可以使学生在新的起点上继续认识客观世界，继续开拓新的认识领域。

2.学生学习间接经验要以直接经验为基础

要使人类的知识经验转化为学生真正理解掌握的知识，必须依靠个人以往积累的或现时获得的感性经验为基础。学生学习的书本知识来自于前人实践经验，而非学生自身的实践与经验，且与人类实践活动中直接经验的获得方式不同。所以，教学中要充分利用学生已有经验，增加学生学习新知识所必需的感性认识，以保证教学的顺利进行。可见，教学以学习书本知识为主使学生个人认识赶上人类认识，获得自身发展的捷径，要使学生便捷而高效地掌握书本知识，则必须根据教学的需要充分利用和丰富学生的直接经验，这是直接经验和间接经验之间的必然联系。

（二）掌握知识与发展智力相统一

现代教学论认为，教学不仅要使学生掌握知识技能，而且要发展学生的智力和能力，包括一般认识能力和特殊能力。

1.掌握知识是发展智力的基础

学生认识能力的发展有赖于知识的掌握。只有在心智操作的活动中才能发展认识能力，这要求学生必须积极主动地进行认识、思考和判断等心智活动。智力发展是掌握知识的重要条件。学生具有一定的认识能力，是他们进一步掌握文化科学知识的必要条件。学生掌握知识的速度与质量，依赖于学生原有智力水平的高低。教学中教师应启发学生运用自己潜在能力，使学生在掌握知识的过程中发展认识能力。

2.掌握知识与发展智力相互转化的内在机制

知识不等于智力，学生掌握知识的多少并不完全表明其智力的高低，而发展学生的智力也不是一个自发的过程。在教学中，应掌握如何处理掌握知识与发展智力的关系的问题，必须探索二者之间的差异以及相互转化的过程和条件，以引导学生在掌握知识的同时，有效地发展他们的智力和认识能力。

知识与智力的相互转化，一般来说应注意以下条件：①传授给学生的知识应该是科学的规律性的知识。只有掌握了规律性的知识，才能举一反三、触类旁通，才能实现知识的迁移。也只有规律性的知识，才需要理论思维的形式；②必须科学地组织教学过程。启发学生独立思考、探索和发现，鼓励学生选择不同的学习方法和认知策略去解决问题，学会学习，学会创造；③重视教学中学生的操作与活动，培养学生的参与意识与能力，提供学生积极参与实践的时间和空间；④培养学生良好的个性品质，重视学生的个别差异。

（三）掌握知识与提高思想相统一

1.学生思想的提高以知识为基础

人们的思想观点和世界观的形成都离不开人们的认识，都需要以一定的经验和知识为基础。尤其是要培养学术的正确的人生观、科学的世界观，更需要有一定的科学文化知识为基础。在教学中，向学生传授科学文化知识，引导他们接触自然和社会，认识人生、社会和宇宙及其发展，不仅可以增长学生的知识、智慧和才能，而且，可以帮助学生认识社会发展的规律，掌握时代的潮流，人们的意愿，分辨是非，评价善恶，培养社会主义品德，为树立正确的人生观、科学的世界观奠定良好的基础。但是学生掌握了知识并不一定能够提高他们的思想。这里有一个态度问题、情感问题，由知识到思想的转化问题。因此，要使教学中传授的知识能给学生以深刻的思想影响，不仅要使学生深刻领悟知识，而且要善于引导和激发学生对所学知识的社会意义产生积极的态度，在思想深处产生共鸣，受到熏陶与感染，形成自己的善恶观念、爱憎情感和价值追求。

2.学术思想的提高又推动他们积极地学习知识

学生掌握科学文化知识的过程是个能动的认识过程，他们的思想状况、他们的学习动机、目的与态度，对他们的学校起着十分重要的作用。如果能在教学中不断提高学生的思想，端正他们的学习态度，树立远大理想和抱负，那么就能给学生的学习以正确的方向和巨大的动力，推动他们自觉地、主动地进行学习，尽个人最大的努力来增长自己的知识、智慧和才干。可见，教学具有教育性。但在引导学生正确理解知识的过程，必须使他们对所学的知识产生积极的态度，才能使掌握的知识转化为他们的观点，促进他们思想的提高；学生思想提高了又必将积极推动他们进一步努力学习。

3.教学中要防止两种偏向

一种倾向是单纯传授知识、忽略思想教育的偏向。持这种观点的人以为教材富有思想性，学生学了思想自然会提高，无需教师多讲什么。另一种倾向是脱离知识的传授而另搞一套思想教育的偏向。这种思想教育显然是无本之木，不仅不利于学生思想的提高，而且有害于系统文化科学知识的教学。

（四）教师主导作用与学生主体作用相统一

教学活动是教师的教和学生的学组成的双边活动，现代教学论强调教与学二者的辩证关系，教学是教师教学生去学，学生这个学习主体是教师组织的教学活动中的学习主体，教师对学生的学习起主导作用。

1.承认教师在教学过程中处于组织者的地位，应充分发挥教师的主导作用

教师的主导作用表现在：教师的指导决定着学生学习的方向、内容、进程、结果和质量，起引导、规范、评价和纠正的作用。教师还影响着学生学习方式以及学生学习主动性、积极性的发挥，影响着学生的个性以及人生观、世界观的形成。随着教学经验的不断积累和教学反思的同步发展，教师主体意识和能力得到不断发展，专业水平得到同步提高，主体地位也得到加强。

2.学生在教学过程中作为学习主体的地位，应充分发挥学生参与教学的主体能动性

随着学生受教育程度的提高和身心健康发展，学生主体意识和能力也不断发展，独立发现问题、分析问题、解决问题的水平也在不断提高。学生的主体地位是在教师主导下逐步确立的。学生这个主体从依赖性向独立性发展，正是教师主导的结果。

3.建立合作、友爱、民主平等的师生交往关系

教学过程是师生共享教学经验的过程，在此过程中，师生共同明确教学目标，交流思想、情感，实现培养目标。一方面，教师对学生的发展负有指导启发促进的责任，处于主导地位。教师主导作用的结果是促进学生主体的发展。另一方面，教师和学生在教学过程中的地位也是此消彼长、动态变化的过程。

四、教学过程的基本阶段

教学过程的结构指教学进程的基本阶段。学科性质不同、教学目的任务不同和学生的年龄阶段不同，教学过程的展开、行进和发展的程式是不完全一样的。教学过程没有一成不变的程式，且呈现多样综合的特点。

按照教师组织教学活动中所要求实现的不同认识任务，可以划分出教学过程中学生认识的不同阶段。

（一）引起学习动机

学习动机是推动学生学习的一种内部动力。学习动机往往与兴趣、求知欲和责任感联系在一起。**教师要使学生明确学习目的，启发学生的责任感，激发学生学习的积极性。**

（二）领会知识

领会知识是教学的中心环节。领会知识包括使学生感知和理解教材。

1. 感知教材

教师要引导学生通过感知形成清晰的表象和鲜明的观点，为理解抽象概念提供感性知识的基础并发展学生相应的能力。学生感知来源包括：已有的知识经验，直观教具的演示，参观或实验，教师形象而生动的语言描述和学生的再造想象以及社会生产生活实践。

2. 理解教材，形成科学概念

引导学生在感知基础上通过分析、比较、抽象概括以及归纳演绎等思维方法的加工，形成概念、原理，真正认识事物的本质和规律。

理解教材可以有两种思维途径：一是从具体形象思维向抽象逻辑思维过渡；二是从已知到未知，不必都从感知具体事物开始。

（三）巩固知识

通过各种各样的复习，对学习过的材料进行再记忆并在头脑中形成巩固的联系。知识的巩固是不断吸收新知识、运用知识形成技能的基础。巩固知识往往渗透在教学的全过程，不一定是一个独立的环节。

（四）运用知识

学生掌握知识的目的在于运用，教师要组织一系列的教学实践活动引导学生动脑、动口和动手，以形成技能技巧，并把知识转化为能力。

（五）检查知识

检查学习效果的目的在于，使教师及时获得关于教学效果的反馈信息，以调整教学进程与要求；帮助学生了解自己掌握知识技能的情况，发现学习上的问题，及时调节自己的学习方式，改进学习方法，提高学习效率。

学生掌握知识的基本阶段对组织进行教学过程具有普遍的指导意义，但是，也要防止在运用中出现简单化和形式主义的偏向。因此在运用时要注意以下几点：

1. 根据具体情况灵活运用

学生掌握知识的过程实际上是生动活泼、多种多样的。它不可能千篇一律采用"基本式"，都按五个阶段进行教学，往往更多地采用"变式"，即根据实际情况对基本式作些改变，灵活地加以运用。

2. 注意阶段之间的内在联系不要割裂

教学中引导学生掌握知识不能按部就班，一个阶段、一个阶段界限分明地机械进行，而是要按学生掌握知识的规律性和学生在教学中的具体情况，引导他们从一个阶段很自然地能动地发展到下一个阶段。

3. 每个阶段的功能都是整个教学过程中不可缺少的因素

在设计和组织教学过程时，可以根据具体情况减去某些阶段，如不进行专门的感知，不作专门的复习巩固等。但是，在教学过程中却不能忽视这些阶段的功能，因为这是有效地进行教学必须考虑的因素。

五、教学过程的基本阶段理论

教学过程的基本阶段理论是研究教学工作活动程序的理论。在教学史上，中外教育家从不同角度对教学过程的阶段理论进行了系统的分析和研究，提出了多种多样的阶段理论。

（一）教学过程阶段理论的雏形

孔子提出教学是学、思、行相结合的过程，"学而不思则罔，思而不学则殆"，强调学习的同时还必须"笃行"。荀子认为教学过程是闻见知行的过程,《中庸》概括其为"博学之、审问之、慎思之、明辨之、笃行之"五个阶段。朱熹的学生则归纳出六条朱子读书方法——循序渐进、熟读精思、虚心涵咏、切己体察、著紧用力、居敬持志,也论及了教学过程的有关问题。

(二)教学过程阶段理论的建立

捷克教育家夸美纽斯提出"感知——记忆——理解——判断"的教学过程理论。

赫尔巴特根据统觉心理学理论,把教学过程分为:明了、联想、系统、方法四个阶段。后来其学生席勒和莱茵在此基础上发展为五个阶段,为分析、综合、系统、方法(席勒);预备、提示、联合、总括、应用(莱茵)。"五段教学法"在19世纪下半叶后曾风靡世界,至今仍有深远影响。

杜威从实用主义哲学出发,反对赫尔巴特的以教师为中心的教学过程阶段理论,提出以"儿童为中心"和"从做中学"为基础的教学过程的阶段理论。

(三)我国关于教学过程阶段理论的探索

我国关于教学过程的阶段理论,有三个分支:一是主要继承了赫尔巴特、凯洛夫学派的思想,如"四阶段说"和"六阶段说";二是对以杜威为首的进步主义教育思想和程序教学理论的改造与发展,如卢仲衡的"自学辅导"教学;三是对我国多年的教学传统和经验的反思,并结合当前教育教学的实际加以改造,如李吉林的"情境教学法"、魏书生的"六步教学法"和黎世法的"六课型单元教学法"。

【强化训练】

一、单项选择题

1.教学过程的中心环节是(　　　)。

A.领会知识　　　　　　B.巩固知识　　　　　　C.运用知识　　　　　　D.引起学习动机

2.教学工作中,学生对客观世界的认识是通过学习(　　　)来实现的。

A.直接经验　　　　　　B.间接经验　　　　　　C.生产经验　　　　　　D.生活经验

二、简答题

1.简述教学过程的基本规律。

2.简述教学过程的基本阶段。

第三节　教学实施

【导读】

在进行教学工作时,要掌握教学原则、教学方法和教学的组织形式。了解教学的原则,才能更为恰当地进行教学工作。掌握教学的方法,可以让我们在进行教学工作时事半功倍。不同的教学内容需要不同的组织形式进行教学,教学组织形式的掌握使我们找到最合适教学内容的教学形式。掌握了所有这些,我们就能很好地进行教学工作的基本环节。

一、教学原则

(一)教学原则概述

1.教学原则的概念

教学原则是根据一定的教学目的和对教学过程规律的认识而制定的指导教学工作的基本准则。教学原则既指导教师的教,也指导学生的学。教学原则贯穿于各项教学活动之中,它的正确和灵活运用,是提高教学质量的重要保证。

2.教学原则与教学规律的区别

教学规律是教与学内部矛盾运动的客观规律，人们只能去发现它，掌握它，但不能制造它，而教学原则是人们在认识教学规律的基础上制定的一些教学的基本准则，它反映教学规律。人们对教学规律的不断发现和掌握，才会使人所制定的教学原则不断发展和完善。

（二）中学教学原则及运用

1.直观性原则

直观性原则，是指在教学中要通过学生观察所学事物，或教师语言的形象描述，引导学生形成所学事物、过程的清晰表象，丰富他们的感性知识，从而使他们能够正确理解书本知识和发展认识能力。

在教育史上首先明确提出直观性原则的是捷克教育家夸美纽斯。他认为，知识的开端永远必须来自感官。直观性原则是根据教学过程的认识规律和学生认识活动的特点提出来的。

贯彻直观性原则的基本要求是：（1）正确选择直观教具和现代化教学手段。直观教具可分为两类：一是实物直观，包括各种实物、标本、实验、参观；二是模象直观，包括各种图片、图表、模型、幻灯片、录像带、电视和电影片等。在教学中要根据教学的任务、内容和学生年龄特征正确选用直观教具。（2）直观要与讲解相结合。教学中的直观要在教师的指导下有目的地观察，教师通过提出问题引导学生去把握事物的特征，发现事物之间的联系，并通过讲解以解答学生在观察中的疑难，获得较全面的感性知识，从而更深刻地掌握理性知识。（3）重视运用语言直观。教师用语言作生动地讲解、形象地描述，能够给学生以感性知识，形成生动的表象或想象，也可以起直观的作用。教学中贯彻直观性原则，有助于提高学生的学习兴趣和积极性，有利于学生对书本知识的理解和概念的形成，并发展认知能力。

2.启发性原则

启发性原则，是指在教学中教师要承认学生是学习的主体，注意调动他们的主动性，引导他们独立思考，积极探索，生动活泼地学习，自觉地掌握科学知识和提高分析问题和解决问题的能力。

中外教育家都很重视启发教学。孔子提出了"不愤不启，不悱不发"的著名教学要求，这是"启发"一词的来源。《学记》中提出"道而弗牵，强而弗抑，开而弗达"的教学要求，阐明了教师的作用在于引导、激励、启发，而不是牵着学生走，强迫和代替学生学习。在西方，苏格拉底在教学中重视启发，他善于用启发式来激发和引导学生自己去寻找正确答案，即著名的"产婆术"，教师在引导学生探求知识过程中起着助产的作用。

启发性原则是在继承有关启发教学的优秀遗产的基础上，根据学生的认识规律，在现代心理学和教学实践经验的基础上提出来的。

贯彻启发性原则的基本要求是：（1）调动学生学习的主动性。调动学生学习主动性是启发的首要问题。教师要善于因势利导，激发学生主动性、欲望和兴趣，汇集和发展为推动学习的持久动力。（2）启发学生独立思考，发展学生的逻辑思维能力。首先，教师要注意提问、激疑，启发他们的思维。然后，教师因势利导，使学生认识逐步深入，以获取新知。（3）让学生动手，培养独立解决问题的能力。启发不仅要引导学生动脑，而且要引导他们动手。教师要善于启发诱导学生将知识创造性地用于实际，向他们布置由易到难的各种作业，或提供素材、情境、条件和提出要求，让他们去独立探索，克服困难、解决问题，独出心裁地完成作业，以便发展创造才能。（4）发扬教学民主。它包括：建立民主平等的师生关系和生生关系，创造民主和谐的教学气氛，鼓励学生发表不同见解，允许学生向教师提问、质疑等。

学生的认识过程，是在教师指导下进行的能动认识过程，没有教师的指导，学生的学习就不能迅捷和高效；没有学生的主动性、积极性，教师传授的知识经验也不可能转化为学生自己知识结构和能力的一部分。

3.巩固性原则

巩固性原则，是指教学要引导学生在理解的基础上牢固地掌握知识和技能，长久地保持在记忆中，能根据需要迅速再现出来，以利于知识技能的运用。巩固性原则是根据教学任务提出来的。

历代许多教育家都很重视掌握知识的巩固问题。孔子要求"学而时习之"、"温故而知新"。朱熹提倡"熟读精思"。乌申斯基认为，复习是学习之母。夸美纽斯形象地比喻：如果只顾知识的传授而忽视巩固，就好像水泼在米筛上，最终将一无所获。

贯彻巩固性原则的基本要求是：（1）在理解的基础上巩固。理解知识是巩固知识的基础。在教学中，要引导学生把理解知识和巩固、记忆知识联系起来，当然，强调理解记忆，并不否定在教学中要求学生对一些知识作机械记忆。（2）重视组织各种复习。为了组织好复习，教师要向学生提出复习与记忆的任务，要安排好复习的时间，要注意复习方法的多样化，要指导学生掌握记忆方法，学会通过整理编排知识、写成提纲、口诀帮助记忆。（3）在扩充改组和运用知识中积极巩固。在教学中教师要引导学生通过努力学习新知识，扩大加深改组原有知识和积极运用所学知识于实际来巩固知识。

4.循序渐进原则

循序渐进原则，是指教学要按照学科的逻辑系统和学生认识发展的顺序进行，使学生系统地掌握基础知识、基本技能，形成严密的逻辑思维能力。

教学必须循序渐进，这是长期教学实践反复证明了的。《学记》强调"学不躐等"、"不陵节而施"，否则"杂施而不孙，则坏乱而不修"。朱熹把循序渐进当作最重要的读书法，提出"循序渐进，熟读而精思"。夸美纽斯主张"应当循序渐进地学习一切"。

循序渐进的原则，是由科学知识本身的系统性和严密性所决定的。循序渐进的"序"，包括教材内容的逻辑顺序，学生生理节律的发展之序，学生认识能力发展的顺序和认识活动本身之序，是四种顺序的有机结合。只有循序渐进，才能使学生有效掌握知识，发展严密的思维能力。

贯彻循序渐进原则的基本要求是：（1）按教材的系统性进行教学。按课程标准、教科书的体系进行教学是为了保证科学知识的系统性和教学的循序渐进。要求教师深入领会教材的系统性，结合学生认识特点和本班学生的情况，编写一个讲授提纲，以指导教学的具体进程。（2）注意主要矛盾，解决好重点与难点的教学。循序渐进要求区别主次、分清难易、有详有略地教学。注意重点，就是注意要把基本概念基本技能当作课堂教学的重点。（3）由浅入深，由易到难，由简到繁。

【真题在线】

[2012年下半年] 我国古代教育文献《学记》中要求"学不躐等""不陵节而施"提出"杂施而不孙，则坏乱而不修"。这体现了教学应遵循（   ）。

A.启发性原则   B.巩固性原则   C.循序渐进原则   D.因材施教原则

【答案及解析】 C 教学必须循序渐进，这是长期教学实践反复证明了的。《学记》强调"学不躐等""不陵节而施"，否则"杂施而不孙，则坏乱而不修"。

5.因材施教原则

因材施教原则，是指教师要从学生的实际情况、个别差异出发，有的放矢地进行有差别的教学，使每个学生都能扬长避短，获得最佳的发展。

因材施教一词，最早见于朱熹的概括："孔子教人，各因其材。"由于学生的潜能及其身心发展的个别差异性，再加上社会发展要求的复杂性和多元性，就要求改变单一齐整的教学局面，坚持因材施教的原则。

贯彻因材施教原则的基本要求是：（1）针对学生的特点进行有区别的教学。教师应当了解每个学生德智体发展的特点，各学科学习的情况与成绩，有何兴趣、爱好与擅长以及不足之处，然后有目的地因材施教。（2）采取有效措施，使有才能的学生得到充分的发展。

6. 理论联系实际原则

理论联系实际原则，是指教学要以学习基础知识为主导，从理论与实际的联系上去理解知识，注意运用知识去分析问题和解决问题，达到学懂会用、学以致用。

我国古代教育家十分重视知与行关系的研究。在西方，古希腊智者派认为，没有实践的理论和没有理论的实践都没有意义，裴斯泰洛齐很重视"知识与知识的应用"。乌申斯基也指出，"空洞的毫无根据的理论是一点用处也没有的。理论不能脱离实际，事实不能离开思想"。

贯彻理论联系实际原则的基本要求是：（1）书本知识的教学要注重联系实际。只有注意理论联系实际，教学才能生动活泼，使抽象的书本知识易于被学生理解，吸收转化为他们的有用的精神财富。（2）重视培养学生运用知识的能力。首先要重视教学实践，如练习、实验、参观和实习等；其次还要重视引导学生参加实际操作和社会实践。（3）正确处理知识教学与技能训练的关系。在教学中，只有将两者结合起来，学生才能深刻理解知识，掌握技能，达到学以致用。（4）补充必要的乡土教材。由于我国幅员辽阔，各地各方面的差异很大，为了使教学不脱离实际，必须补充必要的乡土教材。

教师应注意理论联系实际，正确处理好教学中的直接经验与间接经验、感性认识与理性认识、讲与练、学与用关系，使学生掌握比较全面的科学知识，发展能解决实际问题的技能和技巧。

7. 科学性和思想性统一原则

科学性和思想性统一原则，是指教学要以马克思主义为指导，授予学生以科学知识，并结合知识教学对学生进行社会主义品德和正确的价值观与世界观教育。

贯彻科学性和思想性统一原则的基本要求是：（1）保证教学的科学性。（2）发掘教材的思想性，注意在教学中对学生进行品德教育。（3）要重视补充有价值的资料、事例或录像。（4）教师要不断提高自己的专业水平和思想修养。

8. 发展性原则

发展性原则，是指教学的内容、方法和进度要适合学生的发展水平，但又有一定的难度，需要他们经过努力才能掌握，以便有效地促进学生的身心发展。

贯彻发展性原则的基本要求是：（1）了解学生的发展水平，从实际出发进行教学。（2）考虑学生认识发展的时代特点。

9. 量力性原则（可接受性原则）

量力性原则是指教学活动要适合学生的发展水平。这一原则是为了防止发生教学难度低于或高于学生实际程度而提出的。

教学活动要讲究效率，在同样的时间内，学生所学越多则教学效率就越高。但是，教学效率的获取必须以符合学生身心发展规律为基础，脱离了这个基础，不仅教学效率本身是不可靠的，还会对小学生的发展造成消极的结果。

在教学中贯彻这一原则，对于教师有以下基本要求：（1）重视儿童的年龄特征。教师应当不断加强自身的心理学素养，及时掌握心理学的新进展。（2）了解学生发展的具体特点。年龄特征和发展阶段主要是揭示个体发展的普遍规律，这些普遍规律体现在小学生的发展各个方面，而且是极为多样化的。（3）恰当地把握教学难度。什么样的程度和水平最符合量力性的要求，很难有稳定、确切的具体标准，需要根据心理学揭示的普遍规律和对学生的具体研究，由教师自己来把握，这是教师劳动创造性的体现，是需要教师不断思考、不断解决的问题。

二、教学方法

（一）教学方法概述

教学方法是为完成教学任务而采用的办法。它包括教师教的方法和学生学的方法，是教师引导学生掌握知识技能，获得身心发展而共同活动的方法。

选择与运用教学方法的基本依据：教学目的和任务的要求；课程性质和教材特点；学生特点；教学时间、设备、条件；教师业务水平、实际经验及个性特点。

教学中存在两种对立的教学方法：一是启发式，一是注入式。启发式强调教师把学生看成是学习的主体，从实际出发。注入式则把学生看成没有主观能动性的单纯接受知识的容器，教师起信息的载体和传递作用，学生则起接受贮存作用。判别两者的关键在于是否充分调动了学生的积极性和主动性，即学生主体作用发挥的程度。

（二）中学常用的教学方法

我国中学常用的教学方法有：讲授法、谈话法、讨论法、演示法、练习法和实验法等。

1. 讲授法

讲授法是教师通过口头语言系统连贯地向学生传授知识的方法。讲授法是学校教学中最常用的方法之一。讲授法具体又可分为讲述、讲解、讲演、讲读四种方式。

讲述是教师运用具体生动的语言对教学内容作系统叙述和形象描绘的一种讲授方式。一般在语文、历史、政治等人文学科教学中用得比较多。讲述又可分为科学性讲述和艺术性讲述两大类。

讲解是教师运用通俗易懂、科学准确的语言对教材内容进行解释、说明、论证的一种讲授方式。一般用在数、理、化、生物、计算机等自然学科教学中。它和讲述的主要区别在于，讲述偏重叙述与描绘，强调形象生动、妙趣横生；讲解则注重解释、说明和论证，主要用于说明解释推算概念、公式和原理。

讲读是教师把讲述、讲解同阅读教材有机结合，讲、读、练、思相结合的一种讲授方式。一般用于语文、外语课的教学之中，但也可用于数理化等其他学科的教学中，讲读便于培养学生的语感和自学能力，培养学生的移情体验能力，强调"读书百遍，其义自现"。

讲演是以教师的演说或报告的形式在较长的时间里系统地讲授教材内容，条分缕析，广征博引，科学论证，从而得出科学结论的一种讲授方式。由于讲演时间长，需要知识面广，对教师的语言技能要求高，因此难度较大，在中学教学阶段用得相对较少。

讲授法是学校教学中最常用的方法之一。它在课堂教学中所占时间最多。美国教学研究专家弗兰德斯在大量课堂观察研究的基础上，提出了"三分之二律"，即课堂时间的三分之二用于讲话，讲话时间的三分之二是教师讲话，教师讲话时间的三分之二是向学生讲话而不是与学生对话。我国学者的研究也表明，教师的讲授占课堂时间的65%左右。正确有效的讲授，可以使学生在很短时间内获得大量的系统连贯的知识；同时也便于教师按照教学计划有条不紊地完成教学任务，充分发挥教师的主导作用。但是，讲授法如果使用不当，往往难以适应学生的个别差异，使学生处于消极被动的地位，不利其主体作用的发挥。

影响讲授效果的因素有以下几个方面。一是语音语速和语流。研究表明，讲普通话的教学效果优于讲当地方言；教师语流的流畅性与学生的成绩正相关；语速过快与过慢也会影响学生信息接收和加工的效果。二是用词的精确性与模糊性。有人曾总结教师用词模糊与学生成绩之间关系的10项研究结果，发现其中有8项有显著相关，其显著水平在0.05-0.001之间。三是专业术语使用的时机。在学生刚开始接触一个新的专业术语时，适当运用该术语的日常生活词汇和俗称来描述，有助于学生的学习和理解；但在学生已经掌握并能够运用专业术语解释新现象、学习新知识时，教师使用非专业术语会失去科学知识的严谨性和严肃性，甚至引起学生的误解。四是教学内容组织的逻辑性。研究表明，帮助学生找出学习材料的联系性和逻辑性，有利于学生尤其是缺乏预备性知识的学生的学习。

讲授法的基本要求是：（1）讲授内容要有科学性、系统性、思想性。既要突出重点、难点，又要系统、全面；既要使学生获得可靠知识，又要在思想上有所提高。（2）注意启发。在讲授中善于诘问并引导学生分析和思考问题，使他们的认识活动积极开展，自觉地领悟知识。（3）讲究语言艺术。力图语言清晰、准确、简练、形象、条理清楚、通俗易懂，讲授的音量、速度要适度，注意音调的抑扬顿挫；以姿势助说话，提高语言的感染力。

2. 谈话法

谈话法也叫问答法，它是教师按一定的教学要求向学生提出问题，要求学生回答，并通过问答的形式来引导学生获取或巩固知识的方法。谈话法是一种师生互动的"共同解决型教学方法"。古希腊的苏格拉底和我国的孔子都是运用谈话法进行教学的大师。

谈话法可分复习谈话和启发谈话两种。复习谈话是根据学生已学教材向学生提出一系列问题，通过师生问答形式以帮助学生复习、深化、系统化已学的知识。启发谈话则是通过向学生提出未思考过的问题，一步一步引导他们去深入思考和探取新知识。

谈话法的基本要求是：（1）要准备好问题和谈话计划。在上课之前，教师要根据教学内容和学生已有的经验、知识，准备好谈话的问题、顺序，如何从一个问题引出和过渡到另一个问题。（2）提出的问题要明确、引起思维兴奋，即富有挑战性和启发性，问题的难易要因人而异。（3）要善于启发诱导。当问题提出后，要善于启发学生利用他们已有的知识经验或对直观教具观察获得的感性认识进行分析、思考，研究问题或矛盾的所在，因势利导。

3. 讨论法

讨论法是学生在教师指导下为解决某个问题而进行探讨、辨明是非真伪，以获取知识的方法。优点在于能更好地发挥学生的主动性、积极性，有利于培养学生独立思维能力、口头表达能力，促进学生灵活地运用知识。

影响讨论法运用的因素有：小组的规模和构成、小组的内聚力、交流的内聚力、交流的信息流动模式与座位安排、小组领导的方式等。教师在讨论过程中主要扮演着讨论发起者和支持者的角色。即教师要协调推进小组活动，保障讨论目标的如期完成；教师要加强小组成员之间的联系，形成热情友好民主平等的气氛，支持讨论活动的不断深入。

讨论法的基本要求是：（1）讨论的问题要有吸引力。抓好问题是讨论的前提，问题要有吸引力，能激起他们的兴趣，有讨论、钻研的价值。（2）要善于在讨论中对学生启发引导。启发他们独立思考，勇于发表自己的看法，围绕中心议题发言。（3）做好讨论小结。

4. 演示法

教师通过展示实物、直观教具、进行示范性实验或采取现代化视听手段等，指导学生获得知识或巩固知识的方法。演示法常和讲授法、谈话法等结合使用。演示的特点在于加强教学的直观性，不仅是帮助学生感知、理解基本知识的手段，也是学生获得知识、信息的重要来源。

运用演示法进行教学时，演示的材料和方式是多种多样的。一般来说，要使学生获得某一事物或物体的感性形象，可演示单个实物、模型、标本；要使学生了解事物发展的过程和事物内部的结构，可演示前后连接的图片、图表、模型、幻灯、多媒体课件；要使学生认识事物的运动和变化，可通过实验、电影、录音录像设备、计算机辅助教学设备以及教师的一些示范性动作或操作等。

从总体上看，演示可分声像和动作两大类。声像演示主要通过视听媒体帮助学生获得感性认识，其效果与学生感官通道的利用程度、视听材料的逼真程度（中等逼真为最佳）以及学生的相关背景知识的掌握程度等有关。研究表明，人们从外界获得的信息中来自视觉的占 83.0%，听觉占 11.0%，嗅觉占 3.5%，触觉和味觉则分别是 1.5% 和 1.0%。当视听觉合用时，其学习材料的保持率远远高于单一视觉和听觉的保持率。可见教学演示要考虑各种感官的合理组合与巧妙运用。而动作演示的效果则与学生对作业目标的明确程度、动作技能或操作学习的学习策略、学生的观察注意与理解程度、教师示范的速度和信息量等有关。

演示法的基本要求是：（1）做好演示前的准备。演示前要根据教学需要，作好教具准备。用以演示的对象要有典型性，能够突出显示所学材料的主要特征。（2）要使学生明确演示的目的、要求与过程，主动、积极、自觉地投入观察与思考。让他们知道要看什么，怎么看，需要考虑什么问题。（3）通过演示，使所有的学生都能清楚、准确地感知演示对象，并引导他们在感知过程中进行综合分析。

5. 练习法

学生在教师指导下运用知识去完成一定的操作，并形成技能、技巧的方法。练习法是各科教学中运用得最为普遍的方法之一。

练习的类型有很多。按照练习的形式分，练习可分为口头练习（包括朗读、口头作文和各种口头解答问题等）、书面练习、动作或技能练习三种。按照练习的性质分，练习可以分成训练性练习和创造性练习两种。前者是对所学知识再现性的重复运用，只要求学生根据所学的原理（概念、法则、定理、公式），依照范例进行多次重复的模仿实践，目的在于加深记忆、形成熟练的技能技巧，故又称为模仿性练习；后者强调综合运用所学的知识和技能，灵活独立地分析问题和解决问题，目的在于发展学生的创造性能力。创造性练习要以训练性练习为基础，学生总是从训练性练习开始再慢慢上升到创造性练习的水平。

影响学生练习的因素有很多：一是学生对独立练习的准备程度，准备程度越高，学生独立练习的专心程度就越高，练习效果就越好；反之，如果在独立练习阶段教师还有大量的补充讲解就会导致学生练习错误率上升，且讲解时间量与学生成绩呈负相关。二是问题的类型及其安排的合理与否。题型的安排主要有两种形式，一是同一，即问题的类型与例子基本保持不变，其目的是保证学生对知识技能的充分练习，提高熟练程度；二是变化，即问题的类型与例子不同，以大量的变式出现，以加深学生对知识的理解，把握概念的关键特征；三是独立练习的常规，如果学生明确练习的目的是进一步理解知识概念，提高应用知识技能的水平和能力；如果学生了解练习的程序安排和步骤，那么学生分心行为就会减少，练习积极性和效率都会提高，练习就会成为一种主动学习的行为；四是教师适度的监控也能提高学生的练习效率。

练习法的基本要求是：（1）使学生明确练习的目的与要求，掌握练习的原理和方法。这样能防止练习中可能产生的盲目性，从而提高练习的自觉性。（2）精选练习材料，适当分配分量、次数和时间，练习的方式要多样化，循序渐进，逐步提高。（3）严格要求。无论是口头练习、书面练习或操作练习，都要严肃认真。要求学生一丝不苟、刻苦训练、精益求精，达到最高的水平，具有创造性。

6. 实验法

实验法是学生在教师的指导下，利用一定的仪器设备，通过条件控制引起实验对象的某些变化，从观察这些变化中获得知识的方法。一般在物理、化学、生物等自然科学的教学中运用得较多。实验法不仅有利于学生掌握知识，而且有利于培养学生的动手能力和科学的、严谨的学习态度。

实验法的基本要求是：（1）明确目的，精选内容，制订详细的实验计划，提出具体的操作步骤和实验要求。（2）重视语言指导，重视教师示范的作用。教师可以在实验前示范，也可以在学生实验后总结性示范。（3）要求学生独立操作，要求所有学生都亲自操作。（4）及时检查结果，要求学生按照规定写出实验报告。

7. 实习法

实习法又称实习作业法，是指学生在教师的组织和指导下，从事一定的实际工作，借以掌握一定的技能和有关的直接知识，验证间接知识，或综合运用知识于实践的教学方法。这种方法能体现理论联系实际的原则，便于教育与生产劳动相结合，有利于促进学生深入掌握知识和培养实际工作能力。实习法通常多在数学、物理、化学、自然常识、劳动等学科的教学中运用。

因实习场所不同，实习法可分为：课堂实习，校内外工厂实习，农场和实验园地实习等。由于学科的性质、特点不同，实习的内容和方式也不同，如数学课有测量实习，理化课和劳动课有生产技术实习，生物课有作物栽培和动物饲养实习，地理课有地形测绘实习等。

通常实习是以理论知识为基础，并在理论的指导下进行的。运用实习法，一般要求：实习开始，教师提出明确的目的和要求，并根据实习的场所和工作情况做好组织工作；实习进行中对学生进行具体的指导；实习结束时对实习活动进行评定和小结，事后评阅实习作业报告。

8. 暗示教学法

暗示教学法是由保加利亚精神病疗法心理学家乔治·洛扎诺夫于 60 年代末 70 年代初首创的，以后由东欧各国传到苏联、美国、加拿大、法国、日本等国，近年，被介绍到我国。

洛扎诺夫给暗示教学法下的定义是："创造高度的动机，建立激发个人潜力的心理倾向，从学生是一个完整的个体这个角度出发，在学习交流过程中，力求把各种无意识结合起来。"暗示教学法一词，又称启发教学法，被称为是一种"开发人类智能，加速学习进程"的教学方法。

暗示教学法的基本原则是：（1）学生要有自信心，愉快而不紧张；（2）情感调节理智，无意识调节有意识；（3）设置情境，采用交际性练习，短期内学习大量教材；（4）借助母语翻译对比外语；（5）师生相互信任和尊重。

暗示教学法的基本步骤是：首先是呈现新的教学材料，教师借助手势、表情介绍要教的内容；然后，在优美的音乐中，和着音乐的节奏，带着生动的表情和情感朗读课文，学生看着课文，可以模仿；然后是学生以轻松愉快的心情听教师的配乐朗诵，这样可以产生有意和无意的认识能力和超强的记忆力，不知不觉地记忆所学的材料了。

（三）教学方法优化选择与组合

任何一种教学方法都有它的适用时机和范围，根据特定的情境和条件，掌握方法运用的"度"对教学工作十分重要。教学的成败在很大程度上取决于教师是否能妥善地选择教学方法。知识的明确性、具体性、根据性、有效性、可信性，有赖于对教学方法的有效利用。因此，教师首先要明确教学方法的选择标准和选择程序，才能真正实现教学方法的优化选择与组合。

1. 依据教学规则和原则

教学方法的选择要依据教学活动的特点和规律，要根据简捷高效最优的发展原则来选择最为合理、最有效率的教学方法。

2. 依据具体的教学目的和任务

具体的教学目的和任务不同，要求有不同的教学方法。如果教学的具体目的和任务主要是向学生传授新知识，就要运用讲授法、演示法、谈话法等；如果教学的主要目的和任务是为了巩固知识，就要运用谈话、讨论和练习等方法；如果教学的主要目的和任务是发展学生的动作技能和操作能力，则主要靠演示法和练习法。

3. 依据学生的知识基础和心理特征

学生的年龄发展阶段与知识水平不同，要求运用不同的教学方法进行教学。如初中阶段的社会学科常用讲述法，高中阶段历史则常用讲演法；运用实验法时，初中要求教师多指导，高中则应有较大的独立性。此外所选择的教学方法要充分考虑学生学习的可能性，考虑能维持学生的注意和兴趣，使学生始终处于好奇困惑的求知状态；同时教学方法的选择运用还要充分考虑满足学生的求知、移情、交往、自我成就感等各种需要。

4. 依据学科特点和具体教学内容

学科不同直接影响着教学方法的选择。如语文、外语常用讲读法，物理、化学常用实验法，数学多用练习法。同一门课程，因于具体内容不同，教学方法也不相同。

5. 依据学校条件和教师特点

学校条件指学校设备及周围环境，如学校的仪器设备，学校周围的工厂、农村状况等。教师要实事求是地采用可行有效的教学方法。此外，还要考虑选择最能发挥自己特长的教学方法，教师在课堂教学中要扬长避短。

三、教学组织形式

教学总是以一定的组织形式进行。教学组织形式是指为完成特定的教学任务，教师和学生按一定要求组合起来进行活动的结构。随着社会政治经济和科学文化的发展及其对培养人才要求的不断提高，教学组织形式也不断发展和改进。在教学史上先后出现的影响较大的教学组织形式有个别教学制、班级上课制、分组教学等。

（一）个别教学制

个别教学组织形式主要是由学生个人与适合个别学习的教材内容发生接触，并辅以师生之间的直接联系。其有别于个别辅导，前者是针对每个学生因材施教，使学生潜能得到最佳发展，后者主要面向特殊学生，如后进生和优秀生。道尔顿制和文纳特卡制是典型的个别教学组织形式。

古代中国、埃及和希腊的学校大都采用个别教学形式。教师向学生传授知识，布置检查和批改作业都是个别进行的，即教师对学生一个一个轮流地教；教师在教某个学生时，其余学生均按教师要求进行复习或作业。个别教学制最显著的优点在于教师能根据学生的特点因材施教，使教学内容、进度适合于每一个学生的接受能力。但采用个别教学，一个教师所能教的学生数量是有限的。这种个别教学形式在古代学校中普遍推行是与古代社会生产力发展水平比较低的状况相适应的。在古代的学校中，也有采用初级的集体教学形式的，但尚未形成一种制度，不占主要地位。

个别化教学是一种因材施教的教学方法，是指教学方法个别化。当同一教材、教法不能针对班级教学中学生的程度差异时，为顾及个别能力、兴趣、需要及可能遭遇的困难，教师须在教学过程中特别设计不同的教学计划。个别教学是一种"一对一"的教学实施形态，与班级授课制相对应。它可能是个别化教学，也可能不是个别化教学，关键在于其是否为符合该生能力需要而特别设计了教学方案。所以，个别化教学不等同于个别教学。

（二）班级授课制

班级授课制是一种集体教学形式，它把一定数量的学生按年龄与知识程度编成固定的班级，根据周课表和作息时间表，安排教师有计划地向全班学生集体上课。在班级授课制中，同一个班的每个学生的学习内容与进度必须一致。但开设的各门课程，特别是在高年级，通常由具有不同专业知识的教师分别担任。

1. 班级授课制的产生与发展

班级授课制是人类社会发展到一定历史阶段的产物。

在古代教育中，无论在东方还是西方，教学组织形式主要是个别教学，即使孔子"弟子三千，贤人七十"，仍然是通过个别教学进行教育的，学生在原有程度、学习内容、学习进度上各不相同，没有一致的要求和规定。工业革命后，社会提出了普及义务教育的要求，教育的规模和效率都必须扩大、提高，个别教学因为无法满足这样的需求，表现出明显的不适应，于是班级授课制应运而生。

文艺复兴时期，在欧洲的一些国家出现了班级授课制的萌芽，这种萌芽在工业革命和普及义务教育条件下迅速地发展起来，并且很快成为世界范围内最重要、最通行的教学组织形式。大体说，班级授课制的发展经历了三个阶段：

第一阶段，以夸美纽斯为代表的教育家从理论上加以总结和论证，使它基本确立下来。

第二阶段，以赫尔巴特为代表，提出教学过程的形式阶段的理论，给夸美纽斯的理论以重要补充和发展。

第三阶段，以苏联教育学为代表，提出课的类型和结构，使班级授课制更趋成熟。

经历了这三个阶段，班级授课制从理论到实践基本形成了完整的体系。我国最早采用班级授课制是在1862年清政府在北京设立的京师同文馆。1902年，清政府颁布《钦定学堂章程》后，班级授课制在全国广泛推行。直至现在，班级授课制仍是我国各级各类学校教学的基本组织形式。

2. 班级授课制的主要优缺点

（1）有利于经济有效地、大面积地培养人才。由于它按学生的年龄和知识水平编成有固定人数的教学班，能使大量的学生同时在较短时间内有系统地掌握知识技能。同个别教学相比，班级授课制扩大了教学规模，加快了教学速度，提高了教学效率。夸美纽斯曾把个别教学喻为手工抄写，把课堂教学喻为印刷术。

（2）有利于发挥教师的主导作用。在教学中，教师按照课程标准和教科书的规定，有目的、有计划、有组织地进行教学，保证让全班学生都自始至终在教师的指导下学习。

（3）有利于发挥班集体的教学作用。同班学生学习内容相同，程度相近，便于相互切磋讨论，互帮互助，共同提高。同时，也有助于形成良好的班级风气。各门学科轮流交替上课，既能扩大学生及知识领域，又可提高学生的学习兴趣和效果，减轻疲劳。另外，各科教师轮流上课，他们在业务、思想、风格等方面各有特点，学生可以从中受到多方面的教育。

（4）班级授课制的缺点主要表现在强调系统的书本知识的学习，容易产生理论与实际脱节；强调教学过程的标准、同步、统一，难以完全适应学生的个别差异，不利于因材施教。

3. 班级授课制的影响因素

班级授课制受以下几个方面因素的影响：一是班级的规模。据格拉斯和史密斯的研究表明，学生的平均成绩随着班级规模的缩小而提高，当班级规模达到15人以下时，其效果迅速提高。而目前我国班级人数普遍过多。二是学习的目标。以态度和技能及高层次的认知目标为学习目标时，小班制效果较好，而知识、事实层次的目标的学习则两者均可。三是教学方式，以教师为中心的讲授法，则班级授课制效率高，而需要师生互动、生生互动的教学方式则以分组和个别教学为宜。

（三）分组教学制

为了解决班级上课不易照顾学生个别差异的弊病，19世纪末20世纪初，分组教学在一些国家出现。所谓分组教学，就是按学生的能力或学习成绩把他们分为水平不同的组进行教学。分组教学也是集体教学的一种形式，根据教学或学习的需要，把全班学生再分成若干个人数较少的小组，教师根据各小组的共同特点，分别与各小组进行接触，进行教学或布置他们共同完成某项学习任务，各组在学习内容和进度上不尽相同。这种组织形式较班级授课制更加个别化，又不重复共同的问题，可以增强小组成员合作学习、互相激励的能力。一般可分为两类：外部分组和内部分组。

1. 外部分组

外部分组是指打乱传统的按年龄编班的做法，而按学生的能力或学习成绩编班。外部分组主要有两种形式：学科能力分组和跨学科能力分组。

（1）跨学科能力分组是把一个年级的学生，按智力的高、中、低分成成绩好、中、差或分成平行A、B、C若干组，对不同的组授以不同的课业：对A组授以较高深的课业，对B组授以普通课业，对C组授以最基础的课业。

（2）学科能力分组是根据某一年级的学生对某门学科的学习能力和成绩，分成不同的A、B、C组。由于同一学生各科的成绩和学习能力不同，因此在不同学科中可能被分入不同的水平组。这种分组，一般只在较难学的学科中进行。如数学、外语、自然科学等，其余仍在原班进行教学。

2. 内部分组

内部分组是指在传统的按年龄编班的班级内，按学生的能力或学习成绩等编组。内部分组也有两种：

（1）按不同学习内容和不同学习目标的分组，即在经过一定时间的学习后，对学生进行"诊断测验"，根据结果把学生分成A、B、C、D组。A组学生自学补充教材，B组学生由教师上附加课，C、D两组学生由不同的教师上基础复习课。经过一段时间的教学后，对A、B两组学生进行附加课测验，对C、D两组进行复习课测验。而后各组又合并为原来的班级，重新学习新课。经过一定时间后再分组。这样不断分组，不断合并，直到学期结束。这种形式的教学可以使优等生扩大知识面，能力得到充分发展。

（2）按学习目标和学习内容相同而采取不同方法和媒体的分组，即把学生分成若干小组，一部分学生借助视听工具进行自学，一部分学生组成学习小组，其中有优等生，也有差等生，让优等生辅导差等生；另外再把一些特别差的学生编成一组，由教师专门辅导。教师还可以对各组布置不同分量的作业，加强教学的针对性。

分组教学最显著的优点在于它比班级上课更切合学生个人的水平和特点，便于因材施教，有利于人才的培养。但是，它仍存在一些较严重的问题：①很难科学地鉴别学生的能力和水平；②在对待分组教学上，学生、家长和教师的意愿常常与学校的要求相矛盾；③分组后造成的副作用很大，往往使快班学生容易产生骄傲，使普通班、慢班学生的学习积极性普遍降低。

（四）特殊形式

1.设计教学法

设计教学法就是主张废除班级授课制和教科书，打破传统的学科界限，在教师指导下，由学生自己决定学习目的和内容，在自己设计、自己负责任的单元活动中获得有关的知识和能力。

2.道尔顿制

道尔顿制是指教师不再上课向学生系统讲授教材，而只为学生分别指定自学参考书、布置作业，由学生自学和独立作业，有疑难时才请教师辅导，学生完成一定阶段的学习任务后，向教师汇报学习情况和接受考查。道尔顿制和设计教学法的特点在于有利于调动学生学习的主动性，培养他们的学习能力和创造才能，但不利于系统知识的掌握，且对教学设施和条件要求较高。

3.复式教学法

复式教学是一种特殊的小组教学的组织形式，它把不同年级的学生安排在一个教学班中，由一位教师在同一节课中分别对不同年级组的学生进行不同内容和任务的教学，教师的教学与学生自学或做作业交替进行，动静结合是复式教学的重要特点。

4.特朗普制

特朗普制，又称"灵活的课程表"，由教育学教授劳伊德·特朗普提出。其基本做法是，把大班上课、小班讨论、个别作业三种教学组织形式结合起来。首先是大班上课，把两个或两个以上的平行班合在一起上课，应用现代化教学手段，由最优秀的教师任教；然后是小班讨论研究，每个小班20个人左右，由教师或优秀学生负责，研究和讨论大班上课的材料；最后是个别作业，其中部分作业由教师指定，部分作业由学生自选，以此促进学生的个性发展。这三种形式的时间分配大致分别：大班上课占40%，小班研究讨论占20%，个别作业占40%。不难看出，这种教学组织形式是一种综合的教学组织形式，它试图将班级教学、分组教学和个别教学的优点结合起来，使既能集体上课，又有一定的研究讨论，还能够进行独立钻研。这种教学组织形式目前仍在使用。

5.活动课时制

美国于50年代首先对传统的课时制进行改革，试图打破每节课45分钟的固定死板的做法，改由根据学校不同学科和不同教学活动来确定不同的上课时间。

活动课时制以15—25分钟为一个单位的教学时间。有的课程，如数理化等核心课程可以连续用2—3个单位的时间，而某些辅助课程则只需用一个单位的时间。活动课时制在改变课时结构的同时，往往还对教学对象的组织做相应的变动。

活动课时制实施长短课的设置和交替安排，有助于打破死板、固定的课时模式，使课时的长短便于适合教学内容及其特点，充分利用教学时间，使学生的学习活动张弛有别。但它也带来班级间上下课时间易错位，互相干扰，课表安排困难等不足，会增加教学管理的难度。

四、教学工作的基本环节

（一）备课

教师课前的准备，是教师对教学的策划工作。备课是教师教学工作的起始环节，是上好课的先决条件。备课内容包括钻研本门学科的课程标准、教科书和有关参考资料，了解学生实际，研究教学方法，编制学期或学年教学进度计划和单元计划，写出课时计划（教案）等。备课工作主要包括以下几点：

1.钻研教材

钻研教材包括钻研课程标准、教科书和阅读有关的参考书。课程标准是教师备课的指导文件。钻研课程标准，就是要弄清本学科的教学目的；了解本学科的教材体系和基本内容；明确本学科在能力培养、思想教育和教学法上的基本要求。

教科书是教师备课和上课的主要依据。教师钻研教科书，首先要通读教科书，了解教材体系、基本思想、基本概念，弄清每句话、每个词；其次要根据教材各部分的不同属性和特点，确定重点、难点和关键；最后还要使自己的思想感情和教材的内容溶化在一起，达到运用自如。

阅读参考资料也很重要。除了目前专供教师用的一些教学参考资料外，还应该包括课程标准推荐和自己平时积累的参考资料，随时将阅读所得增补到自己的教学笔记中，以便上课时参考使用。

2.了解学生

了解学生包括了解学生原有的知识技能的质量、他们的兴趣、需要与思想状况、学习方法和学习习惯等。教师既要了解学生的思维特点和自学能力的情况，也要了解学生的思想状况；既要了解学生的一般情况，又要了解个别关系，以便区别对待。只有了解学生，教学才能因材施教。

3.制订教学进度计划

（1）学期教学进度计划

一般在学期或学年开始前制订出来。它是以每门学科每个课题教学日程安排为主要内容的计划。内容包括：学生情况的简要分析，本学年或本学期教学总要求，教科书章节或课题的教学时数及起讫日期，各课题需要运用的教学方法手段等。

（2）课题计划

订好学年或学期教学进度计划后，在上课前，教师还要对课程标准上的一章、一个较大的题目或教科书中的一课，进行全盘考虑，在此基础上，制订出课题计划。其内容包括：单元课题名称、教学目的、课时分配、课的类型、教学方法及教学手段的运用。

（3）课时计划

这是教师备课中以课时为单位设计的教学方案。课时计划往往在写课题计划时一同编写。一个完整的课时计划，一般包括以下几个项目：班级、学科名称、授课时间、题目、教学目的、课的类型、教学方法、教具、教学进程、备注。

（二）上课

1.课的类型与结构

上好课的关键是提高教学质量，上课是教学工作诸环节中的中心环节。

（1）课的类型

课的类型是指根据教学任务划分课的种类。一般包括以下两种：一种是根据教学的任务划为：传授新知识课（新授课），巩固新知识课（巩固课），培养技能技巧课（技能课），检查知识课（检查课）。但在实际的教学中，有时一节课只完成一个任务，有时一节课则需完成多项任务，所以根据一节课所完成任务的类型数，又可分为单一课和综合课。另一种是根据使用的主要教学方法来分的，可分为：讲授课、演示课（演示实验或放映幻灯、录像）、练习课、实验课、复习课。

（2）课的结构

课的结构是指课的基本组成部分及各组成部分进行的顺序、时限和相互关系。受学科特点、教材内容、教学方法和教学对象等因素制约，不同类型的课有不同的结构。教学的结构强调学生的生理节律、学科的知识结构、学生的认知结构和学生原有知识结构之间的有机结合。教学中要根据实际情况，灵活运用。

一般来说，构成课的基本组成部分有：组织教学，检查复习，讲授新教材，巩固新教材，布置课外作业等。

①组织教学。通常在上课开始时，需要有组织教学的工作，目的在于使学生作好上课前的各种准备。许多教师常在上课前两三分钟进入教室，帮助学生作好上课的心理准备。组织教学并不只限于在上课开始

时进行，还应该贯穿在全部教学过程中，直到课的结束。

②检查复习。目的在于复习已学过的教材，对已学过的知识进行巩固和加深，了解学生接受情况，加强新旧知识的联系，培养学生对学业的责任感和按时完成作业的习惯。检查复习的方式，有口头回答、黑板演算、检查课外作业等。

③讲授新教材。目的在于使学生掌握新知识，这是教学过程中最基本的部分。这一部分也是综合课的主要部分，所占时间最多，是一堂课成功与否的关键。

④巩固新教材。目的在于使学生对所学教材当堂理解，当堂消化，当堂及时巩固，也包括让学生初步运用新知识进行课堂练习，为课外作业作好准备。巩固新教材的工作，可以采取提问、重点复述、练习等方法进行。

⑤布置课外作业。目的在于使学生进一步巩固所学知识，并培养独立学习和工作的能力。教师在向学生布置课外作业时，应说明具体要求，对难度较大的作业，可以适当提示完成作业的方法。教师对学生的课外作业，应当进行认真地检查、批改和评定。

以上五个基本组成部分，教师应根据学科的特点、教学内容、教学方法和教学对象的具体特点及课的类型，灵活地创造性地加以安排，不能生搬硬套。

2. 上好课的具体要求

教师平时的业务准备、思想准备和精心备课，最后总要落实到把课上好。为了上好课，取得良好的教学效果，教师上课应符合的要求包括：

（1）目标明确，指教师上课时明白这堂课要使学生掌握一些什么知识和技能，要养成什么行为方式和品格，要有怎样的态度，要学会什么方法等，也就是要明确教学目标。教学目标是根据课程标准、教材内容和学生实际而制定的预期达到的教学结果。它往往用学生学会了什么来表示。教学目标是教学目的的具体化，它通常是策略性的，是可观察、可明确解说的，是可测量、可评价的，它常常还受时间、情景等条件的限制。一堂课的教学目标一般包括三个方面：认知方面目标、情感方面目标和动作技能方面的目标。师生的一切教学活动都是围绕教学目的进行的。教学目标实现与否是衡量教学工作成败的重要依据。

（2）重点突出，是指在一节课上教师要把精力主要放在重要内容（基本知识、概念和原理）的教学上，不要对所有的任务平均使用时间和精力。

（3）内容正确，是指教师教授的知识必须是科学的、确凿的、符合逻辑的，教师教学技能或行为要符合规范，并且应该要求学生作出的反应同样是正确的，如果不正确，教师就要及时加以纠正。还要注意教材的重点、难点和关键，使学生明确知识之间的内在联系，正确掌握教材内容。

（4）方法得当，是指教师根据教学任务、内容和学生的特点选择较佳的方法进行教学。教学有法，但无定法。教师要善于启发和调动学生学习的主动性和积极性。根据教学目的、教材内容和学生的实际，恰当地选择教学方法，使各种教学方法有机结合起来，并做到运用自如。课堂上既要有紧张的学习活动，又要有生动活泼的学习气氛，师生配合密切、感情融洽。

（5）表达清晰，是指教师上课要坚持用普通话，声音要响亮，言语表达的速度要适合学生可接受程度，语言要流畅，生动、明白易懂，板书（或幻灯字幕）要规范、准确、清楚。

（6）组织严密，是指课的进程次序分明、有条不紊，课的运行紧凑，不同任务变换时过渡自然，课堂秩序良好。

（7）气氛热烈，是指课应该自始至终在教师的指导下充分发挥学生学习的积极性。课堂教学既要发挥教师的主导作用，更要培养学生的主体意识和能力，学生表现出十分活跃的主动学习状态，真正成为学习的主人。

（三）作业检查与批改

通过作业的检查批改，教师可以及时发现学生知识或技能缺陷，加以纠正，并作出评价和对学生的进一步学习提出建议。教师要注意培养学生独立学习能力和学习习惯。教师布置作业时，应遵守下列要求：

1.作业内容要符合课程标准和教科书的要求，所布置的作业要有启发性、典型性，有助于学生加深理解和巩固所学的知识，并形成技能技巧。

2.作业分量要适当，难易要适度，作业时间要控制，不要超过本学科所规定的上课和自习比例所规定的时间。

3.作业目的性要明确，要求要具体，对作业的质量和完成作业的时间都要有明确的规定。

4.作业指导要讲究方法和策略。

5.要及时检查和批改作业，以便及时了解学生知识掌握和技能发展的情况，作为改进教学的依据。

（四）课外辅导

课外辅导是在课堂教学规定时间以外，教师对学生的辅导。课外辅导一是做好学生的思想教育工作，帮助学生明确学习目的，使他们能够独自计划学习和自我监督学习，并养成良好的习惯。二是做好对学习困难学生的帮助工作。包括解答疑难问题，给学习有困难的学生或缺课学生补习，指导学习方法。此外，还可为有学科兴趣的学生提供课外研究和帮助，指导学生的实践性和社会服务性活动等。

课外辅导是上课必要的补充，其形式一般有个别辅导、小组辅导和集体辅导三种。提高课外辅导的效果，除补课外，最重要的是要从学生实际需要与问题出发，有的放矢地进行。其次，要区别对待，因材施教。还要正确处理好课堂教学与课外辅导的关系，教师要集中精力抓好课堂教学，提高课堂效率，反对本末倒置，更不能变相搞有偿辅导。

（五）学业成绩考查与评定

学业成绩的考查与评定，俗称测验或考试，是以测验的形式定量地评定学生个人的能力得到的结果。它具有预测监察功能，又有反馈管理的作用。

1.测验与目标

教学目标，有教学内容的目标，如基本原理、概念和基本知识等；有心理操作（又称行为）和发展（有的学科涉及身体发展）的目标，如记忆力、理解力、创造性、注意力、体力、耐力等。这两个不同维度的目标是互相交叉的。测验是要考查教学是否实现了两个维度目标的交叉，也就是要建立起教学内容与学生行为的矩阵，才能明确教学目标并编制与目标相对应的有效的测验。

2.试题类型

考试是根据一定目的，让学生在规定时间内，按指定的方式、要求完成试题，并对其解答结果评定分数或等级。考试具有评定、诊断、反馈、预测和激励的功能。考试方式有口试、笔试、操作考试三种。笔试又有开卷、闭卷之分。其类型，按教学阶段分有期中、期末、学年考试；按作用分有入学、毕业、升学考试，有统考、会考等。近年来，我国在考试的内容、方法、形式等方面对考试制度进行了一系列的综合改革，提高了考试的信度和效度，使之更具有客观性、全面性、准确性和科学性。

口试是由考生用口头表达方式回答试题的考试。口试可以较为深入地了解学生的学习质量、思维的敏捷性和口头表达能力等。但是不能面向全体考生同时进行，导致耗时多而效率低；口试回答的题量有限，覆盖面窄会影响考试的信度和效度；口试的形式对某些表达能力稍差的学生容易产生较大的心理压力而影响其实际水平的发挥。

笔试也称纸笔测验，是对全班考生出同样的试题，要求在规定时间作出书面解答。笔试可以面向全体学生同时进行，在规定时间内获取学生学习情况的相关资料，花时少而效率高；笔试相对来说题量较大，覆盖面广，考试的信度和效度较高；保留笔试的试卷可以帮助我们就命题本身进行科学的研究和分析等。

笔试试题依据试题评分是否客观，分为客观性试题和主观性试题两类。客观性试题因评分客观而得名，一般通过试题把格式固定的答案形式提供给考生选择，其常见的题型有是非题、匹配题、选择题等，其中选择题又有多选一、多选多、组合式三种。主观性试题，考生可以自由组织答案，但较难进行客观评分而需借助评分者的主观判断来进行。其常见的题型有自由应答型试题和部分限制型试题两种。自由应答型试题包括论述题（叙述、说明、论述、分析、证明）、作文题、实验题、计算题、作图题、翻译题五种；而部分限制型试题则包括简答题（简述、原文背诵、名词解释）、填空题（填图题）、画图题和改错题四类。这两类试题的区别主要见下表。

试题类型比较

比较项目分类	主观性试题	客观性试题
回答方式	自由应答	固定应答
内容及效度	题量小，覆盖面较小，内容效度较低	题量大，覆盖面较广，内容效度较高
适用范围	能检测高层次的认知目标，有利于特殊才能的发现和个性的培养，能测量应试者的独到见解和对问题的创新探讨	适用于测量知识、理解、应用、分析几个较低层次的认知目标，不易测量高层次的目标，如发散性思维、独创精神、文字表达等
命题难易	较简便，省时省力	难度较大，技术专业性强，耗时费力
影响结果的因素	考生的文字表达能力	不受文字表达能力的影响
所能反映的信息量	能较清晰地反映解题过程，能鉴别考生对于问题的解决程度	看不出考生解决问题的具体思路，只看结论，掩盖了会与不会的界限
试题及评分标准	试题标准较复杂，评分不易客观一致，易受主观因素干扰	试题标准明确，评分客观
阅卷效率	评阅者专业要求高，不能用机器阅卷，工效低	可以用机器或非专业人员阅卷，工效高
可猜测性	没有猜答案的机会	有猜答案的机会

事实上学校的考试一般把两种题型结合起来使用。笔试命题要注意：①依据课程标准的要求，不出超纲题、偏题、怪题或没有意义的题目；②试题覆盖面要广，不可只集中在少数章节；③题型的选择要根据学科性质和教学内容的需要，既检查学生对知识技能的掌握情况，又能测定学生智能发展的水平；④试题文字应浅显简短准确，题意明确；⑤试题彼此独立、互不牵涉，不存在答案重复、交叉或线索暗示的情况；⑥试题要注重基本原理的理解和应用，避免零碎知识的简单再现。

3.测验的效度、信度、难度和区分度

（1）测验的效度，是指一个测验能测出它所要测量的属性或特点的程度。通常只适用于一个特殊的目的，学业成绩检查是要测量所学的学科基本知识技能。作为测量工具的试题就应和要检查的目标相关。效度的重要性大于信息，因为一个低效度的测验，即使有很好的信度，也不能获得有用的资料。

（2）测验的信度，又称测验的可靠度，是指一个测验经过多次测量所得结果的一致性程度，以及一次测量所得结果的准确性程度。如一个人多次进行某一种测验时，如果得到近乎相同的分数，那么可以认为测验的信度是高的。

（3）测验的难度是指测验包含的试题难易程度。试题过难或过易都不能准确地测出学生的真实成绩。所以，一个试卷总的来说难易要适中，但它的试题既要有较难的题，又要有较易的题，做到难度适中。

（4）测验的区分度是指测验对考生的不同水平能够区分的程度，即具有区分不同水平考生的能力。如智力测验可以用年龄作为参照标准，看通过每一项目的人数与年龄的关系，各项目的通过率是否随年龄增长而增大。区分度与难度有关，只有在试卷中包含有不同难度的试题，才能提高区分度，拉开考生得分的差距。

4.评价

评价是指根据测验分数、观察和报告对被测验者的行为、作业的优缺点或价值作出判断。测验和考试是用来检查教学的一种手段。应把握客观性原则、发展性原则、指导性原则、计划性原则。不能搞按考试分数排等次、题海战术，把学校变成"考试地狱"。教学中还应培养学生自测和自评能力。按照不同的方式，可以有不同的评价分类：

（1）形成性评价和总结性评价

从实施教学评价的时机而言，有形成性评价和总结性评价之分。形成性评价通常在教学过程中实施，一般是由学生完成一些与教学活动密切相关的测验，也可以让学生对自己的学习状况进行自我评估，或者凭教师的平常观察记录或与学生的面谈。总结性评价，或称终结性评价，通常在一门课程或教学活动（如一个单元、章节、科目或学期）结束后进行，是对一个完整的教学过程进行测定。

（2）常模参照评价和标准参照评价

根据教学评价资料的处理方式，有常模参照评价和标准参照评价之分。常模参照评价是指评价时以学生所在团体的平均成绩为参照标准（即所谓常模），根据其在团体中的相对位置（或名次）来报告评价结果。标准参照评价，是基于某种特定的标准，来评价学生对与教学密切关联的具体知识和技能的掌握程度。

（3）配置性评价和诊断性评价

从教学评价的功能看，有配置性评价与诊断性评价之分。配置性评价，或称准备性评价，一般在教学开始前进行，摸清学生的现有水平及个别差异，以便安排教学。通过配置性评价，教师可以了解学生对新学习任务的准备状况，确定学生当前的基本能力和起点行为。诊断性评价，有时与配置性评价意义相当，指了解学生的学习基础与个体差异；有时指对经常表现学习困难的学生所做的评价，多半是在形成性评价之后实施。

（4）正式评价和非正式评价

根据教学评价的严谨程度，有正式评价与非正式评价之分。正式评价指学生在相同的情况下接受相同的评估，且采用的评价工具比较客观，如测验、问卷等。非正式评价则是针对个别学生的评价，且评价的资料大多是采用非正式方式收集的，如观察、谈话等。有时，教师可以采用非正式评价作为正式评价的补充。

【强化训练】

一、单项选择题

1. 通过准备问题、面向全体学生交流、对过程及时总结是（　　　）运用时应注意的事项。

A. 讲授法　　　　　B. 谈话法　　　　　　　C. 讨论法　　　　　　D. 练习法

2. 教育史上最早出现的教学组织形式（　　　）。

A. 个别教学　　　B. 班级授课制　　　　C. 复式教学　　　　　D. 小组教学

二、简答题

1. 简述教学原则。

2. 简述教学工作的基本环节。

第四节　我国当前教学改革的主要观点与趋势

【导读】

改革开放以来，我国的基础教育经历了20多年的改革和发展，今天已经取得了丰硕的成果，为提高我国国民素质和造就成千上万的人才作出了巨大的贡献。但是，处于转型时期的经济和社会发展给基础教育改革提出了新的要求，赋予了新的使命。课程改革作为整个教育改革的核心问题。

一、实施素质教育——我国当前教学改革的主题

实施素质教育是我国社会、经济发展对教育的客观要求，是提高劳动者素质和培养各级各类人才的需要。如何有效地促进素质教育的实施必将成为我国当前教学改革的第一主题。围绕这一主题，将对教学诸多方面做出新的调整，主要包括：

（一）面向结果与面向过程并重

面向结果是指教师在教学活动中，以使学生取得令人满意的结果作为教育的直接意义，是传统强调的教学形式；面向过程则是教师在教学活动中重视引导学生对知识形成过程的理解，并在理解中体验知识得以产生的基础以及与其他知识的联系等，它会给学习主体带来一种更高的价值。

（二）智力因素与非智力因素并重

在教学中，智力因素和非智力因素在传授和学习知识经验过程中是相互统一的，但两者所发挥的作用及各自的发展并非是自发地齐头并进的。两者的真正统一，需要在教学过程中作出专门的努力。

（三）教师指导与学会学习并重

现代教学中的教师指导，必须是把学生导向学会学习的境地，这不仅是终身教育的要求，而且从确立学生主体地位来看也是重要的，只有学会学习，学习主体才会真正具有参与到教学过程中去的能力。

（四）一般能力培养与创造品质形成并重

在促进学生一般能力较全面提高的同时，教师应对学生创造力的发展给予特别关注，因为创造性已成现代人素质结构中最重要的成分。此外调整内容还包括科学文化基础形式与品德培养并重、接受学习与探究学习并重、理论学习与实践活动并重、课内与课外并重等。

二、坚持整体教学改革和实验——我国当前教学改革的基本策略

整体教学改革和实验是指在一个总的统一而明确的改革目标和实验假说的指导下而进行的对教学系统中各种因素、各门学科的协调统一、相互渗透的调整和变革，以实现对教学系统的综合改观。

我国当前的整体教学改革和实验应抓住以下两个主要问题：

第一，运用整体性观点，进行教材、教法、学法、考试、教学环境等的全面改革和实验，但要正确看待整体和全面的关系。整体改革要求全面改革，但是全面改革不等于整体改革。要视教学为一个系统，围绕办学方向和教学目标，综合统筹教学系统各要素之间的相互关系，切忌把整体教学改革和实验视为诸多单项、单科教学改革和实验的简单相加，要使各种教学因素有机地统一协调起来，形成最佳的结合。只有这样，才能产生"整体功能大于部分功能之和"的教学效益。

第二，提高整体教学改革和实验的可操作性。改革和实验中必须显示较高的易为他人所仿效的可操作性，即抓住教学系统中有关课程内容、教学方法、教学组织形式等具体的实质性问题进行实实在在的变革和调整，要把这些问题置于改革和实验的突出位置上。相比之下，教学过程中一些缺乏具体外在形态的不确定因素，如师生间的人际关系、非言语行为、教学氛围、隐性课程等则只能放在辅助性位置上。

三、建立合理的课程结构——我国当前教学改革的重心

更新课程内容和形式，建立合理的课程结构依然是我国当前教学改革的重心，在实施整体改革和实验的策略中，课程的改革是关键。现阶段的课程改革将在继续更新课程内容的同时，把主要精力投向课

程形式的调整和丰富上，并形成日趋合理的课程结构。合理的课程结构是指根据培养目标对各种内容、各种类型、各种形态的课程的科学安排以及按照一定的科学标准选择和组织起来的课程内容所具有的各种内部关系。它包括合理设置课程、合理地确定各类课程的比重和课程之间的联系以及课程内容的排列等。建立合理的课程结构既包括建立课程的整体结构，又包括建立课程的具体结构，前者是指课程体系的整体优化，后者是指对每种课程或每类课程的内容和形式安排的优化。

在课程内容更新上应注意两点：第一，协调好基础文化课程、劳动技术课程和职业课程之间的关系。第二，协调好内容要求的统一性与多样性的关系。各地区、各学校、各民族，课程内容应有所不同，应体现出多层性，这样统一性和多样性才能很好地协调起来。

当前课程形式的发展，将主要围绕三个方面进行：第一，有效地实现必修课、选修课和课外活动的结合。减少必修课时，课程少而精；选修课时要占一定比例，并增设选修学科；课外活动得到加强，使之更好地配合必修、选修课的教学。第二，提高综合课程、活动课程和问题课程在课程体系中的地位。这三门课程能解决吸收新学科、新知识，课程内容的更新，联系社会实际等问题。第三，强化隐性课程对显性课程的积极作用。即把隐性课程纳入到有计划的教学内容中来，在课程方案和课程标准中要有提示，使两者相互补充、相互促进。

【强化训练】

一、单项选择题

1. 合理的课程结构建立的关键是（　　　）。

A. 课程的改革　　　　　　　B. 教材的改革　　　　C. 课程实施的改革　　　　　　D. 教学的改革

2. 我国当前教学改革的基本策略是（　　　）。

A. 实施素质教育　　　　　　　　　　　B. 教育全民化

C. 坚持整体教学改革和实验　　　　　　D. 建立合理的课程结构

二、简答题

1. 简述我国当前教学改革的主题。

2. 简述我国当前教学改革的基本策略。

【内容精要】

1. 教学，是在国家教育目的的规范下、由教师的教与学生的学共同组成的一种活动。教学的意义表现在：教学是社会经验得以再生产的一种主要手段；教学为个人全面发展提供科学的基础和实践；教学是教育工作构成的主体部分，又是教育的基本途径。

2. 教学过程的本质表现在以下两个方面：教学过程主要是一种认识过程；教学过程是一种特殊的认识过程。教学过程主要具有以下几个基本规律：间接经验与直接经验相统一；掌握知识与发展智力相统一；掌握知识与提高思想相统一；教师主导作用与学生能动性相统一。教学过程的基本阶段有：引起学习动机、领会知识、巩固知识、运用知识和检查知识。

3. 教学工作以上课为中心环节。教师进行教学工作的基本环节是备课、上课、作业的检查与批改、课外辅导、学业成绩的检查与评定。教学原则主要有：直观性原则、启发性原则、巩固性原则、循序渐进原则、因材施教原则和理论联系实际原则。我国中学常用的教学方法有：讲授法、谈话法、讨论法、演示法、练习法和实验法等。教学组织形式主要有个别教学制、班级上课制、分组教学和道尔顿制等。

4. 我国当前教学改革的主题是实施素质教育。我国当前教学改革的基本策略是坚持整体教学改革和实验。我国当前教学改革的重心是建立合理的课程结构。

【本章自测】

一、单项选择题（本大题共 10 个小题，每个 3 分，共 30 分）

1. 教学的基本组织形式是（　　）。

A. 个别教学　　　　　　B. 课外教学　　　　　C. 现场教学　　　　D. 课堂教学

2. 教师不直接将学习内容提供给学生，而是为学生创设问题情境，引导学生去探究和发现新知识和问题的方法是（　　）。

A. 讲授法　　　　　　　B. 发现法　　　　　　C. 掌握学习法　　　　D. 头脑风暴法

3. 领会知识包括使学生感知和（　　）。

A. 理解教材　　　　　　B. 熟悉教材　　　　　C. 分析教材　　　　D. 概括教材

4. 教学过程的本质是一种（　　）。

A. 教学过程　　　　　　B. 学习过程　　　　　C. 实践过程　　　　D. 认识过程

5. 道尔顿制和文纳特卡制是典型的（　　）组织形式。

A. 个别教学　　　　　　B. 班级授课　　　　　C. 分组教学　　　　D. 设计教学

6. 最早在教学理论上提出班级授课制的教育家是（　　）。

A. 柏拉图　　　　　　　B. 裴斯泰洛齐　　　　C. 夸美纽斯　　　　D. 泰勒

7.（　　）是指一个测验能测出它所要测量的属性或特点的程度。

A. 效度　　　　　　　　B. 信度　　　　　　　C. 区分度　　　　　D. 难度

8. 通常在一门课程或教学活动结束后进行，是对一个完整的教学过程进行的测定是（　　）。

A. 总结性评价　　　　　B. 形成性评价　　　　C. 诊断性评价　　　　D. 配置性评价

9. 由于学生存在个体差异，因此需要（　　）。

A. 坚持以教师为中心　　B. 坚持以教材为中心　C. 实施标准化考试　　D. 因材施教

10. 教学过程是认识的一种特殊形式，其特殊性在于（　　）。

A. 间接获得知识　　　　　　　　　　　　　B. 获得间接经验

C. 在教师帮助下获得知识　　　　　　　　　D. 在同学帮助下获得知识

二、辨析题（本大题共 2 个小题，每个 10 分，共 20 分）

1. 教学就是教育。

2. 教学过程以掌握间接经验为主，直接经验无关紧要。

三、简答题（本大题共 3 个小题，每个 10 分，共 30 分）

1. 简述教师应如何备课。

2. 贯彻直观性教学原则的基本要求。

3. 简述道尔顿制。

四、材料分析题（20 分）

一位物理老师在课堂上问学生："把一块铁块和一块木块放在水里，会出现什么情况？"学生回答："铁块会下去，木块会浮在水面上。""为什么呢？""因为铁重。""而钢铁制的巨轮也很重，为什么却浮在水面上呢？"这一问，学生的情绪一下就高涨起来，开始积极思考。之后，教师再引出"阿基米德原理"，这一教学实例体现了什么教学原则？你有何感想？

第四章 中学生学习心理

【考纲链接】

1. 了解感觉的特性；理解知觉的特性。

2. 了解注意的分类，掌握注意的品质及影响因素；了解记忆的分类，掌握遗忘的规律和原因，应用记忆规律促进中学生的有效学习。

3. 了解思维的种类和创造性思维的特征，理解皮亚杰认知发展阶段论和影响问题解决的因素。

4. 了解学习动机的功能，理解动机理论，掌握激发与培养中学生学习动机的方法。

5. 了解学习迁移的分类，理解形式训练说、共同要素说、概括化理论、关系转换理论、认知结构迁移理论，掌握有效促进学习迁移的措施。

6. 了解学习策略的分类，掌握认知策略、元认知策略和资源管理策略。

7. 理解并运用行为主义、认知学说、人本主义、建构主义等学习理论促进教学。

第一节 认知过程

【导读】

个体的心理异常复杂，概括起来，可以分为认知、动机和情绪、能力和人格等三个方面。认知是人们获得知识或应用知识的过程，或信息加工的过程。它主要包括感觉、知觉、注意、记忆、思维、想象、思维和言语等。人脑接受外界输入的信息，经过头脑的加工处理，转换成内在的心理活动，进而支配人的行为，这个过程就是信息加工的过程，也就是认知过程。通过感觉和知觉，人们对外界事物进行最初步的认识，在这个过程中，注意调节人们，使他们的心理活动指向和集中于一定对象。接下来，通过记忆，人们将储存在自己的头脑中，并在需要的时候进行提取。同时，人们还运用思维过程去间接、概括的认识事物，揭露事物的本质及其内在的联系和规范，进行判断推理，解决各种问题。

一、感觉

（一）感觉概述

感觉是对直接作用于感觉器官的客观事物的个别属性的反映。眼睛看到颜色、耳朵听到声音、鼻子闻到气味、舌头尝到滋味、皮肤感到冷热，这些是眼睛、耳朵、鼻子、舌头和皮肤等感觉器官分别对周围物体的某一属性的认识，就是各种感觉。

感觉是认识世界的起点。感觉提供了周围世界和我们自身状态的各种信息，是人们认识外界事物和自身的开始；保证了自身与环境的信息平衡，是人们正常生存的必需；是各种高级、复杂的心理现象的基础，知觉、记忆和思维等认识活动必须依赖于感觉提供的信息。

根据刺激物来源于身体外部还是内部，可以把感觉分为两类：外部感觉和内部感觉。外部感觉是由身体外部的刺激作用于感觉器官所引起的感觉，包括视觉、听觉、嗅觉、味觉和皮肤感觉（包括触觉、温觉、冷觉和痛觉等）。内部感觉是由身体内部的刺激作用于感觉器官所引起的感觉，包括运动觉、平衡觉和机体觉（又叫内脏感觉）。

（二）感受性和感觉阈限

感受性是感觉器官对适宜刺激的感觉能力。所谓适宜刺激，是指能引起某一感觉器官最敏锐的感觉的刺激。例如，光是视觉的适宜刺激，而不是听觉器官的适宜刺激；声音是听觉的适宜刺激，而不是视觉适宜刺激。感受性高，感觉能力就强；感受性低，感觉能力就弱。感受性可分为绝对感受性和差别感受性。绝对感受性指的是感觉器官觉察微弱刺激的能力，而差别感受性指的是感觉器官觉察刺激之间最小差异量的感觉能力。

感受性的高低是通过感觉阈限来衡量的。感觉阈限是指能引起感觉的最小刺激量。感觉阈限与感受性成反比关系。感觉阈限越低，感受性越高；感受性越高，感受性越低。感觉阈限可分为绝对感觉阈限和差别感觉阈限。绝对感觉阈限，又称绝对阈限，是指刚刚能引起感觉的最小刺激强度。它表示的是绝对感受性，与绝对感受性呈反比关系。差别感觉阈限，又称差别阈限，是指刚刚能引起差别感觉的刺激的最小变化量。它表示的是差别感受性，与差别感受性呈反比关系。

（三）感觉的特性

1. 感觉适应

在外界刺激的持续的作用下，感受性发生变化的现象，叫做感觉适应。各种感觉都会发生感觉适应。"入芝兰之室，久而不闻其香；入鲍鱼之肆，久而不闻其嗅"，这是嗅觉的适应。手放在温水里，开始觉得热，慢慢就不觉得热，这是温度觉的适应。

感觉适应既可以引起感受性的降低，又可以引起感受性的提高。对于大部分感觉来说，感觉适应带来的是感受性的降低。例如，明适应是从暗处到明处时，刚开始感到耀眼，睁不开眼睛，但是很快就能看清周围的东西了。这是在强光作用下，感受性降低的过程。暗适应则是感受性提高的过程：从明处到暗处，开始感到眼前一片漆黑，什么也看不清楚，慢慢地会分辨出黑暗中的物体。

【真题在线】

[2011年下半年] 当我们看完电影走在大街上，明亮的阳光刺得睁不开眼，过一会就感觉自如了，这种现象是（　　　）。

A. 明适应　　　　B. 暗适应　　　　C. 视觉后像　　　　D. 感觉对比

【答案及解析】A 这种现象是明适应，视觉的适应现象分为感受性降低的明适应和感受性提供的暗适应。明适应是从暗处到明处时，刚开始感到耀眼，睁不开眼睛，但是很快就能看清周围的东西了。

---

2. 感觉后像

感觉后像是指外界刺激停止作用后，还能暂时保留一段时间的感觉现象。电灯灭了，眼睛里还有灯泡的形象；声音停止，耳朵里还有余音在萦绕，这些都是感觉后像。感觉后像分为正后像和负后像。与刺激物的性质相同的感觉后像是正后像，比如灯灭后留下的视觉后像还是亮的灯。与刺激物的性质相反的感觉后像是负后像，比如灯灭后留下的视觉后像是亮背景下的暗灯泡的形象。彩色的负后像是刺激色的补色。

如果视觉刺激呈现的频率达到一定程度，则后像会使这些断续的刺激引起连续的感觉，这种现象叫做闪光融合现象。

3. 感觉对比

不同的刺激作用于同一感觉器官，使感受性发生变化的现象叫感觉对比。各种感觉都会出现对比。视觉对比包括明度对比和色调对比，红花还得绿叶配就是一种色调对比。此外，还有嗅觉对比、味觉对比和温觉对比等。

感觉对比分为同时对比和相继对比。同时对比指的是几个刺激物同时作用于同一感觉器官所产生的对比现象。例如，同样两个灰色方块，分别放在黑色背景和灰色背景中，会发现灰色背景中的方块看起来比黑色背景中的方块要暗得多（图4-1）。相继对比指的是刺激物先后作用于同一感觉器官产生的对比现象。例如，喝了苦药后再喝白水，会觉得白水有点甜。

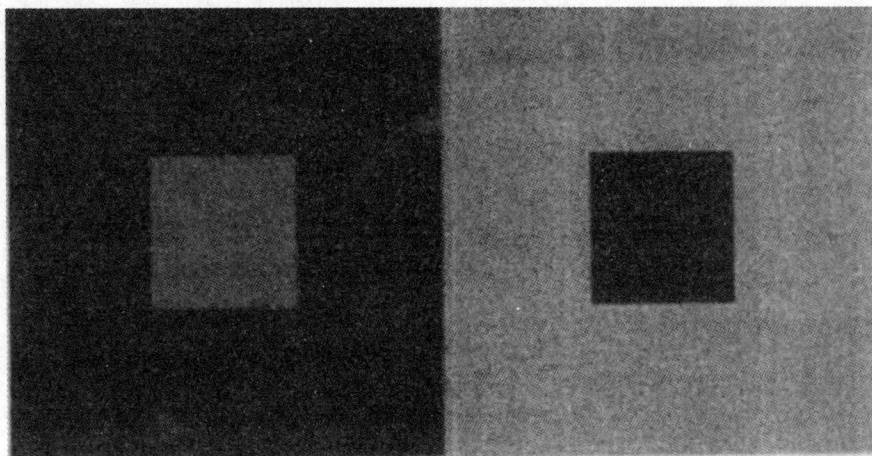

图 4-1　颜色对比

4. 感觉的相互作用

人们的各种感觉器官往往是相互联系、相互作用的。一种感觉器官的感受性，会因其他感觉器官的作用而发生变化。例如，阅读疲劳时，寒冷的空气或凉水刺激皮肤会提高视觉感受性；听到悠扬、舒缓的音乐，会降低痛觉的感受性。

联觉是一种特殊的感觉的相互作用。一种刺激不仅引起一种感觉，同时还引起另一种感觉的现象叫联觉。例如，看到红色会觉得温暖，听到某种声音会引起某种颜色感觉。联觉在生活中随处可见。教室的装饰通常采用淡蓝、绿等冷色调，而宴会厅常采用红色等暖色调。电冰箱和空调大多是白色等淡色，而电视机大多是黑色和红色等深色。

5. 感觉补偿

人一出生就具备各种感觉器官和初步感觉能力，从而为各种感觉能力的发展奠定了基础。当某种感觉受损或缺失后，其它感觉的感受性提高以进行补偿的现象，我们称之为感觉补偿。残疾人感受性补偿是惊人的，盲人的触觉和听觉格外灵敏。人的感受性通过实践训练是可以发展的。

二、知觉的特性

（一）知觉概述

知觉是人脑对直接作用于感觉器官的客观事物的各个部分和属性的整体的反映。以西瓜为例，我们不仅知道它的颜色和味道，而且还能把它作为一个整体与其他东西（如冬瓜、南瓜）区别开来。我们看到的是西瓜的绿色，尝到的是西瓜甜味，摸到的是西瓜的硬度。我们认识到事物的整体，这就是知觉。

知觉是在感觉的基础上产生的，它是对感觉信息整合的反映。感觉只是凭感觉器官对环境中个别刺激的觉察，由于物体的个别属性并不是脱离具体事物而独立存在的，人在反映客观事物的过程中，不仅要知道事物的个别属性，更需要通过种种感觉器官的协同活动，在大脑中将事物的各种属性，按其相互之间的联系或关系整合成事物的整体，从而形成该事物的完整的映像。但是，知觉也并不是单纯的感觉的简单总和，知觉除了以各种感觉为基础外，还需要借助于过去经验或知识的帮助。一个人要把某一对象知觉为一个确定的客体，需要有关于这一确定客体的知识和经验。

感觉和知觉是两种既相同又不同的相互紧密联系的心理活动过程。感觉和知觉的相同之处在于它们都是人脑对当前客观事物的反映，即都是客观事物直接作用于感觉器官时在人脑所产生的对当前事物的反映。感觉和知觉的不同之处在于：首先，感觉是介于心理和生理之间的活动，它的产生主要来自于感觉器官的生理活动以及客观刺激的物理特性，相同的客观刺激会引起相同的感觉。而知觉则是以生理机制为基础的纯粹的心理活动，它的产生是在感觉的基础上对物体的各种属性加以综合和解释的心理活动过程，处处表现出人的主观因素的参与；其次，感觉是人脑对客观事物的个别属性的反映，知觉则是对客观事物的不同属性、不同部分及其相互关系的综合的、整体的反映；最后，从感觉和知觉的生理机制来看，感觉是单一分析器活动的结果，而知觉则比感觉要复杂，它是多种分析器协同活动对复杂刺激物或刺激物之间的关系进行分析综合的结果。

从不同角度可以对知觉进行分类。根据知觉时起主导作用的感官的特性，可以把知觉分成视知觉、听知觉、嗅知觉、味知觉等等。根据人脑所认识的事物的特性，可以把知觉分成空间知觉、时间知觉和运动知觉。根据知觉所反映的客体，把对客观事物的不正确的反映称为错觉。

（二）知觉的特性

人的知觉过程是一个有组织、有规律的心理活动过程。这些规律主要表现为知觉选择性、知觉整体性、知觉理解性和知觉恒常性，它们保证了人们对客观事物的认识。

1.知觉的选择性

当众多刺激呈现在我们面前时，我们只会选择其中的一部分进行加工。在知觉外部事物时，有选择性的把少数事物知觉为对象，把其它事物知觉为背景，我们称之为知觉的选择性。

知觉过程就是从背景中分离出对象的过程。知觉的选择性与注意的选择性有关。当注意指向某一个事物时，这个事物就成为知觉的对象，其他事物则成为背景。知觉对象与知觉背景区别在于：知觉对象有鲜明的、完整的形象，突出于背景之前；知觉对象是有意义的、容易被记忆的。知觉对象和知觉背景的这种结构成分，是知觉选择性中的最基本的特点。

知觉的对象和背景是可以相互转化的，当注意的对象从一个转向另一个，原来的知觉对象就转化为知觉的背景，原先知觉的背景就转化为知觉的对象。知觉对象和背景相互转换的最明显的例子，称为双关图形（两岐图形）。若以黑色部分作为知觉对象，看到的是两个人脸的侧面影像，而白色部分则为背景；若以白色部分作为知觉对象，看到的是一个花瓶，而黑色部分则为背景（图4-2）。

图4-2 双关图形

知觉对象的选择，受到主观和客观因素的影响。主观因素主要是知觉者的需要、兴趣、爱好、任务、知识经验以及刺激物对人的意义是否重要等。客观因素主要是对象和背景之间本身具有的结构特点，那些强度大的、对比明显的、色彩鲜艳的、具有活动性的刺激物容易成为知觉的对象。

知觉选择性规律是人把知觉对象从背景中分离、辨别、确认从而记忆的心理活动规律，它对于直观教学的组织、学生观察能力的培养；对于广告的设计、工业产品的检查、军事伪装和搜索等都具有重要的应用价值。

2. 知觉的整体性

知觉的对象都是由不同属性的许多部分组成的，人们在知觉它时却能依据以往经验组成一个整体，这一特性被我们称为知觉的整体性。

知觉的整体作用离不开组成整体的各个部分，对各个部分的知觉也离不开事物的整体特性，离开了整体情境，部分就失去了它确定的意义。知觉的整体性与知觉对象的特性及其各个部分之间的结构成分有密切关系，格式塔学派把它们归纳为以下定律：

（1）接近律

视野中的接近，即空间位置相近的客体容易被知觉为一个整体。在时间听觉方面接近的事物也容易被知觉为一个整体，例如按不同规则的时间间隔发出的一系列轻拍声，在时间上接近的声音就容易被人知觉为一个整体。

（2）相似律

物理属性相似的客体，例如形状、大小、颜色和亮度等方面的相似容易被人知觉为一个整体。

（3）连续律

具有连续性或共同运动方向等特点的客体，容易被知觉为同一整体。

知觉的整体性表明知觉具有积极性和主动性，知觉不仅依赖于刺激本身的特点，还依赖于个体的知识经验。知觉的整体性提高了人们认识事物的能力和速度，但是也有不足之处，人们倾向于知觉事物的整体属性，常会忽略事物的细节部分。

3. 知觉的理解性

人们在感知某一事物时，总是依据以往经验力图解释它究竟是什么，这就是知觉的理解性。人的知觉是一个积极主动的过程，知觉的理解性正是这种积极主动的表现。

知觉理解性主要受到个人的知识经验、言语指导、实践活动以及个人兴趣爱好等多种因素的影响。人们的知识经验不同，需要不同、期望不同，对同一知觉对象的理解也不同。言语指导也是影响知觉理解性的重要因素之一，当外界的对象标志不明显时，通过言语的指导，可以唤起人的过去经验，补充知觉的内容，有助于对知觉对象的理解。

知觉的理解性有助于知觉的整体性，人们对自己理解和熟悉的事物，容易当成一个整体来感知。正确的理解可以帮助人们把不完整的部分整合起来，形成一个整体。

4. 知觉的恒常性

在不同的角度、不同的距离、不同明暗度的情境之下，观察某一熟知物体时，虽然该物体的物理特征（大小、形状、亮度、颜色等）因受环境影响而有所改变，但人们对物体特征所获得的知觉经验，却倾向于保持其原样不变的心理作用。像这种外在刺激因环境影响使其特征改变，但在知觉经验上却维持不变的心理倾向，我们称之为知觉的恒常性。知觉的恒常性使人们可以客观地、稳定地认识事物，这对于人们的正常生活和工作有很重要的意义。

常见的知觉恒常性有：形状恒常性、大小恒常性、明度恒常性和颜色恒常性。形状恒常性是指不论知觉条件的变化而知觉出客体本身形状的特性；大小恒常性是指不论客体网像的变化而知觉出其实际大小的特性；明度恒常性，或称视亮度恒常性，是指在照明条件改变时，物体的相对明度或视亮度保持不变的特性；颜色恒常性是指一个有颜色的物体在色光照明下，它表面的颜色并不受色光照明的严重影响，而保持相对不变。

三、注意

（一）注意概述

1.注意的含义和特点

注意是心理活动对一定对象的指向和集中。当一个人在学习或工作的时候，他们的心理活动或意识总会指向或集中于某一对象。

指向性和集中性是注意的两个基本特征。注意的指向性是指心理活动有选择地反映一定的对象，而离开另一些对象。注意的集中性是指心理活动停留在被选择的对象上的强度或紧张度，它使心理活动离开一切无关的事物，并且抑制多余的活动。指向性表现为对出现在同一时间的许多刺激的选择，集中性表现为对干扰刺激的抑制。注意的指向性和集中性表明注意具有方向和强度的特征。由于心理活动对一定对象的指向和集中，注意的对象就能够得到清晰、深刻和完整的反映。

注意本身并不是一种独立的心理过程，是伴随着感知觉、记忆、思维、想象等心理过程的一种共同的心理特征。注意总是和心理过程紧密联系着，如注意看、注意听等。上课时教师所说的："注意黑板"、"注意歌声"，并不是意味着注意就是独立的心理过程，而是将"注意看黑板"、"注意听歌声"中的"看"和"听"字省略了。由于注意不是一种独立的心理过程，所以它没有自己特定的反映内容，人们也不可能有专门"从事注意"的意向。

2.注意的功能

注意对人类生活具有十分重要的意义，它对心理活动起着积极的维持和组织作用，使人能够及时地集中自己的心理活动，清晰地反映客观事物，更好地适应环境，并改造世界。

（1）选择功能

注意的基本功能是对信息选择，使心理活动选择有意义的、符合需要的和与当前活动任务相一致的各种刺激，避开或抑制其他无意义的、附加的，干扰当前活动的各种刺激。即注意将有关信息线索区分出来，使心理活动具有一定的指向性。许多心理学家把注意看作认识选择性的高度表现。

（2）保持功能

外界信息输入后，每种信息单元必须通过注意才能得以保持，如果不加以注意，就会很快消失。因此，需要将注意对象的一项或内容保持在意识中，一直到完成任务，达到目的为止。

（3）调节和监督功能

有意注意可以控制活动向着一定的目标和方向进行，使注意适当分配和适当转移。注意在调节过程中需要进行监督，使得注意向规定的方向集中。苏联心理学家加里培林把注意称为："智力监督动作"。

（二）注意的分类

根据产生和保持注意时有无目的以及意志努力的参与，注意可分为：无意注意、有意注意和有意后注意三种。

1.无意注意

无意注意是指事先没有目的、也不需要意志努力的注意。例如，学生正在听课，忽然有人推门进来，大家都不由自主地转头看他，这种注意就叫无意注意。无意注意的引起和维持不是依靠意志的努力，人们自然而然地对那些强烈的、新颖和感兴趣的事物所表现的心理活动的指向和集中。它往往向周围环境发生变化时产生的。动物也有无意注意，它是注意的一种初级表现形式。无意注意是一种较为被动的注意，在这种活动过程中，个体的积极性水平较低。引起无意注意的因素有：刺激物自身的特点和人本身的状态。

（1）刺激物自身的特点

刺激物自身的特点包括刺激物的新异性、刺激物的强度、刺激物之间的对比和刺激的运动变化等。刺激物的新异性值的是刺激物异乎寻常的特性。如一直生活在南方的人，没看见过雪花飞舞的情景，当他们来到北方，看到漫天的大雪，自然就会引起他们的无意注意。刺激物的强度也会引起人们的无意注意，一股浓烈的味道、一声巨响，都会引起我们的无意注意。此外，刺激物在强度、形状、大小、颜色和持续时间等方面与其它刺激物存在显著差别时会引起人们的无意注意，绿草丛中的红花比绿草丛中的青蛙更能引起人们的注意。刺激物的活动和变化也会影响我们的无意注意，运动的物体，相比静止的物体，更为容易引起我们的无意注意。

（2）人本身的状态

除了刺激物本身的特点，个人自身的状态也会影响无意注意。个人自身的状态主要包括个体的需要和兴趣、情绪和精神状态等等。

凡是能够满足人的需要和引起人的兴趣的事物都会使人产生期待的心情和积极的态度，从而引起无意注意。人的心境在很大程度上影响着无意注意。如果一个人心境开朗，心情愉快，平时不大容易引起注意的事物，这时也很容易引起他的注意。人当时的精神状态也对无意注意有重大影响。人在过度疲劳时，常常不能觉察到在精神饱满时容易注意的事物；人在精神饱满时，最容易对新鲜事物发生注意，而且注意也容易集中和持久。

无意注意既可以使我们第一时间注意到新异的刺激物，也会使人们从正在进行的活动中离开，干扰正在进行的活动，因而具有积极和消极两个方面的作用。

【真题在线】

[2012 年下半年] 王老师讲解时，迟到的钱冰突然推门而入，同学们不约而同的把目光投向了他。学生的这种心理活动属于（　　　）。

A. 无意识记　　　　　B. 有意识记　　　　　C. 无意注意　　　　　D. 有意注意

【答案及解析】C　无意注意是指事先没有目的、也不需要意志努力的注意。例如，学生正在听课，忽然有人推门进来，大家都不由自主地转头看他，这种注意就叫无意注意。

---

2. 有意注意

有意注意是指具有预定目的、需要一定意志努力的注意。在心理学文献中有时把有意注意称为积极注意或意志注意，因为集中有意注意需要个人的积极性和意志努力。引起和保持有意注意的条件和方法有：

对注意目的与任务的依从性。有意注意是一种有预定目的的注意，目的越明确、越具体，越容易引起和维持有意注意。

对兴趣的依从性。有趣的事物容易引起人们的有意注意。在随意注意中，间接兴趣也有着很重要的作用，它能够维持人们稳定而集中的注意。

对活动组织的依从性。能否正确地组织活动，关系到有意注意的引起和维持。合理的组织活动，有助于集中有意注意。

对过去经验的依从性。一方面，人们对自己异常熟悉的事物或活动，可以自动地进行加工和操作，无需特别集中注意；另一方面，人们想要在活动中维持自己的注意，又与他们的知识经验有一定的关系。

对意志的依从性。一个具有顽强意志的人，会使自己的注意依从于当前的目的和任务；而一个意志薄弱的人，不能够有良好的有意注意。

在学习活动中，仅仅依靠无意注意是不够的，发展和培养学生的有意注意，才能够使学生牢靠地掌握知识和技能。在这个过程中，作为教师，应该帮助学生树立明确的学习目的、发展多方面的兴趣与爱好、培养良好的人格品质。这样才能是学生在知识学习的过程中，坚持不懈的努力。

（3）有意后注意

有意后注意也叫随意后注意，是指有自觉的目的，但不需要意志努力的注意，也称为随意后注意。有意后注意是注意的一种特殊形式。从特征上讲，它同时具有无意注意和有意注意的某些特征。

无意注意、有意注意和有意后注意在实践活动中紧密联系、协同活动。有意注意可以发展为有意后注意，而无意注意在一定条件下也可以转化为有意注意。例如，开始时人们偶然为某种活动所吸引而去从事这种活动，后来通过实践认识到它的重要意义，便自觉地、有目的地去从事这种活动，并克服一定的困难，坚持对活动的注意。这时无意注意就转化为有意注意。

有意后注意既服从于当前活动的目的和任务，又能节省意志的努力，因而对完成长期、持续的任务特别有利。培养随意后注意的关键在于发展个体对活动的直接兴趣，从而使个体自然而然地沉浸在活动中。

（三）注意的品质及影响因素

1. 注意的广度

注意的广度，又称为注意的范围，是指一个人在同一时间内能够清楚地把握注意对象的数量。它反映的是注意品质的空间特征。实验表明：在 1/10 秒时间内，成人一般能注意到 8~9 个黑色圆点或 4~6 个没有联系的外文字母，3~4 个几何图形。扩大注意广度，可以提高工作和学习的效率。在生活中，排字工人、打字员、汽车驾驶员等职业都需要有较大的注意广度。影响注意广度的因素主要有以下两个方面。

（1）注意对象的特点

注意的广度因注意对象的特点的变化而有所不同。一般说来，注意对象的组合越集中，排列越有规律，相互之间能成为有机联系的整体，注意的范围就越大。

（2）活动任务的性质和知识经验

活动任务越复杂，越需要关注细节的注意过程，注意的广度会大大缩小。个体的知识经验越丰富，整体知觉能力越强，注意的范围就越大。专业素养深厚的人在阅读专业资料时可以做到"一目十行"，非专业人士即使逐字逐句阅读也不见得能正确理解。

2. 注意的稳定性

注意的稳定性，也称注意的持久性，是指注意在同一对象或活动上所保持时间的长短。这是注意的时间特征。注意稳定性的标志是活动在某一段时间内的效率。在注意的稳定性中可以区分出狭义的注意稳定性和广义的注意稳定性。狭义的注意稳定性是指注意保持在同一对象上的时间。广义的注意稳定性是指注意保持在同一活动上的时间。广义的注意稳定性并不意味着注意总是指向同一对象，而是指当注意的对象和行动会有所变化，但注意的总方向和总任务不变。

但衡量注意稳定性，不能只看时间的长短，还要看这段时间内的活动效率。影响注意的稳定性的因素有如下两个方面：

（1）注意对象的特点

刺激物的强度和持续时间对注意稳定性有显著影响。提高刺激的强度和延长刺激的作用时间有助于保持注意的稳定性。

（2）主体的状态

除了外部刺激物的特点之外，个体的主观状态也影响注意的稳定性。人对所从事的活动的意义理解得越深刻，对活动有浓厚的兴趣抱着积极的态度，并且在身体健康、精力充沛、心情愉快时，注意容易保持稳定。意志坚强，又善于自制且能和干扰作斗争的人，注意就容易保持稳定。

注意的分散（又称分心）是同注意稳定相反的状态。注意的分散就是注意离开了当前应当指向和集中的对象，而把注意指向于其它的对象上。注意的分散是由无关刺激的干扰或由单调刺激的长期作用所引起。无关刺激对注意的干扰作用决定于这些刺激本身的特点及其与注意对象的关系。

【真题在线】

[2012 年上半年] 杨柳被教室窗外的小鸟所吸引，不能专心听讲。这属于（ ）。

A. 注意分配 B. 注意广度 C. 注意分散 D. 注意转移

【答案及解析】C 被教室窗外的小鸟所吸引，不能专心听讲，属于注意分散。注意的分散就是注意离开了当前应当指向和集中的对象，而把注意指向于其它的对象上。

---

3. 注意的分配

注意的分配是指在同一时间内把注意指向不同的对象和活动。注意的分配在人的实践活动中有重要的现实意义。如教师需要一边讲课，一边注意学生的课堂反应；司机需要一边驾车，一边观察路况。事实证明，注意的分配是可行的，人们在生活中可以做到"一心二用"，甚至"一心多用"。但是，注意的分配是有条件的：

（1）同时进行的几种活动至少有一种应是高度熟练的

当一种活动达到自动化的熟练程度时，个体就可以集中大部分精力去关注比较生疏的活动，保证几种活动同时进行。我们可以做到边听报告边记笔记，显然是由于写字已经达到熟练甚至自动化的程度。驾驶技术高超的司机可以一边驾车一边为乘客报站名，也是这个道理。

（2）同时进行的几种活动必须有内在联系

有联系的活动才便于注意分配。这是因为活动间的内在联系有利于形成固定的反应系统，经过训练就可以掌握这种反应模式，同时兼顾几种活动。例如，歌唱演员有时自弹自唱同一首歌，甚至能够边唱歌边剪纸，也是借助了活动间的内在联系或人为建立起来的活动间的联系，以达到注意的分配。

4. 注意的转移

注意的转移是指根据活动任务的要求，主动地把注意从一个对象转移到另一个对象。例如，在学校课程安排上，如果先上语文课，再上数学课，学生就应根据教学需要，把注意主动及时地从一门课转移到另一门课。

注意的转移不同于注意的分散。前者是根据任务需要，有目的地、主动地转换注意对象，为的是提高活动效率，保证活动的顺利完成。后者是由于外部刺激或主体内部因素的干扰作用引起的，是消极被动的。注意的分散违背了活动任务的要求，偏离了正确的注意对象，降低了活动效率。

良好的注意转移表现在两种活动之间的转换时间短，活动过程的效率高。影响注意转移的因素有以下四个方面：

（1）对原活动的注意集中程度

个体对原来活动兴趣越浓厚，注意力越集中，注意的转移就越困难。如果对原活动的注意力本来就不够集中，就比较容易随活动任务的要求而转移。

（2）新注意对象的吸引力

如果新的活动对象引起个体的兴趣或能够满足他的心理需要，注意的转移就比较容易实现。

（3）明确的信号提示

在需要注意转移的时候，明确的信号提示可以帮助个体的大脑处于兴奋和唤醒状态，灵活迅速地转换注意对象。

（4）个体的神经类型和自控能力

神经类型灵活性高的人比不灵活的人更容易实现注意的转移，自控能力强的人比自控能力弱的人更善于主动及时地进行注意的转移。

四、记忆

（一）记忆概述

记忆是在头脑中积累和保存个体经验的心理过程，运用信息加工的术语来讲，记忆就是人脑对外界输入的信息进行编码、存储和提取的过程。对信息的编码相当于识记过程，对信息的储存相当于保持过程，对信息的提取相当于再认或回忆过程。储存在人脑中的信息在应用时不能提取或提取发生了错误则相当于遗忘现象。

记忆包括三个环节：识记、保持和再现。识记是记忆过程的第一个基本环节，是指个体获得知识和经验的过程，它具有选择性的特点。保持是指已获得的知识经验在人脑中的巩固过程，它是记忆过程的第二个基本环节。回忆和再认是记忆过程的第三个基本环节，是在不同的条件下恢复过去经验的过程，过去经历过的事物不在面前，能把它们在人脑中重新呈现出来的过程称为回忆；过去经历过的事物再次出现在面前，能把它们加以确认的过程称为再认。

记忆是保存个体经验的形式之一。个体保存经验的形式是多种多样的，如书本、绘画、雕塑等形式，但是，只有在人脑中保存个体经验的过程，才叫记忆。记忆联结着人们心理活动的过去和现在，是人们学习、工作和生活的基本机能。离开了记忆，个体什么也学不会。在一定意义上说，没有记忆和学习，就没有我们现在的人类文明。

（二）记忆的分类

我们可以从不同的角度对记忆进行分类。

1. 根据内容不同，可以把记忆分为形象记忆、情景记忆、情绪记忆、语义记忆和动作记忆

形象记忆是个人以感知过的事物的形象为内容的记忆。这种记忆所保持的是事物的具体形象，具有鲜明的"直观"性，它以表象的形式储存。

情景记忆是个人以亲身经历的、发生在一定时间和地点的事件（情景）为内容的记忆。

情绪记忆是对自己体验过的情绪和情感的记忆。情绪、情感体验是深刻的、自发的、情不自禁的，所以记忆的内容可以深刻的牢固的保持在大脑中。

语义记忆也称词语逻辑记忆型，是以文字、概念、逻辑关系为主要对象的抽象化的记忆类型。

动作记忆是以各种动作、姿势、习惯和技能为主的记忆。动作记忆是培养各种技能的基础。

2. 根据记忆是否受到意识的影响，可以将记忆分为内隐记忆和外显记忆

内隐记忆是个体在无法意识的情况下，过去经验对当前作业所产生的无意识的影响，有时也叫自动的无意识记忆。外显记忆是指在意识的控制之下，过去经验对当前作业所产生的有意识的影响，也叫受意识控制的记忆。

3. 根据信息加工和存储内容的不同，可以将记忆分为陈述性记忆和程序性记忆

陈述性记忆是指对有关事实和时间的记忆。它可以通过语言传授而一次性获得，它的提取常常需要意识的参与。

程序性记忆是指如何做事情的记忆，包括对知觉技能、认知技能和运动技能的记忆。这类记忆往往需要通过多次尝试才能逐渐获得，在利用时，往往不需要意识的参与。

4. 根据信息保持时间的长短，可以将记忆分为感觉记忆、短时记忆和长时记忆

客观刺激停止作用之后，感觉信息在极短的时间内保存下来，这种记忆被称为感觉记忆或感觉登记。它是记忆的开始阶段。感觉记忆的储存时间大约为 0.25~2 秒。信息存储的方式具有鲜明的形象性，它完全保持输入刺激的原样，而且有一个相当大的容量。如果这些记忆受到特别关注，就会进入短时记忆；而那些没有受到注意的信息，则很快就会变弱而消失；还有一些刺激，如果是极为强烈和深刻的，则可以一次性的进入长时记忆。

短时记忆是感觉记忆和长时记忆的中间阶段，保持时间大约为 5 秒到 2 分钟。一般包括两个成份：一个成份是直接记忆，即输入的信息没有经过进一步的加工。它的容量相当有限，大约为 7 ± 2 个单位。如果信息得到及时复述，则可能转入长时记忆系统而被长久保存，否则很快就会消失。另一个成份是工作记忆，指长时记忆中存储的、正在使用的信息，是将储存在长时记忆中的信息提取出来解决当前问题的过程。短时记忆的编码大量的是言语听觉编码，少量的是视觉或语义编码。

长时记忆是指信息经过充分的和有一定深度的加工后，在头脑中长时间保存下来。这是一种永久性的储存，从 1 分钟以上到很多年甚至终身，且容量没有限制。长时记忆的来源大部分是对自短时记忆的内容进行深加工的结果，还有一小部分是由于印象深刻而一次性获得的。

感觉记忆、短时记忆和长时记忆是同一的记忆系统的三个不同的信息加工阶段，而不是非此即彼的记

忆种类。它们之间相互联系，相互影响。任何信息都必须经过感觉记忆和短时记忆才可能转入长时记忆，没有感觉记忆和短时记忆的加工，信息就不可能长时间储存在头脑中。

（三）遗忘及其原因

1. 遗忘及其规律

遗忘是指对识记过的材料不能再认与回忆，或者错误的再认与回忆。遗忘分为暂时性遗忘和永久性遗忘，前者指在适宜条件下还可能恢复记忆的遗忘；后者指不经重新学习就不可能恢复记忆的遗忘。遗忘还有一种类型，为选择性遗忘。

对遗忘的进程，德国心理学家艾宾浩斯最早进行了研究。为了消除新学习的材料与记忆中的知识的可能联系，他创造了无意义音节，即一种有两个辅音和一个元音组成的字母串，如POF、QAZ等。实验中他以自己做被试，大声朗读一串串无意义音节，并且用节拍器的有规律的节奏控制朗读的速度，然后再努力地回忆它们。为了测量遗忘，艾宾浩斯设计了节省法，也就是前面提到的再学习法。根据这种方法，艾宾浩斯绘制了不同时间间隔的记忆节省图，称之为保持曲线或遗忘曲线（图4-3）。

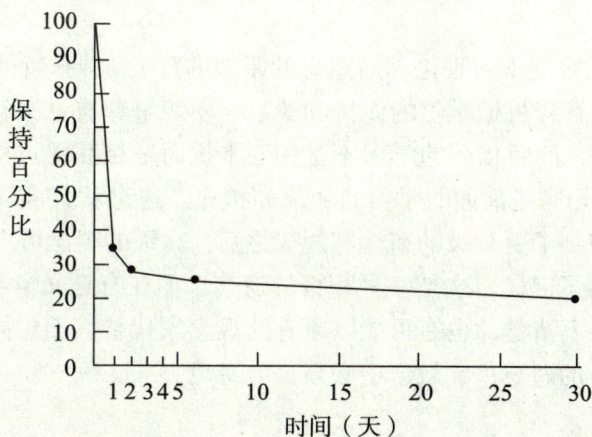

图4-3　艾宾浩斯遗忘曲线

从艾宾浩斯的遗忘曲线中可以看到，我们可以看到，遗忘在学习之后立即开始，而且遗忘的过程最初进展得很快，以后逐渐缓慢；过了相当的时间后，几乎不再遗忘。也可以说，遗忘的发展是不均衡的，其规律是先快后慢，呈负加速型。

2. 遗忘的原因

（1）痕迹衰退说

这是关于遗忘原因的最古老的解释。根据痕迹衰退理论的解释，大脑中的记忆痕迹随着时间的推移而衰退。这种理论假定：学习会改变中枢神经系统，除非定期地使用或复述信息，否则这种信息就会逐渐衰退，最终完全消失。据认为，这一过程就像拍照后印出来的相片一样，随着时间的延长，相片会逐渐变黄而模糊不清。现在也有人把这种遗忘理论称之为"渐退理论"，即认为，不常回想起的或不常使用的信息，往往容易从记忆中失去。

它起源于亚里士多德，由桑代克进一步发展。桑代克在其"练习律"中指出，习得的刺激－反应联结，如果得到使用，其力量会加强；如果失去使用，则联结的力量会减弱，以致逐渐消失。这实际上是用痕迹衰退理论对遗忘的解释。

尽管许多心理学家对痕迹衰退理论提出种种质疑，并设计大量实验来否定它。但至今没有可靠的证据表明神经系统中留下的记忆痕迹可以永久保持而不衰退，并且记忆痕迹随时间的推移而逐渐消退的观点也符合事物的发生、发展和衰亡的规律，所以痕迹衰退说仍被认为是导致遗忘的原因之一。

（2）干扰说

干扰理论认为，遗忘是由于学习和回忆之间受到其他刺激干扰的结果。一旦排除了干扰，记忆就可以恢复。消退理论把遗忘归结于贮存的失败，而干扰理论则认为遗忘是由于提取失败所致。

不少心理学家都相信，许多遗忘是由于干扰，而不是由于消退。有人甚至认为，85%~98%的遗忘应归结于干扰，余下的才归结于消退。持这种观点的人常引用的一个例子是：有人用电击病人大脑的各个不同的部位，使得病人回想起自己认为已经完全遗忘了的事情。所以，在有些心理学家看来，我们所失去的，是进入长时记忆中的信息的通道，而造成这种情况的原因，主要是由于学习的内容在起干扰作用。

干扰主要有两类：前摄抑制与倒摄抑制。前摄抑制是指学习前面的材料对识记和回忆后面学习材料的干扰；倒摄抑制是指后面学习的材料对保持或回忆前面学习材料的干扰。不论在哪一种情况下，前后学习的内容越相似，干扰的程度就越大。在其他条件相等的情况下，一个学习材料的两端的项目学习快、记得好一些，而中间部分学的慢、记忆的差一些。中间部分的记忆效果差，可能是由于同时受到前摄抑制和倒摄抑制的双重干扰；而最前部和最后部的记忆效果之所以较好，可能是由于只受到前摄抑制或倒摄抑制的干扰。这叫做系列位置效应。

（3）同化说

奥苏伯尔根据他的有意义接受学习理论，对遗忘的原因进行了一种独特的解释。他认为干扰说是根据机械学习实验提出来的，只能解释机械学习的保持和遗忘，不能解释有意义学习的保持和遗忘。奥苏伯尔认为，在真正的有意义学习中，前后相继的学习不是相互干扰而是相互促进的，因为有意义学习总是以原有的学习为基础的，后面的学习则是前面的学习的加深和扩充。遗忘就其实质来说，是知识的组织和认知结构简化的过程。当我们学习到了更高级的概念与规律之后，高级的观念可以代替低级的观念，使低级观念遗忘，从而简化认识并减轻了记忆，这是一种积极的遗忘。但在有意义学习中，或者由于原有知识结构不巩固，或由于新旧知识辨析不清楚，也有可能以原有的观念来代替表面相同而实质不同的新观念，从而出现记忆错误，这是一种消极的遗忘，在教学中必须努力避免。

（4）动机说

这种理论认为遗忘是由于情绪或动机的压抑所导致的，如果这种压抑被解除，记忆也就能恢复。这种现象首先是由弗洛伊德在临床实践中发现的。他在给精神病人实行催眠术时发现，许多人能回忆起早年生活中的许多事情，而这些事情平时是回忆不起来的。他认为这些经验之所以不能回忆，是因为回忆它们时，会使人产生痛苦、不愉快和忧愁，于是便拒绝它们进入意识，将其储存在无意识之中，也就是被无意识动机所压抑。只有当情绪联想减弱时，这种被遗忘的材料才能回忆起来。在日常生活中，由于情绪紧张而引起遗忘的情况，也是常有的。例如，考试时，由于情绪过分紧张，致使一些学过的内容，怎么也想不起来。

（5）提取失败说

提取失败说是与痕迹消退说相反的观点，认为遗忘不是由于痕迹的消退，而是因为提取失败所致。图尔文对提取失败说和痕迹消退说作了重要的区分。他认为遗忘有两种可能：一种可能是信息从记忆系统中消失了，这是痕迹消退说的观点；另一种可能是信息仍存储在记忆系统里，只是不能被提取出来，这是提取失败说的观点。近年来有关神经可塑性的研究，尤其是图尔文等人关于内隐记忆的研究，为提取失败说提供可证据，许多研究者认为这是长时记忆产生遗忘的主要原因。

（四）记忆与有效学习

1. 集中注意

集中注意时，记忆时就会聚精会神、专心致志，排除杂念和外界干扰，大脑皮层就会留下深刻的记忆痕迹而不容易遗忘。如果精神涣散，一心二用，就会大大降低记忆效率。

（1）减少分心刺激。在学习时，要减少分心刺激的干扰，可以做的包括：改变读书环境，尽量使自己与外界干扰刺激隔离；使学习活动简单化，不带容易引起分心的东西，减少心理期待和情绪波动；在宿舍和家中看书，则要保证环境是安静的，并尽量减少桌面上的摆设。

（2）明确学习目的。目的越明确、越具体，越有利于学习。具体包括：明确这段学习时间的最终目标和结果；每次完成的学习任务最好比较单一，不要多头操作。

2. 深度加工材料

认知心理学研究表面，如果人们在获得信息时对它进行深度加工，那么这些信息的保持效果就可以得到提高，并有利于信息的提取的回忆。所谓深度加工，是指通过对要学习的新材料补充细节、举出例子、做出推论，或使之与其它观念形成联想。有人曾用英语材料做过这样一个实验：要求 A 组回答呈现的词是大写还是小写，要求 B 组回答呈现的词是否与给定的词押韵，要求 C 组回答呈现的词是否在给定的句子中合适。每个词呈现 1/5 秒，然后进行回忆和再认的测验。结果发现，C 组的回忆成绩比其他 2 组约高出两倍，而 A、B 两组的再认成绩与 C 组相差更大，原因就在于 C 组是对这些英语词汇进行了深层次的加工，而 A、B 两组知识进行了表层的加工。

3. 有效运用记忆术

记忆术是利用联想的方法对无意义的材料赋予某些认为的意义，以促进知识保持的策略。有人在利用记忆术帮助记忆外语单词的研究者创设了"关键词方法"，记载记忆外语单词时，先在本族语中找一个读音与外语类似的，且能产生有趣联想的词。如英文单词"gas"（煤气）一词，可以用汉语"该死"做关键词。两者读音相似，又可以产生"人因煤气中毒而死"的联想。这样"gas"一词就很容易记忆。

4. 进行组块化编码

所谓组块，是指在信息编码过程中，利用储存在长时记忆系统中的知识经验对进入到短时记忆系统中的信息加以组织，使之成为人所熟悉的有意义的较大单位的过程。组块可以是一个字母、一个数字、一个单词、一个词组，甚至一个句子。组块的方式主要依赖于人过去的知识经验。例如，"认知心理学"5个字对于根本不懂心理学的人来说，是 5 个组块，对稍懂心理学的来说，是 2 个组块（认知、心理学）；而对心理学家来说，则只是一个组块。

5. 适当过度学习

所谓过度学习，是指在在学习达到刚好程度以后的附加学习。如读一首短诗，学习 10 分钟就刚好能背诵，在背诵之后增加的学习（如再读 5 分钟或再读 5 遍）便是过度学习。

在日常教学中，一般教师都知道，对于本门学科的一些基本概念、基本理论的学习，仅仅能达到刚能回忆的程度是不够的，必须在全面理解的基础上达到牢固熟记的程度，达到"滚瓜烂熟"，可以不假思索"脱口而出"的程度。当然，过度学习并不意味着复习次数越多越好。研究表明，学习的熟练程度达到 150% 时，记忆效果最好；超过 150% 时，学习效果并不递增，很可能引起厌倦、疲劳而成为无效学习。

6. 合理进行复习

与遗忘进行斗争的首要条件是组织识记后的复习。复习在保持中有很大的作用。刺激物的重复出现是短时记忆向长时记忆转化的条件，没有重述的信息是不可能进入长时记忆的。

（1）及时复习

遗忘曲线表明，遗忘开始时较快，所以对新学习的材料要及时复习。乌申斯基曾经指出，我们应当"巩固建筑物"，而不要等待去"修补已经崩溃了的建筑物"。

（2）分散复习

复习在时间上的正确分配对识记效果有很重要的影响。连续进行的复习称为集中复习，复习之间间隔一定的时间称为分散复习。很多实验证明，分散复习比集中复习好。分散复习时间间隔的长短，要根据材料的性质、数量、识记已经达到的水平等确定。一般认为开始复习，时间间隔要短，以后可以长一些。

（3）反复阅读结合尝试背诵

研究表明，反复阅读结合尝试背诵的效果优于单纯的重复阅读。单纯的重复阅读的效果之所以不如反复阅读结合尝试背诵，主要在于前者不利于及时发现学习中的薄弱点，因而在重复学习时，有一定的盲目性。而后者可以及时发现学习者的薄弱点，从而在重复学习时，便于集中注意，有针对性的加强薄弱点的学习。

五、思维和问题解决

（一）思维概述

思维是借助语言、表象或动作实现的、对客观事物的概括和间接的认识，是认识的高级形式。它能揭示事物的本质的特征和内部联系，并主要表现在概念形成和问题解决的活动中。思维和感觉、知觉一样，也是对客观现实的反映。不过，感知觉是对客观现实的直接的反映，它们所反映的是客观事物的外部现象或个别属性，而思维是对客观事物间接的、概括的反映，它反映的是客观事物的共同的本质特征和内在联系。

间接性和概括性是人的思维过程的重要特征。间接性，就是人凭借已有的知识经验或其他事物的媒介，理解或把握那些没有直接接触过的，或根本不可能感知到的事物，以推测事物过去的进程，认识事物现实的本质，推知事物未来的发展。思维的概括性，它包含两层意思：第一，把同一类事物的共同特征和本质特征抽取出来加以概括；第二，将多次接触到的事物之间的联系和关系加以概括，得出有关事物之间的内在联系的结论。

（二）思维的种类

1.动作思维、形象思维和抽象思维

根据思维的凭借物和解决问题的方式，可以将思维分为直观动作思维、具体形象思维和抽象逻辑思维。

（1）动作思维

动作思维，又称实践思维，以实际动作为支柱的思维。3岁前的幼儿的思维就属于动作思维。他们的思维活动离不开触摸、摆弄物体的活动。成人的动作思维是以丰富的知识经验为中介，并在整个动作思维过程中由词进行调节和控制，与没有完全掌握语言的幼儿的动作思维不同。动作思维是人与高等动物共同具有的一种思维形式，但是人的动作思维与动物的动作思维具有本质的区别。

（2）形象思维

形象思维是以事物的具体形象和表象为支柱的思维。学龄前儿童的思维主要是形象思维。正常成人虽以概念思维为主要形式，但也不可能完全脱离形象思维，特别是在解决比较复杂问题时，鲜明生动的形象或表象有助于思维过程的顺利进行。

（3）抽象思维

抽象逻辑思维是以概念、判断、推理的形式达到对事物的本质特性和内在联系认识的思维。概念是这类思维的支柱。概念是人反映事物本质属性的一种思维形式，因而抽象逻辑思维是人类思维的核心形态。

2.聚合思维和发散思维

根据解决问题时的思维方向，可以把思维分为聚合思维和发散思维。

（1）聚合思维

聚合思维，又称求同思维、集中思维，是把问题所提供的各种信息集中起来得出一个正确的或最好的答案的思维。例如，学生从各种解题方法中筛选出一种最佳解法；工程建设中把多种实施方案经过筛选和比较找出最佳的方案等的思维。

（2）发散思维

发散思维，又称求异思维、辐射思维，是从一个目标出发，沿着各种不同途径寻求各种答案的思维。例如，数学中的"一题多解"；科学研究中对某一问题的解决提出多种设想；教育改革的多种方案的提出等的思维。

【真题在线】

[2012年上半年]"一题多解"的教学方式主要用于训练学生的哪一种思维?(　)

A.知觉思维　B.发散思维　C.动作思维　D.集中思维

【答案及解析】B 发散思维,又称求异思维、辐射思维,是从一个目标出发,沿着各种不同途径寻求各种答案的思维。一般应用"一题多解"、"一事多写"、"一物多用"等方式培养发散思维能力。

3.直觉思维和分析思维

根据思维结论是否有明确的思考步骤和思维过程中意识的清晰程度,可以把思维分为直觉思维和分析思维。

(1)直觉思维

直觉思维是未经逐步分析就迅速对问题答案做出合理的猜测、设想或突然领悟的思维。例如,医生听到病人的简单自述,迅速做出疾病的诊断;公安人员根据作案现场情况,迅速对案情做出判断;学生在解题中未经逐步分析,就对问题的答案做出合理的猜测、猜想等的思维。

(2)分析思维

分析思维是经过逐步分析后,对问题解决做出明确结论的思维。例如,学生解几何题的多步推理和论证;医生面对疑难病症的多种检查、会诊分析等的思维。

4.常规思维和创造性思维

根据思维的创新成分的多少,可以把思维分为常规思维和创造性思维。

(1)常规思维

常规思维是指人们运用已获得的知识经验,按惯常的方式解决问题的思维。例如,学生按例题的思路去解决练习题和作业题,学生利用学过的公式解决同一类型的问题等。

(2)创造性思维

创造性思维是指以新异、独创的方式解决问题的思维。例如,技术革新、科学的发明创造、教学改革等所用到的思维都是创造性思维等。

5.经验思维和理论思维

根据思维过程中是以日常经验还是以理论为指导来划分,可以把思维分为经验思维和理论思维。

(1)经验思维

经验思维是以日常生活经验为依据,判断生产、生活中的问题的思维。例如,人们对"月晕而风,础润而雨"的判断;儿童凭自己的经验认为"鸟是会飞的动物";人们通常认为"太阳从东边升起,往西边落下"等都属于经验思维。

(2)理论思维

理论思维是以科学的原理、定理、定律等理论为依据,对问题进行分析、判断的思维。例如,根据"凡绿色植物都是可以进行光合作用的"一般原理,去判断某一种绿色植物的光合作用。科学家、理论家运用理论思维发现事物的客观规律。教师利用理论思维传授科学理论,学生运用理论思维学习理性知识。

(三)创造性思维

1.创造性思维的过程

创造性思维是指以新颖独创的方法解决问题的思维过程。创造性思维的过程是指在问题情境中,新的思维从萌发到形成的整个过程。心理学家们以往在这方面曾有不少研究,其中具代表性的可推英国心理学家华拉斯的创造性思维的四阶段说。他认为无论是科学或艺术的创造,大体上都经历以下四个阶段:

(1)准备期

准备期是指创造活动前,积累有关知识经验,搜集有关资料和信息,为创造作准备。科学家在创造之前都需要对前人所积累的有关同类问题的知识经验有所了解，然后才可能从旧问题中发现新问题，从旧关系中发现新关系。从前人的经验中不仅获得知识也获得启示。

（2）酝酿期

酝酿期是指在已积累的知识经验的基础上，对问题和资料进行深入地思考的时期。创造性思维的酝酿期多属潜意识过程，这种潜意识的思维活动极可能孕育着解决问题的新观念，一旦酝酿成熟就会脱颖而出，使问题得到解决。

（3）豁朗期

豁朗期是指新思想、新观念、新形象产生的时期又叫灵感期。灵感的产生有时候是突然的，甚至是戏剧性的，有时产生于半睡眠状态，有时产生于正从事其他（如散步、钓鱼、听音乐、施行等）活动的时候。

（4）验证期

验证期是指对新思想或新观念进行验证补充和修正，使其趋于完善的时期。豁朗期得来的观念必须加以验证。在验证期间，或从逻辑角度在理论上求其周密、正确；或是付诸行动，经观察实验而求得正确的结果。在这个时期，思维者可以对豁朗期的观念加以修正。使创造工作达到完美的地步。

2.创造性思维的特征

创造性思维的特点主要是：发散思维和集中思维的统一；多有直觉思维出现；创造想象的参与；多有灵感出现。创造性思维是多种思维的结晶。它既是发散思维与聚合思维的有机结合，又是形象思维和抽象思维的统一。目前，比较公认的是发散思维是创造性思维的核心，通常以发散思维的特征来代表创造性思维。其主要特征有三个：流畅性，即个人面对问题情境时，在规定的时间内产生不同观念的数量的多少；变通性，即灵活性，指个人面对问题情境时，不墨守成规，不钻牛角尖，能随机应变，触类旁通；独创性，即个人面对问题情境时，能独具慧心，想出不同寻常的、超越自己也超越同辈的意见，具有新奇性。

（四）问题解决

1.问题解决概念

问题解决是指个人应用一系列的认知操作，从问题的起始状态到达目标状态的过程。要求运用新颖独特方法的问题解决叫做创造性问题解决；使用现有方法的问题解决叫做常规性问题解决。问题解决有下面几个基本特点：

（1）目的性

问题解决具有明确的目的性，它总是要达到某个特定的目标状态。没有明确目的指向的心理活动，如漫无目的的幻想，则不能称为问题解决。

（2）认知性

问题解决是通过内在的心理加工实现的，自动化的操作如走路、穿衣等虽然也有一定的目的性，但不能称之为问题解决。

（3）序列性

问题解决包含一系列的心理活动，即认知操作，如分析、联想、比较、推论等。仅仅是简单的记忆提取等单一的认知活动，都不能称之为问题解决。

2.问题解决的过程

问题解决是一个复杂的过程，早期心理学对问题解决的研究多以动物为对象，提出了各种理论，综合有关研究，可以将问题解决的过程分为发现问题、理解问题、提出假设和检验假设四个阶段：

（1）发现问题

从完整的问题解决过程来看，发现问题是其首要环节。有人善于发现、提出问题，有人则对问题熟视无睹。能否发现问题，这与个体的活动积极性、已有的知识经验等有关。个体的好奇心、求知欲望越强，活动的积极性越高，则越能发现常人所发现不了的问题。个体的知识经验越丰富，视野也越开阔，这就更容易发现问题。比如，有经验的教师比无经验的教师更容易发现学生存在的问题。

（2）理解问题

理解问题就是把握问题的性质和关键信息，摒弃无关因素，并在头脑中形成有关问题的初步印象，即形成问题的表征。表征既是个体在头脑中对所面临的事件或情境的表现和记载，也是个体解决问题时所加工的对象。对问题的表征既包括问题的表面特征，也包括其深层特征，后者是解决问题的关键。在表征问题时，人们经常借助于外在的具体的形式。如画图表、路线图等，使表征更明确、直观。

认知心理学将理解问题看作是在头脑中形成问题空间的过程，问题空间是个体对一个问题所达到的全部认识状态，包括问题的起始状态、目标状态以及由前者过渡到后者的各中间状态和有关的操作。不同的人，构造的问题空间也可能不同；同一个人，在问题解决之前也可能改变或重构问题空间。个体的知识经验以及注意、记忆、思维等认知过程影响着问题空间的构造。

（3）提出假设

提出假设就是提出解决问题的可能途径与方案，选择恰当的解决问题的操作步骤。常用的方式主要有两种：算法式和启发式。算法式即把解决问题的所有可能的方案都列举出来，逐一尝试。此种方式虽然可以保证解决问题，但效率不高。启发式即依据经验或直觉选择解法。它可以迅速地解决问题，但不排除失败的可能。

能否有效地提出假设，受到个体思维的灵活性与已有的知识经验的影响。思维越灵活，越能多角度地分析问题。就能提出越多的合理假设；与问题解决相关的知识经验越丰富，就越有利于扩大假设的数量并提高其质量。

（4）检验假设

检验假设就是通过一定的方法来确定假设是否合乎实际、是否符合科学原理。检验假设的方法有两种：一是直接检验，即通过实践来检验，通过问题解决的结果来检验。如果假设在付诸实施之后获得了预期的结果，则假设就是正确的；否则，它就是不正确的。二是间接检验，即通过推论来淘汰错误的假设，保留并选择合理的、最佳的假设。当然，间接检验的结果是否正确，最终还要由直接检验来证明。

在解决较简单的问题时，上述几个阶段可能并不明显，往往是比较简缩的，可能在理解问题的同时就提出了解决问题的假设。但在解决比较复杂的问题时，它们是明显存在的，并可能出现多次的反复循环。

3. 问题解决的影响因素

问题解决的思维过程受多种心理因素的影响。有些因素能促进思维活动对问题的解决，有些因素则妨碍思维活动对问题的解决。下面讨论其中主要的几种。

（1）问题的特征

个体解决有关问题时，常常受到问题的类型、呈现的方式等因素的影响。教师课堂中各种形式的提问、各种类型的课堂和课后练习、习题或作业等，都是学校情境中常见的问题形式。不同的呈现问题的方式将影响个体对问题的理解。

实际教学与研究发现，学生解决抽象而不带具体情节的问题时比较容易，解决具体而接近实际的问题时比较困难。解决不需通过实际操作的"文字题"时比较容易，解决需通过实际操作的"实际题"时比较困难。此外，由于问题的陈述方式或所给图示的不同，也会直接影响问题解决的过程。比如，有些陈述或图示直接提供了问题解决的线索，便于寻找解决问题的方法、方向，而有些则包含某些多余的信息，或者问题解决所需要的部分条件被隐含起来，这就增加了问题解决的难度，需要个体能够发现、分离出问题解决所需要的必要条件，撇开表面现象，抓住问题的本质特征。

（2）已有的知识经验

已有经验的质与量都影响着问题解决。与问题解决有关的经验越多，解决该问题的可能性也就越大。

研究发现，优生头脑中储存的知识经验显著地多于差生。可以说，拥有某一领域的丰富的知识经验是有效解决问题的基础。但若大量的知识经验是以杂乱无章的方式储存于头脑中，则对有效的问题解决毫无帮助。显然，知识经验在头脑中的储存方式决定了问题是否能够得到有效地解决。

对专家和新手的对比研究发现，专家不仅某一领域的大量的知识经验，而且这些知识经验在头脑中的组织是非常合理的，并且在有需要的时候，可以快速的提取并加以应用。专家不仅拥有非常、组织合理的陈述性知识，而且也拥有问题解决所必需的、有效的心智技能和认知策略。

（3）定势和功能固着

定势是指由先前的活动所形成的并影响后继活动趋势的一种心理准备状态。它在思维活动中表现为一种易于以习用的方式解决问题的倾向。定势在问题解决中有积极作用，也有消极影响。当问题情境不变时，定势对问题的解决有积极的作用，有利于问题的解决；当问题情境发生了变化，定势对问题的解决有消极影响，不利于问题的解决。破除定势消极影响的办法要具体情况具体分析，一旦发现自己以习用的方式解决问题发生困难时，不要执意固守，应换一种思路，寻求新方法。

功能固着是指个体在解决问题时往往只看到某种事物的通常功能，而看不到它的其他方面可能有的功能。这是人们长期以来形成的对某些事物的功能或用途的固定看法。例如，对于电吹风，一般人只认为它是吹头用的，其实它还有多种功能，可以做衣服、墨迹等的烘干器；砖，它的主要功能是用来建筑，然而我们还可以用它来当武器、坐凳等。功能固着影响人的思维，不利于新假设的提出和问题的解决。

（4）原型启发

在问题解决过程中，原型启发具有很大作用。启发是指从其他事物上发现解决问题的途径和方法，对解决问题起了启发作用的事物叫原型。原型启发在创造性问题解决的过程中作用特别明显，原型之所以能起到启发作用，是因为原型与要解决的问题之间存在着某些共同点或相似处。通过联想，人们可以从原型中间找到解决问题的新方法。某一事物能否充当原型起到启发作用，不仅取决于该事物的特点，还取决于问题解决者的心理状态。只有在问题解决者的思维活动处于积极但又不过于紧张的状态时，才最容易产生原型启发。所以，原型启发常常发生在酝酿时期。

（5）迁移的作用

迁移是指已有的知识经验对解决新课题的影响。迁移有正迁移和负迁移之分。正迁移是指已获得的知识经验对解决新问题有促进作用。例如，毛笔字写得好的学生，钢笔字往往也会写得不错。负迁移是指已获得的知识经验对解决新问题有阻碍或干扰的影响。例如，学过汉语拼音的学生在初学英文时往往有一些困难。一般来说，知识经验越丰富，概括水平越高，新旧情境间共同因素越多，越易于将知识经验迁移到解决新问题的情境中去，促使问题解决，产生正迁移；相反，知识经验片面、概括水平低或使用不当，会妨碍问题的解决或把问题解决的思路引向歧途，导致负迁移产生。

（6）动机与人格

动机是促使人问题解决的动力因素，对问题解决的思维活动有重要影响。动机的性质和动机的强度会影响问题解决的进程。适中的动机强度最有利于问题的解决。动机超过适宜强度，反而不利于问题的解决。因为动机过强会造成很大的心理压力，易出现情绪紧张，思维紊乱，反而抑制思维活动，降低解题成效。动机强度的适中点会随着解决的问题的难度而变化。一般来说，越是解决复杂的问题，其动机强度的适中点越是偏低些。

个体的人格差异也会影响解决问题的效率。理想远大、意志坚强、自尊、自信、自立、自强等优良的人格品质都会提高解决问题的效率。而缺乏理想、意志薄弱、骄傲懒惰、缺乏自尊、自卑等消极的人格特点都会妨碍问题的解决。

【强化训练】

一、单项选择题

1. 人知觉某一客观对象时，总是利用自己已有的知识经验来认识它，并用词语把它标志出来，这是知觉的（　　）。

　A. 选择性　　　　　B. 整体性　　　　　C. 理解性　　　　　D. 恒常性

2. 课堂教学中，经常出现教师在学生不注意参与学习时突然加重语气或提高声调的现象，教师采用这种手段的目的是为了引起学生的（　　）。

　A. 有意注意　　　　B. 无意注意　　　　C. 兴趣　　　　　D. 知觉

3. 一个学习材料中间的项目比两端的项目学得慢，记得差，这支持了哪种遗忘的理论（　　）。

　A. 痕迹消退说　　　B. 干扰说　　　　　C. 动机说　　　　D. 抑制说

4. 心理定势对解决问题具有（　　）。

　A. 积极作用　　　　　　　　　　　　B. 消极作用

　C. 既有积极作用又有消极作用　　　　D. 没有作用

5. 一篇课文，如果记忆 20 词能够达到背熟，那么如果想要达到最佳的学习程度，应该记忆（　　）次。

　A.20　　　　　B.25　　　　　C.30　　　　　D.40

二、简答题

1. 学习策略有哪些？

2. 影响问题解决的因素有哪些？

第二节　学习动机

【导读】

动机会激发人们做出行为，人们因为有动机和需要才会去做一些事情。学习动机是告诉我们学生到底为什么去学习，是什么促使他们学习。不同的学生，他/她的学习动机可能存在差异，有的学生是为了获得自身知识的提高，有的学生是为了获得他人的认可。了解学生的学习动机，有利于教师在教学过程中培养学生的学习动机，从而达到学习效果的最大化。

一、学习动机概述

（一）学习动机的含义

动机是指引起和维持个体的活动，并使活动朝向某一目标的内在心理过程或内部动力。它一般具有以下三种功能：一是激活功能，即动机会促使人产生某种活动；二是指向功能，即在动机的作用下，人的行为将指向某一目标；三是强化功能，即当活动产生以后，动机可以维持和调整活动。

学习动机是指激发个体进行学习活动、维持已引起的学习活动，并致使行为朝向一定的学习目标的一种内在过程或内部心理状态。

（二）学习动机的构成

学习动机的两个基本成分是学习需要和学习期待，两者相互作用形成学习的动机系统。

1. 学习需要与内驱力

学习需要是指个体在学习活动中感到有某种欠缺而力求获得满足的心理状态。它的主观体验形式是学习者的学习愿望或学习意向。它包括学习的兴趣、爱好和学习的信念等。内驱力也是一种需要，但它是动态的。从需要的作用上来看，学习需要即为学习的内驱力。所以，学习需要就称为学习驱力。

奥苏伯尔认为，学校情境中的成就动机主要由以下三个方面的内驱力组成，即认知的内驱力、自我提高的内驱力和附属的内驱力。

①认知内驱力是一种要求理解事物、掌握知识，系统地阐述并解决问题的需要。它以求知作为目标，从知识的获得中得到满足，是学习的内部动机。

②自我提高的内驱力是指个体由自己的学业成就而获得相应的地位和威望的需要。它不直接指向知识和学习任务本身，而是把学业成就看作是赢得地位和自尊的根源。

③附属内驱力是指个体为了获得长者（如教师、家长等）的赞许和同伴的接纳而表现出来的把工作、学习搞好的一种需要。它既不直接指向学习任务本身，也不把学业成就看作是赢得地位的手段，而是为了从长者或同伴那里获得赞许和接纳。自我提高和交往的内驱力都是一种间接的学习需要，属于外部动机。

认知内驱力、自我提高内驱力和附属内驱力在动机结构中所占的比重并非一成不变，通常是随着年龄、性别、个性特征、社会地位和文化背景等元素的变化而变化。在儿童早期，附属内驱力最为突出，他们努力学习获得学业成就，主要是为了实现家长的期待，并得到家长的赞许。到了儿童后期和少年期，附属内驱力的强度有所减弱，而且来自同伴、集体的赞许和认可逐渐替代了对长者的依附。在这期间，赢得同伴的赞许就成为一个强有力的动机因素。而到了青年期，认知内驱力和自我提高内驱力成为学生学习的主要动机，学生学习的主要目的在于满足自己的求知需要，并从中获得相应的地位和威望。

2.学习期待与诱因

学习期待是个体对学习活动所要达到目标的主观估计。学习期待与学习目标密切相关，但两者不能等同。学习目标是个体通过学习活动想要达到的预期结果，而在个体完成学习活动之前，这个预想结果是以观念的形式存在于头脑之中的。因此，学习期待就是学习目标在个体头脑中的反映。

诱因是指能够激起有机体的定向行为，并能满足某种需要的外部条件或刺激物。诱因可以是简单的物体如食物、水等，也可以是复杂的事情如名誉、地位等。凡是使个体产生积极的行为，即趋向或接近某一目标的刺激物称为积极诱因，例如，在激发学生学习积极性的教育措施中，教师所提供的奖品、成绩等都是积极的诱因。相反，消极的诱因可以产生负性行为，即离开或回避某一目标。

学习期待是静态的，而诱因是动态的，它将静态的期待转换成为目标。所以，学习期待就其作用来说就是学习的诱因。

（三）学习动机的分类

1.高尚的动机与低级的动机

根据学习动机内容的社会意义，可以分为高尚的与低级的学习动机。高尚的学习动机的核心是利他主义，学生把当前的学习同国家和社会的利益联系在一起。例如，学生勤奋、努力学习各门功课，是因为他们意识到自己在不久的将来是国家建设的中坚力量，肩负着祖国繁荣昌盛的重任，所以现在要打好基础，踏实地掌握科学知识。低级的学习动机的核心是利己的、自我中心的，学习动机只来源于自己眼前的利益。例如，有的学生努力学习只是为了个人的名誉、地位或报答父母的养育之恩等，就是自私的、狭隘的，因而也是低级的。

2.近景的直接性动机和远景的间接性动机

根据学习动机的作用与学习活动的关系，可以分为近景的直接性动机和远景的间接性动机。近景的直接性动机是与学习活动直接相联的，来源于对学习内容或学习结果的兴趣。例如，学生的求知欲望、成功的愿望、对某门学科的浓厚兴趣以及老师生动形象的讲解、教学内容的新颖等都直接影响到学生的学习动机。远景的间接性动机是与学习的社会意义和个人的前途相联的。例如，学生意识到自己的历史使命，为不辜负父母的期望，为争取自己在班集体中的地位和荣誉等都属于间接性的动机。

3. 内部学习动机和外部学习动机

根据学习动机的动力来源，可以分为内部学习动机和外部学习动机。这是在所有动机划分中，得到心理学家公认的，而且对教育实践具有相当重要的应用价值。内部动机是指由个体内在的需要引起的动机。例如，学生的求知欲、学习兴趣等内部动机因素，会促使学生积极主动地学习。外部动机是指个体由外部诱因所引起的动机。例如，某些学生为了得到老师或父母的奖励或避免受到老师或父母的惩罚而努力学习，他们从事学习活动的动机不在学习任务本身，而是在学习活动之外。

内部学习动机和外部学习动机的划分不是绝对的。由于学习动机是推动人从事学习活动的内部心理动力，因此任何外界的要求、外在的力量都必须转化为个体内在的需要，才能成为学习的推动力。在外在学习动机发生作用时，人的学习活动较多地依赖于责任感、义务感或希望得到奖赏和避免受到惩罚的意念。因此，从这个意义上说，外在学习动机的实质仍然是一种学习的内部动力。故此，我们在教育过程中强调内部学习动机，但也不忽视外部学习动机的作用。教师应一方面逐渐使外部动机转化成为内部动机，另一方面又应利用外部动机使学生已经形成的内部动机处于持续的激起状态。

4. 一般学习动机和具体学习动机

根据学习动机起作用的范围不同，可将学习动机分为一般学习动机和具体学习动机。一般学习动机是在许多学习活动中都表现出来的、较稳定、持久地努力掌握知识经验的动机。该类动机贯穿于学校生活的始终，甚至在以后的工作中或毕生都具有这类动机。

具体学习动机是在某一具体学习活动中表现出来的动机。由这种动机支配的学生，常常只对某一门或某几门学科或内容感兴趣，对其它学习内容则不予注意。这类学习动机多半是在学习过程中因学业成败或师生关系的影响而逐渐养成的。

5. 主导性学习动机和非主导性学习动机

依据学习动机动力作用强度的大小，可分为主导性学习动机和非主导性学习动机。通常，学生的学习动机往往不是单一的，总是由主导性学习动机和若干非主导性学习动机构成的动机体系。主导性学习动机动力强，起着主导性作用，而非主导性学习动机动力弱，起着次要的、从属的、辅助性的作用。主导性学习动机随着儿童的成长而发生变化。比如低年级的小学生，其主导性学习动机可能仅仅是为了得到教师和家长的夸奖，而小学高年级学生学习的主导性动机即不再是为了得到夸奖，而是为了获得优异成绩，以便进入重点中学。一般来说，在某个学年段，主导性学习动机只有一个，而非主导性学习动机则可能有若干个。主导性学习动机和非主导性学习动机，只要其动力方向一致，符合社会要求，有利于学生身心健康成长，就是有意义的，就应当充分地肯定和鼓励。

二、学习动机理论

（一）强化理论

学习动机的强化理论是由行为主义学习理论家提出来的，他们不仅用强化来解释学习的发生，而且用它来解释动机的产生。在他们看来，人的某种学习行为倾向完全取决于先前的这种学习行为与刺激之间的强化而建立起来的稳固联系，而不断强化则可以使这种联结得到加强和巩固。按照这种观点，任何学习行为都是为了获得某种报偿。因此，在学习活动中，采取各种外部手段如奖赏、赞扬、评分、等级、竞赛等，可以激发学生的学习动机，引起其相应的学习行为。

一般说来，强化起着增进学习动机的作用，如适当的表扬与奖励、获得优秀成绩、取消讨厌的频繁考试等便是强化的手段；惩罚则一般起着削弱学习动机的作用，但有时也可使一个人在失败中重新振作起来，如频繁的惩罚、考试不及格等便是惩罚的手段。在学习中如能合理地运用强化，减少惩罚，将有助于提高学生的学习动机水平，改善他们的学习行为及其结果。

当然，强化动机理论就其主要倾向来说，是行为派的学习动机理论。由于行为派的强化理论过分强调引起学习行为的外部力量（外部强化），忽视甚至否定了人的学习行为的自觉性与主动性（自我强化），因而这一学习动机理论有较大的局限性。

（二）需要层次理论

需要层次理论是人本主义学习理论家提出的，美国心理学家马斯洛是这一理论的提出者和代表人物。马斯洛认为人的基本需要有五种，它们由低到高依次排列成一定的层次，即生理的需要、安全的需要、归属和爱的需要、尊重的需要、自我实现的需要。在人的需要层次中，最基本的是生理需要，例如，对食物、水、空气、睡眠、性等的需要；在生理需要得到基本满足之后，便是安全需要，即表现为个体要求稳定、安全、受到保护、免除恐惧和焦虑等；这之后是归属和爱的需要，即个体要求与他人建立感情联系，如结交朋友、追求爱情等；随后出现的是尊重需要，它包括自尊和受到他人的尊重。在上述这些低一级的需要得到基本满足之后，便进入自我实现的需要层次。前四个需要又叫做匮乏需要，自我实现需要又叫做成长需要。

自我实现作为一种最高级的需要，包括认知、审美和创造的需要。它具有两方面的含义，即完整而丰满的人性的实现以及个人潜能或特性的实现。马斯洛认为，自我实现的人心胸开阔、独立性强，具有创造性；他们知道自己的需要，能意识到自己实际上是怎样一个人，自己的使命是什么。从学习心理的角度看，人们进行学习就是为了追求自我实现，即通过学习使自己的价值、潜能、个性得到充分而完备的发挥、发展和实现。因此，可以说自我实现是一种重要的学习动机。

需要层次理论说明，在某种程度上学生缺乏学习动机可能是由于某种低级需要没有得到充分满足（如父母离异使归属与爱的需要得不到满足），而正是这些因素会成为学生学习和自我实现的主要障碍。所以，教师不仅要关心学生的学习，也应该关心学生的生活，以排除影响学习的一切干扰因素。

（三）成就动机理论

成就动机是个体努力克服障碍、施展才能、力求又快又好地解决某一问题的愿望或趋势。它在人的成就需要的基础上产生，是激励个体乐于从事自己认为重要的或有价值的工作，并力求获得成功的一种内在驱动力。成就动机是人类所独有的，它是后天获得的具有社会意义的动机。在学习活动中，成就动机是一种主要的学习动机。

成就动机理论的主要代表人物是阿特金森。他认为，个体的成就动机可以分成两类，一类是力求成功的动机，另一类是避免失败的动机。力求成功的动机，即人们追求成功和由成功带来的积极情感的倾向性；避免失败的动机，即人们避免失败和由失败带来的消极情感的倾向性。根据这两类动机在个体的动机系统中所占的强度，可以将个体分为力求成功者和避免失败者。力求成功者的目的是获取成就，所以他们会选择有所成就的任务，而成功概率为50%的任务是他们最有可能选择的，因为这种任务能给他们提供最大的现实挑战。当他们面对完全不可能成功或稳操胜券的任务时，动机水平反而会下降。相反，避免失败者则倾向于选择非常容易或非常困难的任务，如果成功的机率大约是50%时，他们会回避这项任务。因为选择容易的任务可以保证成功，使自己免遭失败；而选择极其困难的任务，即使失败，也可以找到适当的借口，得到自己和他人的原谅，从而减少失败感。

在教育实践中对力求成功者，应通过给予新颖且有一定难度的任务，安排竞争的情境，严格评定分数等方式来激起其学习动机；而对于避免失败者，则安排少竞争或竞争性不强的情境，如果取得成功则要及时表扬给予强化，评定分数时要求稍稍放宽些，并尽量避免在公众场合下指责其错误。

（四）成败归因理论

人们做完一项工作之后，往往喜欢寻找自己或他人之所以取得成功或遭受失败的原因。美国心理学家维纳对行为结果的归因进行了系统探讨，并把归因分为三个维度：内部归因和外部归因，稳定性归因和非稳定性归因，可控制归因和不可控制归因；又把人们活动成败的原因即行为责任主要归结为六个因素，即能力高低、努力程度、任务难易、运气（机遇）好坏、身心状态、外界环境等。如果将这三个维度和六个因素结合起来，就可组成如表4-1所示的归因模式。

表 4-1　成就动机的归因模式

结果归因 / 责任归因	稳定性		内在性		可控性	
	稳定	不稳定	内在	外在	可控	不可控
能力高低	+		+			+
努力程度		+	+		+	
任务难点	+			+		+
运气好坏		+		+		+
身心状态		+	+			+
外界环境		+		+		+

由于归因理论是从结果来阐述行为动机的，因此它的理论价值与实际作用主要表现在三个方面：一是有助于了解心理活动发生的因果关系；二是有助于根据学习行为及其结果来推断个体的心理特征；三是有助于从特定的学习行为及其结果来预测个体在某种情况下可能产生的学习行为。正因为如此，在实际教学过程中，运用归因理论来了解学习动机，对于改善学生的学习行为，提高其学习效果，也会产生一定的作用。

（五）自我效能感理论

自我效能感指人们对自己是否能够成功地从事某一成就行为的主观判断。这一概念由班杜拉最早提出。20 世纪 80 年代以来，自我效能感理论得到了丰富和发展，也得到了大量实证研究的支持。

班杜拉在他的动机理论中指出，人的行为受行为的结果因素与先行因素的影响。行为的结果因素就是通常所说的强化，并把强化分为三种：一是直接强化，即通过外部因素对学习行为予以强化；二是替代性强化，即通过一定的榜样来强化相应的学习行为或学习行为倾向；三是自我强化，即学习者根据一定的评价标准进行自我评价和自我监督，来强化相应的学习行为。

但是，他认为行为的出现不是由于随后的强化，而是由于人认识了行为与强化之间的依赖关系后，形成了对下一强化的期待。所谓"期待"，包括结果期待和效能期待。结果期待是指个体对自己的某种行为会导致某一结果的推测。如果个体预测到某一特定行为会导致某一特定的结果，那么这一行为就可能被激活和被选择。例如，学生认识到只要上课认真听讲，就会获得他所希望的好成绩，那他就很可能认真听课。效能期待则指个体对自己能否实行某种成就行为的能力的判断，即人对自己行为能力的推测。当个体确信自己有能力进行某一活动时，他就会产生高度的"自我效能感"，并会实际去实施那一活动。例如，学生不仅认识到注意听课可以带来理想的成绩，而且还感到自己有能力听懂教师所讲的内容时，才会真正认真听课。在人们获得了相应的知识、技能后，自我效能感就成为学习行为的决定因素。

班杜拉研究指出，影响自我效能感的形成的最主要因素是个体自身行为的成败经验。一般来说，成功经验会提高效能期待，反复的失败则会降低效能期待。同时，归因方式也直接影响到自我效能感的形成。如果个体把成功的经验归因于外部的不可控的因素（如运气、难度等）就不会增强效能感，把失败归因于内部的可控的因素（如努力）也不一定会降低效能感。这一理论目前仍处于进一步发展阶段，具有较大的科学价值。

（六）成就目标理论

成就目标理论是以成就动机理论和成败归因理论为基础，在德韦克能力理论的基础上发展起来的一种学习动机理论。德韦克认为，人们对能力持有两种不同的观念，即能力增长观和能力实体观。能力增长观认为，能力是可改变的，随着学习的进行是可以提高的；能力实体观则认为，能力是固定的，是不会随着学习而改变的。

由于人们持有的能力观念不同，因而导致他们的成就目标也就存在差异。能力增长观的个体倾向于确立掌握目标，他们希望通过学习来提高自己的能力；而能力实体观的个体倾向于确立表现目标，他们希望在学习过程中证明或表现自己的能力。研究表明，虽然这两类成就目标都可促进个体主动而有效地从事挑战性任务，但它们在更多的方面是不同的，具有不同的学习效果。

（七）自我价值理论

自我价值理论是美国教育心理学家卡文顿提出的。该理论以成就动机理论和成败归因理论为基础，从学习动机的负面着眼，试图探讨"有些学生为什么不肯努力学习"的问题。这一思路对动机理论的研究颇具启发意义，对学校教学实际的应用也有参考价值。

卡文顿研究发现，自我接受的需要是人类最高的需求，只有个体感觉到自己有价值，他才能接受自我，自我价值感是个体追求成功的内在动力。成功使人感到满足，使人自尊心提高，使人产生自我价值感；而成功的经验往往是在克服困难之后才能获得，困难的克服则需以能力为前提。因此，能力、成功和自我价值感这三者之间就形成前因后果的连锁关系。也就是说，高能力的个体容易成功，成功的经验会使个体产生自我价值感。久而久之，对自我价值感的追求就成了个体追求成功的动力，并常常把自我能力与自我价值等同看待。

卡文顿提出，根据学生追求成功和避免失败的倾向，可以将学生分为四类：（1）高趋低避者。这类学生的学习超越了对能力状况和失败状况的考虑，又称作成功定向者。他们往往拥有无穷的好奇心，对学习有极高的自我卷入；（2）低趋高避者，又称作避免失败者。这类学生有很多保护自己胜任感的策略，使用各种自我防御术，从外部寻找个人无法控制的原因来解释失败；（3）高趋高避者，又称过度努力者。他们兼具了成功定向者和避免失败者的特点。一方面对自我能力的评价较高，另一方面这一评价又不稳定，极易受到失败经历的动摇。他们往往有完美主义的倾向，给了自己太大压力，处在持续恐惧之中；（4）低趋低避者，又称作失败接受者。他们放弃了通过能力的获得来保持其身份和地位的努力。这些学生在面临学业挑战时表现出退缩，至少是被动地反应。他们用于学习的时间很少，焦虑水平也很低，对极少获得的成功不自豪，对失败也不感到羞耻。这一分类模型较为完整地揭示了学生的动机情况，是对成就动机理论的有益发展和补充。

（八）自我决定理论

自我决定理论是一种较新的学习动机理论，与自主学习观点密切联系。它从人类的内在需要出发，很好地解决了动机产生的能量问题，同时也兼顾了动机行为的方向和目标。从这个意义而言，它是先前强调需要和内驱力的动机理论与目前强调学习者归因和信念的动机理论的集大成者，具有独特的教育意义和深远的研究前景。

自我决定理论由美国心理学家德西和瑞恩提出。该理论指出，理解学生学习动机的关键是个体的三种基本心理需要：胜任需要、归属需要和自主需要。学习动机的能量和性质，取决于心理需要的满足程度。胜任是指在个人与社会环境的交互作用中，感到自己是有效的，有机会去锻炼和表现自己的才能。归属是指感觉到关心他人并被他人关心，有一种从属于其他个体和团体的安全感，与别人建立起安全和愉快的人际关系。自主是指个体能感知到做出的行为是出于自己的意愿的，是由自我来决定的，即个体的行为应该是自愿的且能够自我调控的。

三、学习动机的培养和激发

（一）学习动机的培养

1. 利用学习动机与学习效果的互动关系培养学习动机

学习动机作为引起学习活动的动力机制，是学习活动得以发动、维持、完成的重要条件，并由此影响学习效果。而学习动机之所以能影响学习效果，是因为它直接制约学习积极性。学习动机强的学生，必然在学习活动中表现出较高的学习积极性，他们在学习中能专心一致，具有深厚持久的学习热情，遇到困难时有顽强的自制力和坚强的毅力。反之，缺乏学习动机的学生，必然学习积极性低。而学习积极性的高低将直接影响学习效果。因此，学习动机可以影响到学习效果。

但是，心理学研究表明，不仅学习动机可以影响学习效果，学习效果也可以反作用于学习动机。如果学习效果好，主体在学习中所付出的努力与所取得的收获成正比例，主体的学习动机就会得到强化，从而巩固了新的学习需要，使学习更有成效。这样，学习需要与学习效果相互促进，从而形成学习上的良性循环。反之，不良的学习效果，使学习的努力得不到相应的收获，从而削弱学习需要，降低学习积极性，导致更差的学习效果，最终形成学习上的恶性循环。而要想使学习上的恶性循环转变成良性循环，关键在于：①改变学生的成败体验，使他获得学习上的成就感。②改善学生的知识技能掌握情况，弥补其基础知识和基本技能方面的欠缺。

我们知道，学习效果虽然是客观的，对它的评定要遵循一定的客观标准，但是，学生对它的感觉却有主观性。因此，教师应掌握评分的艺术，使学生保持学习上的成功感。为此，在实际教学中要注意：①学生的成败感与他们的自我标准有关，教师应注意这种个别差异，使每个学生都体验到成功。②课题难度要适当，经过努力要可以完成，否则，总不能正确完成，就会丧失信心，产生失败感。③课题应由易到难呈现，以使学生不断获得成功感。④在某一课题失败时，可先完成有关基础课题，使学生下次在原来失败的课题上获得成功感。

当然，成功体验的获得，最终必须依赖于学习上的真正成功，即有效地掌握知识和技能。大多数成绩不良的实质问题，是在知识技能的掌握或应用上存在障碍。由于新旧学习内容之间有着内在联系，先前学习中的问题必然会影响到今后的学习。因此，找出学习上的关键问题，填补知识技能掌握方面的空缺，是取得好的学习效果，使恶性循环变成良性循环的关键，也是获得真正成功感的先决条件。

2.利用直接发生途径和间接转化途径培养学习动机

教育心理学研究表明，新的学习需要可以通过两条途径来形成，一是直接发生途径，即因原有学习需要不断得到满足而直接产生新的更稳定更分化的学习需要；一是间接转化途径，即新的学习需要由原来满足某种需要的手段或工具转化而来。

利用直接发生途径，主要应考虑的就是如何使学生原有学习需要得到满足。由于认知内驱力是最稳定、最重要的学习动机，因此满足学生的认知需要有利于培养新的学习需要。为此，教师应耐心有效地解答学生提出的问题，精心组织信息量大、有吸引力的课堂教学，以满足学生的求知欲。同时，教师要积极引导学生运用所学知识去解决实际问题，使学生了解到知识的价值，以形成掌握更多知识、探究更深问题的愿望。

从间接途径考虑，主要应通过各种活动，提供各种机会，满足学生其他方面的要求和爱好。就各种课外活动小组而言，很多参加的学生，最初可能并不是由于对某一门学科的爱好，而很可能是追求活动中的娱乐和与同伴交流的快乐。结果，使原来的对娱乐、游戏等要求的满足，就转化成了新的学习需要。

（二）学习动机的激发

1.创设问题情境，实施启发式教学

启发式教学与传统的"填鸭式"教学相比，具有极大的优越性。而要想实施启发式教学，关键在于创设问题情境。所谓问题情境，指的是具有一定难度，需要学生努力克服，而又是力所能及的学习情境。

要想创设问题情境，首先要求教师熟悉教材，掌握教材的结构，了解新旧知识之间的内在联系；此外要求教师充分了解学生已有的认知结构状态，使新的学习内容与学生已有水平构成一个适当的跨度。这样，才能创设问题情境。问题情境创设的方式多种多样，并应贯穿在教学过程的始终。

2.根据作业难度，恰当控制动机水平

一般情况下，动机水平增加，学习效果也会提高。但是，动机水平也并不是越高越好，动机水平超过一定限度，学习效果反而更差。美国心理学家耶克斯和多德森认为，中等程度的动机激起水平最有利于学习效果的提高。同时，他们还发现，最佳的动机激起水平与作业难度密切相关：任务较容易，最佳激起水平较高；任务难度中等，最佳动机激起水平也适中；任务越困难，最佳激起水平越低。这便是有名的耶克斯—多德森定律（简称倒"U"曲线），如图4-4所示。

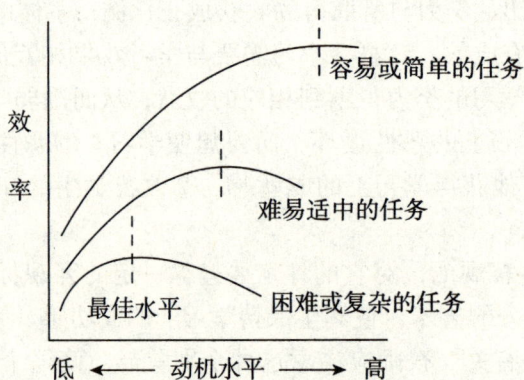

图4-4 耶克斯—多德森定律

由此可知，教师在教学时，要根据学习任务的不同难度，恰当控制学生学习动机的激起程度。在学习较容易、较简单的课题时，应尽量使学生集中注意力，使学生尽量紧张一点；而在学习较复杂、较困难的课题时，则应尽量创造轻松自由的课堂气氛，在学生遇到困难或出现问题时，要尽量心平气和地慢慢引导，以免学生过度紧张和焦虑。

【真题在线】

[2012年上半年] 耶克斯和多德森在研究动机强度与学习效率之间的关系时发现（　　　）。

A.动机越低，学习效率越高　　　　　　　　　B.动机越高，学习效率越高

C.任务难度不同，其最佳动机强度不同　　　　D.任务难度不同，其最佳动机强度相同

【答案及解析】C 美国心理学家耶克斯和多德森发现，最佳的动机激起水平与作业难度密切相关：任务较容易，最佳激起水平较高；任务难度中等，最佳动机激起水平也适中；任务越困难，最佳激起水平越低。这便是有名的耶克斯—多德森定律。

3.充分利用反馈信息，妥善进行奖惩

心理学研究表明，来自学习结果的种种反馈信息，对学习效果有明显影响。这是因为，一方面学习者可以根据反馈信息调整学习活动，改进学习策略；另一方面学习者为了取得更好的成绩或避免再犯错误而增强了学习动机，从而保持了学习的主动性和积极性。当然，如果在提供定量的信息反馈的基础上，再加上定性的评价，效果会更明显，这就是奖励与惩罚的作用。

心理学研究表明，表扬与奖励比批评与指责能更有效地激发学生的学习动机，因为前者能使学生获得成就感，增强自信心，而后者恰恰起到相反的作用。对学习结果进行评价，能激发学生的学习动机，对学习有促进作用，适当的表扬的效果优于批评，所以在教学中要给予学生表扬而非批评。

虽然表扬和奖励对学习具有推进作用，但使用过多或者使用不当，也会产生消极作用。有许多研究表明，如果滥用外部奖励，不仅不能促进学习，而且可能破坏学生的内在动机。所以，要根据学生的具体情况进行奖励，把奖励看成某种隐含着成功的信息，其本身并无价值，只是用它来吸引学生的注意力，促使学生由外部动机向内部动机转换，对信息任务本身产生兴趣。

4.正确指导结果归因，促使学生继续努力

在维纳的成就归因理论模型的指导下，心理学家进行了大量研究，结果发现，学生对学习结果的归因对以后的学习行为会产生影响。

就稳定性维度而言，如果学习者把成功或失败归因于稳定因素（能力、任务难度），则学习者对未来的学习结果也会抱成功或失败的预期，并会增强他们的自豪感、自信心或产生羞耻感、自卑感；相反，如果学习者把成功或失败归因于不稳定因素（努力、运气、身心状态、外界环境），则不会影响他们对未来成功或失败的期望，其成败体验也不会影响到将来的学习行为。

就内在性维度而言，如果学习者将成功或失败归因于自身内在的因素（能力、努力、身心状态），学习者会产生积极的自我价值感，进而更投入到未来的学习活动中去，或形成消极的自我意象，从而更避免参与成就性任务；相反。如果学习者将成功或失败归因于机体外在因素（任务难度、运气、外界环境），则学习结果不会对其自我意象产生什么影响。

就可控性维度而言，如果学习者把成功或失败归因于可控因素（努力），学习者会对自己充满信心或产生一种犯罪感；反之，如果学习者把成功或失败归因于不可控因素（能力、任务难度、运气、身心状态、外界环境），则会产生感激心情或仇视报复情绪。

既然不同的归因方式会影响到主体今后的行为，也就可以通过改变主体的归因方式来改变主体今后的行为，这对于学校教育工作是有实际意义的。在学生完成某一学习任务后，教师应指导学生进行成败归因。一方面，要引导学生找出成功或失败的真正原因；另一方面，教师也应根据每个学生过去一贯的成绩的优劣差异，从有利于今后学习的角度进行归因，哪怕这时的归因并不真实。一般而言，无论对优生还是差生，归因于主观努力的方面均是有利的。因为归因于努力，可使优等生不至于过分自傲，能继续努力，以便今后能继续成功；使差等生不至于过于自卑，也能进一步努力学习，以争取今后的成功。

【强化训练】

一、单项选择题

1.个体的成就动机中含有两种成份：追求成功的倾向和（　　　　）。

A.追求利益的倾向　　　B.回避失败的倾向　　　C.回避困难的倾向　　　D.追求刺激的倾向

2.马斯洛的需要层次理论中，属于最高层次的需要是（　　　　）。

A.安全的需要　　　　　B.爱与归属的需要　　　C.自我实现的需要　　　D.尊重的需要

3.为了获得家长的认同而表现出来的，把学习搞好的需要是（　　　　）。

A.认知内驱力　　　　　B.自我提高内驱力　　　C.附属内驱力　　　　　D.外界认同内驱力

二、简答题

1.学习动机的种类有哪些？

2.简述耶克斯－多德森定律。

第三节　学习迁移

【导读】

学习迁移现象普遍存在于人们的各种学习、工作和生活活动中，它主要讲的是个体会不会学习的问题。会学习的人就能够根据所学的内容进行迁移，达到"举一反三"、"触类旁通"的效果。学习迁移是对学习的巩固和继续，它可以提高和深化学生的学习。学生如果能够很好的掌握迁移，就能够在学习的时候事半功倍。教学的根本目的就是使学生通过学习获得最大的迁移。美国心理学家比格说过："如果学生在学校中所学的材料无助于他们进一步的学术，那么这样的教育就是在浪费他们的时间。"

一、学习迁移概述

（一）学习迁移的概念

迁移是学习的一种普遍现象，平时我们所说的举一反三、触类旁通、闻一知十等即是典型的迁移形式。由于迁移的作用，几乎所有的习得经验都是以各种方式相互联系起来的。

学习迁移也称训练迁移，指一种学习对另一种学习的影响，或习得的经验对完成其他活动的影响。迁移广泛存在于各种知识、技能、行为规范与态度的学习中。

学习迁移不仅存在于某种经验内部，而且也存在于不同的经验之间，比如，外语学习中，丰富的词汇知识的掌握将促进外语阅读技能的提高，而阅读技能的提高又可以促进更多的外语词汇知识的获得，知识与技能之间存在着相互迁移，迁移表明了各种经验内部及其不同经验之间的相互影响。通过迁移，各种经验得以沟通，经验结构得以整合。

（二）学习迁移的分类

1. 正迁移与负迁移

根据迁移的性质不同、即迁移的影响效果不同，将迁移划分为正迁移和负迁移。正迁移是指一种学习对另一种学习起到积极的促进作用。如阅读技能的掌握有助于写作技能的形成。

负迁移是指两种学习之间的相互干扰、阻碍。在学习对数运算法则时，受 $m(a+b)=ma+mb$ 的影响而错误地得到 $lg(a+b)=lga+lgb$。

2. 水平迁移与垂直迁移

根据迁移内容的不同抽象与概括水平，将迁移划分为水平迁移和垂直迁移。水平迁移，也称横向迁移，是指处于同一概括水平的经验之间的相互影响。学习内容之间的逻辑关系是并列的，如化学中锂、钠、钾等金属元素之间的关系是并列的，都处于同一抽象和概括层次，各种概念的学习之间的相互影响即水平迁移。

垂直迁移，又称纵向迁移，指处于不同概括水平的经验之间的相互影响。具体讲，是具有较高的概括水平的上位经验与具有较低的概括水平的下位经验之间的相互影响。垂直迁移表现在两个方面，一是自下而上的迁移，二是自上而下的迁移。前者指下位的较低层次的经验影响着上位的较高层次的经验的学习，比如，数学学习中由数字运算到字母运算的转化中即包含着自下而上的迁移。此类迁移也常见于归纳式的学习中。后者指上位的较高层次的经验影响着下位的较低层次的经验的学习，如一般平行四边形有关内容的掌握影响着菱形的学习，其中即包含着自上而下的迁移。此类迁移也常见于演绎式的学习中。

3. 一般迁移与具体迁移

根据迁移内容的不同，将迁移划分为一般迁移和具体迁移。一般迁移，也称普遍迁移、非特殊迁移，是将一种学习中习得的一般原理、方法、策略和态度等迁移到另一种学习中去。如数学学习中形成的认真审题的态度及其审题的方法也将影响到化学、物理等学科中的审题活动。

具体迁移，也称为特殊迁移，指一种学习中习得的具体的、特殊的经验直接迁移到另一种学习中去，或经过某种要素的重新组合，以迁移到新情境中去。如英语学习中，当学完单词 eye（眼睛）后，再学习 eyeball（眼球）时，即可以产生特殊迁移，也就是说，利用具体的相同字母组合的迁移来进行新的学习。特殊迁移的范围往往不如一般迁移广，仅适用于非常有限的情境中，但这并不意味着特殊迁移是不重要的，相反，它对于系统掌握某一领域的知识是非常必要的。

[2011年下半年] 一初中生在地理学习中学会画概念地图的方法后，将这种方法运用到生物学习中去，这是一种（　　）。

A.负迁移　　　　　B.一般迁移　　　　　C.特殊迁移　　　　　D.逆向迁移

【答案及解析】B 题目中的迁移属于一般迁移。一般迁移是将一种学习中习得的一般原理、方法、策略和态度等迁移到另一种学习中去。

4.同化性迁移、顺应迁移与重组性迁移

根据迁移过程中所需的内在心理机制的不同，将迁移划分为同化性迁移、顺应迁移和重组性迁。同化性迁移是指不改变原有的认知结构，直接将原有的认知经验应用到本质特征相同的一类事物中去。原有认知结构在迁移过程中不发生实质性的改变，只是得到某种充实。平时我们所讲的举一反三、闻一知十等都属于同化性迁移。

顺应性迁移是指将原有认知经验应用于新情境中时，需调整原有的经验或对新旧经验加以概括，形成一种能包容新旧经验的更高一级的认知结构，以适应外界的变化。这也表明，迁移并非仅是先前的学习或经验对以后的影响，也包括后面对前面的影响。比如，学生头脑中有一些日常概念，当这些前科学的日常概念不能解释所遇到的事例时，就要建立一个概括性更高的科学概念来标志某一现象或事物，新的科学概念的建立过程也是一种顺应的过程。

重组性迁移是指重新组合原有认知系统中某些构成要素或成分，调整各成分间的关系或建立新的联系，从而应用于新情境。在重组过程中，基本经验成分不变，但各成分间的结合关系发生了变化，即进行了调整或重新组合。比如，将已掌握的字母进行重新组合，形成新的单词；在操作技能形成过程中，许多不同成分的动作被结合成连续的整体动作，其中不涉及新的动作的增加，只是各动作成分的重新结合、重新排列。通过重组性迁移，可以提高经验的增值性，扩大了基本经验的适用范围。

5.顺向迁移和逆向迁移

根据迁移的时间顺序进行划分，可以分为顺向迁移和逆向迁移。顺向迁移即先前的学习对后来的学习的影响；逆向迁移即后来的学习对先前学习的影响。例如，当学习者面临新的学习情境和问题情境时，学习者如果利用原有的知识或技能获得了新知识或解决了新问题，这种迁移是顺向的迁移；相反，学习者原有的知识技能不足以使其学习新知识或解决新问题，学习者需要对原有的知识进行补充、改组或修正，这种后来学习对先前学习的影响就是逆向的迁移。

（三）迁移的作用

首先，迁移对于提高解决问题的能力具有直接的促进作用。学习的最终目的并不是将知识经验储存于头脑中，也不是仅用于解决书本上的问题，而是要应用于各种不同的实际情境中，解决现实中的各种问题。能否准确、有效地提取有关经验来分析、解决目前的问题，这实际上就是一个迁移的问题。在学校情境中，大部分的问题解决是通过迁移来实现的，迁移是学生进行问题解决的一种具体体现。要将校内所学的知识技能用于解决校外的现实问题，这同样也依赖于迁移。要培养解决问题的能力，就必须从迁移能力的培养入手，否则问题解决也就成为空谈。

其次，迁移是习得的经验得以概括化、系统化的有效途径，是能力与品德形成的关键环节。只有通过广泛的迁移，原有的经验才得以改造，才能够概括化、系统化，原有的经验结构才更为完善、充实，从而建立起能稳定地调节个体活动的心理结构，即能力与品德的心理结构。迁移是习得的知识、技能与行为规范向能力与品德转化的关键环节。

第三，迁移规律对于学习者、教育工作者以及有关的培训人员具有重要的指导作用。应用有效的迁移原则，学习者可以在有限的时间内学得更快、更好，并在适当的情境中主动、准确地应用原有的经验，防止原有经验的惰性化。教育工作者以及有关的培训人员应用迁移规律进行教学和培训系统的设计，在课程设置、教材的选择、编排、教学方法的确定、教学活动的安排、教学成效的考核等方面利用迁移规律，加快教学和培训的进程。

二、学习迁移理论

（一）形式训练说

形式训练说认为心理官能只有通过训练才得以发展，迁移就是心理官能得到训练而发展的结果。官能即注意、知觉、记忆、思维、想象等一般的心理能力。对官能的训练就如同对肌肉的训练一样，而得到训练的官能又可以自动地迁移到其他活动中去。官能训练注重训练的形式而不注重内容，因为内容易忘记，其作用是暂时的，但形式是永久的。形式训练说认为，迁移是无条件的、自动发生的。由于形式训练说缺乏科学的依据，所以引起了一些研究者的怀疑和反对。

（二）共同要素说

桑代克等人通过对知觉、注意、记忆和运动动作等方面所进行的一系列的实验，来检验形式训练说，结果发现，经过训练的某一官能并不能自动地迁移到其他方面，只有当两种情境中有相同要素时才能产生迁移。相同要素也即相同的刺激与反应的联结，刺激相似而且反应也相似时，两情境的迁移才能发生，相同联结越多，迁移越大。后来相同要素被改为共同要素，即认为两情境中有共同成分时可以产生迁移。迁移是非常具体的、并且是有条件的，需要有共同的要素。这些都是对形式训练说的否定，也使迁移的研究有所深入。但仅将迁移视为相同联结的转移，这在某种程度上否认了迁移过程中的复杂的认知活动。

（三）经验类化理论

经验类化理论，又称概括化理论，是由贾德提出的。贾德的经验类化理论强调概括化的经验或原理在迁移中的作用。该理论认为先前的学习之所以能迁移到后来的学习中，是因为在先前的学习中获得了一般原理，这种一般原理可以部分或全部应用于前后两种学习中。至于两种学习活动中所存在的共同成分，它们仅是迁移产生的必要前提，而产生迁移的关键则是学习者所概括出来的、并且是两种活动所具有的共同的原理或概括化的经验。经验类化理论强调概括化的经验在迁移中的作用，强调原理的理解，这一点比相同要素说有所进步。但概括化的经验仅是影响迁移成功与否的条件之一，并不是迁移的全部。

（四）关系转换理论

格式塔心理学家从理解事物关系的角度对经验类化的迁移理论进行了重新解释，并通过实验证明迁移产生的实质是个体对事物间的关系的理解。习得的经验能否迁移，并不取决于是否存在某些共同的要素，也不取决于对原理的孤立的掌握，而是取决于能否理解各个要素之间形成的整体关系，能否理解原理与实际事物之间的关系。个体越能发现事物间的关系，则越能加以概括、推广，迁移越普遍。

这些早期的迁移理论各自从不同的角度对迁移进行探讨，但囿于研究手段的落后、研究范围的狭窄以及缺乏其他相关学科的新观念的影响，对迁移的研究仍无实质性的进展。随着认知科学与信息加工理论的产生与发展，研究者试图用认知的观点与术语来解释、研究迁移问题，并提出了一些新的迁移理论。

（五）认知迁移理论

美国教育心理学家奥苏伯尔提出了认知结构迁移理论，认为任何有意义的学习都是在原有学习的基础之上进行的，有意义的学习中一定有迁移。原有认知结构的清晰性、稳定性、概括性、包容性、连贯性和可辨别性等特性都始终影响着新的学习的获得与保持。奥苏伯尔的认知结构迁移理论代表了从认知观点来解释迁移的一种主流倾向。

继奥苏伯尔之后，研究者对迁移进行了更为深入的探讨，具体表现在以下几种观点中：

第一种观点强调认知结构在迁移中的作用，但对认知结构的解释各不相同。以安德森等人为代表，认为如果两种情境中有产生式的交叉或重叠，则可以产生迁移。产生式是认知的基本成分，由一个或多个条件——动作的配对构成。以加特纳、吉克等人为代表，认为前后两种情境中的结构特征、内在关系与联系等本质特性是决定迁移的关键成分，而表面的特征则无关紧要。若前后两种情境的结构特征相匹配或相同，则产生迁移。尽管这些观点强调认知结构的不同方面或用不同的术语来描述认知结构，但它们都主张认知结构中的某些成分是决定迁移能否发生的根本条件。

第二种观点强调外界环境与主体的相互作用对迁移的影响。认为迁移是在社会活动中、在个体与环境的相互作用中产生的，最初学习以及迁移时的物理环境、社会活动情境等都是产生迁移所不可缺少的成分。也就是说，迁移的产生是由外界物理环境、社会环境与主体因素共同决定的。该理论强调通过社会交互作用与合作学习，可以促进迁移的产生。

三、学习迁移的促进方法

一方面，使学生产生最大程度的迁移，这是有效教学的主要目标之一；另一方面，真正有效的教学又必须依据迁移规律。教学中应该充分考虑影响迁移的各种因素，利用或创设某些条件，以促进迁移的产生。

（一）影响迁移的主要因素

1. 相似性

相似性的大小主要是由两任务中含有的共同成分决定的，较多的共同成分将产生较大的相似性，并导致迁移的产生。共同成分既可以是学习材料（如刺激）、学习中的环境线索、学习结果（如反应）、学习过程、学习目标等方面的，也可以是态度、情感等方面的。早期的研究主要关注外在的刺激与外在的反应的相似性对迁移的影响，现代的研究对迁移中所需的内在心理特性的相似性也给予了充分的关注。迁移的产生既受到客观相似性的影响，也受到主观相似性的影响。

以学习材料的相似性为例，英语和法语这两种学习材料在语音、词汇、语法等方面具有许多共同特征，学习这两门外语时，在听、说、读、写以及记忆、思维等学习过程、学习结果方面也具有共同的要求，这些共同的成分决定了两种学习具有很大的相似性，因此彼此之间很容易产生正迁移。而英语与汉语之间的共同成分较少，因此相对而言，不容易产生正迁移。

2. 原有认知结构

原有的学习对后继学习的影响是比较常见的一种迁移方式，原有认知结构的特征直接决定了迁移的可能性及迁移的程度。奥苏伯尔的认知结构迁移理论对此进行了明确的阐述。原有认知结构对迁移的影响主要表现在以下几方面。

首先，学习者是否拥有相应的背景知识，这是迁移产生的基本前提条件。已有的背景知识越丰富，越有利于新的学习，即迁移越容易。专家之所以具有较强的迁移能力，其原因之一就是他们具有解决某一问题的丰富的背景经验或认知结构。值得注意的是，有时即使个体拥有迁移所需的某种经验，但由于这些经验不能被学习者主动地加以应用，它们在头脑中处于一种惰性状态，因此，也无助于迁移的产生。

其次，原有的认知结构的概括水平对迁移起到至关重要的作用。一般而言，经验的概括水平越高，迁移的可能性越大，效果越好；经验的概括水平越低，迁移的范围越小，效果也越差。贾德的水下打靶实验以及其他研究者的类似实验表明，掌握水的折光原理的学生，能够在不同深度的水面下准确射击水中的靶子，即能够适应不同的问题情境。当然，强调概括经验在迁移中的作用，这并非意味着只掌握抽象的概念、原理就可以广泛的迁移，如果脱离具体事例而孤立地学习抽象的概念、原理，这在一定程度上无助于有效的迁移。

再次，学习者是否具有相应的认知技能或策略以及对认知活动进行调节、控制的元认知策略，这也影响着迁移的产生。有些情况下，学习者虽然掌握了某种迁移所必须的知识，且学习对象也具有相似性，但仍不能产生迁移，其原因之一就是缺乏必要的认知和元认知技能与策略。拥有认知策略和元认知策略，可以使学习者沿着正确、合理的程序分析问题，使其注意力集中到要迁移的问题上，促使个体知道何时、何处、如何迁移某种经验，也可以在一定程度上增强学习过程的相似性。掌握必要的认知策略和元认知策略，是提高迁移发生可能性的有效途径。

3. 学习的心向与定势

心向与定势常常是指的同一种现象，即先于一定的活动而又指向该活动的一种动力准备状态。定势的形成往往是由于先前的反复经验，它将支配个体以同样的方式去对待后继的同类问题，正因如此，定势在迁移过程中也起到一定的作用。定势对迁移的影响表现为两种：促进和阻碍。定势既可以成为积极的正迁移的心理背景，也可以成为负迁移的心理背景，或者成为阻碍迁移产生的潜在的心理背景。陆钦斯的"量杯"实验是定势影响迁移的一个典型例证。

定势对迁移究竟是积极的影响还是消极的影响，这取决于许多因素，但关键要使学习者首先能意识到定势的这种双重性，具体分析学习情境，既要考虑如何充分利用积极的定势解决问题，同时又要打破已形成的僵化定势，灵活地、创造性地解决问题。

除前面所涉及到的影响迁移的一些基本因素外，诸如年龄、智力、学习者的态度、教学指导、外界的提示与帮助等等都在不同程度上影响着迁移的产生。

（二）促进迁移的教学

学生迁移能力的形成有赖于教学，促进迁移的有效教学应从以下几方面考虑：

1. 精选教材

要想使学生在有限的时间内掌握大量的有用的经验，教学内容就必须精选。教师应选择那些具有广泛迁移价值的科学成果作为教材的基本内容。而每一门学科中的基本知识（如基本概念、基本原理）、技能和行为规范具有广泛的适应性，其迁移价值较大。布鲁纳认为所掌握的内容越基本、越概括，则对新情况、新问题的适应性就越广，也就越能产生广泛的迁移。在教学中，他强调要掌握每门学科的基本结构（即基本原理、基本概念等），因为领会基本的原理和概念是通向适当的训练迁移的大道。当然，在选择这些基本的经验作为教材内容的同时，还必须包括基本的、典型的事实材料，脱离事实材料空谈概念、原理，则概念、原理也是空洞的，无生命力的，也无法迁移。大量的实验都证明，在教授概念、原理等基本知识的同时，配合具有典型代表性的事例，并阐明概念、原理的适用条件，则有助于迁移的产生。

2. 合理编排教学内容

精选的教材只有通过合理的编排才能充分发挥其迁移的效能，否则迁移效果小，甚至阻碍迁移的产生。从迁移的角度来看，合理编排的标准就是使教材达到结构化、一体化、网络化。结构化是指教材内容的各构成要素具有科学的、合理的逻辑联系，能体现事物的各种内在关系，如上下、并列、交叉等关系。一体化指教材的各构成要素能整合为具有内在联系的有机整体。为此，既要防止教材中各要素之间的相互割裂、支离破碎，又要防止相互干扰或机械重复。网络化是一体化的引申，指教材各要素之间上下左右、纵横交叉联系要沟通，要突出各种基本经验的联结点、联结线，这既有助于了解原有学习中存在的断裂带及断裂点，也有助于预测以后学习的发展带、发展点，为迁移的产生提供直接的支撑。

3. 合理安排教学程序

合理编排的教学内容是通过合理的教学程序得以体现、实施的，教学程序是使有效的教材发挥功效的最直接的环节。无论是宏观的整体的教学规划还是微观的每一节课的教学活动，都应体现迁移规律。先教什么、学什么，后教什么、学什么，处理好这种教学与学习的先后次序是非常必要的。在宏观上，教学中应将基本的知识、技能和态度作为教学的主干结构，并依此进行教学。在微观上，应注重学习目标与学习过程的相似性，或有意识地沟通具有相似性的学习。简言之，在教学过程中的每一个环节都应努力体现迁移规律。

4.教授学习策略，提高迁移意识性

授之以鱼，不如授之以渔。这意味着仅教给学生组织良好的信息还是不够的，还必须使学生了解在什么条件下迁移所学的内容、迁移的有效性如何等等。掌握必要的学习策略及其元认知策略是达到这一目标的有效手段，许多研究证明，学习策略及元认知策略具有广泛的迁移性，同时它们又能够提高学习者的迁移的意识性。结合实际学科的教学来教授有关的学习策略和元认知策略，这不仅可以促进对所学内容的掌握，而且可以改善学生的学习能力，使学生学会学习，提高了迁移的意识性，从根本上促进迁移的产生。

【强化训练】

一、单项选择题

1.（　　）的根本特点是自上而下，原有经验结构是下位结构，新的经验结构是上位结构。

A.顺应性迁移　　　　　B.正迁移　　　　　C.重组性迁移　　　　　D.垂直迁移

2.日常教学活动中，教师应该引导学生做到"举一反三"、"触类旁通"、"闻一知十"，这种现象在教育心理学上称为（　　）。

A.迁移　　　　　　　B.同化　　　　　C.顺应　　　　　　D.模仿

二、简答题

1.学习迁移的促进方法有哪些?

2.简述奥苏贝尔的认知结构迁移理论。

第四节　学习策略

【导读】

学习并不是一个简单的坐在课堂上听老师讲课、做笔记的过程。学习要讲究策略，好的学习策略可以改进学生的学习，提高学生的学习质量和效率。学习策略会让你有明确的学习计划和学习目标，有利于个体更好地适应与发展。学习策略可以规范学习的时间，让学习提高而不是盲目去学。如果你的学习策略掌握得很好，成绩也会有所提高，不过前提是，你要灵活运用它，不能生搬硬套。

一、学习策略概述

（一）学习策略的概念

学习策略是指学习者为了提高学习的效果和效率、有目的有意识地制定的有关学习过程的复杂的方案。

这一界定明确了学习策略的四个方面的特征：学习策略是学习者为了完成学习目标而积极主动地使用的；学习策略是有效学习所需的；学习策略是有关学习过程的；学习策略是学习者制定的学习计划，由规则和技能构成。

（二）学习策略的分类

一般来说，学习策略可分为认知策略、元认知策略和资源管理策略等三个方面（图4-5）。

认知策略是加工信息的一些方法和技术，有助于有效地从记忆中提取信息。一般而言，认知策略因所学知识的类型而有所不同，复述、精细加工和组织策略主要是针对陈述性知识的，针对程序性知识则有模式再认策略和动作系列学习策略等。

元认知策略是学生对自己认知过程的认知策略，包括对自己认知过程的了解和控制策略，有助于学生有效地安排和调节学习过程。

资源管理策略是辅助学生管理可用环境和资源的策略，有助于学生适应环境并调节环境以适应自己的需要，对学生的动机具有重要的作用。

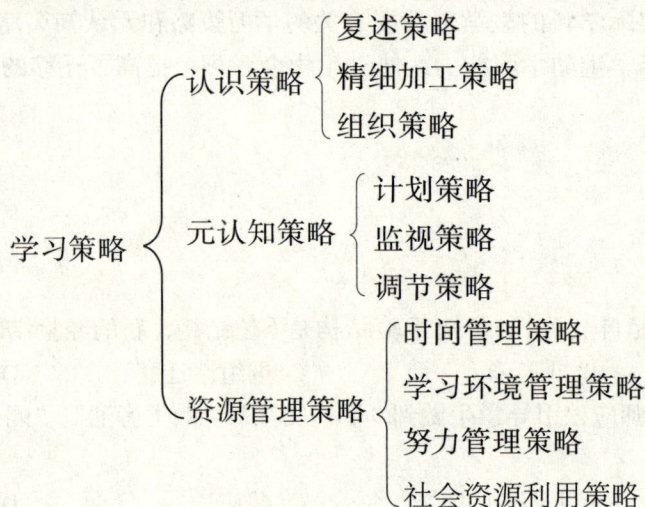

```
                                    ┌ 复述策略
                      认识策略       ┤ 精细加工策略
                                    └ 组织策略
                                    ┌ 计划策略
          学习策略      元认知策略     ┤ 监视策略
                                    └ 调节策略
                                    ┌ 时间管理策略
                      资源管理策略    ┤ 学习环境管理策略
                                    │ 努力管理策略
                                    └ 社会资源利用策略
```

图 4-5　学习策略的分类

二、主要的学习策略

（一）认知策略

1. 复述策略

复述策略是在工作记忆中为了保持信息，运用内部语言在大脑中重现学习材料或刺激，以便将注意力维持在学习材料上的方法。在学习中，复述是一种主要的记忆手段，许多新信息，如人名、地名或外语单词等，只有经过多次复述后，才能在短时间内记住。除我们在第六章介绍的复述策略外，常用的复述策略还有以下一些方法。

（1）利用无意识记和有意识记

无意识记是指没有预定目的、不需经过努力的识记。这种识记也是有条件的，凡是对人有重大意义的、与人的需要和兴趣密切相关的、给人以强烈情绪反应的或形象生动鲜明的人或事，就容易无意识记。在学习中，要尽量地能够运用这些条件，如培养学生对某门学科的兴趣，来加强无意识记。有意识记是指有目的、有意识的识记。要想记住某一信息，就需要有意识地、用心地去记它，尝试着自己复述一遍，看看自己能否重复出来。

（2）排除相互干扰

人之所以没记住某一信息，有一个重要原因，那就是这一信息受到了干扰，或者是被其他信息搞混了，或是被其他信息挤到一边去了。在进行其他活动之前，一定要花时间在头脑中复述刚刚获得的新信息。一般来说，前后所学的信息之间存在相互干扰。先前所学的信息对后面所学信息的干扰叫做前摄抑制；后面所学的信息对前面所学信息的干扰叫做倒摄抑制。在安排复习时，要尽量考虑预防两种抑制的影响，要尽量错开学习两种容易混淆的内容，如英语和拼音，避免相互干扰。心理学家还发现，当人学完一系列词汇后，马上进行测验，开始和结尾的几个词一般要比中间的词记得牢。这就是所谓的首位效应和近位效应。因此，要把最重要的新概念放在复习的开头，在最后对它们进行总结。不要把首尾时间花在处理课堂纪律问题、整理材料、削铅笔之类的事上。

（3）整体识记和分段识记

对于篇幅短小或者内在联系密切的材料，适于采用整体识记，即整篇阅读，直到记牢为止。对于篇幅较长、或者较难、或者内在联系不强的材料，适于采用分段识记，即将整篇材料分成若干段，先一段一段地记牢，然后合成整篇识记。至于分段的长短，要根据自己对材料的熟悉程度而定。

（4）多种感官参与

在进行识记时，要学会同时运用多种感官，如用眼睛看、用耳朵听、用嘴巴练及用手写等。有心理学家证明，人的学习 83% 通过视觉，11% 通过听觉，3.5% 通过嗅觉，1.5% 通过触觉，1% 通过味觉。而且，人一般可记住自己阅读的 10%，自己听到的 20%，自己看到的 30%，自己看到和听到的 50%，交谈时自己所说的 70%。这一结果说明，多种感官的参与能有效地增强记忆。

（5）复习形式多样化

在实践中应用所学知识是对知识的最好复习。采用多种形式进行复习，如将所学的知识再用实验证明、写成报告、做出总结、与人讨论以及向别人讲解等，这比单调重复更有利于理解和记忆。某一领域的专家之所以能记得住许多专业知识，是因为他们在反复地应用这些知识。因此，要善于在不同的情境下反复应用所学的知识，以便加深对知识的理解和保持。

（6）画线

画线是阅读时常用的一种复述策略。在教学生画线时，首先解释在一个段落中什么是重要的，如主题句等等；其次，教学生谨慎地画线，也许只画一到二个句子；最后，教学生复习和用自己的话解释这些画线部分。此外，还可以教学生一些圈点批注的方法，与画线策略一起使用：圈出不知道的词；标明定义和例子；列出观点原因或事件序号；在重要的段落前面加上星号；在混乱的章节前画上问号；给自己作注释，如检查上文中的定义；标出可能的测验项目；画箭头表明关系；注上评论，记下不同点和相似点；标出总结性的陈述。

2. 精细加工策略

精细加工策略是一种将新学材料与头脑中已有知识联系起来从而增加新信息的意义的深层加工策略。如果一个新信息与其他信息联系的越多，能回忆出该信息的原貌的途径就越多，回忆就越容易。因此，它是一种理解性的记忆策略，和复述策略结合使用，可以显著提高记忆效果。下面就是一些常用的精细加工策略：

（1）记忆术

位置记忆法是一种传统的记忆术。这种技术在古代不用讲稿的讲演中曾被广泛使用，而且沿用至今。使用位置记忆法，就是学习者在头脑中创建一幅熟悉的场景，在这个场景中确定一条明确的路线，在这条路线上确定一些特定的点。然后将所要记的项目全都视觉化，并按顺序和这条路线上的各个点联系起来。回忆时，按这条路线上的各个点提取所记的项目。

缩简就是将识记材料的每条内容简化成一个关键性的字，然后变成自己所熟悉的事物，从而将材料与过去经验联系起来。有时可以将材料缩简成歌诀。歌诀韵律和谐，抑扬顿挫，非常有助于记忆。例如，《二十四节气歌》：春雨惊春清谷天，夏满芒夏暑相连，秋处露秋寒霜降，冬雪雪冬小大寒。在缩简材料编成歌诀时，最好靠自己动脑筋，自己创造的东西印象深刻。歌诀力求精练准确，富有韵律。当然，也可以利用现成的歌诀，但也要仔细分析。弄清歌诀的真实含义，把它变成自己的东西。

谐音联想法。学习一种新材料时运用联想，假借意义，对记忆亦很有帮助，这种方法被称为谐音联想法。在记忆历史年代和常数时，这种方法行之有效。例如，有人记忆马克思的生日"1818 年 5 月 5 日"时，联想为"马克思—巴掌—巴掌打得资产阶级呜呜地哭"。

关键词法。关键词法就是将新词或概念与相似的声音线索词，通过视觉表象联系起来。例如，英文单词"Tiger"可以联想成"泰山上一只虎"。这种方法在教外语词汇时非常有用。有研究表明这种记忆术也同样适用于其他信息的学习，如省首府名、地理信息等。

视觉想象。视觉联想就是要通过心理想象来帮助人们对联系的记忆。如前述位置记忆法实际上就是一种视觉联想法，利用了心理表象。联想时，想象越奇特而又合理，记忆就越牢。比如，可以使用夸张、动态、奇异的手段进行联想。例如，可以将"飞机箱子"想象为"飞机穿过箱子"等。想象越奇特，加工就越深入越细致。有一种用想象来增强记忆的古老方法，就是创造一个故事，将所有要记的信息编在一起。

语义联想。通过联想，将新材料与头脑中的旧知识联系在一起，赋予新材料以更多的意义。实际上，就是要在理解的基础上，把过去旧知识当作"衣钩"来"挂住"所要记住的新材料。因此，要设法找出新旧材料之间的内在逻辑联系。例如，在记一个公式或原理时，要想一想，新公式或原理是如何从以前的公式或原理推导出来的。

（2）做笔记

做笔记是阅读和听讲时常用的一种精细加工策略。教师能促进学生做笔记和复习笔记：①讲演慢一点；②重复复杂的主题材料；③呈现做笔记的线索；④在黑板上写出重要的信息；⑤给学生提供一套完整的笔记，让他们观看；⑤给学生提供结构式的辅助手段，如提纲或二维方格表等。记笔记时，笔记本上不要写得密密麻麻的，不妨在笔记本的右边留出 3～6 厘米的空地，除了笔记正文外随时记下老师讲的关键词、例子、证据以及自己的疑问和感想。不仅要做好笔记，而且，还应包括复习，积极地思考笔记中的观点，并与其他所学的信息进行联系。

（3）提问

无论阅读还是听讲，学生要经常评估自己的理解状况，思考这样一些问题：这一新信息意味着什么？与课文中的其他信息以及以前所学的信息有什么联系；或者他还可能用例子来说明这种新知识。如果学生在阅读时，教学生提一些"谁"、"什么"、"哪儿"和"如何"的问题，他们能领会得很好。有人给学生一张清单帮助他们构思创作，这张清单教学生向自己问以下一些问题："我写给准看的"、"要解释什么"、"有什么步骤"等等。基本上，训练学生在活动中自己和自己谈话，自己问自己或彼此之间相互问老师要问的问题，结果表明，学生能住解数学题、拼写、创作和许多其他课题中成功地教会自我谈话。

（4）生成性学习

生成性学习就是要训练学生对他们所阅读的东西产生一个类比或表象，如图形、图像、表格和图解等，以加强其深层理解。这种方法最重要的一点，就是需要积极的加工，不是简简单单地记录和记忆信息，不是从书中寻章摘句或稍加改动，而是要改动对这些信息的知觉，要产生：①课文中没有的句子；②与课文中某几句重要信息相关的句子；③用自己的话组成的句子，从而把所学的信息和自身的知识和经验联系起来从而产生一个理解。

（5）利用背景知识，联系实际

精细加工强调在新学信息和已有知识之间建立联系，背景知识的多少在学习中是非常重要的。对于某一事物，我们到底能学会多少，最重要的一个决定因素就是我们对这一方面的事物已经知道多少。教师一定要把新的学习和学生已有的背景知识联系起来，并要能联系实际生活，不仅帮助他们理解这些信息的意义，而且要帮助他们感觉到这些信息有用。

3. 组织策略

组织策略是整合所学新知识之间、新旧知识之间的内在联系，形成新的知识结构。当然，组织策略和精细加工策略足密不可分的，如做笔记和写提要等等实际上是两者的结合。下面是一些常用的组织策略。

（1）列提纲

列提纲时，先对材料进行系统的分析、归纳和总结，然后，用简要的语词，按材料中的逻辑关系，写下主要和次要观点。所列出的提纲要具有概括性和条理性，但其效果取决于学习者是如何使用它的。一个有效的方法是让学生每读完一段后用一句话作概括；另外一种方法是让学生准备一个提要来帮助别人学习材料，其部分原因是这种活动使得学习者不得不认真考虑什么重要、什么不重要。

（2）利用图形

系统结构图。学完一科知识，对学习材料进行归类整理，将主要信息归成不同水平或不同部分，然后形成一个系统结构图。复杂的信息一旦被整理成一个金字塔式的层次结构，就容易理解和记忆多了。在金字塔结构里，较具体的概念要放在较抽象概念之下。

流程图。流程图可用来表现步骤、事件和阶段的顺序。流程图一般是从左向右展开，用箭头连接各步。

模式或模型图。模式图就是利用图解的方式来说明在某个过程中各要素之间是如何相互联系的。模型示意图是用简图表示事物的位置（静态关系），以及各部分的操作过程（动态关系）。

网络关系图。网络关系图越来越受重视，目前，人们将它称为概念图，在学习、教学和测评中加以广泛利用。利用关系图可以图解各种观点是如何相互联系的。做关系图时，首先找出课中的主要观点；然后找出次要的观点或支持主要观点的部分；接着标出这些部分，并将次要的观点和主要的观点联系起来。在关系图中，主要观点图位于正中，支持性的观点位于主要观点的周围。

（3）利用表格

一览表。首先对材料进行全面的综合分析，然后抽取主要信息，并从某一角度出发，将这些信息全部陈列出来，力求反映材料的整体面貌。例如，学习中国历史时，可以时间为轴，将朝代、主要历史人物、历史事件全部展现出来，制成一幅中国历史发展一览图。

双向表。双向图是从纵横两个维度罗列材料中的主要信息。层次结构图和流程图都可以衍变成双向表。

【真题在线】

[2011年下半年] 一位初中语文教师教学生用列课文结构提纲、画网络的方法促进学习，这里所教的学习策略是（　　）。

A. 复述策略　　　　　　B. 组织策略　　　　　　C. 精制策略　　　　　　D. 组块策略

【答案及解析】B　题目中的学习策略属于组织策略。组织策略足整合所学新知识之间、新旧知识之间的内在联系，形成新的知识结构。主要就是用列提纲、做结构图和表格的方法。

（二）元认知策略

在学习的信息加工系统中，存在着一个对信息流动的执行控制过程，这种执行控制功能的基础是元认知。所谓元认知是对认知的认知，具体地说，是关于个人自己认知过程的知识和调节这些过程的能力，它具有两个独立但又相互联系的成分：对认知过程的知识和观念与对认知行为的调节和控制。

元认知知识是对有效完成任务所需的技能、策略及其来源的意识——知道做什么，是在完成任务之前的一种认识。它主要包括：①对个人作为学习者的认识。在完成某一任务时，学习者首先要对自己或他人作为学习着或思维着的认知加工者的一切特征的认识；②对任务的认识。对学习材料的性质、长度、熟悉性、结构特点、材料的呈现方式、逻辑性等因素以及学习目标和任务的认识；③对有关学习策略及其使用方面的认识。对学习各种策略及其优点和不足、应用条件和情境以及效力的认识。

元认知控制则是运用自我监视机制确保任务能成功地完成——知道何时、如何做什么，是对认知行为的管理和控制，是主体在进行认知活动的全过程中，将自己正在进行的认知活动作为意识对象，不断地对其进行积极、自觉的监视、控制和调节，因此，元认知控制过程包括制定认知计划、监视计划的执行以及对认知过程的调整和修改。

1. 计划策略

元认知计划是根据认知活动的特定目标，在一项认知活动之前计划各种活动，预计结果、选择策略，想出各种解决问题的方法，并预估其有效性。元认知计划策略包括设置学习目标、浏览阅读材料、产生待回答的问题以及分析如何完成学习任务。

2.监视策略

元认知监视是在认知活动进行的实际过程中，根据认知目标及时评价、反馈认知活动的结果与不足，正确估计自己达到认知目标的程度、水平；并且根据有效性标准评价各种认知行动、策略的效果。元认知监控策略包括阅读时对注意加以跟踪、对材料进行自我提问、考试时监视自己的速度和时间。

3.调节策略

元认知调节是根据对认知活动结果的检查，如发现问题，则采取相应的补救措施，根据对认知策略的效果的检查，及时修正、调整认知策略。元认知调节策略与监控策略有关。例如，当学习者意识到他不理解课的某一部分时，他们就会退回去读困难的段落、在阅读困难或不熟的材料时放慢速度、复习他们不懂的课程材料。测验时跳过某个难题，先做简单的题目等。调节策略能帮助学生矫正他们的学习行为，使他们补救理解上的不足。

元认知策略的这三个方面总是相互联系在一起而工作的。学习者学习一般先认识自己的当前任务，然后使用一些标准来评价自己的理解、预计学习时间、选择有效的计划来学习或解决问题，然后，监视自己的进展情况，并根据监视的结果采取补救措施。而且，元认知策略总是和认知策略一道起作用的。

（三）资源管理策略

1.学习时间管理

（1）统筹安排学习时间

每个人都应当根据自己的总体目标，对时间做出总体安排，并通过阶段性的时间表来落实。对每一天的活动，都要列出一张活动优先表来。在制定学习计划时，要注意将学习计划落实在学习成果上。在执行学习计划时，要有效防止拖拉作风。

（2）高效利用最佳时间

在不同的时间里，人的体力、情绪和智力状态是不一样的，也就是说，学习时间的质可能是不一样的。首先，要根据自己的生物钟安排学习活动。其次，要根据一周内学习效率的变化安排学习活动。再次，要根据一天内学习效率的变化来安排学习活动。此外，要根据自己的工作曲线安排学习活动。学习时，随着学习的进行，人的精神状态和注意力会发生变化。一般来说，存在三种变化模式：先高后低、中间高两头低、先低后高。每个人要根据自己的模式，安排学习内容，确保状态最佳时学习最重要的内容。

（3）灵活利用零碎时间

首先，可以利用零碎时间处理学习上的杂事。其次，读短篇或看报刊杂志，拓宽自己的知识面，或者背诵诗词和外文单词。此外，可以进行讨论和通讯，与他人进行交流，在轻松的气氛里与人交流，有助于创造性思维的启发。

2.学习环境的设置

首先，要注意调节自然条件，如流通的空气、适宜的温度、明亮的光线以及和谐的色彩等。其次，要设计好学习的空间，如空间范围、室内布置、用具摆放等因素。

3.学习努力和心境管理

为了使学生维持自己的意志努力，需要不断的鼓励学生进行自我激励。这包括激发内在动机；树立为了掌握而学习的信念；选择有挑战性的任务；调节成败的标准；正确认识成败的原因；自我奖励。这些在学习动机一章中都有详细介绍。

4.学习工具的利用

善于利用参考资料、工具书、图书馆、广播电视以及电脑与网络等。

5.社会性人力资源的利用

善于利用老师的帮助以及通过同学间的合作与讨论来加深对内容的理解。

三、学习策略的训练方法

（一）指导教学模式

指导教学模式与传统的讲授法十分类似，由激发、讲演、练习、反馈和迁移等环节构成。在教学中，教师先向学生解释所选定学习策略的具体步骤和条件，在具体应用中不断给以提示，让其口头叙述和明确解释所操作的每一个步骤以及报告自己应用学习策略时的思维，通过不断重复这种内部定向思维，可加强学生对学习策略的感知与理解保持。同时，教师在教学中依据每种策略来选择许多恰当的事例来说明其应用的多种可能性，使学生形成对策略的概括化认识；提供的事例应从学生的认知水平出发、由简到繁，使学生从单一策略的应用发展到多种策略的综合应用，从而形成一种综合应用能力。

（二）程序化训练模式

所谓程序化训练就是将活动的基本技能，如解题技能、阅读技能、记忆技能等等，分解成若干有条理的小步骤，在其适宜的范围内，作为固定程序，要求活动主体按此进行活动，并经过反复练习使之达到自动化程度。程序化训练的基本步骤是：①将某一活动技能，按有关原理，分解成可执行、易操作的小步骤，而且使用简练的词语来标志每个步骤的含义。例如PQ4R阅读策略，包括预览（preview）、提问（question）、阅读（read）、反思（reflect）、背诵（recite）、复习（review）等六个步骤；②通过活动实例示范各个步骤，并要求学生按步骤活动；③要求学生记忆各步骤，并坚持练习，直至使其达到自动化程度。

（三）完形训练模式

完形训练就是在直接讲解策略之后，提供不同程度的完整性材料促使学生练习策略的某一个成分或步骤，然后，逐步降低完整性程度，直至完全由学生自己完成所有成分或步骤。例如，在教学生列提纲时，教师可先提供一个列得比较好的提纲，然后解释这些提纲是如何统领材料的，下一步就给学生提供一个不完整的提纲，分步对学生进行训练：①提供一个几乎完整的提纲，需要学生听课或阅读时填写一些支持性的细节；②提供一个只有主题的提纲，要求填写所有的支持性细节；③提供一个只有支持性细节，而要求填写主要的观点。如果学生给以适当的练习，就能学会写出很好的提纲来。完形训练的好处就在于能够使学生有意注意每一个成分或步骤，而且每一步训练所需的心理努力都是学生能够胜任的，更为重要的是，每一步训练都给学生以策略应用的整体印象。

（四）交互式教学模式

交互式教学这种方法，主要是用来帮助成绩差的学生阅读领会，它是由教师和一小组学生（大约6人）一起进行的。旨在教学生这样四种策略：①总结——总结段落内容；②提问——提与要点有关的问题；③析疑——明确材料中的难点；④预测——预测下文会出现什么。一开始，教师作一个示范，朗读一段课文，并就其核心内容进行提问，直到最后概括出本段课文的中心大意。提问是为了引起讨论，概述大意则有助于小组成员为阅读下一段课做准备。然后，教师指定一个学生扮演"教师"，彼此提问。在这里，教师先树立一些榜样性行为，示范四种主要策略，然后改变自己的角色，在学生不会使用策略时给以必要的帮助，起一个促进者和组织者的作用。

（五）合作学习模式

许多学生可能已经发现，当自己和同学讨论所读到的和所听到的材料时，获益非浅。在这种学习活动中，两个学生一组，一节一节地彼此轮流向对方总结材料，当一个学生主讲时，另一个学生听着，纠正错误和遗漏。然后，两个学生彼此变换角色，直到学完所学材料为止。关于这种学习方法的一系列研究证明，以这种方式学习的学生比独自总结的学生或简单阅读材料的学生，其学习和保持都有效得多。有意思的是，合作性讲解的两个参与者都能从这种学习活动中受益，而主讲者比听者获益更大。

在实际教学中，教师不管采用什么方法进行学习策略的教学，都要结合学科知识。研究认为，学习策略知识不是孤立的，不能脱离专门知识。专门领域的基础知识是有效利用策略的前提条件，脱离知识内容的单纯训练容易导致形式化倾向，难以保证学生提高学习策略水平。教师要善于不断探索优化自己的教学步骤，为学生提供可以仿效的活动程序；同时要根据学生原有的学习方式基础来启发学生的思路，让其有意识地内化有效的学习策略。

【强化训练】

一、单项选择题

1.通过一些技巧，让学生维持自己的意志努力的策略属于（　　　　）。

A.认知策略　　　　　　　　B.元认知策略　　　　　　　C.资源管理策略　　　　　　　D.人力资源策略

2.学习中为提高学习效果和效率，用以调节学习行为和认知活动方法的是（　　　　）。

A.学习动机　　　　　　　　B.学习策略　　　　　　　　C.学习理念　　　　　　　　　D.学习目标

二、简答题

1.简述学习资源管理策略的主要种类。

2.简述指导教学模式。

第五节　学习的基本理论

【导读】

　　学习是心理学，特别是教育心理学研究最多、最活跃的一个领域。学习理论是教育心理学中最重要、最核心的理论。据统计，心理学有史以来，约有一半左右的文献和研究集中在学习领域。学校教育活动的中心是学与教的过程，其科学基础应是学与教的理论，而首先就是学习理论。心理学中，不同的学派对学习都有不同的理解，主要有行为主义学派、认知学派认、人本主义学派和建构主义学派。

一、学习的概述

（一）学习的心理实质

　　学习的概念有广义和狭义之分。广义的学习指人和动物在生活过程中，凭借经验而产生的行为或行为潜能的相对持久的变化。这一定义说明：

　　第一，学习表现为行为或行为潜能的变化。一般而言，我们可以凭借行为或行为潜能的改变，来推断学习的发生。

　　第二，学习所引起的行为或行为潜能的变化是相对持久的。药物、疲劳、疾病等因素也能引起行为或行为潜能的变化，但这些变化都是比较短暂的。

　　第三，学习是由反复经验而引起的。个体的成熟乃至衰老也会使其行为产生持久的改变，如青春期的少年的嗓音变化，是生理成熟的结果，与经验无关，因而不能称之为学习。

　　从上述分析可知，学习不是本能活动，而是后天习得的活动，是由经验或实践引起的。任何水平的学习都将引起适应性的行为变化，不仅有外显行为的变化，也有潜在的个体内部经验的改组和重建，而且这些变化是相对持久的。但是也不能把个体一切持久的行为变化都归之为学习，那些由于疲劳、成熟、机体损伤以及其他生理变化所导致的行为变化就不属于学习，只有通过反复练习、训练使个体行为或行为潜能发生相对持久的变化才能称为学习。

（二）人类学习和学生的学习

　　人类学习和动物学习有着本质的区别。首先，人的学习除了要获得个体的行为经验外，还要掌握人类世世代代积累起来的社会历史经验和科学文化知识；第二，人的学习是在改造客观世界的生活实践中，在与其他人的交往过程中，通过语言的中介作用而进行的；第三，人的学习是一种有目的的、自觉的、积极主动的过程。因此，我国著名心理学家一般把人的学习定义为在社会生活实践中，以语言为中介，自觉地、积极主动地掌握社会的和个体的经验的过程。

学生的学习是人类学习中的一种特殊形式。它是在教师的指导下，有目的、有计划、有组织、有系统地进行的，是在较短的时间内接受前人所积累的文化科学知识，并以此来充实自己的过程。学生的学习不但要掌握知识经验和技能，还要发展智能，培养行为习惯，以及修养道德品质和促进人格的发展。因此其学习内容大致可分为三个方面：一是知识、技能和学习策略的掌握；二是问题解决能力和创造性的发展；三是道德品质和健康心理的培养。

（三）学习的一般分类

1. 加涅的学习层次分类

在西方心理学中，著名教育心理学家和教学设计专家加涅在《学习的条件》一书中先后提出的学习层次分类和学习结果分类影响较大。其中，加涅早期根据学习情境由简单到复杂、学习水平由低级到高级的顺序，把学习分成八类，构成了一个完整的学习层级结构。这八类学习依次是：

①信号学习。指学习对某种信号刺激做出一般性和弥散性的反应。这类学习属于巴甫洛夫的经典条件反射。

②刺激——反应学习。指学习使一定的情境或刺激与一定的反应相联结，并得到强化，学会以某种反应去获得某种结果。这类学习属于桑代克和斯金纳的操作性条件反射。

③连锁学习。指学习联合两个或两个以上的刺激反应动作，以形成一系列刺激反应动作联结。各种动作技能的形成，都离不开这类学习。

④言语联结学习。指形成一系列的言语单位的联结，即言语连锁化。

⑤辨别学习。指学习一系列类似的刺激，并对每种刺激做出适当的反应。

⑥概念学习。指学会认识一类事物的共同属性，并对同类事物的抽象特征做出反应。例如，将猫、狗、鼠等概括为"动物"，就是概念学习。

⑦规则或原理学习。指学习两个或两个以上概念之间的关系。例如，物理学中的"功＝力×距离"这一规则，涉及功与力和距离之间的关系，首先通过概念学习弄清什么是力和距离的概念，然后弄清力与功是什么关系，距离与功又是什么关系，最后"功＝力×距离，这一规则也就能理解了。

⑧解决问题学习。指学会在不同条件下，运用规则或原理解决问题，以达到最终的目的。事实上，加涅的这种学习分类系统几乎概括了心理学家所研究的一切学习类型，它不仅包括了低级的动物的学习，也包括了高级的人类的学习。

2. 加涅的学习结果分类

为了更好地与教学实际相结合，加涅后来在上述八类学习的基础上，进一步提出了五种学习结果，并把它们看作是五种学习类型。它们分别是：

①智慧技能，表现为使用符号与环境相互作用的能力。它指向学习者的环境，使学习者能处理外部的信息。

②认知策略，表现为用来调节和控制自己的注意、学习、记忆、思维和问题解决过程的内部组织起来的能力。它是在学习者应付环境事件的过程中对自身认知活动的监控。

③言语信息，表现为学会陈述观念的能力。

④动作技能，表现为平稳而流畅、精确而适时的动作操作能力。

⑤态度，表现为影响着个体对人、对物或对某些事件的选择倾向。

加涅认为，上述五类学习不存在等级关系，其顺序是随意排列的，它们是范畴各不相同的学习。这种分类是对学习层次分类的一种简缩，它集中于学习的更高水平，充分体现了人类学习的特点，尤其符合学校学习的性质。加涅认为，把学习结果作为教育目标，有利于确定到达目标所需要的条件；而从学习条件中可以派生出教学事件，告诉教师应该做什么。因此，通过对学习结果的分析，可以为教学设计提供可靠的依据，从而为到达教学目标铺平道路。

3.我国心理学家的学习分类

我国教育心理学家认为，教育系统是通过知识、技能的传递来形成和发展学生的能力和体力，通过行为规范的学习来形成和发展学生的态度和品德。因此，为促进学生德、智、体的全面发展，主张把学生的学习分为知识的学习、技能的学习和行为规范的学习三类。

知识是客观事物的特征和联系在人脑中的主观映像，它是来自反映的对象本身的认知经验。这种经验既可以是关于事物是什么、为什么和怎么样的描述性经验，也可以是关于做什么和怎么做的操作性经验。学生有了这种认知经验，就可以解决知与不知和知之深浅的问题，从而可以在实际的生活中更好地确立个体活动的方向。

技能是通过学习而形成的符合法则要求的活动方式，它是来自于活动主体所做出的行动及其反馈的动作经验。这种经验既包括在人脑内部，借助于内部语言，以简缩的方式，对事物的主观表征进行加工改造的心智技能；也包括借助于人的肢体或一定的器械，以展开的方式作用于客观对象的动作技能。学生有了这种动作经验，就可以解决会不会做和做得熟练不熟练的问题，从而可以在实际的生活中更好地控制个体活动的执行。

行为规范是用以调节人际交往，实现社会控制，维持社会秩序的思想工具，它来自于主体和客体相互作用的交往经验。这种经验的习得以一定的价值观为中介，并通过态度的形成与改变而最终培养学生的品德。学生有了这种交往经验，就可以协调个体与他人和集体之间的关系，从而在实际生活中更好地为个体的社会行为进行定向和调控。

二、行为主义的学习理论

行为主义的学习理论，又称联结学习理论，该理论认为，一切学习都是通过条件作用，在刺激 S 和反应 R 之间建立直接联结的过程。强化在刺激反应联结的建立中起着重要作用。在刺激——反应联结之中，个体学到的是习惯，而习惯是反复练习与强化的结果。习惯一旦形成，只要原来的或类似的刺激情境出现，习得的习惯性反应就会自动出现。

（一）桑代克的尝试——错误说

1.桑代克的经典实验

桑代克是现代教育心理学的奠基人。他把人和动物的学习定义为刺激与反应之间的联结，认为这种联结的形成是通过盲目尝试——逐步减少错误再尝试这样一个往复过程习得的。桑代克的这一理论观点是建立在小猫"迷箱"实验的基础上的。他把一只饥饿的小猫放入迷箱，把食物放在笼外，然后详细记录小猫在笼子中的行为表现。刚放入笼子时，小猫竭力想从任何缺口中挤出来，咬栅栏或铁丝，直至碰巧抓住线、环或扣，打开门逃出笼外为止。第二次再把小猫放入迷箱时，它的表现和第一次差不多。但重复很多次以后，小猫的那些盲目乱冲、乱抓、乱咬的行为逐渐减少，它从笼子里逃出来所需的时间也越来越短。最后以致把小猫一放入箱子，它就能很快地用一定的方式抓住门上的环或扣，逃出笼外。据此桑代克认为，初次进入一只新的迷箱时，动物的活动都不是根据对笼子性质的理解，而是依照某种一般的冲动行事，随着错误反应的逐渐减少，正确反应的逐渐巩固，最终形成稳定的刺激反应联结。

2.尝试——错误学习的基本规律

（1）效果律

在尝试——错误学习（以下简称试误学习）的过程中，如果其他条件相等，在学习者对刺激情境做出特定的反应之后能够获得满意的结果时，则其联结就会增强；而得到烦恼的结果时，其联结就会削弱。

（2）练习律

在试误学习的过程中，任何刺激与反应的联结，一经练习运用，其联结的力量逐渐增大。而如果不运用，则联结的力量会逐渐减少。

（3）准备律

在试误学习的过程中，当刺激与反应之间的联结，事前有一种准备状态时，实现则感到满意，否则感到烦恼；反之，当此联结不准备实现时，实现则感到烦恼。

应该说明的是，虽然尝试——错误学习模式是从动物实验中推导出来的，但它对于人类学习和学生学习来说，仍有很大的借鉴意义。科学发展史上的许多发明创造和技术革新都是通过尝试错误的过程而获得的。中小学生的学习也有这个特点，它特别强调"做中学"，即在实际的操作过程中学习有关的概念、原理、技能和策略。在这一过程中，教师应该允许学生犯错误，并鼓励学生从错误中进行学习，这样获得的知识学生才会是终生不忘的。同时，在实际的教育过程中，教师应努力使学生的学习能得到自我满意的积极结果，防止一无所获或得到消极后果。同时，应注意在学习过程中加强合理的练习，并注意在学习结束后不时地进行练习。此外，任何学习都应该在学生有准备的状态下进行，而不能经常搞"突然袭击"。

（二）巴甫洛夫的经典性条件作用论

1.巴甫洛夫的经典实验

巴甫洛夫是俄国著名的生理学家和心理学家。在他的经典实验中，他将狗置于经过严格控制的隔音实验室内。食物通过遥控装置可以送到狗面前的食物盘中。通过仪器可以随时测量并记录狗的唾液分泌量。实验开始后，首先向狗呈现铃声刺激，铃响半分钟后便给予食物，于是可观察并记录到狗的唾液分泌反应。当铃声与食物反复配对呈现多次以后，仅呈现铃声而不出现食物时，狗也会做出唾液分泌反应。在这个实验开始时，食物可以诱发狗的唾液分泌反应，而铃声不能诱发狗的唾液分泌，这时食物叫无条件刺激，铃声叫中性刺激，诱发的唾液分泌反应称为无条件反应。在铃声与食物经过多次匹配之后，单独呈现铃声而没有食物时，狗也会分泌唾液。此时，中性刺激铃声具有了诱发原来仅受食物制约的唾液分泌反应的某些力量而变成了条件刺激，单独呈现条件刺激即能引起的反应则叫做条件反应。这就是经典性条件反射的形成过程。

2.经典性条件反射的基本规律

（1）获得与消退

在条件作用的获得过程中，条件刺激与无条件刺激之间的时间间隔十分重要。一方面，条件刺激和无条件刺激必须同时或近于同时呈现，间隔太久则难于建立联系；另一方面，条件刺激作为无条件刺激出现的信号，必须先于无条件刺激而呈现，否则也将难以建立联系。

如果条件刺激重复出现多次而没有无条件刺激相伴随，条件反应会变得越来越弱，并最终消失。然而，要完全消除一个已经形成的条件反应则比获得这个反应要困难得多。

（2）刺激泛化与分化

人和动物一旦学会对某一特定的条件刺激做出条件反应以后，其他与该条件刺激相类似的刺激也能诱发其条件反应。例如，曾经被一条大狗咬过的人，看见非常小的狗也可能产生恐惧。借助于刺激泛化，我们可以把已有的学习经验扩展到新的学习情景，从而扩大学习范围。但是，泛化刺激所引起的泛化反应，有时是不准确或不精确的，这就需要刺激分化。

刺激分化，指的是通过选择性强化和消退使有机体学会对条件刺激和与条件刺激相类似的刺激做出不同的反应。例如，为了使狗能够区分开圆形和椭圆形光圈，如果只在圆形光圈出现时才给予食物强化，而在呈现椭圆形光圈时则不给予强化，那么狗便可以学会只对圆形光圈做出反应而不理会椭圆形光圈。在实际的教育和教学过程中，也经常需要对刺激进行分化，如引导学生分辨勇敢和鲁莽、谦让和退缩，要求学生区别重力和压力、质量和重量等。

刺激泛化和刺激分化是互补的过程，泛化是对事物的相似性的反应，分化则是对事物的差异的反应。泛化能使我们的学习从一种情境迁移到另一种情境，而分化则能使我们对不同的情境做出不同的恰当反应，从而避免盲目行动。

总之，经典条件作用能较有效地解释有机体是如何学会在两个刺激之间进行联系，从而使一个刺激取代另一个刺激并与条件反应建立起联结的。但经典条件作用无法解释有机体为了得到某种结果而主动做出某种随意反应的学习现象，如中小学生为了报答父母的养育之恩、为了得到教师的表扬或同伴的认同而努力学习等。

（三）斯金纳的操作性条件作用论

1.斯金纳的经典实验

斯金纳是著名的行为主义心理学家，他的理论也是建立在动物学习实验的基础之上的。在斯金纳以白鼠等动物为被试进行的精密实验研究中，运用了一种特殊的实验装置——迷箱。箱内有一个伸出的杠杆，下面有一个食物盘，只要箱内的动物按压杠杆，就会有一粒食丸滚到食物盘内，动物即可得到食物。斯金纳将饥饿的白鼠关在箱内，白鼠便在箱内不安地乱跑，活动中偶然压到了杠杆，则一粒食丸滚到食物盘内，白鼠吃到了食丸。以后白鼠再次按压杠杆，又可得到食丸。由于食物强化了白鼠按压杠杆的行为，因此白鼠在后来按压杠杆的速度迅速上升。由此斯金纳发现，有机体做出的反应与其随后出现的刺激条件之间的关系对行为起着控制作用，它能影响以后反应发生的概率。他认为，学习实质上是一种反应概率上的变化，而强化是增强反应概率的手段。如果一个操作（自发反应）出现以后，有强化刺激尾随，则该操作的概率就增加；已经通过条件作用强化了的操作，如果出现后不再有强化刺激尾随，则该操作的概率就减弱，甚至消失。这就是操作性条件反射的基本过程。

2.操作性条件作用的基本规律

斯金纳认为，人和动物的行为有两类：应答性行为和操作性行为。应答性行为是由特定刺激所引起的，是不随意的反射性反应，是经典条件作用的研究对象。而操作行为则不与任何特定刺激相联系，是有机体自发做出的随意反应，是操作性条件作用的研究对象。在日常生活中，人的行为大部分都是操作性行为，操作性行为主要受强化规律的制约。

（1）强化

强化也是一种操作，强化的作用在于改变同类反应在将来发生的概率，而强化物则是一些刺激物，它们的呈现或撤除能够增加反应发生的概率。强化有正强化（实施奖励）与负强化（撤消惩罚）之分。

有机体自发做出某种反应，从而得到正强化物，那么，此类反应发生的概率便增加。这一现象表明了正强化在塑造行为中的重要作用。在日常生活中，人们常在自觉或不自觉地运用奖励对他人的行为进行积极强化。例如，教师对上课守纪律的学生进行表扬，家长对考试成绩好的孩子给予物质奖励等。奖励虽然是塑造行为的有效手段，但是奖励的运用必须得当，否则便会强化不良行为。这一点在中小学教育中尤为重要。普雷马克原理就是用来帮助教师选择最有效强化物的一种方法，是指用高频行为（喜欢的行为）作为低频行为（不喜欢的行为）的有效强化物。

（2）逃避条件作用与回避条件作用

当厌恶刺激出现时，有机体做出某种反应，从而逃避了厌恶刺激，则该反应在以后的类似情境中发生的概率便增加。这类条件作用称为逃避条件作用，它揭示了有机体是如何学会摆脱痛苦的。在日常生活中，逃避条件作用也不乏其例。如看见路上的垃圾后绕道走开，感觉屋内人声嘈杂时暂时离屋等。

然而，当预示厌恶刺激即将出现的刺激信号呈现时，有机体也可以自发地做出某种反应，从而避免了厌恶刺激的出现，则该反应在以后的类似情境中发生的概率便增加。这类条件作用则称为回避条件作用，它是在逃避条件作用的基础上建立的，是个体在经历过厌恶刺激的痛苦之后，学会了对预示厌恶刺激的信号做出反应，从而免受痛苦。如过马路时听到汽车喇叭声后迅速躲避，违章骑车时遇到警察时赶快下车等。回避条件作用与逃避条件作用都是负强化的条件作用类型。

（3）消退

有机体做出以前曾被强化过的反应，如果在这一反应之后不再有强化物相伴，那么，此类反应在将来发生的概率便降低，称为消退。在操作性条件作用中，无论是正强化的奖赏，还是负强化的逃避与回避条件作用，其作用都在于增加某种反应在将来发生的概率，以达到塑造行为的目的，而消退则不然。消退是一种无强化的过程，其作用在于降低某种反应在将来发生的概率，以达到消除某种行为的目的。因此，消退是减少不良行为、消除坏习惯的有效方法。

（4）惩罚

当有机体做出某种反应以后，呈现一个厌恶刺激，以消除或抑制此类反应的过程，称作惩罚。惩罚与负强化有所不同，负强化是通过厌恶刺激的排除来增加反应在将来发生的概率，而惩罚则是通过厌恶刺激的呈现来降低反应在将来发生的概率。但是，惩罚并不能使行为发生永久性的改变，它只能暂时抑制行为，而不能根除行为。因此，惩罚的运用必须慎重，惩罚一种不良行为应与强化一种良好行为结合起来，方能取得预期的效果。

总之，根据操作性条件学说，在教育过程中，教师应多用正强化的手段来塑造学生的良性行为，用不予强化的方法来消除消极行为，而应慎重地对待惩罚，因为惩罚只能让学生明白什么不能做，但并不能让学生知道什么能做和应该怎么做。

【真题在线】

[2011 年下半年] 一名调皮的学生屡次扰乱课堂，教师请其站到教室后面，教师运用了（　　　）。

A. 正强化　　　　　　　B. 负强化　　　　　　　C. 惩罚　　　　　　　D. 消退

【答案及解析】C 教师请其站到教室后面，教师运用了惩罚。当有机体做出某种反应以后，呈现一个厌恶刺激，以消除或抑制此类反应的过程，称作惩罚。

3. 程序教学与教学机器

在操作性条件作用理论的直接影响下，"程序教学与机器教学"风靡全球，成为 20 世纪第一次世界性的教学改革运动。在程序教学中，教材被分成若干小步子，学生可自定学习步调，让学生对所学内容进行积极反应，并给予即使强化和反馈，使错误率最低。在 20 世纪 60 年代初，许多教科书都以程序化的方式编写，市场上也充斥着大量程序化的教材。但在 70 年代初期，人们的这种热情有所降低，并逐步放弃了程序教学。不过，程序教学中的合理成分也被整合进了计算机辅助教学中。

（四）班杜拉的社会学习理论

1. 社会认知理论

班杜拉认为儿童通过观察他们生活中重要人物的行为而学得社会行为，这些观察以心理表象或其他符号表征的形式储存在大脑中，来帮助他们模仿行为。班杜拉的这一理论接受了行为主义理论家们的大多数原理，但是更加注意线索对行为、对内在心理过程的作用，强调思想对行为和行为对思想的作用。他的观点在行为派和认知派之间架起一座桥梁，并对认知——行为治疗做出了巨大的贡献。

2. 交互决定观

这一观点认为个体、环境和行为是相互影响、彼此联系的。三者影响力的大小取决于当时的环境和行为的性质。在社会认知理论中，行为和环境都是可以改变的，但谁也不是行为改变的决定因素，例如攻击性强的儿童期望其他儿童对他产生敌意反应，这种期望使该儿童的攻击行为更有攻击性，从而又强化了该儿童的最初的期望。

3. 观察学习的过程

观察学习是指人们仅仅通过观察他人（榜样）的行为及其结果就能学会某种复杂行为，又称替代学习、无尝试学习。

观察学习不要求必须有强化，也不一定产生外显行为。班杜拉把观察学习分为以下四个过程：

（1）注意过程

观察学习起始于学习者对示范者行为的注意。如果学习者对示范行为的重要特征不予注意，或不正确的知觉，就无法通过观察进行学习。因此，注意过程是观察学习的起始环节。

榜样和观察者的几个特征决定了观察学习的程度：观察者比较容易观察那些与他们自身相似的或者被认为是优秀的、热门的和有力的榜样。有依赖性的、自身概念低的或焦虑的观察者更容易产生模仿行为。强化的可能性或外在的期望影响个体决定观察谁、观察什么。

（2）保持过程

保持过程即记住他们从榜样情景了解的行为，所观察的行为在记忆中以符号的形式表征，个体使用两种表征系统——表象和言语。个体贮存他们所看到的感觉表象，并且使用言语编码记住这些信息。

（3）运动再现过程

把记忆中的表象转换成行为，并根据反馈来调整行为以作出正确的反应。在此过程中，个体必须：①选择和组织反应要素。②在信息反馈的基础上精炼自己的反应，即自我观察和矫正反馈。自我效能感是影响复制过程的一个重要因素，所谓自我效能感，即一个人相信自己能成功地执行产生一个特定的结果所要求的行为。如果学习者不相信自己能掌握一个任务，他们就不能继续做一个任务。

（4）动机过程

能够再现示范行为之后，学习者是否能够经常表现出示范行为还受到行为结果因素的影响。社会学习论区别获得和表现，因为个体并不模仿他们所学的每一件事，强化非常重要，但并不是因为它增强行为，而是提供了信息和诱因，对强化的期望影响观察者注意榜样行为，激励观察者编码和记住可以模仿的、有价值的行为。观察学习所强调的的强化是一种替代性强化。

三、认知学派的学习理论

认知学习理论认为，学习不是在外部环境的支配下被动地形成 S — R 联结，而是主动地在头脑内部构造认知结构；学习不是通过练习与强化形成反应习惯，而是通过顿悟与理解获得期待；有机体当前的学习依赖于他原有的认知结构和当前的刺激情境，学习受主体的预期所引导，而不是受习惯所支配。

（一）苛勒的完形——顿悟说

1.苛勒的经典实验

格式塔心理学家苛勒曾在 1913~1917 年间，对黑猩猩的问题解决行为进行了一系列的实验研究，从而提出了与当时盛行的桑代克的尝试错误学习理论相对立的完形——顿悟说。

在苛勒的黑猩猩问题解决的系列实验中，他把黑猩猩置于笼内，笼外放有食物，食物与笼子之间放有木棒。对于简单的问题，黑猩猩只要使用一根木棒便可获取食物，复杂的问题则需要黑猩猩将两根木棒接在一起（一根木棒可以插入另一根木棒），方能获取食物。在复杂的棒子问题情境中，最初只见黑猩猩一会儿用小竹竿、一会儿用大竹竿来回试着拨香蕉，但怎么也拨不着。它只得把两根竹竿拉在手里飞舞着，突然之间，它无意地把小竹竿的末端插入了大竹竿，使两根竹竿连成了一根长竹竿，并马上用它拨到了香蕉。黑猩猩为自己的这一"创造发明"而高兴，并不断地重复这一接棒拨香蕉的动作。在第二天重复这一实验时，苛勒发现黑猩猩很快就能把两根竹竿连起来取得香蕉，而没有漫无目的的尝试。

2.完形——顿悟说的基本内容

（1）学习是通过顿悟过程实现的

苛勒认为，学习是个体利用本身的智慧与理解力对情境及情境与自身关系的顿悟，而不是动作的累积或盲目的尝试。顿悟虽然常常出现在若干尝试与错误的学习之后，但不是桑代克所说的那种盲目的、胡乱的冲撞，而是在做出外显反应之前，在头脑中要进行一番类似于"验证假说"的思索。动物解决问题的过程似乎是在提出一些"假说"，然后检验一些"假设"，并抛弃一些错误的"假说"。动物只有在清楚地认识到整个问题情境中各种成分之间的关系时，顿悟才会出现。

（2）学习的实质是在主体内部构造完形

完形是一种心理结构，是对事物关系的认知。苛勒认为，学习过程中问题的解决，都是由于对情境中事物关系的理解而构成一种"完形"来实现的。例如，在黑猩猩接棒取物的实验中，黑猩猩往往先看一看目的物，考虑到所要达到的目的，再开始接棒取物的。它的行为是针对食物（目标），而不仅是针对棒子（手段和工具）的。这就意味着，动物领会了食物（目标）和棒子（工具）之间的关系，才发生了接棒取物的动作。

完形——顿悟学说作为最早的一个认知性学习理论，肯定了主体的能动作用，强调心理具有一种组织的功能，把学习视为个体主动构造完形的过程，强调观察、顿悟和理解等认知功能在学习中的重要作用，这对反对当时行为主义学习论的机械性和片面性具有重要意义。但是，苛勒的顿悟学习与桑代克的尝试错误学习也并不是互相排斥和绝对对立的。尝试——错误往往是顿悟的前奏，顿悟则是练习到某种程度时出现的结果。尝试错误和顿悟在人类学习中均极为常见，它们是两种不同方式、不同阶段或不同水平的学习类型。一般说来，简单的、主体已有经验可循的问题解决，往往不需要进行反复的尝试——错误；而对于复杂的、创造性的问题解决，大多需要经过尝试——错误的过程，方能产生顿悟。

（二）布鲁纳的认知——结构学习论

布鲁纳是美国著名的认知教育心理学家，他主张学习的目的在于以发现学习的方式，使学科的基本结构转变为学生头脑中的认知结构。因此，他的理论常被称之为认知——结构论或认知——发现说。

1. 学习观

（1）学习的实质是主动地形成认知结构

布鲁纳认为，学习的本质不是被动地形成刺激反应的联结，而是主动的形成认知结构。学习者不是被动地接受知识，而是主动地获取知识，并通过把新获得的知识和已有的认知结构联系起来，积极地建构其知识体系。由此，布鲁纳十分强调认知结构在学习过程中的作用，认为认知结构可以给经验中的规律性以意义和组织，使人能够超越给定的信息，举一反三，触类旁通。他主张，应当向学生提供具体的东西，以便他们"发现"自己的认知结构。

（2）学习包括获得、转化和评价三个过程

布鲁纳认为，学习活动首先是新知识的获得。新知识可能是以前知识的精炼，也可能与原有知识相违背。获得了新知识以后，还要对它进行转化，我们可以超越给定的信息，运用各种方法将它们变成另外的形式，以适合新任务，并获得更多的知识。评价是对知识转化的一种检查，通过评价可以核对我们处理知识的方法是否适合新的任务，或者运用得是否正确。因此，评价通常包含对知识的合理性进行判断。

总之，布鲁纳认为学习任何一门学科的最终目的是构建学生良好的认知结构。因此，教师首先应明确所要构建的学生的认知结构包含哪些组成要素，并最好能画出各组成要素的关系的图解。在此基础上，教师应采取有效措施来帮助学生获得、转化和评价知识，使学科的知识结构转化为学生的认知结构，使书本的死的知识变为学生自己的活的知识。

2. 教学观

（1）教学的目的在于理解学科的基本结构

由于布鲁纳强调学习的主动性和认知结构的重要性，所以他主张教学的最终目标是促进学生对学科结构的一般理解。所谓学科的基本结构，是指学科的基本概念、基本原理及其基本态度和方法。而所谓掌握学科的结构，就是允许许多别的东西与它有意义地联系起来的方式去理解它。当学生掌握和理解了一门学科的结构，他们就会把该学科看作是一个相互联系的整体。因此，布鲁纳把学科的基本结构放在设计课程和编写教材的中心地位，成为教学的中心。他认为，学生理解了学科的基本结构，就容易掌握整个学科的具体内容，就容易记忆学科知识，就能促进学习迁移，促进儿童智力和创造力的发展，并可提高学习兴趣。

（2）掌握学科基本结构的教学原则

①动机原则。所有学生都有内在的学习愿望，内部动机是维持学习的基本动力。学生具有三种最基本的内在动机，即好奇内驱力（即求知欲）、胜任内驱力（即成功的欲望）和互惠内驱力（即人与人之间和睦共处的需要）。教师如能善于促进并调节学生的探究活动，便可激发他们的这些内在动机，有效地达到预定的学习目标。

②结构原则。任何知识结构都可以用动作、图像和符号三种表象形式来呈现。动作表象是借助动作进行学习，无需语言的帮助；图像表象是借助表象进行学习，以感知材料为基础；符号表象是借助语言进行学习，经验一旦转化为语言，逻辑推导便能进行。至于究竟选用哪一种呈现方式为好，则视学生的知识背景和课题性质而定。

③程序原则。教学就是引导学习者通过一系列有条不紊地陈述一个问题或大量知识的结构，以提高他们对所学知识的掌握、转化和迁移的能力。通常每门学科都存在着各种不同的程序，它们对学习者来说，有难有易，不存在对所有的学习者都适用的惟一的程序。

④强化原则。教学规定适合的强化时间和步调是学习成功重要的一环。知道结果应恰好在学生评估自己作业的那个时刻。知道结果过早，易使学生慌乱，从而阻扰其探究活动的进行；知道结果太晚，易使学生失去受到帮助的机会，甚至有可能接受不了正确的信息。

总之，根据结构主义教学观及其教学原则，为了促进中小学生良好认知结构的发展，教师首先必须全面深入地分析教材，明确学科本身所包含的基本概念、基本原理及它们之间的相互关系，只有这样，才有可能引导学生加深对教材结构的理解。在引导学生理解教材结构的过程中，首先应注意教学本身应有新异性，同时跨度应适当，其难度不能过高或过低，以激发学生的好奇心和胜任感；其次，应根据中小学生的经验水平、年龄特点和材料性质，选取灵活的教学程序和结构方式来组织实际的教学活动过程；同时，应注意提供有助于学生矫正和提高的反馈信息，并教育学生进行自我反馈，以提高学习的自觉性和能动性。

（三）奥苏伯尔的有意义接受学习论

1.学习分类

美国著名认知教育心理学家奥苏伯尔曾根据学习进行的方式把学习分为接受学习与发现学习，又根据学习材料与学习者原有知识结构的关系把学习分为机械学习与意义学习，并认为学生的学习主要是有意义的接受学习（图4-6）。

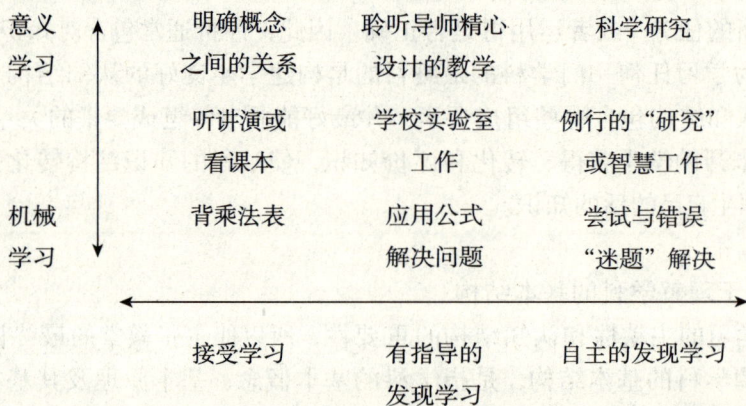

意义学习	明确概念之间的关系	聆听导师精心设计的教学	科学研究
	听讲演或看课本	学校实验室工作	例行的"研究"或智慧工作
机械学习	背乘法表	应用公式解决问题	尝试与错误"迷题"解决
	接受学习	有指导的发现学习	自主的发现学习

图4-6 奥苏伯尔的学习分类

2. 意义学习的实质和条件

（1）意义学习的实质

意义学习就是将符号所代表的新知识与学习者认知结构中已有的适当观念建立起非人为的和实质性的联系。相反，如果学习者并未理解符号所代表的知识，只是依据字面上的联系，记住某些符号的词句或组合，则是一种死记硬背式的机械学习。实质性的联系，是指表达的语词虽然不同，但却是等值的，也就是说这种联系是非字面的联系。所谓非人为的联系，是指有内在联系而不是任意的联想或联系，指新知识与原有认知结构中有关的观念建立在某种合理的或逻辑基础上的联系。

（2）意义学习的条件

意义学习的产生既受学习材料本身性质（客观条件）的影响，也受学习者自身因素（主观条件）的影响。从客观条件来看，意义学习的材料本身必须具有逻辑意义，在学习者的心理上是可以理解的，是在其学习能力范围之内的。一般来说，学生所学的教科书或教材，是人类认识世界的概括，都是有逻辑意义的。

从主观条件来看，首先学习者认知结构中必须具有能够同化新知识的适当的认知结构；其次学习者必须具有积极主动地将符号所代表的新知识与认知结构中的适当知识加以联系的倾向性。如果学习材料本身有逻辑意义，而学习者认知结构中又具备了适当的知识基础，那么，这种学习材料对学习者来说就构成了潜在的意义，即学习材料有了和学习者认知结构中的适当观念建立联系的可能性。最后，学习者必须积极主动地使这种具有潜在意义的新知识与认知结构中的有关旧知识发生相互作用，使认知结构或旧知识得到改善，使新知识获得实际意义即心理意义。意义学习的目的，就是使符号代表的新知识获得心理意义。上述条件缺一不可，否则就不能构成有意义的学习。

3. 接受学习的实质与技术

（1）接受学习的实质

接受学习是在教师指导下，学习者接受事物意义的学习。接受学习也是概念同化过程，是课堂学习的主要形式。奥苏伯尔认为，接受学习适合于年龄较大、有较丰富的知识和经验的人。在接受学习中，所要学习的内容大多是现成的、已有定论的、科学的基础知识，包括一些抽象的概念、命题、规则等，通过教科书或老师的讲述，用定义的方式，直接向学习者呈现。这时不可能发现什么新知识，学习者只能接受这些已有的知识，掌握它的意义。学习者接受知识的心理过程表现为：首先在认知结构中找到能同化新知识的有关观念；然后找到新知识与起固定点作用的观念的相同点；最后找到新旧知识的不同点，使新概念与原有概念之间有清晰的区别，并在积极的思维活动中融会贯通，使知识不断系统化。

（2）先行组织者技术

奥苏伯尔认为，影响接受学习的关键因素是认知结构中适当的起固定作用的观念的可利用性。为此，他提出了"先行组织者"的教学策略。所谓"先行组织者"，是先于学习任务本身呈现的一种引导性材料，它的抽象、概括和综合水平高于学习任务，并且与认知结构中原有的观念和新的学习任务相关联。其目的是为新的学习任务提供观念上的固着点，增加新旧知识之间的可辨别性，以促进学习的迁移。例如，奥苏伯尔曾研究过先行组织者对学习有关钢的性质的材料的影响。实验组学生在学习该材料之前，先学习了一个"先行组织者"，它强调了金属和合金的异同、各自的利弊和冶炼合金的理由。控制组学生在学习该材料之前，先学习一个有关炼铁和炼钢方法的历史说明材料以提高学习兴趣，但没有提供可作为理解钢的性质的观念框架的概念。结果两组学生在学习钢的性质的材料之后，实验组的平均成绩明显高于控制组。

事实上，接受学习是学习者掌握人类文化遗产及先进的科学技术知识的主要途径。在教师的讲授和指导下，学习者可以尽快在较短时间内掌握大量的间接知识，所获得的知识是系统的、完整的、精确的，便于贮存和巩固的。在实际的教学过程中，有意义接受学习理论的"组织者"技术很有价值，教师应灵活地运用这一技术，以促进知识的学习和保持。

（四）加涅的信息加工学习理论

加涅认为，学习是一个有始有终的过程，这一过程可分成若干阶段，每一阶段需进行不同的信息加工。与此相应，教学过程既要根据学生的内部加工过程，又要影响这一过程。因而，教学阶段与学习阶段是完全对应的。教学就是由教师安排和控制这些外部条件构成的；而教学的艺术，就在于学习阶段与教学阶段是否完全吻合。

1.学习的信息加工模式

加涅认为，学习的模式是用来说明学习的结构与过程的，它对于理解教学和教学过程，以及如何安排教学事件具有极大的应用意义，并提出了影响深远的信息加工的学习模式，如图4-7所示。

（1）信息流

从图4-7中，我们可以看到信息从一个假设的结构流到另一个假设结构中去的经过。首先，学生从环境中接受刺激，刺激推动感受器，并转变为神经信息。这个信息进入感觉登记，这是非常短暂的记忆贮存，一般在百分之几秒内就可把来自各感受器的信息登记完毕。有些部分登记了，其余部分很快就消失了，这涉及到注意或选择性知觉的问题。

被视觉登记的信息很快进入短时记忆，信息在这里可以持续二三十秒钟。短时记忆的容量很有限，一般只能贮存七个左右的信息项目。一旦超过了这个数目，新的信息进来，就会把部分原有信息赶走。如果想要保持信息，就得采取复述的策略。但复述只能有利于保持信息以便进行编码，并不能增加短时记忆的容量。

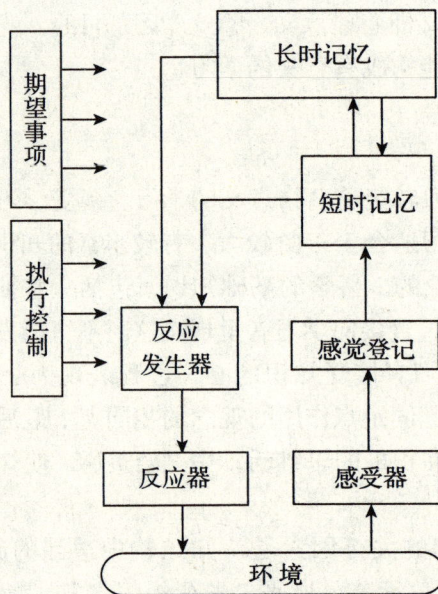

图4-7 学习的信息加工模式

当信息从短时记忆进入长时记忆时，信息发生了关键性转变，即要经过编码过程。所谓编码，不是把有关信息收集在一起，而是用各种方式把信息组织起来。信息是经编码形式储存在长时记忆中的。一般认为，长时记忆是个永久性的信息贮存库。

当需要使用信息时，需经过检索提取信息。被提取出来的信息可以直接通向反应发生器，从而产生反应，也可以再回到短时记忆，对该信息的合适性作进一步的考虑，结果可能是进一步寻找信息，也可能是通过反应发生器做出反应。

（2）控制结构

除信息流程之外，在图4-7所示的信息加工学习模式的上部，还包含着期望事项与执行控制。期望事项是指学生期望达到的目标，即学习的动机。正是因为学生对学习有某种期望，教师给予的反馈才会具有强化作用。换言之，反馈所以有效，是因为反馈能肯定学生的期望。执行控制即加涅所讲的认知策略，执行控制过程决定哪些信息从感觉登记进入短时记忆，如何进行编码、采用何种提取策略等。由此可见，期望事项与执行控制在信息加工过程中起着极为重要的作用。加涅所以没有把这两者与学习模式中其他结构联系起来，主要是由于这两者可能影响信息加工过程中的所有阶段，并且它们之间相互联结的关系目前还不很清楚。

2. 学习阶段及教学设计

从学习的信息加工模式中可以看到，学习是学生与环境之间相互作用的结果。学习过程是由一系列事件构成的。加涅认为，学生内部的学习过程一环接一环，形成一个链索；与此相应的学习阶段则把这些内部过程与构成教学的外部事件联系起来了。

四、人本主义的学习理论

人本主义心理学是 20 世纪五六十年代在美国兴起的一种心理学思潮，其主要代表人物是马斯洛和罗杰斯。人本主义的学习观与教学观深刻地影响了世界范围内的教育改革，是与程序教学运动、学科结构运动齐名的 20 世纪三大教学运动之一。

人本主义主张，心理学应当把人作为一个整体来研究，而不是将人的心理肢解为不完整的几个部分，应该研究正常的人，而且更应该关注人的高级心理活动，如热情、信念、生命、尊严等内容。人本主义的学习理论从全人教育的视角阐释了学习者的整个的成长历程，以发展人性、注重启发学习者的经验和创造潜能，引导其结合认知和经验，肯定自我，进而自我实现。人本主义学习理论重点研究如何为学习者创造一个良好的环境，让其从自己的角度感知世界，发展出对世界的理解，达到自我实现的最高境界。

人本主义心理学的目标是要对作为一个活生生的完整的人进行全面描述。人本主义心理学家认为，行为主义将人类学习混同于一般动物学习，不能体现人类本身的特性，而认知心理学虽然重视人类认知结构，却忽视了人类情感、价值观、态度等最能体现人类特性的因素对学习的影响。在他们看来，要理解人的行为，必须理解他所知觉的世界，即必须从行为者的角度来看待事物。要改变一个人的行为，首先必须改变其信念和知觉。人本主义者特别关注学习者的个人知觉、情感、信念和意图，认为它们是导致人与人的差异的"内部行为"，因此他们强调要以学生为中心来构建学习情景。

人本主义心理学代表人物罗杰斯认为，人类具有天生的学习愿望和潜能，这是一种值得信赖的心理倾向，它们可以在合适的条件下释放出来；当学生了解到学习内容与自身需要相关时，学习的积极性最容易激发；在一种具有心理安全感的环境下可以更好地学习。罗杰斯认为，教师的任务不是教学生知识，也不是教学生如何学习知识，而是要为学生提供学习的手段，至于应当如何学习则应当由学生自己决定。教师的角色应当是学生学习的"促进者"。

（一）教学目标

由于人本主义心理学家认为人的潜能是自我实现的，而不是教育的作用使然，因此在环境与教育的作用问题上，他们认为虽然"人的本能需要一个慈善的文化来孕育他们，使他们出现，以便表现或满足自己"，但是归根到底，"文化、环境、教育只是阳光、食物和水，但不是种子"，自我潜能才是人性的种子。他们认为，教育的作用只在于提供一个安全、自由、充满人情味的心理环境，使人类固有的优异潜能自动地得以实现。在这一思想指导下，罗杰斯在 60 年代将他的"患者中心"的治疗方法应用到教育领域，提出了"自由学习"和"学生中心"的学习与教学观。人本主义重视的是教学的过程而不是教学的内容，重视的是教学的方法而不是教学的结果。

（二）学习观

由于人本主义强调教学的目标在于促进学习，因此学习并非教师以填鸭式严格强迫学生无助地、顺从地学习枯燥乏味、琐碎呆板、现学现忘的教材，而是在好奇心的驱使下去吸收任何他自觉有趣和需要的知识。

罗杰斯认为，学生学习主要有两种类型：认知学习和经验学习，其学习方式也主要有两种：无意义学习和有意义学习，并且认为认知学习和无意义学习、经验学习和有意义学习是完全一致的。因为认知学习的很大一部分内容对学生自己是没有个人意义的，它只涉及心智，而不涉及感情或个人意义，是一种"在颈部以上发生的学习"，因而与完人无关，是一种无意义学习。而经验学习以学生的经验生长为中心，以学生的自发性和主动性为学习动力，把学习与学生的愿望、兴趣和需要有机地结合起来，因而经验学习必然是有意义的学习，必能有效地促进个体的发展。

所谓有意义学习，不仅仅是一种增长知识的学习，而且是一种与每个人各部分经验都融合在一起的学习，是一种使个体的行为、态度、个性以及在未来选择行动方针时发生重大变化的学习。在这里，我们必须注意罗杰斯的有意义学习和奥苏伯尔的有意义学习的区别。前者关注的是学习内容与个人之间的关系；而后者则强调新旧知识之间的联系，它只涉及理智，而不涉及个人意义。因此，按照罗杰斯的观点，奥苏伯尔的有意义学习只是一种"在颈部以上发生的学习"，并不是罗杰斯所指的有意义学习。

对于有意义学习，罗杰斯认为主要具有四个特征：（1）全神贯注：整个人的认知和情感均投入到学习活动之中；（2）自动自发：学习者由于内在的愿望主动去探索、发现和了解事件的意义；（3）全面发展：学习者的行为、态度、人格等获得全面发展；（4）自我评估：学习者自己评估自己的学习需求、学习目标是否完成等。因此，学习能对学习者产生意义，并能纳入学习者的经验系统之中。总之，"有意义的学习结合了逻辑和直觉、理智和情感、概念和经验、观念和意义。若我们以这种方式来学习，便会变成统整的人。"

（三）教学观

人本主义的教学观是建立在其学习观的基础之上的。罗杰斯从人本主义的学习观出发，认为凡是可以教给别人的知识，相对来说都是无用的；能够影响个体行为的知识，只能是他自己发现并加以同化的知识。因此，教学的结果，如果不是毫无意义的，那就可能是有害的。教师的任务不是教学生学习知识（这是行为主义者所强调的），也不是教学生如何学习（这是认知主义者所重视的），而是为学生提供各种学习的资源，提供一种促进学习的气氛，让学生自己决定如何学习。为此，罗杰斯对传统教育进行了猛烈的批判。他认为在传统教育中，"教师是知识的拥有者，而学生只是被动的接受者；教师可以通过讲演、考试甚至嘲弄等方式来支配学生的学习，而学生无所适从；教师是权力的拥有者，而学生只是服从者"。因此，罗杰斯主张废除"教师"这一角色，代之以"学习的促进者"。

罗杰斯认为，促进学生学习的关键不在于教师的教学技巧、专业知识、课程计划、视听辅导材料、演示和讲解、丰富的书籍等（虽然这中间的每一个因素有时候均可作为重要的教学资料），而在于特定的心理气氛因素，这些因素存在于"促进者"与"学习者"的人际关系之中。那么，促进学习的心理气氛因素有哪些呢？罗杰斯认为，这和心理治疗领域中咨询者对咨客（患者）的心理气氛因素是一致的，这就是：（1）真实或真诚：学习的促进者表现真我，没有任何矫饰、虚伪和防御；（2）尊重、关注和接纳：学习的促进者尊重学习者的情感和意见，关心学习者的方方面面，接纳作为一个个体的学习者的价值观念和情感表现；（3）移情性理解：学习的促进者能了解学习者的内在反应，了解学生的学习过程。在这样一种心理气氛下进行的学习，是以学生为中心的，"教师"只是学习的促进者、协作者或者说伙伴、朋友，"学生"才是学习的关键，学习的过程就是学习的目的之所在。

总之，罗杰斯等人本主义心理学家从他们的自然人性论、自我实现论及其"患者中心"出发，在教育实际中倡导以学生经验为中心的"有意义的自由学习"，对传统的教育理论造成了冲击，推动了教育改革运动的发展。这种冲击和促进主要表现在：突出情感在教学活动中的地位和作用，形成了一种以知情协调活动为主线、以情感作为教学活动的基本动力的新的教学模式；以学生的"自我"完善为核心，强调人际关系在教学过程中的重要性，认为课程内容、教学方法、教学手段等都维系于课堂人际关系的形成和发展；

把教学活动的重心从教师引向学生，把学生的思想、情感、体验和行为看作是教学的主体，从而促进了个别化教学运动的发展。不过，罗杰斯对教师作用的否定，是不正确的，是言过其实的。

五、建构主义的学习理论

建构主义是认知主义的进一步发展。建构主义是当代学习理论的一场变革。

（一）建构主义学习理论的基本观点

1. 知识观

建构主义者一般强调，知识并不是对现实的准确表征，它只是一种解释、一种假设，它并不是问题的最终答案。相反，它会随着人类的进步而不断地被"革命"掉，并随之出现新的假设。而且，知识并不能精确地概括世界的法则，在具体问题中，我们并不是拿来便用，一用就灵，而是需要针对具体情境进行再创造。另外，建构主义认为，知识不可能以实体的形式存在于具体个体之外，尽管我们通过语言符号赋予了知识一定的外在形式，甚至这些命题还得到了较普遍的认可，但这并不意味着学习者会对这些命题有同样的理解，因为这些理解只能由个体基于自己的经验背景而建构起来，它取决于特定情境下的学习历程。

建构主义的这种知识观尽管不免过于激进，但它向传统的教学和课程理论提出了巨大挑战，值得我们深思。按照这种观点，课本知识只是一种关于各种现象的较为可靠的假设，而不是解释现实的"模板"。科学知识包含真理性，但不是绝对正确的最终答案，它只是对现实的一种更可能正确的解释。而且，更重要的是，这些知识在被个体接受之前，它对个体来说是毫无权威可言的，不能把知识作为预先决定了的东西教给学生，不要用我们对知识正确性的强调作为让个体接受它的理由，不能用科学家、教师、课本的权威来压服学生。学生对知识的"接受"只能靠他自己的建构来完成，以他们自己的经验、信念为背景来分析知识的合理性。学生的学习不仅是对新知识的理解，而且是对新知识的分析、检验和批判。另外，知识在各种情况下应用并不是简单套用，具体情境总有自己的特异性，所以，学习知识不能满足于教条式的掌握，而是需要不断深化，把握它在具体情境中的复杂变化，使学习走向"思维中的具体"。

2. 学习观

建构主义认为，学习不是知识由教师向学生的传递，而是学生建构自己的知识的过程，学生不是被动的信息吸收者，而是信息意义的主动建构者，这种建构不可能由其他人代替。

学习是个体建构自己的知识的过程，这意味着学习是主动的，学生不是被动的刺激接受者，他要对外部信息做主动的选择和加工，因而不是行为主义所描述的 S—R 过程。而且，知识或意义也不是简单由外部信息决定的，外部信息本身没有意义，意义是学习者通过新旧知识经验间反复的、双向的相互作用过程而建构成的。其中，每个学习者都在以自己原有的经验系统为基础对新的信息进行编码，建构自己的理解，而且原有知识又因为新经验的进入而发生调整和改变，所以学习并不简单是信息的积累，它同时包含由于新、旧经验的冲突而引发的观念转变和结构重组。学习过程并不简单是信息的输入、存储和提取，而是新旧经验之间的双向的相互作用过程。因此，建构主义又与认知主义的信息加工论有所不同。

3. 学生观

建构主义者强调，学生并不是空着脑袋走进教室的。在日常生活中，在以往的学习中，他们已经形成了丰富的经验，小到身边的衣食住行，大到宇宙、星体的运行，从自然现象到社会生活，他们几乎都有一些自己的看法。而且，有些问题即使他们还没有接触过，没有现成的经验，但当问题一旦呈现在面前时，他们往往也可以基于相关的经验，依靠他们的认知能力（理智），形成对问题的某种解释。并且这种解释并不都是胡乱猜测，而是从他们的经验背景出发而推出的合乎逻辑的假设。所以，教学不能无视学生的这些经验，另起炉灶，从外部装进新知识，而是要把儿童现有的知识经验作为新知识的生长点，引导儿童从原有的知识经验中"生长"出新的知识经验。

建构主义者认为，教学不是知识的传递，而是知识的处理和转换。教师不简单是知识的呈现者，他应该重视学生自己对各种现象的理解，倾听他们的看法，洞察他们这些想法的由来，以此为根据，引导学生丰富或调整自己的理解。这不是简单的"告诉"就能奏效的，而是需要与学生共同针对某些问题进行探索，并在此过程中相互交流和质疑了解彼此的想法，彼此做出某些调整。由于经验背景的差异，学生对问题的理解常常各异，在学生的共同体之中，这些差异本身便构成了一种宝贵的学习资源。教学就是要增进学生之间的合作，使他看到那些与他不同的观点，从而促进学习的进行。

4.教学观

（1）认知灵活性理论及随机通达教学

认知灵活性理论是建构主义的一支，它既反对传统教学机械地对知识作预先限定，让学生被动地接受，也反对极端建构主义只强调学习中的非结构的一方面，忽视概念的重要性。它主张，一方面要提供建构主义理解所需的基础，同时又要留给学生广阔的建构的空间，让他们针对具体情境采用适当的策略。

斯皮罗等人认为适合于高级学习的教学是"随机通达教学"。学习过程中对于信息的意义的建构可以从不同的角度入手，以获得不同方面的理解。在运用已有知识解决实际问题时，存在着概念的复杂性和实例间的差异性。任何对事物的简单的理解都会漏掉事物的某些方面，而这些方面在另外一个情境中，从另外一个角度看时可能是非常重要的。所以，他们主张"随机通达教学"，即要求对同一内容的学习要在不同时间多次进行，每次的情境都是经过改组的，而且目的不同，分别着眼于问题的不同侧面。这种反复不是为了巩固知识技能而进行的简单重复，因为在每次学习的情境方面都会有互不重合的方面，而这将会使学习者对概念知识获得新的理解。

（2）自上而下教学设计

在以斯金纳的操作性条件反射理论和加涅的学习层级说等为基础的传统教学中，基本上是自下而上地展开教学进程。斯金纳主张将知识分为一个个小单元，让学生按一定的步调一步步地学习，最终掌握整体知识。加涅提出了学习层级说，认为知识是有层次结构的，教学要从基本子概念子技能的学习出发，逐级向上，逐渐学习到高级的知识技能。

当今的建构主义者批判传统的自下而上的教学设计，认为它是过于简单化的根源。都费认为，教学并不是从简单到复杂，教学进程的设计应遵循"自上而下"和知识结构的网络概念模式。

（3）情境性教学

建构主义理论批评传统教学使学习去情境化的做法，提倡情境性教学情境教学有如下特点：

教学应使学习在与现实情境相类似的情境中发生，以解决学生在实生活中遇到的问题为目标，学习内容要选择真实性任务，能对其做过于简单化的处理，使其远离现实的问题情境由于具体问题往往都同时与多个概念理论相关，所以，他们主张弱化学科限，强调学科间的交叉。

教学的过程与现实的问题解决过程相类似，所需要的工具往往隐于情境当中，教师并不是将提前已准备好的内容教给学生，而是在课堂上展出与现实中专家解决问题相类似的探索过程（甚至有人主张教师不要备课提供解决问题的原型，并指导学生的探索。

情境性教学不需要独立于教学过程的测验，而是采用融合式测。在学习中对具体问题的解决过程本身就反映了学习的效果，或者进行与学习过程一致的情境化的评估。

（4）支架式教学与抛锚式教学设计

支架式教学设计。围绕事先确定的主题，建立一个相关的概念框架。框架的建立遵循"最近发展区"思想，并因人而异。

抛锚式教学设计。根据事先确定的学习主题，在相关的实际情境中去选定某个典型的珍视事件或珍视问题（"抛锚"），然后围绕该问题开展进一步的学习，所以抛锚式教学也被称为"实例式教学"或"基于问题的教学"。

（二）建构主义学习理论的教学启发

1. 围绕核心问题，确定教学目标

问题的选定是教学的核心。一旦选定就要围绕这一"核心"设置教学情境，确定教学目标，设计教学策略，实施效果评价。问题可以是某一项目、某一课题、某一主题、某一案例、某一事物或某种矛盾。当然，学生在具体学习过程中，也可以有自己的学习目标，因为不同的学生其知识经验、兴趣爱好等不相同，所以应根据自己的实际情况确定学习目标，这与总体教学目标是不冲突的。

2. 分析学生特征，设置教学情境

教学者就必须设计利于学生学习的教学情境。建构主义学习理论强调学习者在真实情景中进行学习，减少知识与解决问题之间的差距，强调知识的迁移能力的培养。

3. 设计教学策略，指导学生自主学习

教学策略的设计有多种，比如前面论述的学习情境的设计，还有如信息资源设计、认知工具设计、自主学习策略设计等。要让学生充分理解学习的内容、主旨，必须首先让他们了解有关的历史，教师为学生提供了认知工具，包括查阅什么样的资料，查阅这些资料有什么途径和方法，并根据教学目标对查阅到信息资料进行筛选。教师针对不同情况做出适时反馈。

4. 组织协作会话，完成意义建构

为了使意义建构更有效，教师应在可能的条件下组织协作学习，譬如小组协商讨论等，并对协作会话学习过程进行引导，使原来多种意见相互矛盾，且态度纷呈的复杂局面逐渐变得明朗、一致起来。在共享集体成果的基础上达到对当前所学的知识的比较全面、正确的理解，即最终完成对所学知识的意义建构。引导的方法包括：提出适的问题以引起学生的思考和讨论；在讨论中设法把问题一步步引向深入以加深学生对所学内容的理解；要启发诱导学生自己去发现规律、自己去纠正错误和补充认识。

5. 把握评价方法，完善教学模式

建构主义学习评价注重学习任务的整体性评价、学习参与度的评价等。其评价方法通常包括形成性评价和总结性评价，它们在教学过程中起着不同的作用。总结性评价属于事后评价，一般是在教学活动告一段落后，为了解教学活动的最终效果而进行的评价；而形成性评价是在某项教学活动过程中，为了能更好地达到教学目标的要求，取得更佳的效果而不断进行的连续的评价，它能及时了解阶段教学的结果和学生学习的进程情况、存在问题，及时调整和改进教学工作。

【强化训练】

一、单项选择题

1. 苛勒对黑猩猩的问题解决行为进行了一系列研究，从而提出了完形－顿悟说，与这个理论相对立的理论是（　　　）。

A. 操作性条件作用论　　　B. 尝试－错误说　　　　C. 认知－结构学习论　　D. 有意义接受学习论

2. 桑代克的学习三律指的是（　　　）。

A. 准备率、效果率、练习律　　　　　　　　B. 准备率、练习律、类化率

C. 准备率、思考率、迁移率　　　　　　　　D. 练习律、因果律、近因率

二、简答题

1. 简述布鲁纳的教学观。

2. 简述观察学习的过程。

【内容精要】

1. 感觉是对直接作用于感觉器官的客观事物的个别属性的反映。它提供了内外环境的信息，保证了机体与环境的信息平衡，是一切较高级、较复杂的心理现象的基础。感觉的特性涉及感受性和感受阈限、感觉适应、感觉后像、感觉对比、感觉补偿和感觉的相互作用。

2. 知觉是人脑对直接作用于感觉器官的客观事物的各个部分和属性的整体的反映。知觉以感觉为基础，但它不是感觉的简单相加。知觉的特性主要有：知觉的选择性、知觉的整体性、知觉的理解性和知觉的恒常性，知觉的这些特性保证了人们对客观事物的认识。

3. 注意是心理活动对一定对象的指向和集中，指向性和集中性是注意的两个基本特征。注意有选择、保持、调节和监督的功能。根据产生和保持注意时有无目的以及意志努力的参与，注意可分为：无意注意、有意注意和有意后注意三种。注意的品质有：注意的广度、注意的稳定性、注意的分配和注意的转移。

4. 记忆是在头脑中积累和保存个体经验的心理过程，记忆包括识记、保持和再现三个环节。我们可以从不同的角度对记忆进行分类，如根据信息保持时间的长短，可以将记忆分为感觉记忆、短时记忆和长时记忆。遗忘是指对识记过的材料不能再认与回忆，或者错误的再认与回忆。艾宾浩斯通过遗忘曲线发现，遗忘的规律是先快后慢，呈负加速型。关于遗忘的原因，有不同的理论解释，主要有：痕迹衰退说、干扰说、同化说、动机说和提取失败说。

5. 思维是借助语言、表象或动作实现的、对客观事物的概括和间接的认识，是认识的高级形式。间接性和概括性是人的思维过程的重要特征。我们可以从不同的角度对记忆进行分类。创造性思维是指以新颖独创的方法解决问题的思维过程，创造性思维有其独特的特征。思维的发展理论中，最为著名是是皮亚杰的认知发展阶段理论，他将儿童从初始到成人的认知发展划分为感知运动、前运算、具体运算和形式运算四个阶段，不同阶段思维的发展存在差异。

6. 学习动机是指激发个体进行学习活动、维持已引起的学习活动，并致使行为朝向一定的学习目标的一种内在过程或内部心理状态。学习动机可以引起、维持、强化和调整学习。学习动机的理论主要有：强化理论、需要层次理论、成就动机理论、成败归因理论、自我效能理论、成就目标理论、自我价值理论和自我决定理论。了解学习动机的理论，有利于教师进行学习动机的培养和激发。

7. 学习迁移也称训练迁移，指一种学习对另一种学习的影响，或习得的经验对完成其他活动的影响。根据不同的分类依据，可以把学习迁移分成不同类别，主要有：正迁移与负迁移、水平迁移与垂直迁移、一般迁移与具体迁移、同化性迁移、顺应迁移与重组性迁移。迁移的理论有：形式训练说、共同要素说、经验类化说、关系转换说和认知结构迁移理论。学习迁移的促进方法主要有：精选教材，整合学科内容；精选教材，整合学科内容；合理教学，强调概括总结；教授策略，提高迁移意识。

8. 学习策略是指学习者为了提高学习的效果和效率、有目的有意识地制定的有关学习过程的复杂的方案。一般来说，学习策略可分为认知策略、元认知策略和资源管理策略等三个方面。认知策略包括复述、精细加工和组织策略；元认知策略包括计划、监控和调节策略。资源管理策略包括时间管理、学习环境管理、努力管理和社会资源利用策略。

9. 学习指在生活过程中，凭借经验而产生的行为或行为潜能的相对持久的变化。不同的心理学派，对学习都有不同的认识，行为主义认为学习是在行为和反应之间建立的联结；认知学派认为学习是主动地在头脑中构造认知结构的过程；建构主义对学习的看法是在认知学派的基础上的进一步发展，他们认为学生是学习活动的主动建构者；人本主义注重发展人性、启发学习者的经验和创造潜能，他们更为关注如何为学生创造一个良好的学习环境。

【本章自测】

一、单项选择题（本大题共 10 个小题，每个 3 分，共 30 分）

1.一名教师走到安静的教室门口故意咳嗽两声，目的是引起学生的（　　　　）。

　　A.无意注意　　　　　　　B.有意注意　　　　　C.有意后注意　　　　D.随意注意

2.人们对自己是否能够成功地进行某一成就行为的主管推测和判断是（　　　　）。

　　A.学习需要　　　　　　　B.自我效能感　　　　C.成就动机　　　　　D.学习动机

3.美国心理学家布鲁纳认为学习的实质在于（　　　　）。

　　A.获得知识　　　　　　　B.习得学习方法　　　C.主动形成认知结构　D.建立知识系统

4.在英语学习中，学生在学习 eye（眼）ball 后学习 eyeball 就比较容易，这种现象属于（　　　　）。

　　A.一般迁移　　　　　　　B.负迁移　　　　　　C.水平迁移　　　　　D.正迁移

5.前运算阶段儿童思维的特点是（　　　　）。

　　A.以自我为中心　　　　　B.概念守恒　　　　　C.抽象思维　　　　　D.运算思维

6.学会写"石"字后有助于学习写"磊"，这种迁移符合（　　　　）。

　　A.水平迁移　　　　　　　B.顺向迁移　　　　　C.垂直迁移　　　　　D.具体迁移

7.认知结构迁移理论的提出者是（　　　　）。

　　A.桑代克　　　　　　　　B.贾德　　　　　　　C.奥苏贝尔　　　　　D.布鲁纳

8.在实际教学中，教师不能突袭（如应学习新知识，却进行考试），不利于学生的学习，这种做法的依据是学习的（　　　　）。

　　A.准备率　　　　　　　　B.练习律　　　　　　C.效果率　　　　　　D.刺激

9.问题解决过程中，对解答问题有启发作用的相类似的物体叫（　　　　）。

　　A.原型　　　　　　　　　B.原型启发　　　　　C.问题情境　　　　　D.问题对象

10.创造性思维的核心是（　　　　）。

　　A.形象思维　　　　　　　B.聚合思维　　　　　C.知觉思维　　　　　D.发散思维

二、辨析题（本大题共 2 个小题，每个 10 分，共 20 分）

1.负强化等同于惩罚。

2.定势在问题解决时总是起着积极作用。

三、简答题（本大题共 3 个小题，每个 10 分，共 30 分）

1.简述资源管理策略中的时间管理策略。

2.简述桑代克的学习的基本规律。

3.简述迁移的形式训练说。

四、材料分析题（20 分）

在实际的教学中，教师对学生作业采用"漏一补十"…"错一罚十"的做法。你怎样看待这一现象？请运用记忆的有关规律加以分析。

第五章　中学生发展心理

1.掌握中学生认知发展的理论、特点与规律。

2.了解情绪的分类，理解情绪理论，能应用情绪理论分析中学生常见的情绪问题。

3.掌握中学生的情绪特点，正确认识中学生的情绪，主要包括情绪表现的两极性、情绪的种类等。

4.掌握中学生良好情绪的标准、培养方法，指导中学生进行有效的情绪调节。

5.理解人格的特征，掌握人格的结构，并根据学生的个体差异塑造良好人格。

6.了解弗洛伊德的人格发展理论及埃里克森的社会性发展阶段理论，理解影响人格发展的因素。

7.了解中学生身心发展的特点，掌握性心理的特点，指导中学生正确处理异性交往。

第一节　中学生的认知发展

【导读】

伴随着他们的生理与心理变化，中学生的认知发展也发生了很大的变化。这种变化主要体现在量和质两个方面，在量上，主要表现为中学生的各种认知能力（如感知觉、记忆、想象及思维能力）的进一步发展和完善，使得他们能更轻松、更快捷、更有效地完成各种认知任务；在质上，主要表现为中学生认知结构及思维过程的具体变化上，新的认知结构使中学生在解决问题时，能逐渐熟练地使用假设、抽象概念、逻辑法则以及逻辑推理等手段，提高了问题解决的精确性及成功率。

一、中学生的认知发展理论

（一）皮亚杰的认知发展阶段理论

1.建构主义发展观

瑞士心理学家皮亚杰认为，人的知识来源于动作，动作是感知的源泉和思维的基础。婴儿通过对物体的抓取、摆弄等动作获得关于物体的知识，从而认识物体。

人在认识认识周围世界的过程中，形成自己独特的认知结构，叫做图式。而人类所有的心理反应归根到底都是适应，适应的本质在于取得机体与环境的平衡。

适应分为同化和顺应。同化是指有机体面对一个新的刺激情景时，把刺激整合到已有的图式或认知结构中。顺应是指当有机体不能利用原有图式接受和解释新刺激时，其认知结构发生改变来适应刺激的影响。个体通过同化和顺应达到机体与环境的平衡，如果失去了平衡，需要改变行为以重建平衡。个体在平衡与不平衡的交替中不断建构和完善认知结构，实现认知发展。

2.皮亚杰的认知发展理论

关于认知发展问题，皮亚杰认为认知发展是一种建构的过程，是个体与环境的相互作用中实现的，从而表现出按不变顺序相继出现的四个阶段。每一个阶段有它主要的行为模式；其中，每一个阶段都是一个统一的整体。他提出了认知发展理论，并将个体的认知发展分为四个阶段。

（1）感知运动阶段（0～2岁）

这一阶段的发展主要是感觉和动作的分化。初生的婴儿，只有一系列笼统的反射。他最初的感觉动作是笼统含糊，缺乏精确性和协调性的，也分辨不清自己与周围世界的关系。随后的发展便是组织自己的感觉与动作以应付环境中的刺激，到这一阶段的后期，感觉与动作才渐渐分化而有调适作用的表现，开始意识到主体与客体的区别，有了客体恒常性概念，思维也开始萌芽。

（2）前运算阶段（2～7岁）

这个阶段的儿童的各种感知运动图式开始内化为表象或形象模式，特别是随着语言的出现和发展，使儿童日益频繁地用表象符号来代替外界事物，但他们的语词或其他符号还不能代表抽象的概念，思维仍受具体直觉表象的束缚，难以从知觉中解放出来。他们的思维有如下主要特征：认为外界的一切事物都是有生命的；所有的人都有相同的感受，一切以自我为中心；认知活动具有相当具体性，还不能进行抽象的运算思维；思维具有不可逆性等。

（3）具体运算阶段（7～11岁）

这个阶段的儿童认知结构中已经具有了抽象概念，能从多维对事物归类，具有了思维的可逆性和去自我中心化，因而能够进行具体逻辑推理。例如，向7～8岁小孩提出这样的问题：假定A＞B，B＞C，问A与C哪个大。他们可能难以回答。若换一种说法："张老师比李老师高，李老师又比王老师高，问张老师和王老师哪个高？"他们可以回答。因为在后一种情形下，儿童可以借助具体表象进行推理。这个阶段的儿童已经获得了长度、体积、重量和面积的守恒。所谓守恒是指儿童认识到客体在外形上发生了变化，但其特有的属性不变。这个阶段的儿童能凭借具体事物或从具体事物中获得的表象进行逻辑思维和群集运算。但这一阶段的儿童的思维仍需要具体事物的支持。

（4）形式运算阶段（11～15岁）

具体运算阶段的儿童尽管能借具体形象的支持进行逻辑推理，但还不能进行抽象的辩证逻辑推理，即还不能对他的运算进行运算。

①推论命题之间的关系

本阶段的儿童的思维是以命题形式进行的。他们不仅能够考虑到命题与经验之间的真实性关系，而且能看到命题与现实之间的关系，并且能推论两个或多个命题之间的逻辑关系。

②进行假设－演绎推理

本阶段的儿童不仅能够运用经验－归纳的方式进行逻辑推理，而且能够运用假设－演绎推理的方式来解决问题，他们能在考察问题细节的基础上，假设这种或那种理论或解释是正确的，再从假设中演绎出从逻辑上讲这样或那样的经验现象实际上应该或不应该出现，然后检验他的理论，看这些预见的现象是否确实出现。

③抽象逻辑思维的发展

本阶段儿童能够理解符号的意义、隐喻和直喻，能做一定的概括，其思维发展水平已接近成人水平。

④具备可逆思维和补偿思维

本阶段的儿童不仅具备了逆向性的可逆思维，而且具备了补偿性的可逆思维。例如，对于"在天平的一边加上一些东西，天平就失去平衡，怎样是天平重新平衡"的问题，他们不仅能考虑把所加的重量拿走（逆向性），而且能考虑到移动天平的加重的盘子，使它靠近支点，即使力臂缩短（补偿性）。

⑤思维的灵活性

本阶段的儿童不再刻板的恪守规则，反而常常由于规则和事实的不符而违反规则。对这一年龄阶段的儿童，教师和家长不宜采用过多的命令和强制性的教育，而应鼓励和指导他们自己做决定，同时对他们考虑不全面的地方提出建议和改进的方法。

3. 影响发展的因素

皮亚杰提出，以下四个基本因素对个体发展具有重要影响：

（1）成熟，指机体的成长，特别是神经系统和内分泌系统的成熟。

（2）练习和经验，皮亚杰把经验区别为物理经验和逻辑数理经验两种。

（3）社会性经验，指社会环境中人与人之间的相互作用和社会文化的传递。

（4）具有自我调节作用的平衡过程，皮亚杰认为，具有自我调节作用的平衡过程是智力发展的内在动力。

4. 皮亚杰认知发展理论的教育价值

（1）充分认识儿童不是"小大人"是教育获得成功的基本前提

从思维方面讲，儿童对问题的解决，最初是依赖先天图式，到感知运动阶段末期，出现动作思维的萌芽；从言语方面来说，儿童在感知运动阶段的末期，才出现了言语的萌芽。自我中心的语言有三种表现形式：重复、独白、集体独白。

（2）遵循儿童的思维发展规律是教育取得成效的根本保证

儿童智力发展不仅是渐进的，而且是遵循一定顺序，每个阶段之间是不可逾越的、不可颠倒的，前一阶段总是后一阶段发展的条件。因此，教育必须遵循这一规律。

（二）维果斯基的心理发展观

维果斯基，强调人类社会文化对人的心理发展的重要作用，认为人的高级心理机能是在人的活动中形成和发展起来并借助语言实现的。

1. 文化历史发展理论

维果斯基从种系和个体发展的角度分析了心理发展的实质，提出了文化历史发展理论。

维果斯基区分了两种心理机能：一种是作为动物进化结果的低级心理机能；另一种则是作为历史发展结果的高级心理机能，即以符号系统为中介的心理机能。高级心理机能的实质是以心理工具为中介的，受到社会历史发展规律的制约。维果斯基提到的工具有两个层次：物质生产的工具和精神生产的工具——语言符号系统。

维果斯基认为：人的思维与智力是在活动中发展起来的，是各种活动、社会性相互作用不断内化的结果。

2. 心理发展观

心理发展是个体的心理自出生到成年，在环境与教育的影响下，在低级心理机能的基础上，逐渐向高级机能转化的过程。这种转化主要有四个方面的表现：（1）随意机能的不断发展；（2）抽象——概括机能的提高；（3）各种心理机能之间的关系不断变化、重组，形成间接的，以符号为中介的心理结构；（4）心理活动的个性化。个性的形成是心理机能发展的重要标志，个性特点对其他机能的发展具有重要作用。

对于儿童心理发展的原因，维果斯基强调了三点：（1）心理机能的发展起源于社会文化历史的发展，受社会规律的制约；（2）从个体发展来看，儿童在与成人交往过程中通过掌握高级心理机能的工具——语言、符号系统，从而在低级的心理机能的基础上形成了各种新的心理机能；（3）高级心理机能是外部活动不断内化的结果。

3. 教育和发展的关系——"最近发展区"

维果斯基认为，儿童有两种发展水平：一是儿童的现有水平，即由一定的已经完成的发展系统所形成的儿童心理机能的发展水平；二是即将达到的发展水平。这两种水平之间的差异就是最近发展区。也就是说，儿童在有指导的情况下，借助成人帮助所能达到的解决问题的水平与独自解决问题所达到的水平之间的差异，实际上是两个邻近发展阶段间的过渡。

教学应着眼于学生的最近发展区，把潜在的发展水平变成现实的发展，并创造新的最近发展区。维果斯基特别提出："教学应当走在发展的前面"。

教学的作用表现在两个方面：一方面决定着儿童发展的内容、水平和速度等；另一方面也创造着最近发展区。

二、中学生的认知发展特点

（一）感知觉的发展

中学生的学习、生活发生了较大变化，致使其感知觉在原有的认识水平的基础上，有了新的变化、发展，促使他们的感受性和观察力发展的更好。

1.感觉的发展

中学生的视觉感受性在不断提高，辨别各种颜色和色度的精确性在不断增加。与小学一年级学生相比，中学生区别各种色度的精确性要提高 60% 以上。到 15 岁前后，视觉和听觉的敏度甚至可以超过成人。初中生辨别音高的能力也在不断提高，对音阶的辨别有很高的准确性。在运动觉方面，中学生的关节肌肉得到高度发展，为体育活动、绘画、写字等技能的发展起到重要作用。教师在学生教育中，要注意保护学生的感官，尤其是视感官，注意用眼卫生，预防近视的发生。

2.知觉的发展

在知觉方面，中学生的知觉出现了许多新的特点。首先，知觉的有意性和目的性有了较大提高，能自觉地根据教学要求去知觉有关事物。其次，知觉的精确性、概括性更加发展，出现了逻辑性知觉。在空间知觉上带有更大的抽象性，比较熟练地掌握三维的空间关系，远距离空间知觉逐渐形成，能够掌握各种地理空间关系，形成地球、世界、宇宙等空间表象。但对更加复杂的空间关系，如立体几何、光年等的理解尚有困难。在时间知觉上，可以更精确地理解较短的单位，如月、周、时、分等，而对较大的如"世纪"、"年代"这样的历史时间单位，虽然也可以开始理解，但常常不太精确。

3.观察力的发展

观察是人们认识世界、增长知识的主要手段，是人的一种有目的、有计划、持久的知觉活动，也是知觉的最高形式。

中学生的观察能力的发展主要体现在：（1）目的更明确。中学生能主动地制订观察计划，有意识地进行集中地、持久地观察，并能对观察活动进行自我调控；（2）持久性明显发展。中学生意志能力增强，能排除各种干扰，坚持长时间观察；（3）精确性提高。在观察活动中，中学生能全面深入地了解细节。既重整体辨认，又重细节辨认；观察的正确率逐步提高；对观察对象本质属性的理解逐步深化；（4）概括性更强。中学生抽象逻辑思维渐占优势，言语表达能力进一步发展，观察的概括性、深刻性明显提高。

培养中学生的观察力要做到：明确观察目的和任务，提高观察的自觉性；教给观察的方法；培养观察的浓厚兴趣；多种感官（眼、耳、鼻、舌、身）共同参与；加强观察、思维和语言的协调发展。

（二）记忆和注意的发展

1.记忆的发展

（1）有意记忆占主导地位

有意记忆是有目的、有计划，需要意志努力的记忆。人要获得完整的、系统的知识和技能，主要靠有意记忆。中学生能自觉地、独立地提出较长远的识记任务，选择相应的识记方法，自我检查识记效果，总结经验教训，提高记忆水平。尽管中学生的有意识记占主导地位，但无意识记仍是不可缺少的。许多东西是通过无意识记，在轻松愉快中获得的。

（2）理解记忆为主要识记方法

理解记忆是借助思维的力量，在理解事物意义和本质的基础上进行的记忆。随着思维的成熟和语言的发展，中学生的理解记忆成为主要的记忆方法。

（3）抽象记忆占优势

随着语言和抽象思维的发展，学习内容的加深，学生要掌握大量科学概念，抽象记忆也随之发展起来，并在中学阶段居于优势地位。

2. 注意的发展

初中生有意注意有了进一步发展。注意比较稳定和集中。教师的课堂教学不需要像小学那样，一节课要变换几种教学形式。在注意的分配和转换品质上，初中生都有一定的发展。他们可以边听老师讲课、边记笔记。绝大多数学生具有一定的注意分配的能力，但总的来说，初中生注意分配能力发展相对较为缓慢。初中学生已具有一定的注意转移能力，但存在着个别差异，有一些学生转移能力较差，因而有可能造成学习落后。

高中生注意的集中性和稳定性有了很好的发展。注意的范围在不断扩大，已接近成人的水平。注意的分配品质发展较好，高中生已经可以根据任务要求转移自己的注意。对于自己不感兴趣，但又必须记住的材料，他们也能很好地集中自己的注意。

（三）思维的发展

从总体上，初中生的抽象逻辑思维处于优势地位。但初中学生的抽象逻辑思维，在很大程度上，还属于经验型，即他们的抽象逻辑思维需要感性经验的支持，具体形象成分仍起重要作用。研究发现，初中二年级是中学生思维发展的关键期。从初中二年级开始，中学生的抽象逻辑思维开始由"经验型"向"理论型"转化。这种转化大约到高中二年级初步完成。

从形式逻辑思维看，初中一年级已开始占优势。初中二、三年级开始能理解抽象概念的本质属性。就辩证思维发展来讲，初中一年级学生已经开始掌握该种思维的各种形式，但水平还不高。初中三年级学生的辩证逻辑思维处于迅速发展的转折期，但是辩证逻辑思维尚未处于优势地位。同时初中学生思维的品质尤其是独立性和批判性有了很大的发展，但是很容易产生片面性和表面性的缺点。

高中生的思维发展达到了更高的水平，具有更高的抽象概括性、反省性和监控性特点。抽象逻辑思维明显占优势，并向理论型抽象逻辑思维发展，辩证思维基本形成。具体分析为：抽象逻辑思维逐步占优势；辩证逻辑思维基本形成；思维的完整结构基本形成、并趋于稳定。

（四）想象的发展

想象与思维之间有着密切的联系。想象是一种特殊的思维过程。初中学生的学习内容变得更加复杂、抽象了，所以更需要想象的参与。初中生想象的有意性迅速增长。这与他们实践活动的丰富多彩有很大关系。研究发现，初中二年级到初中三年级是学生空间想象力发展的加速期或关键期。教师在教学过程中要特别注意在这个时期发展学生的想象力。此外，初中生想象的创造性成分在不断增加。初中学生想象的现实性在不断发展。想象的内容比较符合现实，富有逻辑性。初中生的想象的现实性可以通过他们的幻想和理想反映出来。初中生的幻想具有现实性、兴趣性，有时也带有虚构的特点。而要达到理性的想象一般要到高中阶段。

高中学生想象的特点主要表现在他们的创造性成分的增加和理想的形成、发展方面。高中生更重视现实，他们的理想不仅考虑到自己的兴趣，而且还考虑到有无实现的可能和条件，一旦有可能如愿，他们还会为之而奋斗，争取实现自己的理想。

（五）语言的发展

到中学时期，由于语文和其他学科的教学内容和教学要求发生了一系列的变化，社会的要求也在逐步提高，这就使中学生的语言进一步得到迅速的发展。

1. 口头言语的发展

学生的听话能力主要是通过初中阶段的训练发展的。在这一阶段，学生听话时逐步克服了各种分散注意的消极因素，能够集中注意力，以积极的态度听话。在说话能力的培养上，正确运用语音的能力训练主要是在初中阶段进行的。

2. 书面言语的发展

（1）词汇的发展

中学阶段是词汇量迅速发展的一个重要时期和关键时期。学生在中学阶段由于生活经验更加丰富，他们对词义的理解也更加深刻，部分消极词汇正在转化为积极词汇。学生在中学毕业后词汇量还会继续发展，对词语的理解也会越来越深刻，但可以说一个人一生所使用的词汇主要是在中学阶段学到的。中学阶段学生词语的日益丰富和深刻，积极促进着他们思维的发展。

（2）语法的发展

从初中生对语法的掌握情况来看，一般有如下几个特点：一是对语法关系比较简单的、典型的掌握较好，反之则较差；二是学生在进行语法分析时，更多地依赖于形式上的标志，还缺乏从本质上和内在关系上进行分析的能力；三是可以对一些语法现象作一定的理解和分析，并逐步注意将所学的语法规律运用于写作，但在理解和运用上仍存在着较大的距离。

（3）阅读的发展

初中阶段，是学生朗读能力迅速发展的一个时期。从学生朗读能力发展的趋势上看，一是初中阶段学生的朗读能力随年级升高而发展；二是学生（尤其是初三以上的学生）掌握语调、速度和节奏要比掌握重音和停顿容易些；三是对这四项指标掌握的关键是理解材料和富于想象，所以学生朗读水平的提高有赖于抽象思维和形象思维的发展。

（4）写作的发展

中学生写作能力的发展，一般具有如下的特点：写作的对象和内容的范围逐渐扩大；由模仿写作发展到独立写作；由记叙发展到说明，再发展到议论，逐步掌握文章的各种体裁和写作的各种方式。

三、认知发展与教学

（一）认知发展制约教学的内容和方法

在皮亚杰看来，学习从属于发展，从属于主体的一般认知水平。所以，各门具体学科的教学都应研究如何对不同发展阶段的学生提出既不超出当时的认知结构的同化能力，又能促使他们向更高阶段发展的富有启迪作用的适当内容。例如，只有形式运算阶段的儿童才能获得纯粹以命题形式呈现的概念和规则，而大多数中学生并未都达到这一发展水平，即使在某一领域达到这一发展水平的学生，在其他领域却不一定达到。因而中学生学习抽象概念和规则，仍需要具体经验的支持。

（二）教学促进学生的认知发展

皮亚杰的研究企图揭示无特殊训练条件下的儿童认知发展阶段，并未考虑专门教学的影响。从一般发展的观点看，这种研究是必要的。但不能把皮亚杰的发展阶段看成是固定不变的或不受教育影响的。大量的研究表明，通过适当的教育训练来加快各个认知发展阶段转化的速度是可能的。只要教学内容和方法得当，系统的学校教学肯定可以起到加速认知发展的作用。

【强化训练】

一、单项选择题

1.（　　）是人们认识世界、增长知识的主要手段，是人的一种有目的、有计划、持久的知觉活动，也是知觉的最高形式。

A. 观察　　　　　　　　B. 记忆　　　　　　　　C. 注意　　　　　　　　D. 思维

2. 提出教学的最近发展期的心理学家是（　　　）。

A. 皮亚杰　　　　　　　B. 斯金纳　　　　　　　C. 维果斯基　　　　　　D. 华生

二、简答题

1. 简述中学生观察力的特点。

2. 简述认知发展与教学的关系。

第二节　中学生的情绪发展

【导读】

情绪是人对事物的态度体验。人在认识世界和改造世界时，并不是无动于衷的，人们对周围的事物、他人和自己的行为，常常抱着不同态度，一些现象使人愉快，另一些现象使人悲哀，某些现象使人愤怒，而另一些现象会使人恐惧。这些愉快、愤怒、恐惧和悲哀都是常见的情绪体验。情绪会影响人们的日常生活，心情好时，做什么事都得心应手，心情糟时，做什么都不顺利。中学时期是个体发展的一个特殊时期，了解这个中学生的情绪特点，有利于教师更好的进行教学工作。

一、情绪概述

（一）情绪的概念

19 世纪以来，心理学家对情绪进行了长期的研究，对情绪提出了各种不同的看法，当前比较被大家接受的看法是：情绪是个体对客观事物的态度体验及相应的行为反应。情绪是伴随着认知和意识过程产生的对外界事物的态度，是对客观事物和主体需求之间关系的反应，是以个体的愿望和需要为中介的一种心理活动。

情绪有 20 种以上的定义，尽管它们各不相同，但都承认情绪是由以下三种成份组成的：主观体验，即个体对不同情绪状态的自我感受，每种情绪都有不同的主观体验，它们代表了人们不同的感受；外部表现，通常称之为表情，是情绪发生时，身体各个部分的动作化形式，包括面部表情、姿态表情和语调表情；生理唤醒，是情绪产生的生理反应，生理唤醒是一种生理的激活水平，不同情绪的生理反应模式是不一样的。

对人类来说，情绪有其重要作用，情绪的功能主要体现在：（1）适应功能。情绪是人类早期赖以生存的手段，人们通过各种情绪，了解自身和他人的处境和状况，以适应社会的需要，达到更好的生存和发展；（2）动机功能。情绪是动机的源泉之一，它能够激励个体的活动，提高个体的活动效率；（3）组织功能。情绪对心理活动的组织功能体现在，积极情绪的协调作用和消极情绪的破坏、瓦解作用；（4）信号功能。情绪在人际间有传递信息、沟通思想的功能，情绪的这种功能主要是通过表情来实现的。

（二）情绪的分类

《礼记》中提出"七情"说，即喜、怒、哀、惧、爱、恶和憨，《白虎通》中提出了"六情"，即喜、怒、哀、乐、爱和恶。

我国心理学家林传鼎根据《说文》中对情绪描述的词，将其分为 18 类，即安静、喜悦、愤怒、哀怜、悲痛、忧怒、忿恚、烦闷、恐惧、惊骇、恭敬、悦爱、憎恶、贪憨、嫉妒、微惧、惭愧和耻辱。

从生物进化的角度可把情绪分为基本情绪和复合情绪。基本情绪是人和动物共有的，不学而会的。基本情绪的种类各家有不同的分法，近代研究中常把快乐、愤怒、悲哀和恐惧列为情绪的基本形式，又叫原始情绪。复合情绪是由基本情绪的不同组合派生出来的。

20 世纪 70 年代初，伊扎德用因素分析的方法提出人类的基本情绪有 11 种，即兴趣、惊奇、痛苦、厌恶、愉快、愤怒、恐惧、悲伤、害羞、轻蔑和自罪感。由此产生的复合情绪有 3 类：第一类是基本情绪的混合，如兴趣——愉快、恐惧——害羞、恐惧——内疚——痛苦等；第二类是基本情绪和内驱力的结合，如性驱力——兴趣——享乐、疼痛——恐惧——怒等；第三类是基本情绪与认知的结合，如活力——兴趣——愤怒、多疑——恐惧——内疚等。复合情绪有上百种，有些是可以命名的，如愤怒——厌恶——轻蔑的复合情绪可以命名为敌意，而大多数是很难命名的。

　　罗素提出了情绪分类的环形模式，他认为情绪可以划分为两个维度：愉快度和强度。愉快度又可以分为愉快、不愉快；强度又可分为中等强度和高等强度。由此可以组合成 4 个类型：愉快——高等强度是高兴，愉快——中等强度是轻松，不愉快——中等强度是厌烦，不愉快——高等强度是惊恐（图 5-1）。

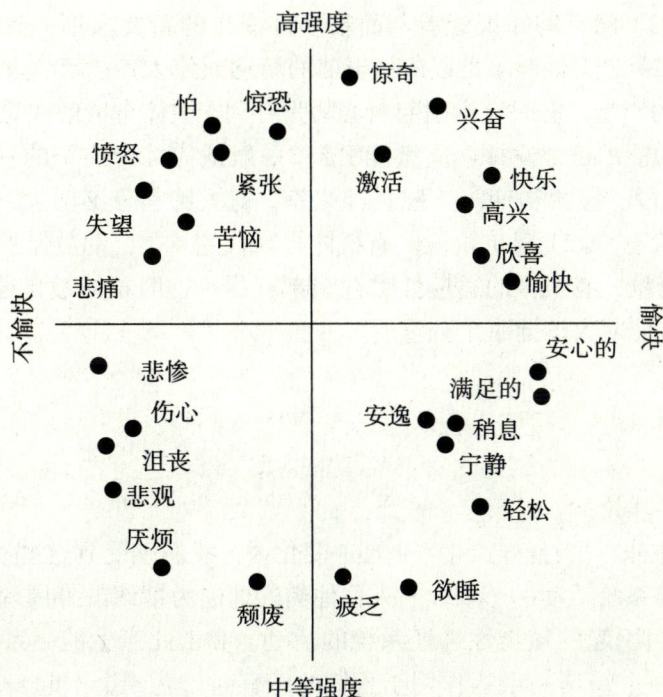

图 5-1　罗素的环形情绪分类模式

（三）情绪状态的分类
　　情绪状态是指在某种事件或情境影响下，人在一定时间里表现出的一定的情绪。最典型的情绪状态有心境、激情和应激。
　　心境是一种深入的、比较微弱而持久的情绪状态，如得意、忧虑、焦虑等。心境具有弥散性，不是关于某一事物的特定体验，而是由一定情境唤起后在一段时间里影响主体对事物的态度的体验。心境往往由对人有重要意义的事件引发产生。心境持续的时间可以是几小时、几周、几个月甚至更长的时间，判别甚大。某种心境的持续时间依赖于引起这种心境的客观环境和个体的个性特点。

【真题在线】
[2012 年下半年] 王悦接到高考录取通知书已经十多天了，仍心情愉悦，往常觉得平淡的事情也能让他很高兴，这种情绪状态属于（　　　　）。
　　A. 激情　　　　　　　　B. 心境　　　　　　　　　　C. 应激　　　　　　　　D. 热情
【答案及解析】B 心境是一种深入的、比较微弱而持久的情绪状态，如得意、优虚、焦虑等。心境具有弥散性，不是关于某一事物的特定体验，而是由一定情境唤起后在一段时间里影响主体对事物的态度的体验。

　　激情是一种强烈的、短暂的、爆发性的情绪状态。激情往往由与人关系重大成功后的狂喜、惨遭失败后的沮丧和绝望、至亲突然逝世后的极度悲伤等，都是激情状态。激情状态常伴随着生理变化和明显的外部行为表现。激情状态下人往往出现"意识狭窄"现象，即认知活动的范围缩小，理智分析能力受到抑制，

自我控制能力减弱，进而使人的行为失去控制，甚至做出一些鲁莽的行为或动作。激情的发展大致要经历三个阶段：（1）由于意志力减弱，身体变化和表情动作越来越失去控制，高度紧张使细微的动作发生紊乱。这时人的行为受情绪体验的左右。（2）人失去意志的监督，发生了不可控制的动作和推动理智的行为。（3）激情爆发后的平息阶段。这时会出现平静和疲劳现象，严重时甚至精力衰竭，对一切事物不关心，精神萎靡。

应激是在出乎意料的紧张与危急状况下出现的情绪状态，是人对意外的环境刺激做出的适应性反应。产生应激状态的原因有：（1）已有的知识经验与面临事件提出的新要求不一致，没有现成的办法可以参考，需要进入应激状态。（2）已有经验不足以应付当前的境遇而使人产生无能为力的失助感和紧张感。应激状态对人的活动有很大的影响，有时应激引起身心紧张有利于主体全力解决紧急问题，有时应激所造成的高度紧张又会阻碍认知功能的正常发挥。应激能引起"一般适应综合症"的发生。这种症状一般分三个阶段：（1）惊觉（动员）阶段。应激初期，交感神经兴奋，肾上腺素分泌增加，心率上升，血糖和胃酸增加，机体处于适应性防御状态。（2）阻抗阶段。有机体提高代谢水平，动员保护机制以抵消持续的情绪紧张。（3）衰竭阶段。紧张持续，有机体的适应性贮存全部耗尽。这时机体被自身防御作用损害，导致适应性疾病。可见，对应激的控制对人体健康十分重要。

二、情绪理论

（一）詹姆斯——兰格理论

詹姆斯和兰格的理论主张："当身体产生（生理）变化时，我们感受到这些变化，这就是情绪。"他们强调情绪的产生是植物神经系统活动的产物。后人称他们的理论为情绪的外周理论。

詹姆斯根据情绪发生时引起的植物性神经系统的活动，和由此产生的一系列机体变化提出，情绪就是对身体变化的知觉。当一个情绪刺激物作用于我们的感官时，立刻会引起身体的某种变化，激起神经冲动，传至中枢神经系统而产生情绪。在詹姆斯看来，悲伤乃由哭泣而起，愤怒乃由打斗而致，恐惧乃由战栗而来，高兴乃由发笑而生。

兰格认为，情绪是内脏活动的结果。他特别强调情绪与血管变化的关系："情感，假如没有身体的属性，就不存在了。""血管运动的混乱、血管宽度的改变以及各个器官中血液量的变化，乃是激情的真正的最初原因。"他认为情绪决定于血管受神经支配的状态、血管容积的改变以及对它的意识。

詹姆斯和兰格对情绪产生的具体描述上虽然有所不同，但他们的基本观点是一致的，即情绪刺激引起身体的生理反应，而生理反应进一步导致情绪体验的产生。他们的理论看到了情绪与机体变化的直接关系，强调了植物神经系统在情绪产生中的作用，这有其合理的一面；但是他们片面强调植物神经系统的作用，忽视了中枢神经系统的作用，引起了很多争议。

（二）坎农——巴德学说

坎农对詹姆斯——兰格理论提出了疑问，他认为情绪的中心不在外周神经系统，而在中枢神经系统的丘脑。由外界刺激引起感觉器官的神经冲动，通过内导神经，传至丘脑；再由丘脑同时向上向下发出神经冲动，向上传至大脑，产生情绪的主观体验，向下传至交感神经，引起机体的生理变化，如血压升高、心跳加快、瞳孔放大、内分泌增多和肌肉紧张等，使个体生理上进入应激准备状态。情绪体验和生理变化是同时发生的，它们都受丘脑的控制。坎农的情绪学说得到巴德的支持和发展，故后人称坎农的情绪学说为坎巴情绪学说。

（三）阿诺德的评定——兴奋说

美国心理学家阿诺德在20世纪50年代提出了情绪的评定——兴奋学说。这种理论认为，刺激情景并不直接决定情绪的性质，从刺激出现到情绪的产生，要经过对刺激的估量和评价，情绪产生的基本过程是刺激情景——评估——情绪。同一刺激情景，由于对它的评估不同，就会产生不同的情绪反应。评估的结果可能认为对个体"有利"、"有害"或"无关"。如果是"有利"，就会引起肯定的情绪体验，并企图接近刺激物；如果是"有害"，就会引起否定的情绪体验，并企图躲避刺激物；如果是"无关"，人们就予以忽视。

阿诺德认为，情绪的产生是大脑皮层和皮下组织协同活动的结果，大脑皮层的兴奋是情绪行为的最重要的条件。她提出情绪产生的理论模式是：作为引起情绪的外界刺激作用于感受器，产生神经冲动，通过内导神经上送至丘脑，在更换神经元后，再送到大脑皮层，在大脑皮层上刺激情景得到评估，形成一种特殊的态度（如恐惧及逃避、愤怒及攻击等）。这种态度通过外导神经将皮层的冲动传至丘脑的交感神经，将兴奋发送到血管和内脏，所产生的变化使其获得感觉。这种从外周来的反馈信息，在大脑皮层中被估价，使纯粹的认识经验转化为被感受到的情绪。

阿诺德的情绪理论将情绪的产生与高级的认知活动联系起来，提出了第一个情绪的认知理论，将认知评价与外周的生理反馈相结合来分析情绪。

（四）沙赫特的情绪两因素理论

20世纪60年代初，美国心理学家沙赫特和辛格提出，对于特定的情绪来说，有两个因素是必不可少的。第一，个体必须体验到高度的生理唤醒，如心率加快、手出汗、胃收缩、呼吸急促等；第二，个体必须对生理状态的变化进行认知性的唤醒。

为了检验情绪的两因素理论，他们进行了实验研究。实验证明，人对生理反应的认知和了解决定了最后的情绪体验。这个结论并不否定生理变化和环境因素对情绪产生的作用。事实上，情绪状态是由认知过程（期望）、生理状态和环境因素在大脑皮层中整合的结果。环境中的刺激因素，通过感受器向大脑皮层输入外界信息；生理因素通过内部器官、骨骼肌的活动，向大脑输入生理状态变化的信息；认知过程是对过去经验的回忆和对当前情境的评估。来自这三个方面的信息经过大脑皮层的整合作用，才产生了某种情绪体验。

将上述理论转化为一个工作系统，称为情绪唤醒模型。这个工作系统包括三个亚系统：一是对来自环境的输入信息的知觉分析；二是在长期生活经验中建立起来的对外部影响的内部模式，包括过去、现在和将来的期望；三是现实情景的知觉分析与基于过去经验的认知加工间的比较系统，称为认知比较器，它带有庞大的生化系统和神经系统的激活机构，并与效应器官联系。

这个情绪唤醒模型的核心部分是认知，通过认知比较器把当前的现实刺激与储存在记忆中的过去经验进行比较，当知觉分析与认知加工间出现不匹配时，认知比较器产生信息，动员一系列的生化和神经机制，释放化学物质，改变脑的神经激活状态，使身体适应当前情境的要求，这时情绪就被唤醒了。

（五）拉扎勒斯的认知——评价理论

认知——评价理论认为情绪是人和环境相互作用的产物，在情绪活动中，人不仅接受环境中的刺激事件对自己的影响，同时要调节自己对于刺激的反应。情绪活动必须有认知活动的指导，只有这样，人们才可以了解环境中刺激事件的意义，才可能选择适当的、有价值的动作组合，即动作反应。情绪是个体对环境事件知觉到有害或有益的反应。在情绪活动中，人们需要不断地评价刺激事件与自身的关系。具体来讲，有三个层次的评价：初评价、次评价和再评价。

初评价是指人确认刺激事件与自己是否有利害关系，以及这种关系的程度。次评价是指人对自己反应行为的调节和控制，它主要涉及人们能否控制刺激事件，以及控制的程度，也就是一种控制判断。再评价是指人对自己的情绪和行为反应的有效性和适宜性的评价，实际上是一种反馈性行为。

（六）汤姆金斯、伊扎德的动机——分化理论

汤姆金斯和伊扎德为代表的动机——分化理论。该理论萌生于60年代，至今已成为很有影响的情绪理论之一。

汤姆金斯和伊扎德都认为情绪具有重要的动机性和适应性的功能，汤姆金斯更是认为，情绪就是动机，他否定了把动机归结为内驱力的看法，着重指出内驱力信号需要一种放大的媒介才能激发有机体去行动，起这种放大作用的正是情绪过程；而且情绪是比内驱力更加灵活和强有力的驱动因素，它本身可以离

开内驱力信号而起到动机作用。

伊扎德的动机论则容纳了更复杂的内涵，他提出，情绪是一种基本的动机系统，他从整个人格系统出发建立了情绪——动机体系。伊扎德提出人格具有6个子系统：内稳态、内驱力、情绪、知觉、认知、动作。人格子系统组合成4种类型的动机结构：内驱力、情绪、情绪——认知相互作用、情绪——认知结构。在这庞大的动机系统中，情绪是核心，无论是与内驱力相联系的情绪，或是同知觉、认知相联系的情绪，抑或是蕴含在人格结构中的情绪特质，都起重要的动机作用。伊扎德进一步指出，情绪的主观成分——体验正是起动机作用的心理机构，各种情绪体验是驱策有机体采取行动的动机力量。

伊扎德的情绪理论还包容着更完整的内容，他从进化的观点出发，提出大脑新皮质体积的增长和功能的分化同面部骨胳肌肉系统的分化以及情绪的分化是平行的、同步的。多种情绪的分化是进化过程的产物，因此，才具有灵活多样的适应功能，从而导致情绪在有机体的适应和生存上起着核心的作用。每种具体的情绪都有其发生的渊源，都有特定的意识品性和适应功能。

汤姆金斯和伊扎德继承和发展了达尔文关于表情的学说。从情绪的分化观出发，十分强调面部表情的重要性。他们指出，人类基本情绪的面部表情是先天程序化的模式，而且先天的面部表情参与到情绪发生的整个机制之中，面部运动的感觉反馈激活情绪体验。伊扎德详细阐述了这一过程，描述了外界刺激事件引起感觉皮层和边缘系统的兴奋，激活在下丘脑或杏仁核内贮存的先天情绪模式，从而在面孔上显露为一种具体情绪的表情。这一表情活动向脑内的感觉反馈引起皮层的整合活动，从而产生情绪体验。这就是表情的"面部反馈"功能。

在对情绪性质的阐述上，动机——分化理论既说明了情绪的产生根源，又说明了情绪的功能，为情绪在心理现象中确立了相对独立的地位。尤其在对人类婴儿情绪发生和功能的阐释上，具有创新性和极大的说服力。但是动机——分化理论对情绪与认知的联系缺乏具体的论证和阐述，这不失为其理论不足之处。

（七）情绪的ABC理论

艾里斯认为人的情绪是由他的思想决定的，合理的观念导致健康的情绪，不合理的观念导致负向的、不稳定的情绪。人有许多非理性的观念，如我"必须"成功，并得到他人赞同，别人"必须"对我关怀和体贴；事情"应该"做得尽善尽美，课堂上回答问题有错误是很糟糕的事等等。他提出了一个解释人的行为的ABC理论。

A、个体遇到的主要事实、行为、事件。

B、个体对A的信念、观点。

C、事件造成的情绪结果。

我们的情绪反应C是由B（我们的信念）直接决定的。可是许多人只注意A与C的关系，而忽略了C是由B造成的。B如果是一个非理性的观念，就会造成负向情绪。若要改善情绪状态，必须驳斥（D）非理性信念B，建立新观念并获得正向的情绪效果（E）。这就是艾里斯理性情绪治疗的ABCDE步骤。

三、中学生情绪特点

中学时代是人生发展的一个关键时期，这个时期人的生理、心理发展都日渐成熟。其中生理上最明显的特点是长高了，第二性征出现了；在心理方面，独立意识和自我意识不断增强。正是由于这两方面的显著变化，中学生才表现出与成人不同的独特的情绪状态，这种独特的情绪既令家长操心，也令老师担心，同时对于中学生自身来说，也时时刻刻体验"让我欢喜让我忧"的特殊感觉。

（一）波动性

中学时代，既是多姿多彩的花季，也是多风多雾的雨季。这一时期，中学生会体验到从未经历过的寂寞与孤独、忧虑与不安、多愁善感。

虽然此时中学生已有了一定的驾驭自己的能力，但情绪的波动性却很大，从一个极端向另一个极端的转化是经常发生的。容易狂喜、暴怒，也容易极度悲伤和恐惧，情绪来的骤然，去的迅速；顺利时得意忘形，受挫时垂头丧气；意外的打击会使一些意志薄弱的人丧失信心，甚至会走上轻生的绝路。

（二）强烈性

研究表明，11 岁到 13 岁女孩和 13 岁到 15 岁男孩的情绪，最容易受到外界影响，且反应强烈。有时可能因为一场球赛而激动得几天睡不着觉，也可能因为一句玩笑而几个人打成一团。总之，他们会因为一件小事就产生强烈的情绪反应。

（三）掩饰性

与小学生相比，中学生已经能比较理智地看问题，不再像小学生那样冲动。开始注重自己的仪表，关心别人对自己的看法，因此会尽可能地使自己的外在表现既得体，又合时宜，已经能够对自己的情绪加以控制。比如，某人对某件事感到厌烦，但出于某种原因，也可以表现得不在意，甚至表现为十分热心。

（四）延续性

在初中阶段，学生的情绪容易激动，且外露，情绪活动延续时间较短，但到了高中阶段，情绪爆发的频率降低，作为心境的延续时间加长，再加上情绪的控制能力提高，因此情绪体验的时限延长、稳定度提高。例如幼儿发怒不超过 5 分钟，可高中生可长达数小时。甚至有的情绪体验可长期影响学生成长，并可改变一个人的个性特征。

（五）丰富性

中学生正处在多梦的年龄阶段，几乎人类所具有的情绪种类都可在高中生身上体现出来，并且各类情绪的强度不一，有不同层次。如"哀"有遗憾、失望、难过、悲伤、哀痛、绝望之分。另外，在情绪体验的内容上已是千头万绪，丰富多彩了。如"惧怕"的情绪，中学生所怕的事物大多和社会文化有关，与幼儿所惧怕的猫、狗之类的具体、单纯的实物不尽相同，如怕考试、怕陌生人、怕惩罚、怕寂寞等。可见中学生已步入一个纷繁多彩的情绪世界，其情绪体验也是丰富多彩的。

（六）特异性

自我意识的迅速发展，为他们的情绪体验增添了一圈独特的"光晕"，这里面包含着个性的差异、自我感知的差异、性别的差异等。例如，同是忧虑，有人如林黛玉般的郁郁寡欢，有人如范仲淹般深沉宽广；同是消极情绪体验，男生倾向于发怒，女生则倾向于悲哀和惧怕；同是日常心境的感知，外向的学生容易被兴奋、乐观所笼罩，内向的学生则容易被悲伤、忧郁所感染。

四、中学生情绪变化的两极性

中学阶段，是人的情绪充分发展的时期，中学生的情绪世界，早已不再是风平浪静的港湾，面对的是汹涌澎湃的大海，而中学生，则像是一叶小小扁舟，在波峰与波谷之间寻找新的平衡。虽然这时他们已有了驾驭自己情绪的能力，但情绪的浪潮依然时起时落，依然没有摆脱两极性的特点，烦躁和不安仍然是其情绪的主旋律。波动不定的情绪又会对行为产生直接的影响：当你春风满面、意气风发时，学习就积极、效果就好，反之则差；外表乐观活泼，内心却很烦别人的打扰；希望别人理解、接纳，但行为上表现出漫不经心的样子。所有这些，都是情绪不稳定的表现，也是处于青春期的中学生特有的心理特点。中学生情绪变化的两极性具体表现为：

（一）复杂与简单共存

进入中学以后，随着环境的改变，视野的扩大，知识的增多，中学生的情绪领域也在不断拓宽。情绪内容日趋复杂，其范围已经发展为对学习、生活、友谊等的体验，以及对一切所热衷的事物的体验。但是，由于诸多因素影响，中学生的所有情绪体验，尤其是高级情感体验尚存在一定的简单性，如有的中学生对理想的追求仅仅是因为兴趣深厚，对学习的热情仅仅是为了荣誉，把友谊理解为"义气"等。

（二）强与弱共存

中学生的情绪十分强烈，为一件小事或暴跳如雷，或欣喜若狂，或欢呼雀跃，或垂头丧气的现象屡见不鲜。与此同时，他们的情绪还有着温和细腻的一面，在与知心朋友、所敬重的师长交往时，他们也会表现出温文尔雅、和颜悦色的形象，即使有令人不快的事情发生，有时也会冷静理智地对待和处理。

（三）波动与稳定共存

中学生的情绪波动性表现为情绪的大起大落，往往从一个极端走上另一个极端，顺利时晴空万里，受挫时愁云满天，今天对某人佩服得五体投地，明天又觉得不屑一顾。与波动性相对的是稳定性，中学生在形成一种看法后，有时也会表现出一定的坚持性，不易改变。

（四）微妙的隐蔽性

中学生的情绪不再像儿童那样天真直露、心口如一，其表现具有文饰、内隐的性质，有时会把自己真实的内心情绪世界封闭起来，对自己内心的真实想法或真实情绪，是否予以表现也时常依时间、对象、场合而转移。但中学生毕竟阅历较浅，涉世未深，内心深处存在希望被理解的强烈愿望，依然比较袒露、率直，当意志不能完全控制情绪时，也会锋芒毕露，遇到知己时，也会倾诉真情，所以，情绪的隐蔽性是相对而言的。

【真题在线】

[2012年上半年] 某中学一次教学考试中，陈鹏是唯一满分的学生。当教师宣布考试成绩时，陈鹏内心非常高兴，但他却表现出若无其事的样子，这反映了青少年情绪发展具有（　　　）。

A. 稳定性　　　　　B. 持久性　　　　　C. 掩饰性　　　　　D. 短暂性

【答案及解析】C 这反映了中学生情绪发展具有掩饰性。

五、中学生良好情绪的标准和培养

（一）中学生良好情绪的标准

良好的情绪是做一切事情的基础，是处理好人际关系的关键。具体说来，良好的情绪有以下标准：

1. 准确表述对周围环境的感受

良好的情绪首先能够对周边的环境进行准确的表述，准确的表达出自己的感受，需要注意的是，这里所谓的准确性，不仅仅是只要表述出自己的积极情绪，同时也要表达出自己的消极情绪。

2. 客观评价周围环境

良好的情绪表现在对周围环境的评价上，对周围环境的评价要客观，或者说要适当，如果表现的过于激烈或者过于消沉，则不是良好情绪的标准。

3. 具备情绪的转移能力

良好的情绪不仅仅表现在表达上，还表现在情绪的转移上，也就是说，在兴奋时如果停止那么兴奋不再延续，如果悲伤，停止时不再悲伤，也就是说能够在情感上能够"拿得起放得下"。

4. 情绪符合年龄特征

良好的情绪表现在年龄特征上，如果学生的情绪表现超出了自己的年龄，那么就需要引起教师的注意，并采取相应的措施进行干预。

（二）中学生良好情绪的培养

对于良好情绪的保持与调节，主要有以下方法：

1. 形成适当的需要

需要的满足与否会影响个体的情绪体验，需要得到满足时，个体就会产生积极的情绪，反之，就会产生消极的情绪。因此，个体要对自身、对客观事物有正确的认识，形成正当、合理的需要，过高的要求往往使人难以达到目标，从而会郁郁寡欢，产生消极情绪。

2. 树立正数的人生观、价值观

具有正确的人生观、价值观和远大的志向的个体，就会胜不骄、败不馁，情绪稳定。相反，个人主义严重的人，往往斤斤计较，情绪也会常常波动。

3. 拥有健康的体魄

身体状况与个体的情绪密切相关。身体健康的人常常表现出精神振奋、心情开朗等等积极的情绪；身体不健康的人则会表现出精神萎靡、心情阴郁。所以个体要锻炼身体，保持良好的体质。

4. 培养良好的幽默感

幽默是一种优美的、健康的品质，它可以驱除忧愁，带来快乐，调和气氛。

5. 消除不良的情绪

不良情绪出现时，不能简单的抑制。否则一旦有适当的机会，它还会发泄出来。要消除不良情绪，不仅要认识到不良情绪的存在，找到它产生的原因，更要去掌握控制调节和消除不良情绪的方法，如自我暗示、意志控制等。

六、中学生情绪调节

中学生的情绪就像洪水，对待洪水不能只是一味地加以控制不让其爆发出来。情绪在身体内部积蓄会对身体有害，所以，情绪需要疏导，即用理智对情绪进行调节，使他们的情绪达到喜怒有常，喜怒有度。

（一）情绪调节概述

情绪调节是每个人管理和改变自己或他人情绪的过程。在这个过程中，通过一定的策略和机制，使情绪在生理活动、主观体验、表情行为等方面发生一定的变化。成功的情绪调节，主要是要管理情绪体验和行为，使之处在适度的水平，其中包括"削弱或去除正在进行的情绪，激活需要的情绪，掩盖或伪装一种情绪"等等。可见，情绪调节既包括抑制、削弱和掩盖等过程，也包括维持和增强的过程。

情绪调节可以分为不同种类。根据来源，可分为内、外部调节。内部调节可以通过个体自我暗示、深呼吸、体育运动等进行生理、心理、行为调节。外部调节可与朋友谈心进行人际调节，爬山、游泳等进行自然调节。根据情绪的不同特点而言，可分为修正、维持和增强调节等。这种调节在临床中常常采用。根据调节发生的阶段，可分为原因和反应调节。原因调节是针对引起情绪的原因或起源进行加工和调整，包括对情境的选择、修改、注意的调整，认识的改变等策略。反应调节发生于情绪激活或诱发之后，是个体对已经发生的情绪在生理反应、主观体验和表情行为等三方面，通过增强减少、延长、缩短等策略进行调整。

（二）情绪调节方法

1. 指导学生了解自己的情绪

不同的学生有不同的情绪特点，教师应该指导学生了解自己的情绪，了解他们情绪的优缺点，并根据他们的现实状况，努力培养积极向上、健康活泼的情绪。

2. 培养学生正确看待问题

情绪在很大程度上受到个人认知的影响，从积极的角度看问题，个体就容易产生积极的情绪体验，反之，个体就会产生消极的情绪体验。所以教师要指导学生从多个角度看待问题，发现问题的积极意义，从而产生积极的情绪体验。

3. 教会学生情绪自我调节的方法

中学生遇到的情绪问题，很大程度上要靠自己的调节。教师要教会学生一些简单的自我调节的方法，让学生能够自己控制自己的情绪。

（1）转移法。转移法就是把注意力从引起不良情绪的事情转移到其他事情上，这样可以使人从消极情绪中解脱出来，从而激发积极愉快的情绪反应。

（2）发泄法。转移注意力的方法，适应于比较容易排解的情绪，对待那些难以排解的情绪应该采用合理发泄的方法。在宣泄情绪的过程中，要非常注意"度"，也就是宣泄要适当，不能缓解了情绪，伤害了身体。

（3）控制法。控制法就是我们要懂得克制自己的情绪，并且努力把克制、忍让变成一种自觉的行为，使之得而不喜，失而不忧，这才是我们追求的理想境界，是一种超越自我的境界。适当控制情绪的方法主要有：自我暗示法、自我激励法和心理换位法。

（4）升华法。一个人能够树立正确的人生观，他就会对人生充满信心，就会心胸宽广，热爱生活，有良好人际关系，因而情绪自然是健康、积极的。

【强化训练】

一、单项选择题

1.提出情绪辅导方法的心理学家是（　　）。

A.桑代克　　　　B.斯金纳　　　　C.雅各布松　　　　D.艾里斯

2.古人苏秦受辱而悬梁刺股，终成学业，恰好印证了"不愤不启，不悱不发"的名言，这说明人的情绪的两极（　　）。

A.是对立而不可协调的　　　　B.是具有社会性的，可有意识的调节和控制

C.因一定条件而相互转化　　　　D.是可以寻找到一个平衡点的

二、简答题

1.简述情绪状态的分类。

2.简述中学生情绪变化的两极性。

第三节　中学生的人格发展

【导读】

人格是一个人区别于他人的本质的特征。一个人能否成才，首先取决于他是否具有足够的辨别客观事物真善美的能力，是否有良好的道德行为习惯及性格。学校教育，应首先是成人的教育，成人才能成才。

一、人格的概述

（一）人格的概念

人格（personality）一词起源自古希腊语 persona。persona 最初指古希腊戏剧演员在舞台演出时所戴的面具，与我们京剧中的脸谱类似，是用来在戏剧中表明任务身份和性格的，而这就是人格最初的含义。现代心理学沿用 persona 的含义，转意译为人格，其中包含了两个意思：一是指一个人在人生舞台上所表现的种种言行，人遵从社会文化习俗的要求而做出的反应。即人格所具有的"外壳"，就像舞台上根据角色的要求而戴的面具，反映出一个人外在表现。二是指一个人由于某种原因不愿展现的人格成分，即面具后的真实自我，这是人格的内在特征。

由于不同的心理学家各自的研究取向不同，因而对人格的看法也存在差异。综合各家的看法，可以将人格的概念界定为：人格是构成一个人的思想、情感及行为的特有统合模式，这个独特模式包含了一个人

区别于他人的稳定而统一的心理品质。

（二）人格的特征

人格是一个具有丰富内涵的概念，人格的特征主要有：

1. 独特性

一个人的人格是在遗传、环境、教育等因素的交互作用下形成的。不同的遗传、生存及教育环境，形成了各自独特的人格特点。人与人没有完全一样的人格特点。所谓"人心不同，各有其面"，这就是人格的独特性。但是，人格的独特性并不意味着人与人之间的个性毫无相同之处。在人格形成与发展中，既有生物因素的制约作用，也有社会因素的作用。人格作为一个人的整体特质，既包括每个人与其他人不同的心理特点，也包括人与人之间在心理、面貌上相同的方面，如每个民族、阶级和集团的人都有其共同的心理特点。人格是共同性与差别性的统一，是生物性与社会性的统一。

2. 稳定性

人格具有稳定性。个体在行为中偶然表现出来的心理倾向和心理特征并不能表征他的人格。俗话说，"江山易改，秉性难移"，这里的"秉性"就是指人格。当然，强调人格的稳定性并不意味着它在人的一生中是一成不变的，随着生理的成熟和环境的变化，人格也有可能产生或多或少的变化，这是人格可塑性的一面，正因为人格具有可塑性，才能培养和发展人格。人格是稳定性与可塑性的统一。

3. 统合性

人格是由多种成分构成的一个有机整体，具有内在统一的一致性，受自我意识的调控。人格统合性是心理健康的重要指标。当一个人的人格结构在各方面彼此和谐统一时，他的人格就是健康的。否则，可能会出现适应困难，甚至出现人格分裂。

4. 功能性

人格决定一个人的生活方式，甚至决定一个人的命运，因而是人生成败的根源之一。当面对挫折与失败时，坚强者能发愤拼搏，懦弱者会一蹶不振，这就是人格功能的表现。

二、人格结构

人格是一个复杂的结构系统，它包括许多成分，其中主要包括气质、性格、认知风格、自我调控等方面。

（一）气质与性格

1. 气质

气质是表现在心理活动的强度、速度、灵活性与指向性等方面的一种稳定的心理特征。即我们平时所说的脾气、秉性。人的气质差异是先天形成的，受神经系统活动过程的特性所制约。气质是最稳定的、在早年表现出来的、受遗传和生理影响较大，而受文化和教育影响较小的人格层面。孩子刚出生时，最先表现出来的差异就是气质差异。气质是人的天性，无好坏之分。

【真题在线】

[2011年下半年] 人在心理活动和行为中表现出的稳定的动力特点是（　　　）。

A. 人格　　　　B. 性格　　　　　　C. 能力　　　　　　　D. 气质

【答案及解析】D 气质是表现在心理活动的强度、速度、灵活性与指向性等方面的一种稳定的心理特征。气质是最稳定的、在早年表现出来的、受遗传和生理影响较大，而受文化和教育影响较小的人格层面。

古希腊医生希波克拉底很早就观察到人有不同的气质，他认为人体内有四种体液：血液、黏液、黄胆汁和黑胆汁。希波克拉底根据人体内的这四种体液的不同配合比例，将人的气质划分为四种不同类型：

（1）多血质：这种人感情丰富、外露但不稳定，思维敏捷但不求甚解，热情大方、活泼好动、善于交际、适应能力强，缺点是缺乏耐心和毅力，稳定性差；

（2）黏液质：这种人情绪平稳、表情平淡，思维灵活性略差但思考问题细致周到，安静稳重、自制力强、耐受力高，但是主动性较差，缺乏生气，行动迟缓；

（3）胆汁质：这种人情绪体验强烈、爆发迅猛、平息快速，思维灵活但粗枝大叶，精力旺盛、勇敢果断，为人率直、表里如一，但是遇事常欠思考，易感情用事；

（4）抑郁质：这种人情绪体验深刻、细腻持久，情绪抑郁、多愁善感，思维敏锐、想象丰富，不善交际，踏实稳重，但他们的行为举止缓慢，软弱胆小，优柔寡断。

【真题在线】

[2012年上半年] 肖晓活泼好动，善于交际，思维敏捷，易接受新事物，兴趣广泛，注意力容易转移，他的气质类型属于（　　　）。

A.多血质　　　　B.胆汁质　　　　C.粘液质　　　　D.抑郁质

【答案及解析】 A 多血质：这种人感情丰富、外露但不稳定，思维敏捷但不求甚解，热情大方、活泼好动、善于交际、适应能力强，缺点是缺乏耐心和毅力，稳定性差。

2.性格

性格是一种与社会相关最密切的人格特征，在性格中包含有许多社会道德含义。性格表现了人们对现实和周围世界的态度，并表现在他的行为举止中。性格主要体现在对自己、对别人、对事物的态度和所采取的言行上，表现了一个人的品德，受人的价值观、人生观、世界观的影响。这些具有道德评价含义的人格差异，我们称之为性格差异。性格是在后天社会环境中逐渐形成的，是人的最核心的人格差异。性格有好坏之分，能最直接地反映出一个人的道德风貌。

（二）认知风格

认知风格是指个人所偏爱使用的信息加工方式，也叫认知方式。例如：有人喜欢与别人讨论问题，从别人那里得到启发；有人则喜欢自己独立思考。认知风格有许多种，主要有：场独立性和场依存性、冲动和沉思、同时性和继时性等。

1.场独立性——场依存性

场独立性——场依存性的差异：主要表现在人对外部环境（"场"）的不同依赖程度上。场独立性的人在信息加工中对内在参照有较大的依赖倾向，他们的心理分化水平较高，在加工信息时，主要依据内在标准或内在参照，与人交往时也很少能体察入微。而场依存性的人在加工信息时，对外在参照有较大的依赖倾向，他们的心理分化水平较低，处理问题时往往依赖于"场"，与别人交往时较能考虑对方的感受。

2.冲动——沉思

冲动——沉思的差异：主要表现在对问题的思考速度上。冲动的特点是，反应快，但精确性差。具有这种认知风格的人面对问题时总是急于求成，不能全面细致地分析问题的各种可能性，不管正确与否就急于表达出来，有时甚至没有弄清楚问题的要求，就开始解答问题。冲动与沉思的标准是反应时间与精确性。

3.同时性——继时性

达斯等人根据脑功能的研究，区分了同时性与继时性两种认知风格。他们认为，左脑优势的个体表现出继时性的加工风格；而右脑优势的个体表现出同时性的加工风格。

继时性认知风格的特点：在解决问题时，能一步一步地分析问题，每一个步骤只考虑一种假设或一种属性，提出的假设在时间上有明显的前后顺序，解决问题的过程像链条一样，一环扣一环，直到找到问题的答案。

同时性认知风格的特点：在解决问题时，采取宽视野的方式，同时考虑多种假设，并兼顾到解决问题的各种可能性。其解决问题的方式是发散式的。许多数学操作、空间问题的操作都要依赖于这种同时性的加工方式。

（三）自我调控系统

自我调控系统是人格中的内控系统或自控系统，具有自我认知、自我体验、自我控制三个子系统，其作用是对人格的各种成分进行调控，保证人格的完整、统一、和谐。

1. 自我认知

自我认知是对自己的洞察和理解，包括自我观察和自我评价。自我观察是指对自己的感知、思想和意向等方面的觉察，自我评价是指对自己的想法、期望、行为及人格特征的判断与评估，这是自我调节的重要条件，如果一个人不能正确地认识自我，只看到自己的不足，觉得处处不如别人，就会产生自卑，丧失信心，做事畏缩不前。相反，如果一个人过高地估计自己，也会骄傲自大、盲目乐观，导致工作的失误。因此，恰当地认识自我，实事求是地评价自己，是自我调节和人格完善的重要前提。

2. 自我体验

自我体验是伴随自我认识而产生的内心体验，是自我意识在情感上的表现。当一个人对自己作积极的评价时，就会产生自尊感，作消极的评价时，会产生自卑感。自我体验可以使自我认识转化为信念，进而指导一个人的言行，自我体验还能伴随自我评价，激励适当的行为，抑制不适当的行为，如一个人在认识到自己不适当的行为后果时，会产生内疚、羞愧的情绪，进而制止这种行为的再次发生。

3. 自我控制

自我控制是自我意识在行为上的表现，是实现自我意识调节的最后环节，如一个学生意识到学习对自己发展的重要意义，会激发起努力学习的动机，在行为上表现出刻苦学习、不怕困难的精神。自我控制包括自我监控、自我激励、自我教育等成分。

三、人格发展理论

（一）弗洛伊德的人格发展理论

弗洛伊德将人格结构划分为三个层次：本我、自我和超我。本我位于人格结构的最低层，是由先天的本能、欲望所组成的能量系统，包括各种生理需要。本我是无意识，非理性的，遵循快乐原则。自我位于人格结构的中间层，从本我中分化出来的，其作用是调节本我和超我的矛盾，遵循现实原则。超我位于人格结构的最高层，是道德化的自我。它的作用是：抑制本我的冲动；对自我进行监控；追求完善的境界，遵循道德原则。

弗洛伊德将人格分为五个时期。其中前三个时期是以身体的部位命名。原因是在六岁以前的个体，本我的基本需求是靠身体上的部位获得满足的，因此这些部位即称性感带区。弗洛伊德的人格发展理论中，总离不开性的观念，所以他的发展分期被称为性心理发展期。

1. 口唇期（0～1岁）

原始欲力的满足，主要靠口腔部位的吸允、咀嚼、吞咽等活动获得满足。婴儿的快乐也多得自口腔活动。此时期的口腔活动若受限制，可能会留下不良影响。成人中有所谓的口腔性格，可能就是口腔期发展不顺利所致。在行为上表现贪吃、酗酒、吸烟、咬指甲等，甚至在性格上悲观、依赖、洁癖者，都被认为是口腔性格的特征。

2. 肛门期（1～3岁）

原始欲力的满足，主要靠大小便排泄时所生的刺激快感获得满足。此时期卫生习惯的训练，对幼儿言是重要关键。如管制过严，可能会留下不良影响。成人中有所谓的肛门性格者，在行为上表现冷酷、顽固、刚愎、吝啬等，可能就是肛门性格的特征。

3. 前生殖器期（3～6 岁）

原始欲力的需求，主要靠性器官的部位获得满足。此时幼儿喜欢触摸自己的性器官，在性质上已算是"手淫"的开始。幼儿在此时期已能辨识男女性别，并以父母中之异性者为"性爱"的对象。于是出现了男童以父亲为竞争对手而爱母亲的现象，这现象称为恋母情结，同理女童以母亲为竞争对手而爱恋父亲的对象，则称为恋父情结。

4. 潜伏期（6～11 岁）

七岁以后的儿童，兴趣扩大，由对自己的身体和父母感情，转变到周围的事物，故而从原始的欲力来看，呈现出潜伏状态。此一时期的男女儿童之间，在情感上较前疏远，团体性活动多呈男女分离趋势。

5. 青春期（11、13 岁～）

此时期开始时间，男生约在 13 岁，女生约在 12 岁，此时期个体性器官成熟生理上与心理上所显示的特征，两性差异开始显著。自此以后，性的需求转向相似年龄的异性，开始有了两性生活的理想，有了婚姻家庭的意识，至此，性心理的发展以臻成熟。

（二）埃里克森的社会性发展阶段理论

埃里克森认为，儿童人格的发展是一个逐渐形成的过程，必须经历八个顺序不变的阶段，其中前五个阶段属于儿童成长和接受教育的时期。每一阶段都有一个由生物学的成熟与社会文化环境、社会期望之间的冲突和矛盾所决定的发展危机。成功而合理地解决每个阶段的危机或冲突将导致个体形成积极的人格特征，有助于发展健全的人格；否则，个体就会形成消极的人格特征，导致人格向不健全的方向发展。

1. 基本的信任感对基本的不信任感（0～1.5 岁）

该阶段的发展任务是发展对周围世界，尤其是对社会环境的基本态度，培养信任感。如果父母或照料者给予婴儿适当的、稳定的与不间断的关切、照顾、哺育与抚摸，婴儿就会对父母产生一种信任感，认为这个世界是安全而可信赖的地方。这种对人对环境的基本信任感是形成健康个性品质的基础，是以后各个时期发展的基础，其中最重要的是青年时期发展起来的同一性的基础。

2. 自主感对羞耻感与怀疑（2～3 岁）

该阶段的发展任务是培养自主性。儿童初步尝试独立处理事情。如果父母允许幼儿去做他们能力所及的事，鼓励幼儿的独立探索愿望，幼儿就会逐渐认识自己的能力，养成自动自主的个性；反之，父母过分溺爱和保护或过分批评指责，就可能使儿童怀疑自己对自我和环境的控制能力，使之产生一种羞耻感。

3. 主动感对内疚感（4～5 岁）

该阶段的发展任务是培养主动性。由于身体活动能力和语言的发展，儿童有可能把他的活动范围扩展到家庭之外。儿童喜欢尝试探索环境，承担并学习掌握新的任务。此时如果父母或教师对儿童遇到的问题耐心听取，细心回答，对儿童的建议给予适当的鼓励或妥善的处理，则儿童不仅发展了主动性，还能培养明辨是非的道德感。反之，如果父母对儿童的问题感到不耐烦或嘲笑儿童的活动，儿童就会对自己的活动产生内疚感。有时，当儿童的主动性与别人的主动性产生冲突时，也有可能引发内疚感。

4. 勤奋感对自卑感（6～11 岁）

该阶段发展任务是培养勤奋感。这个时期，绝大多数儿童已进入学校，第一次接受社会赋予他并期望他完成的社会任务。他们追求工作完成时所获得的成就感及由其成就所带来的师长的认可与赞许。如果儿童在学习、游戏等活动中不断取得成就并受到成人的奖励，儿童将以成功、嘉奖为荣，培养乐观、进取和勤奋的人格；反之，如果由于教学不当，或努力不够而多次遭受挫折。或其成就受到漠视，儿童容易形成自卑感。

5. 自我同一性对角色混乱（12～18 岁）

该阶段的发展任务是培养自我同一性。自我同一性指个体组织自己的动机、能力、信仰及其活动经验而形成的有关自我的一致性形象。自我同一性的形成要求谨慎的选择和决策，尤其体现在职业定向、性别角色等方面。如果青少年不能整合这些方面和各种选择，或者他们根本无法在其中进行选择，就会导致角色混乱。

同一性并不是在青春期才出现的，儿童在学前期已形成了各种同一性，但是进入青春期后，早期形成的同一性已不能应付眼前必须做出的种种选择和决断了。

【真题在线】

[2012 年下半年] 上中学以来，刘俊突然好像不认识自己了，"我到底是谁？我将来要做什么呢？"这类问题常常困扰着他。根据埃里克森的社会性发展阶段理论，他处于哪个发展阶段（　　　　）。

　　A. 亲密对孤独　　　　　　B. 勤奋对自卑　　　　　C. 同一性对角色混乱　　　　D. 信任对不信任

【答案及解析】C 这属于自我同一性对角色混乱阶段，该阶段的发展任务是培养自我同一性。自我同一性指个体组织自己的动机、能力、信仰及其活动经验而形成的有关自我的一致性形象。自我同一性的形成要求谨慎的选择和决策，尤其体现在职业定向、性别角色等方面。

---

6. 友爱亲密对孤独（18 ～ 25 岁）

这一时期相当于青年晚期。此时个体如果能在人际交往中建立正常的人与人之间的友好关系，可形成一种亲密感。与他人保持一种长期的友好关系，学会与他人分享而不计回报。重要事件是恋爱。

7. 繁殖对停滞（25 ～ 65 岁）

这一阶段包括中年期和壮年期。繁殖不仅包括人的繁衍后代，而且包括人的生产能力和创造能力等基本能力或特征。本阶段个体面临着抚养下一代的任务，并把下一代看作自己能力的延伸。重要事件是养育指导子女。

8. 自我调整对绝望（65 岁以后）

本阶段相当于老年期，这一阶段受前几阶段的发展影响较大，如果个体在前几阶段发展顺利，个体会巩固自己的自我感觉并能够完全接受自我，反之将陷入绝望，并因而害怕死亡。重要事件是反省和接纳死亡。

四、人格发展的影响因素

人格是在遗传与环境交互作用下逐渐发展形成的。遗传决定了人格发展的可能性，环境决定了人格发展的现实性。

（一）遗传因素

遗传对人格的作用主要体现在以下几个方面：

第一，遗传是人格不可缺少的影响因素；第二，遗传因素对人格的作用程度因人格特征的不同而异；第三，人格的发展过程是遗传与环境交互作用的结果，遗传因素影响人格的发展方向及改变。

（二）社会文化因素

每个人都处在特定的社会文化之中，文化对人格的影响是极为重要的。其作用表现在：

第一，社会文化对人格有重要的作用，特别是后天形成的一些人格特征；第二社会文化对个人的影响力因文化的强弱而异，这要看社会对顺应的要求是否严格，越严格，其影响力越大；第三，社会文化因素决定了人格的共同性特征，它使同一社会的人在人格上具有一定程度的相似性。

（三）家庭因素

鲍姆宁曾根据控制、成熟的要求、父母与儿童的交往、父母的教养水平等四个指标，将父母的教养行为分成专制型、放纵型和民主型等三种教养模式，研究不同的教养模式对儿童人格发展的影响。结果发现，专制型教养模式下的儿童不太知足、不安全、忧虑、退缩、怀疑、不喜欢与同伴交往。放纵型教养模式下的儿童是最不成熟的，他们缺乏自我控制力和探索精神，有极强的依赖性，遇到新奇事物或紧张事情就会退缩。民主型教养模式下的儿童是最成熟的，他们有能力，独立性强，自信，知足，爱探索，善于控制自己，喜欢交往，自我肯定。

（四）早期童年经验

"早期的亲子关系定出了行为模式，塑成一切日后的行为。"这是有关早期童年经验对人格影响力的一个总结。中国也有句俗话："三岁看大，七岁看老。"人生早期所发生的事情对人格的影响，历来为人格心理学家所重视，特别是弗洛伊德。

人格发展的确受到童年经验的影响，幸福的童年有利于儿童向健康人格发展，不幸的童年也会引发儿童不良人格的形成。但二者不存在一一对应的关系，溺爱也可使孩子形成不良人格特点，逆境也可磨练出孩子坚强的性格。早期经验不能单独对人格起决定作用，它与其他因素共同来决定人格。早期儿童经验是否对人格造成永久性影响因人而异，对于正常人来说，随着年龄的增长、心理的成熟化，童年的影响会逐渐缩小、减弱，其效果不会永久不衰。

（五）学校教育因素

学校教育在学龄儿童人格的形成与发展中具有重要作用。学生通过课堂教育接收系统的科学知识，同时形成科学的世界观。通过学习还可以形成与发展学生的坚持性、主动性等优良的人格特征。校风和班风也是影响学生人格形成与发展的重要因素。良好的校风和班风能够促使学生养成积极性、独立性和遵守纪律等品质。在学校，老师要通过各种教育教学活动，塑造学生的人格特征，同时教师又是学生学习的榜样，教师的言行对学生的人格同样产生潜移默化的影响。

（六）同辈群体

与父母的关系相比，中学生与同龄伙伴的交往更加自由和平等。与同辈群体的交往使儿童能够进行人际关系和交流的探索，并发展人际敏感性，奠定儿童今后社会交往的基础，促进儿童的社会化和人格的发展。一方面，同辈群体是儿童学习社会行为的强化物。另一方面，同辈群体又为儿童的社会化和人格发展提供社会模式或榜样。随着年龄的增长，同伴的影响越来越强，在某种程度上甚至超过父母的影响。

（七）个人主观因素

社会上各种影响因素，首先要为个人接受和理解，才能转化为个体的需要、动机和兴趣，才能推动它去思考与行动。另外，个体已有的心理发展水平对人格特征形成的作用会随着年龄的增加而日益增强。

五、良好人格的塑造

帮助学生形成良好的人格素质，要根据学生的实际及个体特点找准人格教育的切入点，注重言传身教的结合，情理结合，学校、家庭、社区的结合，严格要求与关心爱护结合。

（一）言传身教结合

教师在讲清道理的同时更需要教师的模范作用，高中生已具有了一定的辨别能力，如果他们对教师的德行、品性、能力不再信任，说得再多也没有用处。教师能否用自身的人格力量去影响、感染学生，在人格教育中非常重要。

（二）情理结合

要让学生知晓做人的基本道理，让学生在思想上认同以后再加以行为上的引导，使他们在思想、行为上不断积累加强自己的人格素质。

（三）家庭、学校、社区的结合

班主任要进行协调，及时了解学生的思想、行为动态，及时教育。人格素质的教育和形成单靠学校、教师的教育管理是不够的，必须使各方面的教育力量（学校、家庭、社区）形成合力，才可能收到较好的效果。

（四）关心爱护与严格管理相结合

学校的领导、教师及其他教育工作者在教育过程中要遵循知、情、意、行的心理规律，对学生进行人格素质的教育，在此过程中，必要的规范其行为的方式方法必不可少。严格管理并形成一个严格的约束机制可以促进学生形成良好的人格素质，同时也与学生的理解接受程度有关，严要严得合理、严得适度。让学生从心里感受到对他的关心和帮助，而不只是表面的认同。严而有度，再加上和善，取得的效果才会好。

人格素质教育强调要使学生自觉表现出一定文化水准上的道德修养，在此基础上，学生才会成才，才有可能对社会做出贡献。

【强化训练】

一、单项选择题
1. 人格结构中的核心成份是（　　　）。
A. 态度　　　　　　　　B. 性格　　　　　　　　C. 能力　　　　　　　　D. 气质
2. 精力旺盛、表里如一、易感情用事，是哪种气质类型的特点（　　　）。
A. 多血质　　　　　　　B. 胆汁质　　　　　　　C. 粘液质　　　　　　　D. 抑郁质

二、简答题
1. 简述埃里克森的人格发展阶段论。
2. 简述人格的特征。

第四节　中学生的身心发展

【导读】

中学时期是一个狂风暴雨的危险时期，自青春期始中学生的身体虽已发育成熟，然而在智慧、认识、情绪调控、社会经验等方面，仍延续儿童不成熟的水准，表现为中学生的心理发展的矛盾性。同时，中学生恰好处于性生理意识由朦胧到觉醒的特殊阶段，随着自身性生理的成熟，他们的性心理也逐渐发展变化。了解中学生身心发展、性心理发展的特点，有利于教师去更为准确的认识学生，更为恰当的进行教育教学工作。

一、中学生身心发展特点

中学阶段，一般在十一二岁到十七八岁。其中，初中在十一二岁到十四五岁，为少年期；高中在十五六岁到十七八岁，为青年初期。总称青少年期或青春发育期。这是人的一生中身心发展最快的时期，也是各年龄发展阶段中的最佳时期，称为人生的黄金时期。

（一）中学生的生理发展

一个人的一生要经历两次生长发育高峰期，一次是出生后的第一年，另一次就是青春发育期。一般说来，女生从十一二岁到十五六岁，男生从十三四岁到十七八岁，正处于这一阶段。青春发育期生理上变化多端，发展迅猛，主要有包括体形、内脏和性在内的三大变化。

1. 身体外形剧变

由于内分泌的发育，四五年之内，少男少女们的身体外形发生急剧变化，身高、体重、胸围、头围、肩宽、骨盆等都加速增长，骨架粗大，肌肉壮实，外形、外貌以及外部行为动作也随之变化。特别是，身子突然窜高，每年可长 6~8 厘米，甚至 10~11 厘米；体重迅速增加，每年可增 5~6 公斤，甚至 8~10 公斤。

2．体内机能增强

人体内各种器官和组织的各种机能在青春发育期迅速增强，逐步趋向成熟。中学生心脏的发育，从心脏形体、恒定性、血压、脉搏等指标变化来看，日渐接近成人，大致在 20 岁以后趋向稳定。12 岁前后开始肺发育得又快又好，男生到十七八岁，女生到十六七岁，肺活量可以达到或接近成人。肌肉发达，骨骼增粗。特别是脑和神经系统的发育最快，脑的重量和容积 12 岁时已经接近成人，十三四岁时脑已基本成熟，大脑皮质的沟回组织已经完善、分明，神经元细胞也完善化和复杂化，神经系统的结构与机能几近成人，大脑兴奋与抑制过程逐步平衡，到十六七岁后则能协调一致，第二信号系统逐步占据优势，并在概括与调节作用上显著发展。

3．性的发育成熟

人体内部发育成熟最晚的部分是性的器官与机能。性的成熟则标志着人体全部器官接近全部发育成熟。中学时期是人的性成熟最快的关键阶段。少男少女们到了青春发育期性的器官与机能便迅速发育成熟，性发育的外部表现"第二性征"逐步凸现，性的成熟给他们的心理发展带来重大的变化，使他们感到自己长大了，是大人了。

（二）中学生的心理发展

1．心理发展的含义

所谓心理发展，是指个体从出生、成熟、衰老直至死亡的整个生命进程中所发生的一系列心理变化。研究表明，学生心理的发展有四个基本特征：

其一，连续性与阶段性。在心理发展过程中，当某些代表新特征的量累积到一定程度时，就会取代旧特征而处于优势的主导地位，表现为阶段性的间断现象。但后一阶段的发展总是在前一阶段的基础上发生的，而且又萌发着下一阶段的新特征，表现出心理发展的连续性。

其二，定向性与顺序性。在正常条件下，心理的发展总是具有一定的方向性和先后顺序。尽管发展的速度可以有个别差异，会加速或延缓，但发展是不可逆的，也不可逾越。

其三，不平衡性。心理的发展可以因进行的速度、到达的时间和最终达到的高度而表现出多样化的发展模式。一方面表现出个体不同系统在发展的速度上、发展的起迄时间与到达成熟时期上的不同进程；另一方面也表现出同一机能特性在发展的不同时期有不同的发展速率。

其四，差异性。任何一个正常学生的心理发展总要经历一些共同的基本阶段，但在发展的速度、最终达到的水平，以及发展的优势领域又往往是千差万别的。

2．初中生的心理发展

初中生的生理发育十分迅速，在 2 至 3 年内就能完成身体各方面的生长发育任务并达到成熟水平。但其心理发展的速度则相对缓慢，心理水平尚处于从幼稚向成熟发展的过渡时期，这样，初中生的身心就处在一种非平衡状态，引起种种心理发展上的矛盾。

（1）生理变化对心理活动的冲击

初中生处在青春期，生理上急剧的变化给他们的心理活动带来巨大影响。首先，由于初中生身体外形的变化，使他们产生了成人感，因此，在心理上他们也希望能尽快进入成人世界，希望尽快摆脱童年时的一切。其次，由于性的成熟，初中生对异性产生了好奇和兴趣，萌发了与性相联系的一些新的情绪情感体验，滋生了对性的渴望，但又不能公开表现这种愿望和情绪，所以，体会到一种强烈的冲击。

（2）心理上成人感与幼稚性的矛盾

初中生的心理活动往往处于矛盾状态，其心理水平呈现半成熟、半幼稚性。其成熟性主要表现为他们产生了对成熟的强烈追求和感受，这是来自于身体的快速发育及性的成熟，在这种感受的作用下，他们在对人、对事的态度、情绪情感的表达方式以及行为的内容和方向等都发生了明显的变化，同时也渴望社会、学校和家长能给予他们成人式的信任和尊重。

其幼稚性主要表现在其认知能力、思想方式、人格特点及社会经验上。初中生的思维虽然已经是以抽象逻辑思维为主要形式，但水平还较低，处于从经验型向理论型的过渡时期；由于辩证思维刚开始萌发，所以，思想方法上仍带有很大的片面性及表面性；在人格特点上，还缺乏成人那种深刻而稳定的情绪体验，缺乏承受压力、克服困难的意志力；社会经验也十分欠缺。

由于初中生心理上的成人感及幼稚性并存，所以，表现出种种心理冲突和矛盾，主要体现为：

第一、反抗性与依赖性并存。由于初中生产生了一种强烈的成人感，进而产生了强烈的独立意识，他们对一切都不愿顺从，不愿听取父母、教师及其他成人的意见。另一方面，在初中生的内心中并没有完全摆脱对父母的依赖，在面对困难，遇到挫折时，又很容易退缩到家庭里。这种反抗性与依赖性产生的心理矛盾主要表现为逆反心理，很多孩子会对父母采取一种对抗的态度，盲目反对，甚至明明知道自己的做法是不对的也要坚持，使得父母甚至不知道该如何与孩子对话。

第二、闭锁性与开放性并存。进入青春期的初中生，渐渐地将自己内心封闭起来，他们的心理生活丰富了，但表露于外的东西却少了，加之对外界的不信任和不满意，又增加了这种闭锁性的程度。初中生常常希望表现自己，又害怕自己比不过别人，如果处理不好，孩子就会产生自闭。同时因为孩子的分辨能力还不强，所以在交友时容易出现问题，有的甚至会走上犯罪的道路。

第三、勇敢和怯懦并存。在一些情况下，初中生似乎能表现出很强的勇敢精神，但这时的勇敢带有鲁莽和冒失的成分，具有"初生牛犊不怕虎"的特点。这是因为，首先，他们在思想上很少受条条框框的限制和束缚，在主观上，不存在过多的顾虑，常能果断地采取行动，其次，由于他们在认识能力上的局限性，使其经常不能立刻辨析出那些危险的情境。但在另外一些情况下，初中生也常常表现得比较怯懦。例如，他们在公众场合，常羞羞答答，未说话先脸红等。上述行为与他们缺乏生活经验有关。

第四、高傲和自卑并存。由于初中生尚不能确切地评价和认识自己的智力潜能和性格特征，很难对自己做出一个全面而恰当的估计，而是凭借一时的感觉对自己轻下结论。这样就导致他们对自己的自信程度把握不当。几次甚至一次的成功，就可以使他们认为自己是非常优秀的人才而沾沾自喜。几次偶然的失利，就会使他们认为自己无能透顶而极度自卑。这两种情绪往往交替地出现在同一个初中生身上。

第五、否定童年又眷念童年。进入青春期的初中生，随着身体的发育成熟，成人的意识越发明显。他们认为自己的行为应该和幼小儿童区分开来，他们想抹去过去的痕迹，期望以一种全新的姿态出现于生活的各个方面。但同时，他们心中又有几分对自己童年的眷念。

3. 高中生的心理发展

（1）自我意识高度发展

高中生已能完全意识到自己是一个独立的个体，因此，要求独立的愿望日趋强烈，但是，这种独立性要求是建立在与成人和睦相处的基础上的，与初中时期的反抗性特点有所区别。多数高中生基本上能与父母或其他人保持一种肯定的尊重的关系，反抗成分逐渐减少。高中生强烈地关心自己的个性成长，十分关心自己的优缺点和别人对自己的评价。当受到肯定和赞赏时，会产生强烈的满足感，反之，易产生强烈的挫折感。

（2）情感上具有复杂性

高中生对老师的看法和同老师的关系更为复杂，他们对老师是既尊重又保持一定的距离，往往以表面上的冷眼相对来掩饰其内心深处的敬重与渴望接近的情感，有时还常以给老师"出难题"、"找麻烦"的方式，来吸引老师对自己的注意。高中生交友的人数在减少，但亲密度在增加。不少高中时期的好朋友往往能延续到成人，甚至一生。高中生男女关系已由"疏远"逐渐发展到了"喜欢接近"，有的发展成了我们称之为"早恋"的现象。

（3）意志更加坚定

高中生面对困难会想办法克服而不是躲避。高中生已经能够确定自己的人生目标，并为之不懈地努力。不少高中生会因为自己的前途而毅然改掉多年的坏习惯，这种意志力是初中生所没有的。

（4）兴趣爱好相对稳定

在高中以前的时期，一个人的兴趣爱好往往有很大的随意性，更多的时候是受周围人的影响。而到了高中阶段，大部分人能够按照自己的意愿去行动，兴趣爱好出现相对稳定的趋势。

二、中学生的性心理发展

（一）中学生性心理特点

性心理是人类个体随着性生理发育而出现的一系列与性有关的心理现象，包括性情感、性兴趣、性兴奋和性意志。中学时期青少年性心理的发展，是指个体在青少年时期顺应自己性的生物学特点和性别的社会性特点的种种心理过程。中学生恰好处于性生理意识由朦胧到觉醒的特殊阶段，随着自身性生理的成熟，他们的性心理也逐渐发展变化，主要特点有：

1. 既朦胧又神秘

由于孩子进入青春期，引起了身体上的急剧变化和本能特征，突然会对异性产生兴趣、好感和羡慕，但这只是性爱的一种萌动，在成年人看来仿佛覆盖着一层朦胧的轻纱，在进入青春期前很多孩子对性知识都不很了解，因此他们对性表现出神秘感，受到异性的吸引，而正是在这些朦胧神秘的意识中，心理产生了变化，性意识也随着逐渐强烈和成熟起来。

2. 既强烈又纹饰

由于青春期孩子从心理上对性具有矛盾性，他们既想了解其中的奥秘，又因为多种原因而自动闭锁，这也导致了他们表面上尽量纹饰这种性心理。他们一方面十分重视自己在异性心中的印象和评价，而另一方面却又对异性表现得拘谨、羞涩和冷淡，虽然他们内心对异性感兴趣，但表面上却显得无动于衷、不屑一顾。这种矛盾的心理往往使他们产生种种心理冲突与苦恼。

3. 既动荡又压抑

由于青春期的性能量比较旺盛，但由于青少年的心理还不够成熟，没有形成稳固、正确的性道德和恋爱观，且自控能力比较差容易受外界因素的影响。而现实生活中，五花八门的诱惑、性信息、淫秽书刊，以及性自由的思想都会导致孩子的性意识受到错误的强化和影响，引诱少年沉迷于谈情说爱之中，甚至发生性关系、性犯罪。而一部分少年还很可能由于性能量得不到合理的疏导，过分压抑导致扭曲、变态的行为表现出来，导致同性恋、偷窥、恋物等。

4. 男女性心理差异

青春期由于性别不同，性心理也不同。在对异性的感情上，一般男孩子表现的比较明显和强烈，而女孩子则表现的含蓄和深沉；而从内心体验上，男孩子更觉得好奇、喜悦和神秘，而女孩子则会惊慌、羞涩和不知所措；而在表达方式上，男孩子一般比较主动，而女孩子则往往采取暗示的方式。

（二）中学生性心理阶段

伴随着性生理的发育，青少年性心理的变化包括以下几个阶段：

1. 疏远和排斥异性期

此阶段主要是伴随第二性特征的出现而引起的。随着第二性特征的隐隐出现，使两小无猜的男女开始意识到与异性的差异，不像以前毫无顾忌的玩耍。女性因为自己身体的变化而害羞，甚至自卑，从而有意无意地躲避异性；而男性则因为自己第二性特征的出现而感到骄傲，好像一夜之间变成了男子汉，他们看不起女性的胆小、羞怯，与她们一起玩耍会遭到同性的嘲笑与讥讽。

2. 好奇与迷惘时期

青少年对异性的好奇及自身性意识的迷惘相互交错，相互影响。伴随青春期性特征发育的成熟，女性的阴柔之美与男性的阳刚之魄开始相互吸引，既想吸引异性又被异性所吸引。首先，性情感上相互吸引，想与异性接触但又羞于启齿，借助于要求给对方以帮助或要求对方帮助自己为借口；行为上相互显示，女性开始注重穿着打扮，男性则表现自己的风度与气质，引起异性的好感。并且，这种吸引并不单单只对某一特定异性，女性希望所有的男性都被她的美丽所吸引，男性希望所有的女性都承认他的潇洒。另外，出于此时期的男女不同程度地被自己的体像意识、内心性萌动所困扰，不知道如何与异性交往，想与异性接触，却又羞于与异性接触的矛盾心理，即好奇和迷惘同存于此时期。

3.向往成熟长者时期

此时期的男女，尤其是女性，觉得与自己同龄的异性太幼稚、太单纯，而把爱慕对象向成熟的，自己敬佩的长者，如中学时代的学生单恋或暗恋有风度、有能力的老师。当然，随着青少年性心理发展趋向成熟，此一阶段持续时间不长。

4.浪漫恋爱期

伴随着少年逐步走向成人，性心理发展也逐步稳定，恋爱和选择伴侣为其主要性意识。此时期的男女开始脱离集体，喜欢独处，单独约会。但又不完全同于成人现实太成熟的择偶而带有浪漫性质。这一阶段的青少年男女对恋爱持有不同的观点，不同的恋爱观给青少年性心理不同的影响，恋爱不可能都一帆风顺，受到挫折的男女有可能重新开始，不断进取；也有的从此一蹶不振，冷漠看世；有的甚至走上犯罪的道路。

三、中学生异性交往的指导

解决青少年性心理发展过程中的困扰及问题，就要使青少年掌握性知识，端正性态度，加强性道德。而要实现这三个目标，必须从家庭、社会、学校及青少年自身的性教育着手。

（一）从家庭角度来讲，父母是青少年性教育的启蒙者，要求父母用科学的态度回答子女提出的性困惑，正确处理性游戏，忌用无耻下流的字眼；有一个和谐的良好的家庭环境，从而增强青少年的自制力和责任感，并减少外出寻求性刺激，防止性犯罪。

（二）就社会而言，一要加强法制，净化大众传媒；二要宣传普及科学的性知识，提倡正确的性观念。

（三）学校途径，包括开展性教育课程，性健康教育报告，设立专门的咨询室解答青少年性心理发展时期的困惑。

（四）青少年自身应增强自我的约束能力，不要刻意的压抑，也不要单纯的仿效，学会注意力的转移和升华。

【强化训练】

一、单项选择题

1.心理发展可以因进行的速度、到达的时间和最终达到的高度而表现出多样化的发展模式，这体现了心理发展的（　　　）特征。

A.连续性和阶段性　　　　　B.定向性与顺序性　　　　　C.不平衡性　　　　　D.差异性

2.在人的心理发展过程中，发展是不可逆的，这体现了心理发展的（　　　）。

A 定向性　　　　　B 不平衡性　　　　　C 结构性　　　　　D 差异性

二、简答题

1.简述中学生性心理特点。

2.简述学生心理的发展有四个基本特征。

【内容精要】

1.中学生的认知发展主要体现在感知觉、记忆、注意、思维、想象和语言上的发展。关于中学生的认知发展理论，最常提及的是皮亚杰的认知发展阶段理论。在了解中学生的认知发展基础上，要注意认知发展与教学的关系。

2.情绪是个体对客观事物的态度体验及相应的行为反应。情绪有三种成份：主观体验、外部表现和生理唤醒。情绪有适应、动机、组织和信号功能。不同的研究者对情绪进行了不同的分类，基本情绪主要有快乐、愤怒、悲哀和恐惧，从情绪状态划分，有心境、激情和应激。情绪的理论主要有詹姆斯-兰格理论、坎农-巴德理论、阿诺德的评定-兴奋说、沙赫特的情绪两因素说、拉扎勒斯的认知-评价理论、汤姆金斯、伊扎德的动机—分化理论和情绪的ABC理论。

3.中学生的情绪特点主要有：情绪不稳定，易波动；情绪反应强烈，易动感情；情绪的外流和表达已趋于理性化；情绪的延续性较长；情绪非常丰富；情绪发展具有特异性。中学生的情绪发展还具有两极性，体现为：复杂与简单共存；强与弱共存；波动与稳定共存；微妙的隐蔽性。教师要掌握学生的情绪特点，指导学生进行有效的情绪调节。

4.人格是构成一个人的思想、情感及行为的特有统合模式，这个独特模式包含了一个人区别于他人的稳定而统一的心理品质。人格的结构包括气质、性格、认知风格和自我调控系统，这几种人格系统之间相互影响、互相制约，使人格成为一个整体。

5.弗洛伊德的人格发展理论以性驱力的发展，将人格发展分为五个阶段。埃里克森将人格发展分为八个阶段，每个阶段都有不同的发展任务和发展危机。

6.人格发展的影响因素有环境和遗传因素，包括生物遗传因素、社会文化因素、家庭因素、早期童年经验、学校教育因素、同辈群体和个人主观因素。

7.中学生生理发展主要体现在：身体外形剧变、体内机能增强、性的发育成熟。初中生的心理发展受到其生理变化的冲击，为心理上成人感与幼稚性并存的状态，具体表现为：反抗性与依赖性并存、闭锁性与开放性并存、勇敢和怯懦并存、高傲和自卑并存、否定童年又眷念童年。高中生的心理发展主要体现在：自我意识高度发展、情感上具有复杂性、意志更加坚定、兴趣爱好相对稳定。

8.中学生性心理的主要特点是：既朦胧又神秘、既强烈又纹饰、既动荡又压抑、男女性心理差异。中学生性心理发展经历了四个时期，分别是：疏远和排斥异性期、好奇与迷惘时期、向往成熟长者时期、浪漫恋爱期。家庭、学校和社会要正确指导学生进行异性交往，解决青少年性心理发展过程中的困扰及问题，就要使青少年掌握性知识，端正性态度，加强性道德。

【本章自测】

一、单项选择题（本大题共10个小题，每个3分，共30分）

1.詹姆斯和兰格认为情绪是由（　　）引起的。

A.外界刺激　　　　　　B.丘脑　　　　　　C.环境的评估　　　　　　D.机体知觉

2."三岁看大，七岁看老"体现的是（　　）人格的影响。

A.同辈群体　　　　　　B.学校教育　　　　　　C.家庭环境　　　　　　D.童年经验

3.（　　）状态下，人常出现"意识狭窄"现象。

A.心境　　　　　　B.应激　　　　　　C.激情　　　　　　D.热情

4.中学生思维活动的基本特点是（　　）已占主导地位。

A.抽象逻辑思维　　　　　　B.动作思维　　　　　　C.形象思维　　　　　　D.聚合思维

5.勤奋和懒惰属于以下哪种特性（　　）。

A.能力　　　　　　B.气质　　　　　　C.性格　　　　　　D.兴趣

6.恋父、恋母情结出现在（　　）。

A.口唇期　　　　　　B.前生殖器期　　　　　　C.潜伏期　　　　　　D.青春期

7.情绪的ABC理论是由（　　）提出的。

A.艾里斯　　　　　　B.汤姆金斯　　　　　　C.伊扎德　　　　　　D.阿诺德

8.（　　）认为情绪的中枢神经系统是丘脑。

A. 艾里斯　　　　　　B. 坎农和巴德　　　　　C. 詹姆斯和兰格　　　　D. 阿诺德

9.“人心不同，各如其面”。这句俗语阐述的是人格的（　　　）。

A. 稳定性　　　　　　B. 统合性　　　　　　　C. 独特性　　　　　　　D. 复杂性

10.父母与子女在家庭环境中处于平等和谐的状态，尊重孩子，给孩子自由的教养方式属于（　　　）。

A. 权威型　　　　　　B. 放纵型　　　　　　　C. 民主型　　　　　　　D. 依赖型

二、辨析题（本大题共 2 个小题，每个 10 分，共 20 分）

1.中学生的情绪不再像儿童那样天真直露，表现出很强的隐蔽性。

2.每个人都有自己独特的人格，因此人格没有共性可言。

三、简答题（本大题共 3 个小题，每个 10 分，共 30 分）

1.简述最近发展区。

2.简述影响人格形成和发展的因素。

3.简述弗洛伊德的人格发展理论。

四、材料分析题（20 分）

一名初二女生喜欢并希望一名高三男生保护她。她自己也知道并非是交男朋友。但她仍想知道这名高三男生的电话，却又害羞说不出口。同时，她不知道男女之间的交往是否是正常现象。因此，害怕别的同学知道自己的想法而被笑话。她很迷惘，不知道该怎么做。

问题：运用相关理论对材料中的问题进行解决。

第六章　中学生心理辅导

1.了解心理健康的标准，熟悉中学生常见的心理健康问题，包括抑郁症、恐怖症、焦虑症、强迫症、网络成瘾等。

2.理解心理辅导的主要方法，包括强化法、系统脱敏法、认知疗法、来访者中心疗法、理性－情绪疗法等。

第一节　中学生的心理健康

【导读】

健康是人类的基本需求之一，是每个人所渴望的。一个人的健康不仅包括身体的健康，还要包括心理的健康。只有两方面都健康了，个体才能很好的适应社会生活。中学生作为一个特殊的群体，他们的心理状况是如何的，他们容易产生哪些心理问题，了解这些，有利于教师更为准确的把握自己的每个学生。

一、心理健康的含义

（一）心理健康的概念

健康是人类的基本需求之一，是每个人所渴望的。长期以来，人们对健康的认识一直是"没有查出病就是健康"。后来，有人把健康定义为人体各器官系统发育良好、功能正常、体格健壮、精力充沛并具备良好劳动效能的状态。这个定义虽然正确指出了健康的若干特征，但却不够全面，因为人除了身体之外，还有与之密切联系的心理。现代医学研究表明：心理的、社会的和文化的因素同生物学因素一样，与人的健康、疾病有非常密切的关系。因此，1948年世界卫生组织（WHO）在其宣言中指出，健康应包括生理、心理和社会适应等几方面。1989年，该组织又在健康的定义中增加了道德健康的内容以使其更全面。但实质上，社会适应和道德健康都可归于心理健康的范畴。因此，我们将健康归结为生理健康和心理健康两方面的内容。一个健康的人，既要有健康的身体，又要有健康的心理。所谓心理健康，就是一种良好的、持续的心理状态与过程，表现为个人具有生命的活力，积极的内心体验，良好的社会适应，能够有效地发挥个人的身心潜力以及作为社会一员的积极的社会功能。心理健康至少包括两层含义：一是无心理疾病；二是有一种积极发展的心理状态。

（二）心理健康的标准

心理健康标准是心理健康概念的具体化。由于确立心理健康标准的依据不同，国内外学者提供的判断标准虽有互相重叠的部分，但还是有差别的。根据研究者的不同观点，可以归纳出心理健康的六条标准：

1.对现实的有效知觉

心理健康的学生，虽然智力发展水平各不相同，但一般都能把自己的智慧与能力有效地运用到学习上。能客观地看待问题，正视现实，对社会生活中遇到的各种问题、困难和矛盾能力求有效地认识和改造，既不逃避现实，也没有想入非非的困扰。

2.自知、自尊与自我接纳

一个人具有正确的自我观，就意味着他能客观地认识自己和对待自己，既不高估也不低估自己的能力；既了解自己的优点、缺点和各个方面的条件，又能正确地把握和对待自身的变化。对于自己的潜能和长处能发扬光大，对于自己的缺点和不足之处也能努力改正和克服。因而，他们不会同自己过不去，不会因为理想和现实的差距过大，而产生自责、自怨或自卑等不健康心态。

3.自我调控能力

心理健康的学生能以一定的社会行为规范约束自己的行为，使个人行为符合社会规范的要求，一旦发现自己的需要、行为与社会要求相冲突，即能调整或放弃自己的行动，能根据活动的要求自觉地调节和控制自己的行动。

4.与人建立亲密关系的能力

良好的人际关系不仅是维护心理健康不可缺少的条件，而且也是心理健康的内在需要。一个心理健康的学生，能以信任、礼貌、诚挚、谦让的态度与人相处，保持和发展融洽的关系，并能从中寻求生活的乐趣，获得友谊；能客观地了解他人的情感、需要、兴趣和个性品质，尊重他人的权益与需要。一个心理健康的人不是与别人没有任何矛盾，而是在发生矛盾时能积极地、有效地去解决矛盾，重新让别人理解自己。

5.人格结构的稳定与协调

具有健全人格的人，为人诚实正直，襟怀坦荡；对学习、劳动、工作认真负责；在情绪方面，也能做到既恰当又适度，并能保持个体的独立性，保持认识、情感、意志行动的协调一致。

6.生活热情与工作高效率

心理健康者经常能保持愉快、开朗、自信和满意的心情，善于从生活中寻求乐趣，对生活充满希望。在工作上，也能以积极的态度去应对，工作效率高。

在理解与把握心理健康标准时，主要应该考虑到以下几点：首先，判断一个人心理健康状况应兼顾个体内部协调与对外良好适应两个方面。其次，心理健康概念具有相对性。心理健康有高低层次之分。高层次（积极的）心理健康不仅是没有心理疾病，而且能充分发挥个人潜能，发展建设性人际关系。从事具有社会价值和创造性的活动，追求高层次需要满足，追求生活的意义。再次，心理健康既是一种状态，也是一种过程。心理健康不是无失败、无冲突、无痛苦，而是能在这些情况下作有效的自我调整，且能保持良好的工作效率。最后，心理健康与否，在相当程度上可以说是一个社会评价问题。不同社会由于其主流文化、价值观念、社会规范不同，对同一行为正常与否，往往会做出不同的判断。

二、中学生易产生的心理健康问题

心理障碍、行为障碍、心理异常、心理困扰、行为适应不良、人格适应不良、心理疾病等指称各种心理健康问题的词语，在不太严格意义上常常交替使用，虽然它们在强调的侧重点上以及反映心理健康问题的严重性程度上，存在着一些差别。习惯上，人们用心理困扰、心理障碍和心理疾病分别指称严重程度由低到高的几类心理健康问题。以下所列的中学生易产生的心理障碍，都属于心理辅导与治疗的适用范围。

（一）焦虑症

焦虑症是以与客观威胁不相适合的焦虑反应为特征的神经症，这是将焦虑作为一种独立的神经症来看。另一方面，焦虑也是包括焦虑症、抑郁症、强迫症、恐怖症等在内的各种神经症的共同特征。

焦虑是由紧张、不安、焦急、忧虑、恐惧交织而成的一种情绪状态。正常人在面临压力情境特别是在个人自尊心受到威胁时，也会出现焦虑反应，但他的焦虑与客观情境的威胁程度是相适合的。焦虑症的表现是：紧张不安，忧心忡忡，集中注意困难，极端敏感，对轻微刺激作过度反应，难以做决定。在躯体症状方面，有心跳加快、过度出汗、肌肉持续性紧张、尿频尿急、睡眠障碍等不适反应。

学生中常见的焦虑反应是考试焦虑。其表现是随着考试临近，心情极度紧张。考试时不能集中注意，知觉范围变窄，思维刻板，出现慌乱，无法发挥正常水平。考试后又持久地不能松弛下来。

学生焦虑症状产生的原因是学校的统考，升学的持久的、过度的压力；家长对子女过高的期望；学生个人过分地争强好胜；学业上多次失败的体验等。某些人具有容易诱发焦虑反应的人格基础：遇事易于紧张、胆怯，对困难情境作过高程度估计，对身体的轻微不适过分关注，在发生挫折与失败时过分自责。这些人格倾向可称作焦虑品质。

采用肌肉放松、系统脱敏方法，运用自助性认知矫正程序，指导学生在考试中使用正向的自我对话，如"我能应付这个考试"、"成绩并不重要，学会才是重要的"、"无论考试的结果如何，都将不会是最后一次"，对于缓解学生的考试焦虑，都有较好的效果。

（二）抑郁症

抑郁症是以持久性的心境低落为特征的神经症。过度的抑郁反应，通常伴随有严重的焦虑感。焦虑是个人对紧张情境的最先反应。如果一个人确信这种情境不能改变或控制时，抑郁就取代焦虑成为主要症状。

抑郁症的表现，一是情绪消极、悲伤、颓废、淡漠，失去满足感和生活的乐趣。二是消极的认识倾向，低自尊、无能感，从消极方面看事物，好责难自己，对未来不抱多大希望。三是动机缺失、被动，缺少热情。四是躯体上疲劳、失眠、食欲不振等。

【真题在线】

[2012年上半年] 某生近期情绪低落、思维迟缓、活动减少，容易自我否定、甚至产生自杀念头，他的主要问题是（　　）。

　A.焦虑　　　　B.强迫　　　　C.抑郁　　　　D.恐怖

【答案及解析】C 题目中的描述是抑郁的典型症状。

抑郁症是由心理原因造成的，有各种不同理论的解释。大多数抑郁症患者能经治疗或不经治疗而逐渐恢复正常，但有人有复发的倾向。在对有抑郁症状的学生进行辅导时，首先要注意给当事人以情感支持和鼓励；以坚定而温和的态度激励学生做一些力所能及的事情，积极行动起来，从活动中体验到成功与人际交往的乐趣，也可采用认知行为疗法，改变学生已习惯的自贬性的思维方式和不适当的成败归因模式，发展对自己、对未来的更为积极的看法。服用抗抑郁药物可以缓解症状。

（三）强迫症

强迫症包括强迫观念和强迫行为，强迫观念指当事人身不由己地思考他不想考虑的事情，强迫行为指当事人反复去做他不希望执行的动作，如果不这样想、不这样做，他就会感到极端焦虑。强迫洗手、强迫计数、反复检查（门是否上锁）、强迫性仪式动作是生活中常见的强迫症状。大多数人都有过强迫观念，但只有当它干扰了我们的正常适应时，才是神经症的表现。

对强迫症的产生有各种解释。有人认为，强迫观念与强迫动作是我们无意识地防止具有威胁性的冲动进入意识的一种替代方式，一个忙碌于强迫性仪式动作的人，一个脑中充满了琐碎强迫观念的人，必然无机会思考那些具有威胁性的事件与观念。强迫症还与一个人的人格特点有关，有些强迫症患者人格上有这样一些特征：主观任性，过分爱干净，过分谨慎，注意琐事，拘泥于细节，生活习惯刻板，往往有强烈的道德观念。另外，成人禁止子女表达负面的情感，是子女产生强迫症状的十分有代表性的背景特征。

日本的森田疗法，强调当事人力图控制强迫症状的努力，以及这种努力所导致的对症状出现的专注和预期，对强迫症状起维持和增强作用。因此，为了矫治强迫症状，应放弃对强迫观念作无用控制的意图，而采取"忍受痛苦，顺其自然"的态度治疗。强迫行为的另一种有效的方法是"暴露与阻止反应"，例如，让有强迫性洗涤行为的人接触他们害怕的"脏"东西，同时坚决阻止他们想要洗涤的冲动，不允许洗涤。

【真题在线】

[2012年下半年] 王娟最近有一个毛病，写作业时总觉得不整洁，擦了写，写了又擦，反反复复。她明知道这样做没有必要，就是控制不住。她可能出现了（   ）。

A. 抑郁症   B. 焦虑症   C. 强迫症   D. 恐怖症

【答案及解析】C 题目中的描述是强迫的典型症状。

（四）恐怖症

恐怖症是对特定的无实在危害的事物与场景的非理性惧怕。恐怖症可分为单纯恐怖症（对一件具体的东西、动作或情境的恐惧）、广场恐惧症（害怕大片的水域、空荡荡的街道）和社交恐怖症。中学生中社交恐怖症较多见，包括与异性交往的恐怖。患有社交恐怖症的人害怕在社交场合讲话（在会场上讲演、在公共场合进餐时交谈），担心自己会因双手发抖、脸红、声音发颤、口吃而暴露自己的焦虑，觉得自己说话不自然，因而不敢抬头，不敢正视对方眼睛。

精神分析观点认为恐怖是焦虑的移置，即个人将焦虑转移到不太危险的事物之上，从而避免了对焦虑来源的忧虑。行为主义观点认为恐怖是学习得来的，或者由直接经验中学习得来（在受到狗的一次攻击后，发展起对狗的恐怖）；或者由观察学习得来（例如，观察父母对某种场景的恐怖，而使子女形成同样性质的恐怖）；或者由信号学习得来（如一个学生在采黄花时被蜜蜂蜇了，就形成了对黄花的恐怖）。认知派心理学家则认为恐怖症源于个人对某些事物或情境的危险作了不现实的评估。

系统脱敏法是治疗恐怖症的常用方法，使用这一方法最好要及时进行。想帮助学生克服学校恐怖症，父母要有坚持性和耐心，要坚决而友善地要求孩子回到学校，习惯学校生活。另一方面，改善班级中人际关系，营造宽松、自由的学校氛围。适当减轻学习压力，使学生获得成功体验，对于克服学校恐怖症同样具有重要意义。

（五）网络成瘾

"网络成瘾综合症"是指由于患者对互联网过度依赖而导致明显的心理异常症状以及伴随的生理性受损的现象。美国心理学家Young认为网络成瘾综合症与沉溺赌博、酗酒、吸毒等无异，导致的损害是多方面的：学业成绩下降、损害身体健康、夫妻关系障碍或离异、影响正常工作等。

中学生是"网络成瘾综合症"的高发人群。美国德克萨斯大学的心理学家研究发现，至少有14%的在校学生符合网络成瘾的标准；而在中国大陆，青少年网络成瘾问题也日益严重。据有关部门调查显示，中学生上网达到80%，其中有大约13%的中学生网民患有网络成瘾综合症。他们沉湎于网上聊天，经常光顾色情网站，互联网成为一部分中学生名副其实的"电子海洛因"。

中学生容易上网成瘾大体上是受到主客观因素的影响。中学生身心发育尚不成熟是导致易上网成瘾的主观原因。具体表现在：自控能力欠缺，他们一旦上网，就难以抵制网络的诱惑；认知能力有限，对于网络上充斥的"垃圾信息"和"虚假资讯"，他们的分辨能力有限；自我意识强烈，他们急于摆脱学校、教师和家长的管束，追求个性和成人化倾向，网络恰好给了他们这样一个虚拟的空间。

中学生可能身处的不利环境是导致易上网成瘾的客观原因。具体表现在：社会环境上，网吧遍布大街小巷；家庭环境上，当前我国中学生多属独生子女，生活中缺少情感交流，便在网络中寻找可归依的群里，迷恋网上的互动生活；在教育环境上，电脑和网络成为中学生不可或缺的学习工具，但是缺少教师和家长的有效引导，学生很容易就会形成网络成瘾。

网络是一把双刃剑，关键是看怎样用它，谁来用它。要想充分发挥其正面作用，最大限度的抑制其负面效应。学校作为对青少年教育的主要场所，要形成正确的与网络教育相适应的观念，与时俱进，勇于创新，采用积极举措把学生的求知欲引向正确轨道，提高学生使用互联网的水平和素养。家长要注意给孩子一个健康的家庭环境，一般来说，从民主、和睦、丰富多彩以及充满希望的家庭中出来的小孩是很少网络成瘾的，因为这样的环境给了他足够的自由、平等和快乐。政府要坚决打击网络犯罪，对于那些非法建立色情网站、向中学生传播色情等不良信息，以及对那些利用网络聊天工具对中学生实施网络诱骗和攻击的人，坚决予以打击。

（六）人格障碍与人格缺陷

人格障碍是长期固定的适应不良的行为模式，这种行为模式由一些不成熟的不适当的压力应对或问题解决方式所构成。有人格障碍的人与有神经症的人相似，都没有丧失与现实的接触，也没有明显的行为混乱。人格障碍有许多类型，例如，依赖型人格障碍者有被动的生活取向，不能决策和接受责任，有自我否定的倾向；反社会型人格障碍者有两个显著的特点：一是缺乏对他人的同情与关心，二是缺乏羞耻心与罪恶感。人格障碍一语多用于成人，对于18岁以下的儿童与青少年的类似行为表现通常称作人格缺陷、品行障碍或社会偏差行为。

人格障碍是个体先天素质与后天教养的产物。早期失去父母的爱；从小受到溺爱而缺乏惩戒或受到不一致的惩戒；一直受到保护、从未受到挫折，因而没有能力体验与同情他人的痛苦；父母提供的不正确行为范例等都是影响人格障碍形成的重要因素。根据班杜拉社会学习原理，为有人格障碍的人提供良好行为的范例，奖励他们对良好行为的模仿，促使他们将社会规范与外部价值纳入到自我结构中，对于矫正他们的反社会行为有一定作用。

（七）性偏差

性偏差是指少年性发育过程中不良适应，如过度手淫、迷恋黄色书刊、早恋、不当性游戏、轻度性别认同困难等，一般不属性心理障碍。但对这些不适应行为，应给予有效的干预。手淫本身不是心理障碍，对身体并无损害，也不是罪恶。应该注意的是对手淫的错误观念引起的心理冲突。对于过度手淫则要采取转移注意、转向于参加文体活动的方法予以纠正。

（八）进食障碍

进食障碍包括神经性厌食、贪食和异食癖等，其中神经性厌食是一种由于节食不当而引起的严重体重失常。凡是由于患者厌恶进食而导致正常体重骤然下降25%者，即被视做厌食症的症状。神经性厌食症多发生于女性（女生比男生多20倍），其症状是对食物极端厌恶、甚至恐惧，四肢无力，女生则有的出现闭经。由于家庭不断施予压力，当事人有可能变得脾气暴躁。神经性厌食的形成，可能与青少年担心发胖而极度限制饮食的错误做法以及父母过分关注孩子体型或姿态的态度有关。神经性厌食可采用行为疗法、认知疗法予以矫正。

（九）睡眠障碍

睡眠障碍包括失眠、过度思睡、睡行症、夜惊、梦魇等。失眠可能由压力事件、脑力或体力劳动过度引起，也可能是神经症的伴生物。夜惊可能与儿童发育阶段精神功能暂时失调有关，梦魇与学生日间情绪压力有关，可采用肌肉松弛法来治疗失眠。

三、心理健康教育的意义

（一）预防精神疾病、保障学生心理健康的需要

有关调查表明，我国学生心理健康状况令人担忧。近年来我国各地中小学教师自发地开展各种形式的心理健康教育的直接动因是帮助学生克服各种心理障碍，预防精神疾病的发生。学校是学生心理健康教育的主要场所。

（二）提高学生心理素质，促进其人格健全发展的需要

学生在成为一名独立的社会成员之前，会经历一系列发展中的矛盾与人生课题，儿童所经历的心理冲突、矛盾和困扰，是比较特殊的，儿童迫切希望教师在尊重他们日益增长的独立性的前提下，给予他们人生之旅以真诚的指导和帮助。从更积极的意义上说，心理健康教育是要提高学生心理素质，促进其人格健

全地发展。

（三）对学校日常教育教学工作的配合与补充

通过心理健康教育，改善学生心理素质，可以为有效实施道德教育提供良好的心理背景。

【强化训练】

一、单项选择题

1.如果一个人情绪消极，对生活感到全无乐趣，觉得自己的活动没有价值，这种人患有（　　　　）。

A.焦虑　　　　　　　　B.强迫　　　　　　　　C.抑郁　　　　　　　　D.恐怖

2.心理健康表现为个人具有生命的活力，积极的内心体验，良好的（　　　　）。

A.社会适应　　　　　　B.社会化人格　　　　　C.精神面貌　　　　　　D.精神状态

二、简答题

1.简述心理健康的标准。

2.简述中学生常见的心理健康问题。

第二节　心理辅导的主要方法

【导读】

了解了什么是心理健康，心理健康的标准以及中学生易产生的心理问题，接下来，我们要做的就是针对相应的问题，进行适当的心理辅导。不同的学派提出了不同的心理辅导方法，包括强化法、系统脱敏法、认知疗法、来访者中心疗法、理性－情绪疗法等。通过这些辅导，让学生学会调适自己，并寻求自我发展，朝着更积极进取的方向前进。

一、心理辅导及其目标

在学校开展心理健康教育有以下几条途径：①开设心理健康教育有关课程；②开设心理辅导活动课；③在学科教学中渗透心理健康教育的内容；④结合班级、团队活动开展心理健康教育；⑤个别心理辅导或咨询；⑥小组辅导。

心理辅导，是指在一种新型的建设性的人际关系中，学校辅导教师运用其专业知识和技能，给学生以合乎其需要的协助与服务，帮助学生正确地认识自己，认识环境，依据自身条件，确立有益于社会进步与个人发展的生活目标，克服成长中的障碍，增强与维持学生心理健康，使其在学习、工作与人际关系各个方面做出良好适应。

学校心理辅导的一般目标与学校教育目标是一致的。但心理辅导毕竟只是学校教育的一个方面，其目标应有自己的独特之处。综合多数学者意见，可以把心理辅导的一般目标归纳为两个方面，第一是学会调适，包括调节与适应，第二是寻求发展。这两个目标中，学会调适是基本目标，以此为主要目标的心理辅导可称为调适性辅导；寻求发展是高级目标，以此为主要目标的心理辅导可称为发展性辅导。简言之，这两个目标也就是要引导学生达到基础层次的心理健康与高层次的心理健康。

二、心理辅导的主要方法

要做好心理辅导工作，必须遵循以下基本原则：面向全体学生原则、预防与发展相结合原则、尊重与理解学生原则、学生主体性原则、个别化对待原则和整体性发展原则。

在进行心理辅导时，不论采用何种方法，都必须以建立良好的辅导关系为前提。辅导教师与受辅导学生之间要建立起来的一种新型的、建设性的、具有辅导与治疗功能的人际关系，其主要特点是：积极关注、尊重、真诚与同感。同感是指辅导教师设身处地的去体会受辅导学生的内心感受，进入到他的内心世界之中。

（一）行为改变的基本方法

行为改变的基本方法有强化法、代币奖励法、行为塑造法、示范法、消退法、处罚法、自我控制法等。

1. 强化法

强化法用来培养新的适应行为。根据学习原理，一个行为发生后，如果紧跟着一个强化刺激，这个行为就会再一次发生。例如，一个学生不敢同老师说话，学习上遇到了疑难问题也没有勇气向老师求教，当他一旦敢于主动向老师请教，老师就给予表扬，并耐心解答问题，这个学生就能学会主动向老师请教的行为方式。

2. 代币奖励法

代币是一种象征性强化物，筹码、小红星、盖章的卡片、特制的塑料币等都可作为代币。当学生做出我们所期待的良好行为后，我们发给数量相当的代币作为强化物。学生用代币可以兑换有实际价值的奖励物或活动。代币奖励的优点是：可使奖励的数量与学生良好行为的数量、质量相适应，代币不会像原始强化物那样产生"饱"现象而使强化失效。

3. 行为塑造法

行为塑造指通过不断强化逐渐趋近目标的反应，来形成某种较复杂的行为。有时候我们所期望的行为在某学生身上很少出现或很少完整地出现。此时我们可以依次强化那些渐趋目标的行为，直到合意行为的出现。例如，有人曾用行为塑造法让一个缄默无语的孩子开口说话。

4. 示范法

观察、模仿教师呈示的范例（榜样），是学生社会行为学习的重要方式。模仿学习的机制是替代强化。替代强化的含义是：当事人（学习者）因榜样受强化而使自己也间接受到强化。由于范例的不同，示范法有以下几种情况：辅导教师的示范，他人提供的示范，电视、录像，有关读物提供的示范，角色的示范。

5. 惩罚法

处罚的作用是消除不良行为。处罚有两种：一是在不良行为出现后，呈现一个厌恶刺激（如否定评价、给予处分）；二是在不良行为出现后，撤消一个愉快刺激。

6. 自我控制法

自我控制则是让当事人自己运用学习原理，进行自我分析、自我监督、自我强化、自我惩罚，以改善自身行为。从理论指导来说，它是一种经过人本主义心理学改善过的行为改变技术。其好处是：强调当事人（学生）个人责任感，增加了改善行为的练习时间。

（二）行为演练的基本方法

1. 全身松弛训练

全身松弛法，或称松弛训练，是通过改变肌肉紧张，减轻肌肉紧张引起的酸痛，以应对情绪上的紧张、不安、焦虑和气愤。

全身松弛法有不同的操作方式，紧张、松弛对照训练是最常见的一种。这种松弛训练法由雅各布松在 20 年代首创，经后人修改完成。其要点是，训练者要学会接受自身生理状态的信息，辨认肌肉紧张、放松的感觉，对肌肉做"紧张——坚持——放松"的练习，从紧张与放松的感觉对比中学会放松；对全身多处肌肉按固定次序依次放松，每日练习，坚持不断。

2. 系统脱敏法

系统脱敏的含义是，当某些人对某个事物、某种环境产生敏感反应（害怕、焦虑、不安）时，我们可以在当事人身上发展起一种不相容的反应，使对本来可引起敏感反应的事物，不再发生敏感反应。例如，一个学生过分害怕猫，我们可以让他选看猫的照片、谈论猫、再让他远远观看关在笼中的猫；让他靠近笼中的猫；最后让他摸猫、抱起猫，消除对猫的惧怕反应。这就是"脱敏"。系统脱敏法是由沃尔朴首创的。

【真题在线】

[2012年上半年] 心理辅导老师通过帮助李晓明建立焦虑等级，让他想象引起焦虑的情境，进行放松训练，从而缓解他的考试焦虑。这种心理辅导方法是（　　　　）。

　　A. 强化法　　　　　B. 系统脱敏法　　　　　C. 理性－情绪疗法　　　　　D. 来访者中心疗法

【答案及解析】B 系统脱敏的含义是，当某些人对某个事物、某种环境产生敏感反应（害怕、焦虑、不安）时，我们可以在当事人身上发展起一种不相容的反应，使对本来可引起敏感反应的事物，不再发生敏感反应。

---

3. 肯定性训练

肯定性训练，也叫自信训练、果敢训练，其目的是促进个人在人际关系中公开表达自己真实情感和观点，维护自己权益也尊重别人权益，发展人的自我肯定行为。自我肯定行为主要表现在三个方面：①请求：请求他人为自己做某事，以满足自己合理的需要。②拒绝：拒绝他人无理要求而又不伤害对方。③真实地表达自己的意见和情感。实际生活中，许多学生表现出的是不肯定行为。如谈话时眼睛不敢看着对方，说话句子短，不敢提出合理要求，不敢拒绝别人的无理要求，不敢表示自己的不满情绪；与同学发生矛盾时不敢正面解决问题，而是哭着找老师等。

肯定性训练是通过角色扮演以增强自信心，然后再将学得的应对方式应用到实际生活情境中。通过训练，当事人不仅减低了焦虑程度，而且发展了应对实际生活的能力。

（三）改善学生认知的方法

1. 理性情绪疗法

理性情绪辅导方法是由艾里斯曾提出，他认为人的情绪是由他的思想决定的，合理的观念导致健康的情绪，不合理的观念导致负向的、不稳定的情绪。人有许多非理性的观念，如我"必须"成功，并得到他人赞同，别人"必须"对我关怀和体贴；事情"应该"做得尽善尽美，课堂上回答问题有错误是很糟糕的事等等。他提出了一个解释人的行为的 ABC 理论。

A、个体遇到的主要事实、行为、事件。

B、个体对 A 的信念、观点。

C、事件造成的情绪结果。

我们的情绪反应 C 是由 B（我们的信念）直接决定的。可是许多人只注意 A 与 C 的关系，而忽略了 C 是由 B 造成的。B 如果是一个非理性的观念，就会造成负向情绪。若要改善情绪状态，必须驳斥（D）非理性信念 B，建立新观念并获得正向的情绪效果（E）。这就是艾里斯理性情绪治疗的 ABCDE 步骤。理性情绪治疗是一项具有浓厚教育色彩的心理治疗法。台湾吴丽娟在此基础上编拟了"理性情绪教育课程"，该课程首先让学生分辨理性观念与非理性观念，然后试图驳斥非理性信念。

以下是一实例：

A、事件："考不好，受父母训斥。"

B、观念："同学会取笑我，真丢面子。"

C、情绪：难过、沮丧。

D、驳斥：这不是事实。只是我的主观想法，怎么知道同学会取笑？即使有人取笑，难道我就真的无法忍受？

E、新观念：可能无人取笑我；被取笑只是一时，只要用功，成绩可以改善；何况我还有其他长处。

上面我们分别介绍了一些基本的辅导方法，在学校心理辅导实际活动中，我们应根据辅导目标的要求，综合运用各种方法，形成一个统一的辅导工作的基本模式。

2. 认知疗法

认知疗法的理论基础是阿龙·贝克提出的情绪障碍认知理论。他认为：心理问题不一定都是由神秘的、不可抗拒的力量所产生，相反，它可以从平常的事件中产生，例如错误的学习，依据片面的或不正确的信息做出错误的推论，以及像不能妥善地区分现实与理想之间的差别等等。他提出，每个人的情感和行为在很大程度上是由其自身认识世界、处世的方式或方法决定的，也就是说，一个人的思想决定了他内心体验和反应。

认知理论的出发点在于确认思想和信念是情绪状态和行为表现的原因。贝克论证说，抑郁症病人往往由于做出逻辑判断上的错误因而变成抑郁、歪曲事情的含义而自我谴责；一件在通常情况下很小的事情（如溅出饮料）会被他看成生活已完全绝望的表现。因此抑郁症病人总是对自己做出不合逻辑的推论，用自我贬低和自我责备的思想去解释所有的事件。

认知治疗是根据认知过程影响情感和行为的理论假设，通过认知和行为技术来改变病人不良认知的一类心理治疗方法的总称。所谓认知一般是指认知活动或认知过程，包括信念和信念体系、思维和想象。认知过程一般由三部分组成：（1）接受和评价信息的过程；（2）产生应付和处理问题方法的过程；（3）预测和估计结果的过程。

认知治疗高度重视研究病人的不良认知和思维方式，并且把自我挫败行为看成是病人不良认知的结果。所谓不良认知，指歪曲的、不合理的；消极的信念或思想，往往导致情绪障碍和非适应行为。治疗的目的就在于矫正这些不合理的认知，从而使病人的情感和行为得到相应的改变。认知疗法不同于传统的行为疗法，因为它不仅重视适应不良性行为的矫正；而且更重视改变病人的认知方式和认知——情感——行为三者的和谐。同样，认知疗法也不同于传统的内省疗法或精神分析，因为它重视目前病人的认知对其心身的影响，即重视意识中的事件而不是潜意识；内省疗法则重视既往经历特别是童年经历对目前问题的影响，重视潜意识而忽略意识中的事件。

3. 认知行为疗法

认知行为疗法的基础理论来自于信息加工之理论模式，认为人们的行为，感情是由对事物的认知所影响和决定。例如，如果人们认为环境中有危险，他们便会感到紧张并想逃避。人们的认知建立在自己以往经验的态度和假设基础之上。

贝克指出，心理障碍的产生并不是激发事件的直接后果，而是通过了认知加工，在歪曲或错误的思维影响下促成的。歪曲和错误的思维包括主观臆测、在缺乏事实或根据时的推断、过分夸大某一事情和意义的个人、倾向将与己无关事联系到自己身上、思想极端。他还指出，错误思想常以"自动思维"的形式出现，即这些错误思想常是不知不觉地、习惯地进行，因而不易被认识到，不同的心理障碍有不同内容的认知歪曲，例如：抑郁症大多对自己，对现实和将来都持消极态度，抱有偏见，认为自己是失败者，对事事都不如意，认为将来毫无希望。焦虑症则对现实中的威胁持有偏见，过分夸大事情的后果，面对问题，只强调不利因素，而忽视有利因素。因此认知治疗重点在于矫正患者的思维歪曲。基本方法步骤可分为：

（1）帮助个体认识思维活动与情感行为之间的联系；

（2）帮助个体认识消极歪曲或错误的思维，检验支持和不支持自动思维的证据；

（3）帮助个体改变歪曲的错误的思维方式、内容，发展更适应的思维方式和内容。

4. 来访者中心疗法

"来访者中心疗法"，由罗杰斯创立于20世纪50年代。其要点如下：（1）人都有能力发现自己的缺陷和不足，并加以改进。所以心理咨询的目的，不在于操纵一个人的外界环境或其消极被动的人格，而在于协助来访者自省自悟，充分发挥其潜能，最终达到自我的实现。（2）人都有两个自我：现实自我和理想自我。其中前者是个人在现实生活中获得的自我感觉，而后者则是个人对"应当是"或"必须是"等的自我概念。两者之间的冲突导致了人的心理失常。人在交往中获得的肯定越多，则其自我冲突越少，人格发展也越正常。（3）这一疗法很强调建立具有治疗作用的咨询关系，以真诚、尊重和理解为其基本条件。罗杰斯认为，当这种关系存在时，个人对自我的治疗就会发生作用，而其在行为和人格上的积极变化也会随之出现。所以，心理咨询人员应该与来访者建立相互乎等、相互尊重的关系。这样即可使来访者处于主动的地位，学会独立决策。（4）在操作技巧上，这一疗法反对操纵或支配来访者，主张在谈话中采取不指责、不评论、不干涉的方式，鼓励来访者言尽其意，直抒己见，以创造一个充满真诚、温暖和信任的气氛，使来访者无忧无虑地开放自我。

罗杰斯曾将治疗过程分为12个步骤：（1）来访者求助；（2）咨询员向来访者说明治疗方法；（3）鼓励来访者情感的自由表现；（4）咨询员要能接受、认识来访者的消极感情，并帮助来访者对自己有更清楚的认识；（5）来访者充分地暴露出消极的情感后，积极的情感开始出现；（6）咨询员要对来访者积极的情感接受和认识，但不给予任何评价；（7）来访者开始接受真实的自我；（8）帮助来访者认清要采取的新的行为和新的决定；（9）来访者对自己的问题有了新的认识和新的决定，就产生了最初的疗效；（10）咨询员引导来访者达到一种更完全、更正确的自我了解，并开始新行为的尝试，表明疗效进一步显著；（11）来访者当前的问题得到解决并对自己充满了自信，表明来访者走向成熟；（12）治疗结束。罗杰斯指出，治疗过程的12个步骤不是截然分开的，而是相互关联、有机地结合在一起的。

【强化训练】

一、单项选择题
1.通过不断强化逐渐趋近目标的反应，来形成某种较复杂的行为是（　　）。
A.示范法　　　B.强化法　　　C.系统脱敏法　　　D.行为塑造法
2.心理辅导的一般目标归纳为两个方面，第一是学会调适，第二是（　　）。
A.寻求发展　　　B.克服障碍　　　C.行为矫正　　　D.社会适应
二、简答题
1.简述学校心理健康教育的途径。
2.简述学校心理辅导的原则。

【内容精要】
1.心理健康，就是一种良好的、持续的心理状态与过程，表现为个人具有生命的活力，积极的内心体验，良好的社会适应，能够有效地发挥个人的身心潜力以及作为社会一员的积极的社会功能。
2.心理健康的标准主要有六条：对现实的有效知觉、自知、自尊与自我接纳、自我调控能力、与人建立亲密关系的能力、人格结构的稳定与协调、生活热情与工作高效率。
3.中学生易产生的心理问题主要有焦虑症、抑郁症、强迫症、恐怖症、网络成瘾、人格障碍和人格缺陷、性偏差、进食障碍、睡眠障碍等。
4.心理辅导，是指在一种新型的建设性的人际关系中，学校辅导教师运用其专业知识和技能，给学生以合乎其需要的协助与服务，帮助学生正确地认识自己，认识环境，依据自身条件，确立有益于社会进步与个人发展的生活目标，克服成长中的障碍，增强与维持学生心理健康，使其在学习、工作与人际关系各个方面做出良好适应。心理辅导的一般目标有两个方面：第一是学会调适，包括调节与适应；第二是寻求发展。
5.心理辅导必须遵循以下基本原则：面向全体学生原则、预防与发展相结合原则、尊重与理解学生原则、学生主体性原则、个别化对待原则和整体性发展原则。心理辅导的主要方法有强化法、系统脱敏法、认知疗法、来访者中心疗法、理性－情绪疗法等。

【本章自测】

一、单项选择题（本大题共 10 个小题，每个 3 分，共 30 分）

1.下列哪项不是心理健康的标准（　　　）。

A. 对现实的有效知觉　　　　　　　　B. 自知、自尊与自我接纳

C. 自我调控能力　　　　　　　　　　D. 自我封闭能力

2.来访者中心疗法的特点不包括（　　　）。

A. 以来访者为中心　　　　　　　　　B. 将咨询看作是转变的过程

C. 鼓励来访者进行观察学习　　　　　D. 非指导性咨询

3.心理健康至少包括两层含义，一是无心理疾病，二是（　　　）。

A. 乐观的心理状态　　　　　　　　　B. 从容的心理状态

C. 豁达的心理状态　　　　　　　　　D. 积极发展的心理状态

4.心理健康的人能够有效发挥个人的潜能以及（　　　）。

A. 发展潜能　　　　　　　　　　　　B. 积极的社会功能

C. 应有的权利感　　　　　　　　　　D. 应有的道德面貌

5.在对学生进行心理辅导时，常使用的强化法属于（　　　）。

A. 行为改变法　　　　　　　　　　　B. 认知改变法

C. 精神分析法　　　　　　　　　　　D. 运动改变法

6.情绪消极、悲伤、颓废是（　　　）的表现。

A. 焦虑　　　　　　B. 强迫　　　　　　C. 抑郁　　　　　　D. 恐怖

7.全身松弛训练是（　　　）首创的。

A. 雅各布松　　　B. 皮亚杰　　　　C. 班杜拉　　　　　　D. 艾里斯

8.能把自己的智慧与能力有效地运用到学习上，属于哪条心理健康标准（　　　）。

A. 对现实的有效知觉　　　　　　　　B. 自知、自尊与自我接纳

C. 自我调控能力　　　　　　　　　　D. 生活热情与工作高效率

9.中学生常见的焦虑反应是（　　　）。

A. 生活焦虑　　　　　　　　　　　　B. 睡眠障碍焦虑

C. 交友焦虑　　　　　　　　　　　　D. 考试焦虑

10. 小张走路时总是喜欢反复数栏杆、触摸路旁的灯柱，这种行为属于（　　　）。

A. 焦虑　　　　B. 强迫行为　　　　　C. 强迫观念　　　　　　D. 恐惧

二、辨析题（本大题共 2 个小题，每个 10 分，共 20 分）

1.心理健康的标准是一定的。

2.性偏差属于性心理障碍。

三、简答题（本大题共 3 个小题，每个 10 分，共 30 分）

1.简述来访者中心疗法的步骤。

2.简述抑郁症的表现及原因。

3.简述心理健康的含义。

四、材料分析题（20 分）

小李是一名初中学生，智力中等，成绩中上，性格内向，非常腼腆，在人面前不苟言笑，上课从不主动发言，老师提问时总是低头回答，脸蛋通红。下课也总是坐在自己位置上发呆，不和同学活动。在家也是自己一个人待在房间，节假日，也不和父母去亲戚家做客。

运用相关的心理学理论，谈谈如何改变小李的行为。

第七章　中学德育

1.了解品德结构，理解中学生品德发展的特点。

2.理解皮亚杰和柯尔伯格的道德发展理论，理解影响品德发展的因素，掌握促进中学生形成良好品德的方法。

3.熟悉德育的主要内容，包括爱国主义和国际主义教育、理想和传统教育、集体主义教育、劳动教育、纪律和法制教育、辩证唯物主义世界观和人生观教育等。

4.熟悉和运用德育过程的基本规律（包括德育过程是具有多种开端的对学生知、情、意、行的培养提高过程；德育过程是组织学生的活动和交往，对学生多方面教育影响的过程；德育过程是促使学生思想内部矛盾运动的过程；德育过程是一个长期的、反复的、不断前进的过程），分析和解决中学德育实际中的问题。

5.理解德育原则，掌握和运用德育方法，熟悉德育途径。

6.了解生存教育、生活教育、生命教育、安全教育、升学就业指导等的意义及基本途径。

第一节　品德

【导读】

培养学生优良的道德品质是实施素质教育的一项极其重要的任务。学生良好的道德品质不是自发形成的，它的形成有其自身发展的特点和规律。研究和掌握学生品德发展的规律，将有利于我们在品德教育中提出恰当的教育措施和方法以提高学生的道德品质。

一、品德概述

（一）品德的概念

品德是道德品质的简称，是社会道德在个人身上的体现，是个体依据一定的社会道德行为规范行动时表现出来的比较稳定的心理特征和倾向。在理解这一定义时，应把握下面几点：

首先，品德反映了人的社会特性，是将外在于个体的社会规范的要求转化为个体的内在需要的复杂过程。它不是个体的先天禀赋，是通过后天学习形成的。

其次，品德具有相对的稳定性，若只是此一时、彼一时地偶然表现，则不能称之为品德，只有经常地表现出一贯的规范行为，才标志着品德的形成。

再次，品德是在道德观念的控制下，进行某种活动、参与某件事情或完成某个任务的自觉行为，也就是说，是认识与行为的统一。如果没有形成道德观念或道德认识，那么，即使个体的行为符合社会规范，也不能说是有品德的。反之亦然。比如，精神病患者的行为尽管可能不符合社会规范，但也不能说是不道德的。

（二）品德与道德

与品德密切相关的是道德，道德是指由社会舆论力量和个人内在信念系统驱使的行为规范的总和。品德和道德虽然都受社会发展规律所制约，却不能相互等同，它们之间既有区别又有联系。

1.品德与道德的联系

品德与道德的发展是互动的过程，它们之间的联系十分紧密。首先，品德是一定的社会道德规范在个体头脑中的反映和在个体实践活动中的具体体现，品德是道德的具体化。其次，社会道德风气的发展变化会在某种程度上影响着个人品德面貌的变化，品德的形成、发展以一定的社会道德为前提。最后，个体的品德对社会道德状况有一定的反作用，众多的个人品德能构成和影响着社会的道德面貌和风气。

2.品德与道德的区别

品德和道德之间也存在一些区别。首先，品德与道德所属的范畴不同。道德是一种社会现象，是调整人们相互关系的各种行为规范和准则。而品德是一种个体现象，是社会道德在个体头脑中的主观映像，其形成、发展和变化既受社会规律制约，又受个体的生理、心理活动规律制约。其次，品德与道德所反映的内容不同。道德的内容是社会生活的总体要求，是对一定经济基础的反映，它是调节社会关系的行为规范的完整体系。而品德的内容则是社会道德规范局部的具体体现，是社会道德要求的部分反映。从反映内容上看，道德反映的内容比品德反映的内容广阔得多，概括得多。最后，品德与道德产生的力量源泉不同。道德产生的力量源泉是社会需要。品德产生的力量源泉则是个人的需要。

总之，品德和道德是相辅相成、辩证统一的关系。

二、品德结构

品德的结构主要讲的是品德的心理结构，品德的心理结构非常复杂，对它的划分存在不同的看法，影响较大的是"四因素论"，它将品德分为道德认识、道德情感、道德意志和道德行为。

（一）道德认识

道德认识是对道德规范及其执行意义的认识。道德认识的结果是获得有关的道德观念、形成道德信念。道德认识是个体品德的核心部分。

道德观念、道德信念的形成有赖于道德认识。当个体对某一道德准则有了较系统的认识，感到确实是这样时，就形成有关的道德观念。当认识继续深入，达到坚信不移的程度，并能指导自己的行动时，就形成了道德信念。道德信念对行为具有稳定的调节与支配作用，只有道德观念而无道德信念时，就经常会发生诸如明知故犯之类的错误行为。

（二）道德情感

道德情感是伴随着道德认识而产生的一种内心体验。它既可以表现为个体根据道德观念来评价他人或自己行为时产生的内心体验，也可以表现为在道德观念的支配下采取行动的过程中所产生的内心体验。道德情感渗透在人的道德观念和道德行为中。道德情感的内容主要包括爱国主义情感、集体主义情感、义务感、责任感、事业感、自尊感和羞耻感，其中，义务感、责任感和羞耻感对于儿童和青少年尤为重要。道德情感是一种自我意志监督的力量，它能使人悔过自新，保持良好的行为。

道德情感从表现形式上看，主要包括三种：一是直觉的道德情感，即由于对某种具体的道德情境的直接感知而迅速发生的情感体验。由于其产生非常迅速，因而当事人往往不能明显意识到这个过程。二是想象的道德情感，即通过对某种道德形象的想象而发生的情感体验。道德形象之所以能引起人们的情感，是因为它是以社会道德标准的化身而存在的，又具有极大的鲜明性，因而能使人更容易理解道德规范的要求及其社会意义，也更容易使人受到感染和激励。三是伦理的道德情感，即以清楚地意识到道德概念、原理和原则为中介的情感体验。它具有清晰的意识性和明确的自觉性，具有较大的概括性和较强的理论性，具有稳定性和深刻性。例如，爱国主义情感和集体主义情感就属于伦理的道德情感。

（三）道德意志

道德意志是人们自觉地确定道德行为的目的，积极调节自己的活动，克服各种困难，以实现既定目的的心理过程。道德意志也要受到道德认识的支配，是人们利用自己意识的控制和理智的权衡作用去解决道德生活中的内心矛盾（如动机间的冲突及行动过程中坚持与动摇的斗争等）与支配行为的力量。道德意志的过程一般经历下决心、树信心、立恒心三个阶段。

（四）道德行为

道德行为是个体在一定的道德认识指引和道德情感激励下所表现出来的对他人或社会具有道德意义的行为。它是道德观念和道德情感的外在表现，是衡量品德的重要标志。道德行为包括道德行为技能和道德行为习惯，它们与一般的技能和习惯并无区别，只是在用来完成一定的道德任务时，它们便具有了道德的性质。

道德认识是品德心理结构的思想基础，是道德情感产生的依据。道德认识和道德情感的深化和交融的结果就产生了道德动机。道德动机是内部动力，推动个人产生道德行为，它驱动人以道德意志来实行道德行为。品德的四种心理成分是处在一个互动的、开放的统一体中。它们的发展虽然是有阶段性的，但严格地说，它们是不能单独地割裂开来的，而是互为前提、相互制约和相互促进的。

三、中学生品德发展特点

根据有关研究与理论，可以将中学生品德发展的基本特点归纳为以下几点：

（一）伦理道德发展具有自律性，言行一致

在整个中学阶段，学生的品德迅速发展，处于伦理形成时期。伦理是人与人之间的关系以及必须遵守的行为准则，它是道德关系的概括，伦理道德是道德发展的最高阶段。

1. 形成道德信念与道德理想

中学阶段是道德信念和道德理想形成、并以此指导行动的时期。中学生逐渐掌握伦理道德，并服从它，表现为独立、自觉地依据道德信念、价值标准等去行动，使学生的道德行为更有原则性、自觉性。

2. 自我意识增强

在品德发展的过程中，中学生更加关注自我道德修养，并努力加以提高。可以说中学生对自我道德修养的反省性和监控性有明显的提高，这为产生自觉的道德行为提供了有效的前提。

3. 道德行为习惯逐步巩固

由于不断地实践、练习，加之较为稳定的道德信念的指导，中学生逐渐形成了与道德伦理相一致的、较为定型的道德行为习惯。

4. 品德结构更为完善

中学生的道德认识、道德情感与道德行为三者相互协调，形成一个较为完善的动态结构，使他们不仅按照自己的道德准则去行动，而且也逐渐成为稳定的个性心理结构的一部分。

（二）品德发展由动荡向成熟过渡

1. 初中阶段品德发展具有动荡性

从总体上看，初中即少年期的品德虽然具有伦理道德的特性，但仍旧不成熟、不稳定，具有动荡性，表现在道德观念的原则性、概括性不断增强，但还带有一定程度的具体经验特点；道德情感表现丰富、强烈，但又好冲动；道德行为有一定的目的性，渴望独立自主行动，但愿望与行动经常有距离。在此时期，既是人生观开始形成的时期，又是容易发生品德的两极分化的时期。品德不良、违法犯罪多发生在这个时期。根据研究，初二年级是品德发展的关键期。

2. 高中阶段品德发展趋向成熟

高中阶段或青年初期的品德发展进入了以自律为主要形式、应用道德信念来调节道德行为的成熟时期，表现在能自觉地应用一定的道德观点、信念来调节行为，并初步形成人生观和世界观。

总体来看，初中生的伦理道德已开始形成，但具有两极分化的特点。高中生的伦理道德的发展具有成熟性，可以比较自觉地运用一定的道德观念、原则、信念来调节自己的行为。

教育者应以中学生态度与品德发展的基本特征为德育工作的出发点，在德育的内容、形式、评价标准等方面都应该遵循发展规律，重视发展过程中的关键期，采取合理的教育措施，有的放矢，因材施教。

四、品德发展的阶段理论

（一）皮亚杰的道德发展阶段论

瑞士著名心理学家皮亚杰早在 20 世纪 30 年代就对儿童的道德判断进行了系统研究，他依据精神分析学派的投射原理，采用对偶故事研究儿童的道德认知发展。他设计了一些包含道德价值内容的对偶故事，要求儿童判断是非对错，从儿童对行为责任的道德判断中来探明他们所依据的道德规则，以及由此产生的公平观念发展的水平。

皮亚杰概括出一条儿童道德认知发展的总规律：儿童的道德发展大致分为两个阶段：在 10 岁之前，儿童对道德行为的思维判断主要是依据他人设定的外在标准，称为他律道德；在 10 岁之后儿童对道德行为的思维判断则多半能依据自己的内在标准，称为自律道德。皮亚杰将从他律到自律的发展过程细分为四个阶段：

1. 自我中心阶段（2~5 岁）

这一阶段的儿童开始接受外界的准则，但不顾准则的规定，按照自己的想象在执行规则。他们还不能把自己和他人及外界的环境区别开来，常把成人说的混同于自己想的，把外界环境看成是自身的延伸。规则对他们来说，还不具有约束力。他们的游戏活动只是个人独立活动的任意行为，与成人、同伴之间还没有形成合作关系。

2. 权威阶段（6~7、8 岁）

该阶段又称他律阶段。这一阶段的儿童对外在权威表现出绝对尊敬和顺从的愿望。他们认为服从、听话就是好孩子，否则就是错的，是坏孩子。另外一个表现是对规则本身的尊敬和顺从，即把成人规定的准则，看成是固定不变的。这个阶段的儿童对行为的判断是根据客观的效果，而不考虑主观动机。

3. 可逆性阶段（8~10 岁）

可逆性阶段又称自律阶段。这一阶段的儿童已不把规则看成是不可改变的，而把它看做是同伴间的共同约定，是可以改变的。他们已经认识到同伴间的社会关系，认识到应尊重共同约定的规则。对他们来说，规则已经具有一种保证相互行动、相互取予的可逆特征。同伴间可逆关系的出现表明儿童的思维已从自我中心解脱出来，认识到规则只是在维护自己与他人的关系，倾向于自觉地遵守，因而导致一定程度的自律。这标志着儿童道德认识开始形成。

4. 公正阶段（10~12 岁）

儿童的公正观念或正义感是在可逆的道德观念上发展起来的。10 岁以后，儿童在人与人的关系上，从权威性过渡到平等性。在这一阶段，儿童的道德观念倾向于主持公正、平等。在皮亚杰看来，从可逆性关系转变到公正阶段的主要原因是利他主义因素增长的结果。

皮亚杰认为，在从他律到自律的发展过程中，个体的认知能力和社会关系具有重大影响。道德教育的目标就是使儿童达到自律道德，使他们认识到道德规范是在相互尊重和合作的基础上制定的。而要达到这一教育目标就必须注意培养同伴之间的合作，注意成人与儿童的关系不应是权威和服从的关系；在儿童犯错误时，要使他了解为什么这样做不好，以发展儿童的道德认识。

（二）柯尔伯格的道德发展阶段论

美国心理学家柯尔伯格系统扩展了皮亚杰的理论和方法，经过多年研究，提出了人类道德发展的顺序原则，并认为道德认知是可以通过教育过程加以培养的。

柯尔伯格研究道德发展的方法是两难故事法。该书中包含一个在道德价值上具有矛盾冲突的情境，让被试听完故事后对故书中的人物的行为进行评论，从而了解被试的道德发展水平。通过大量的研究，柯尔伯格将道德判断分为三个水平，每一水平又包括两个阶段，因此提出了三水平六阶段的道德发展阶段论。

1. 前习俗水平（0~9岁）

儿童的道德观念是纯外在的，儿童是为了免受惩罚或获得奖励而顺从权威人物规定的行为准则的。

第一阶段：惩罚和服从取向。这阶段的儿童根据行为的后果来判断行为是好是坏及严重程度。服从权威或规则只是为了避免处罚，没有真正的准则概念。

第二阶段：朴素的享乐主义或工具性取向。这阶段的儿童为了获得奖赏或满足个人需要而遵从准则，他们认为如果行为者最终得益，那么为别人效劳就是对的。人际关系被看作是交易场中的低级相互对等的关系。不再把规则看成是绝对的、固定不变的东西。他们能部分地根据行为者的意向来判断过错行为的严重程度。

2. 习俗水平（9~15岁）

这一水平的儿童为了得到赞赏和表扬或维护社会秩序而服从准则，有维持这种秩序的内在欲望，规则已被内化，自己感到是正确的。因此，行为价值是根据遵守那些维护社会秩序的规则所达到的程度。

第三阶段：好孩子取向。这个阶段的儿童尊重大多数人的意见和惯常的角色行为，避免非议以赢得赞赏，重视顺从和做好孩子。儿童心目中的道德行为就是取决于人的，有助于人的或为别人所赞赏的行为。他们希望被人看作是好人，这时儿童已能根据行为的动机和感情来评价行为。

第四阶段：权威和社会秩序取向。这个阶段的儿童注意的中心是维护社会秩序，判断某一行为的好坏，要看他是否符合维护社会秩序的准则。

3. 后习俗水平（15岁以后）

这一水平又称"原则水平"，它的特点是道德行为由共同承担的社会责任和普遍的道德准则支配，道德标准已被内化为他们自己内部的道德命令了。

第五阶段：社会契约取向。这一阶段的道德推理具有灵活性。他们认为法律是为了使人们能和睦相处，如果法律不符合人们的需要，可以通过共同协商和民主的程序加以改变，认为反映大多数人意愿或最大社会福利的行为就是道德行为。

【真题在线】

[2012年下半年] 方雨认为社会法制应符合社会大众权益，当它不符合时，就应该修改。根据科尔伯格理论，他处于道德发展的哪个阶段？（　　　）

A. 服从于惩罚　　　　B. 社会契约　　　　C. 维护权威或秩序　　　　D. 普遍伦理

【答案及解析】B 社会契约取向。这一阶段的道德推理具有灵活性。他们认为法律是为了使人们能和睦相处，如果法律不符合人们的需要，可以通过共同协商和民主的程序加以改变，认为反映大多数人意愿或最大社会福利的行为就是道德行为。

第六阶段：良心或原则取向。他们认为应运用适合各种情况的道德准则和普遍的公正原则作为道德判断的根据。背离了一个人自选的道德标准或原则就会产生内疚或自我谴责感。

柯尔伯格认为，个体的道德认知是由低级阶段向高级阶段发展的，而且年龄与道德发展阶段有一定关系，但不完全对应。研究表明，大多数9岁以下的儿童以及少数青少年处于前习俗道德水平，大部分青年和成人都处习俗水平，后习俗水平一般要到20岁以后才能出现，而且只有少数人才能达到。

（三）品德形成的过程

一般认为，品德的形成过程经历依从、认同与内化三个阶段。

1. 依从

依从包括从众和服从两种。从众是指人们对于某种行为要求的依据或必要性缺乏认识与体验，跟随他人行动的现象。服从是指在权威命令、社会舆论或群体气氛的压力下，放弃自己的意见而采取与大多数人一致的行为。服从可能是出于自愿，也可能是被迫的。被迫的服从也叫顺从，即表面接受他人的意见或观点，在外显行为方面与他人相一致，而在认识与情感上与他人并不一致。

依从阶段的行为具有盲目性、被动性，不稳定，随情境的变化而变化。此时个体对道德规范行为的必要性尚缺乏充分的认识，也缺乏情感体验，行为主要受控于外在压力（如奖惩），而不是内在的需要。依从则可能得到安全，否则将受到惩罚。可以说，处于依从阶段的态度与品德，其水平较低，但却是一个不可缺少的阶段，是态度与品德建立的开端环节。因为在反复实践的基础上，个体可以学习到各种具体的行为方式，逐渐获得做出某些行为的必要性的认识与体验，从而使态度与品德的学习逐步向深入发展。

2. 认同

认同是在思想、情感、态度和行为上主动接受他人的影响，使自己的态度和行为与他人相接近。认同实质上就是对榜样的模仿，其出发点就是试图与榜样一致。

与依从相比，认同更深入一层，它不受外界压力控制，行为具有一定的自觉性、主动性和稳定性等特点。主体虽然对道德行为规范本身仍缺乏清楚而深刻的认识与体验，但由于对榜样的仰慕，在行为上就试图与榜样一致。认同的愿望越强烈，对榜样的模仿就越主动，在困难面前就越能表现出坚强的意志和毅力。榜样的特点、榜样行为的性质、示范的方式等都影响着认同。

3. 内化

内化指在思想观点上与他人的思想观点一致，将自己所认同的思想和自己原有的观点、信念融为一体，构成一个完整的价值体系。由于在内化过程中解决了各种价值的矛盾和冲突，当个人按自己内化了的价值行动时，会感到愉快和满意；而当出现了与自己的价值标准相反的行动时，会感到内疚、不安。

在内化阶段，个体的行为具有高度的自觉性和主动性，并具有坚定性，表现为"富贵不能淫，贫贱不能移，威武不能屈"。此时，稳定的态度和品德即形成了。

【真题在线】

[2012年上半年] 学生能相信并接受他人的观点，从而改变自己的态度和行为，同时将这些观点纳入自己的价值体系，说明其品德发展到了（   ）。

A. 服从阶段　　　　　B. 依从阶段　　　　　C. 认同阶段　　　　　D. 内化阶段

【答案及解析】D 内化指在思想观点上与他人的思想观点一致，将自己所认同的思想和自己原有的观点、信念融为一体，构成一个完整的价值体系。

五、品德发展的影响因素

（一）遗传因素

遗传素质主要是指那些与生俱来的解剖生理特点，如神经系统、感觉器官和运动器官的特性，其中脑的特性尤其重要。遗传素质既给品德发展设置了某种内部限制，又给品德发展提供了某种倾向性，使人虽不大可能向某个方向突出地发展其品德，但容易发展与遗传素质相适应的某些品德。

气质方面属于胆汁质和多血质类型的学生，容易培养热情主动地关心他人和集体的好品德；而在气质方面属于黏液质和抑郁质的学生，却容易培养稳重踏实，谦虚礼让的好品质。所以说，气质影响着某些品德形成的快慢和难易程度。智力与道德判断、道德行为是有关系的，尤其是在童年和少年时代，聪明的儿童在行为动机的道德判断上的得分都比智力中等的儿童来得高。

遗传素质不仅是品德发展的物质基础或自然前提，而且也是品德发展的潜在因素。人的品德的发展是建立在这种物质条件基础上的。但是，遗传素质不是品德本身，它不能决定品德的内容和发展水平，只是品德形成与发展的自然前提，它只有在现实生活中才能显露并发展起来。

（二）环境教育因素

1. 家庭环境教育

良好的家庭气氛，如和睦温馨的环境有助于儿童形成良好的品德；父母的表率作用以一种潜移默化的形式影响儿童品德的形成。

学生的态度与品德特征与家庭的教养方式有密切关系。若家庭教养方式是民主、信任、容忍，则有助于儿童的优良态度与品德的形成与发展。若家长对待子女过分严格或放任，则孩子更容易产生不良的、敌对的行为。

家长的职业类型与文化程度的不同，对子女的品德也有一定的影响。

2. 学校环境教育

学校教育不同于一般的社会环境的影响，它是一种有目的、有计划、有系统地对学生品德发展施加影响的过程。学校教育也是学生品德发展的外部条件，它在学生品德发展中起着主导作用。这主要通过以下三个方面影响学生品德的发展：

（1）校风和班风

好的校风能促使学生抵制社会上的不良风气，也会把学校里的新风尚带到社会上，如学校的素质教育和精神文明建设，对学生的品德及社会的文明都是有促进作用的。一个团结友爱、互帮互学、奋发向上的班级，是一种放大的教育力量，能增强集体成员克服困难、改掉不良习惯的勇气，促进大家共同提高。

（2）教师教书育人的方式、方法及自身的楷模作用

教师对学生有一定的权威性，学生尤其是低年级的学生常以教师的行为、品德作为自己的标准。

（3）素质教育与德育

一方面，适合学生心理发展特点的素质教育与德育课程，有利于学生品德的形成与发展。另一方面，将素质教育与德育贯穿渗透于各科的教学活动之中必会对学生品德发展产生更大的影响。

3. 社会环境

社会环境由社会舆论、大众媒介传播的信息、各种榜样的作用等构成。作为社会的一个成员，学生不可能与社会隔绝，也无力控制、净化社会环境，再加上自身的选择、判断能力有限，因此，社会上的良好与不良的环境都有可能影响其道德信念与道德价值观的形成。

（三）主观能动性因素

社会环境的熏陶和学校、家庭教育的影响都是外在的条件，只有当这些被学生所接受，通过个体主观的努力，在自己的实践活动中才能产生作用。主观能动性的因素是青少年学生品德发展的内在的重要条件，在一定的社会条件下，它既可以起到积极的促进作用，又可以起到消极的延缓作用。在环境和教育条件大致相同的情况下，学生品德发展的水平和速度是受个人的主观努力的程度所决定的。遗传素质仅仅是青少年学生品德发展的自然前提或物质基础，它提供了品德发展的内在可能性。

六、中学生良好品德的培养

教师可以综合应用一些方法来帮助学生形成或改变态度和品德。常用而有效的方法有说服、榜样示范、群体约定、价值辨析、奖励与惩罚等。

（一）有效的说服

教师经常应用言语来说服学生改变态度，在说服的过程中，教师要向学生提供某些证据或信息，以支持或改变学生的态度。对于理解能力有限的低年级学生，教师最好只提供正面论据，以免学生产生困惑，无所适从。对于理解能力较强的高年级学生，教师可以考虑提供正反两方面的论据，使学生产生客观、公正的感觉，从而相信教师所言，改变态度。当学生没有相反的观点时，教师应只呈现正面观点，不宜提出反面观点，以免转移学生的注意，误导学生怀疑正面观点。当学生原本就有反面观点时，教师应

该主动呈现两方面观点，以增强学生对错误观点的免疫力。当说服的任务是解决当务之急的问题时，应只提出正面观点，以免延误时间。当说服的任务是培养学生长期稳定的态度时，应提出正反两方面的材料。

教师的说服不仅要以理服人，还要以情动人。一般而言，说服开始时，富于情感色彩的说服内容容易引起兴趣，然后再用充分的材料进行说理论证，比较容易产生稳定的、长期的说服效果。对于低年级的学生来说，情感因素作用更大些。通过说服也可以引发学生产生某些负向的情绪体验，如恐惧、焦虑等，这对于改变作弊、吸烟、酗酒等简单的态度有一定的效果。教师进行说服时，还应考虑学生原有的态度。若原有的态度与教师所希望达到的态度之间的差距较大，教师不要急于求成，不要提出过高的不切实际的要求，否则将难以改变态度，而且还容易产生对立情绪。教师应该以学生原有的态度为基础，逐步提高要求。

（二）树立良好的榜样

班杜拉的社会学习理论以及大量的实践经验都证明，社会学习是通过观察、模仿而完成的，态度与品德作为社会学习的一项内容，也可以通过观察、模仿榜样的行为而习得。

班杜拉的大量实验表明，榜样在观察学习过程中起到非常重要的作用，榜样的特点、示范的形式及榜样所示范行为的性质和后果都会影响到观察学习的效果。班杜拉在一个经典实验研究中，将3~6岁的儿童分成三组，先让他们观看一个成年男子（即榜样）对大小如成人一样的充气玩偶进行攻击，如大声吼叫或拳打脚踢。然后让第一组儿童看到"榜样"攻击玩偶后受到另一成人的表扬和奖励；让第二组儿童看到"榜样"攻击玩偶后受到另一成人的惩罚；第三组儿童则只看到"榜样"攻击玩偶。之后，把这些儿童一个个单独领到一个房间里去。房间里放着各种玩具，其中包括玩偶。对儿童的行为观察表明，第一组儿童产生较多的攻击性行为，第二组则比第三组显示更少的攻击性行为。实际上，三组儿童都学会了攻击行为，但由于不同的替代强化或替代惩罚，使他们在一定的情境中表现或不表现出与榜样相似的行为。班杜拉认为，观察学习中替代强化或替代惩罚是非常重要的。

由于榜样在观察学习中的重要作用，因此，给学生呈现榜样时，应考虑到榜样的年龄、性别、兴趣爱好、社会背景等特点，以尽量与学生相似，这样可以使学生产生可接近感，避免产生高不可攀或望尘莫及之感。另外，给学生呈现受人尊敬、地位较高、能力较强且具有吸引力的榜样，这样的榜样具有感染力和可信性，使学生产生情感共鸣，榜样本身也容易成为学生向往的、追随的对象，激发学生产生见贤思齐的上进心。学生希望通过学习这样的榜样来发展自我、完善自我。

榜样行为的示范有多种方式，既可以通过直接的行为表现来示范，也可以通过言语讲解来描述某种行为方式；既可以是身边的真人真事的现身说法的示范，也可以借助于各种传播媒介象征性地示范。教师可以根据实际情况，选择和充分利用恰当的示范方式。一般而言，多种示范方式的结合是较有效的。教师作为学生的榜样，也应注意其示范作用，必须言行一致才能取得良好的教育效果，而且身教重于言教。此外，各种大众传播媒介也应发挥其独特的作用，为学生提供良好的榜样示范，坚决杜绝消极的、不健康的内容。

由于观察学习受到多种因素的影响，因此即使呈现最引人注目的榜样，也不一定使观察者产生相同的行为。为了使学生能够最大程度地做出与榜样的示范行为相匹配的反应，教师需要反复示范榜样行为，并给予指导。当学生表现出符合要求的行为时，应给予鼓励。

（三）利用群体约定

研究发现，经集体成员共同讨论决定的规则、协定，对其成员有一定的约束力，使成员承担执行的责任。一旦某成员出现越轨或违反约定的行为，则会受到其他成员的有形或无形的压力，迫使其改变态度。教师则可以利用集体讨论后做出集体约定的方法，来改变学生的态度。具体可按如下程序操作：

第一，清晰而客观地介绍问题的性质。

第二，唤起班集体对问题的意识，使他们明白只有改变态度才能更令人满意。

第三，清楚而客观地说明要形成的新态度。

第四，引导集体讨论改变态度的具体方法。

第五，使全体学生一致同意把计划付诸实施，每位学生都承担执行计划的任务。

第六，学生在执行计划的过程中改变态度。

第七，引导大家对改变的态度进行评价，使态度进一步概括化和稳定化。

如果态度改变未获成功，则应鼓励学生从第四阶段开始，重新制定方法，直至态度改变。

（四）价值辨析

研究者认为，人的价值观刚开始不能被个体清醒地意识到，必须经过一步步的辨别和分析，才能形成清晰的价值观念并指导自己的道德行动。在价值观辨析的过程中，教师引导学生利用理性思维和情绪体验来检查自己的行为模式，鼓励他们努力去发现自身的价值观，并根据自己的价值选择来行事。有多种策略可以促进辨析，如大组或小组讨论，解决假定的与真实的两难问题，交谈等。针对个体时，教师抓住个别学生表示某种态度、志向、目的、兴趣及活动的时机，做出适当而简短的言语反应，以促使学生对自己的所说所为作进一步的反省与探讨，达到辨析并形成自己的价值观的目的。针对团体时，可通过讨论，让每个人都公开表示自己的意见，了解其他人持某种价值观的理由，以促进学生的道德认知和做出正确的道德抉择。

不论应用什么策略，一种观念要真正成为个人的道德价值观，须经历三个阶段七个子过程。

1. 选择阶段

（1）自由选择。让学生思考"你认为你是从什么时候第一次产生这种想法的"。

（2）从多种可选范围内选择。让学生思考"在你产生这一想法之前，你经常考虑什么事情？"

（3）充分考虑各种选择的后果之后再行选择。让学生思考"每一种可供选择途径的后果将会怎样？"

2. 赞赏阶段

（4）喜爱自己的选择并感到满意。让学生考虑"你为这一选择感到高兴吗？"

（5）愿意公开承认自己的选择。让学生回答"你会把你知道的选择途径告诉你的同学吗？"

3. 行动

（6）按自己的选择行事。教师可以对学生说"我知道你赞成什么了，现在你能为它做些什么呢？需要我帮忙吗？"

（7）作为一种生活方式加以重复。教师问学生"你知道这一途径已经有一段时间了吗？"

个体只有从头至尾地完成这一过程，才能说他真正具有了某个稳定的价值观念，也才能较持久地指导行动。这整个过程实际上就是一个"赋值过程"。

由于价值辨析的方法基本是诱导性的，而不是灌输性、说教性的，因此教师的作用就在于设计各种活动，运用各种策略来诱发学生暴露、陈述、思考、体验并实现某种价值观。教师自己的观点只能作为一个范例，而不是惟一正确的答案。教师必须诱发学生的态度和价值陈述，接受学生的思想、感情和信念，向学生提问或组织集体讨论，帮助学生思考自己的价值观念，但一切抉择都得由学生自己做出。当然，教育者不仅要帮助学生去辨析各种价值观念，而且还要引导学生自觉、自愿地选择符合社会道德原则的价值观念。

（五）给予恰当的奖励与惩罚

奖励和惩罚作为外部的调控手段，不仅影响着认知、技能或策略的学习，而且对个体的态度与品德的形成也起到一定的作用。

奖励有物质的（如奖品），也有精神的（如言语鼓励）；有内部的（如自豪、满足感），也有外部的。给予奖励时，首先要选择、确定可以得到奖励的道德行为。一般来讲，应奖励诸如爱护公物、拾金不昧、尊老爱幼等一些具体的道德行为，而不是奖励一些概括性的行为。其次，应选择、给予恰当的奖励物。同一种奖励物，其效用可能因人而异，应考虑个体的实际情况，选用最有效的奖励物。再次，应强调内部奖励。外部的物质奖励只是权宜之计，不可过多使用，应引导学生进行自我强化，让学生亲身体验做出道德行为后的愉快感、自豪感、欣慰感，以此转化为产生道德行为的持久的内部动力。

虽然对惩罚的教育效果有不同看法，但从抑制不良行为的角度来看，惩罚还是有必要的，也是有助于良好的态度与品德形成的。当不良行为出现时，可以用两种惩罚方式，一是给予某种厌恶刺激，如批评、处分、舆论谴责等；二是取消个体喜爱的刺激或剥夺某种特权等，如不许参加某种娱乐性活动。应严格避免体罚或变相体罚，否则将损害学生的自尊，或导致更严重的不良行为，如攻击性行为。惩罚不是最终目的，给予惩罚时，教师应让学生认识到惩罚与错误的行为的关系，使学生从心理上能接受，口服心服。同时还要给学生指明改正的方向，或提供正确的、可替代的行为。

除上述所介绍的各种方法外，角色扮演、小组道德讨论等方法对于态度与品德的形成和改变都是非常有效的。

【强化训练】

一、单项选择题

1. 皮亚杰认为儿童在判断行为对错时，是（　　）。
A. 从客观责任到主观责任发展　　　　　B. 从主观责任到客观责任发展
C. 从自律到他律发展　　　　　　　　　D. 从他律到自律发展
2. 品德形成的基础是（　　）。
A. 道德认识　　　　B. 道德情感　　　　C. 道德意志　　　　D. 道德行为

二、简答题

1. 简述品德的结构。
2. 简述中学生品德发展的特点。

第二节　德育的内容

【导读】

德育是指对学生进行道德教育，培养他们具有一定的思想觉悟和道德品质。德育不仅对学生自身有重要的意义，对社会主义现代化建设也有其重要作用。学校作为德育的主要场所，在德育者扮演着至关重要的角色。我国学校的德育内容主要有爱国主义和国际主义教育、理想与传统教育、集体主义教育、劳动教育、民主纪律和法制教育、辩证唯物主义世界观和人生观教育。

一、德育的概念

一般说来，狭义的德育专指道德教育。德育是教育者依据特定社会要求和德育规律，对受教育者实施有目的、有计划的影响，培养他们特定的政治思想意识和道德品质的活动。它相对于体育、智育而言，是思想教育、政治教育和道德教育的总称，而不是道德教育的简称或政治教育的代名词。德育包括家庭德育、学校德育、社会德育等形式。德育是我国全面发展教育的一个重要组成部分。对学生进行德育是学校的一项重要工作。

在阶级社会中，历来的统治阶级，都需要通过德育塑造其社会成员的思想品质，以维护和巩固本阶级的利益。可见，德育是各个社会共有的社会、教育现象，具有社会性，与人类社会共始终。德育随社会发展变化而发展变化，具有历史性，在阶级和民族存在的社会具有阶级性和民族性，在德育历史发展过程中，其原理、原则和内容、方法等存在一定的共同性。因此，德育具有继承性。

二、德育的意义

（一）德育是社会主义现代化建设的重要条件和保证

《中共中央关于社会主义精神文明建设指导方针的决议》指出，要从"总体布局的高度，正确认识社会主义精神文明建设的战略地位"。同样，德育的重要性也要从总体布局的高度来认识。德育，既是建设社会主义精神文明的一个重要方面，决定着精神文明的社会主义性质，又是渗透在整个物质文明建设之中，体现在经济、政治、文化、社会生活的各个方面，为物质文明的发展提供精神动力及有力的思想保证。

学校德育在建设社会主义精神文明中担负着特别重大的责任。全国在校学生占全国人口近 1/5，如果对他们加强共产主义思想教育，提高他们的社会主义觉悟，培养他们的优良道德风尚和品质，不仅可以保证学校教育的社会主义方向，而且对改变社会风气也会产生积极的影响，尤其对 21 世纪提高中华民族的政治素质，树立良好的道德风尚产生深远影响。从长远看，在复杂的国际形势和改革开放的形势下，学校德育具有战略意义，因为现在的中学生是跨世纪的一代，把他们培养成有社会主义思想道德的一代新人，将对我国未来的社会风气、民族精神和社会主义现代化建设产生决定性影响。

（二）德育是青少年健康成长的条件和保证

德育在青少年的全面发展教育中，起着定向的作用。它所包括的政治态度、道德品质、世界观及思想等方面的教育，是解决为谁服务问题的。它保证人的各方面发展沿着一定的政治方向前进。社会主义社会的德育，目的就是要使受教育者朝着社会主义方向发展，能够坚定为社会主义建设服务的正确方向。

青少年正处在长身体、长知识时期，思想道德品质形成发展时期，他们思想单纯，爱学习，追求上进，充满幻想，富于理想，可塑性强，但知识经验少，辨别是非能力差，容易受各种思想道德影响。因此，必须运用正确的思想和方法对他们进行教育，以使他们形成良好的品德，增强抵制错误思想道德影响的能力，引导他们沿着社会主义要求的方向发展，是实现培养目标的重要保证。

（三）德育是实现教育目的的条件和保证

社会主义的教育目的是培养德智体等全面发展的社会主义建设者和接班人。我国《宪法》规定："国家培养青年、少年、儿童在品德、智力、体质等方面全面发展。"人的德、智、体等是相互联系、影响、制约、促进的辩证统一体。通过德育促进青少年儿童的品德发展，可为他们体、智等的发展提供保证和动力。

三、德育的内容

德育内容是指实施德育工作的具体材料和主体设计，是形成受教育者品德的社会思想政治准则和道德规范的总和，它关系到用什么道德规范、政治观、人生观、世界观来教育学生的重大问题。从理论上说，德育目标确定了培养人的总体规格和要求，但在实践中，必须落实到德育内容上，唯有选择合适的内容并进行科学的课程设计，才能进行有效的德育活动，达到预期目标。

通常选择德育内容的依据有三点：一是德育目标，它决定德育内容；二是受教育者的身心发展特征，它决定了德育内容的深度和广度；三是德育所面对的时代特征和学生思想实际，它决定了德育工作的针对性和有效性。同时，选择德育内容还应考虑文化传统的作用。我国学校德育内容主要有以下几个方面：

（一）爱国主义和国际主义教育

爱国主义是人民在祖国土地上长期生活、劳动和奋斗中形成的对祖国的深厚感情或热爱态度，爱国主义是一个历史范畴，在不同历史时期具有不同的内容，在阶级社会具有鲜明的阶级性。但各个历史时期的爱国主义也有共同的内容：如建设祖国，发展民族的物质文化；维护民族团结与祖国统一；抗击侵略，保卫祖国的独立完整。我国新时期的爱国主义，主要是热爱社会主义祖国、热爱中国共产党，争取实现包括台湾的祖国统一，反对霸权主义、维护世界和平。爱国主义是团结全国各组人民的巨大内聚力，是全国人民和青少年学生应具备的最基本的品德。

国际主义是坚持和维护同全世界无产阶级、被压迫民族、被压迫人民，以及一切爱好和平、主持正义的组织和人民的团结，积极坚持和援助全世界无产阶级和被压迫人民的斗志。

爱国主义和国际主义教育的要点有：从小培养热爱祖国的深厚感情；增强国家和民族的意识；为实现社会主义现代化建设而奋斗；发扬国际主义、维护世界和平。

（二）理想和传统教育

青少年富于理想，理想是他们对美好未来的向往和追求，使他们奋进的动力，也是他们形成人生观、世界观的起点。只有引导他们树立正确远大的理想，才能给他以前进的正确方向和巨大力量，为形成正确的人生观和科学的世界观打好基础。理想教育和传统教育有着密切的联系。老一辈在为实现创建社会主义新中国的理想和长期的斗志过程中，形成了不怕艰难、英勇奋斗的优良传统，今天的青少年应当继续发扬老一辈的光荣传统。

理想和传统教育的要点有：激励学生有个人的理想和追求；进行正确的诱导、提高学生分辨正确理想和错误打算的能力；继承和发扬传统。

（三）集体主义教育

个人与社会集体的关系，从来都是道德的基本问题。如何解决这个问题，历史上不同的阶级持有不同的道德原则和态度。剥削阶级总是奉行利己主义，把个人利益放在第一位，使社会的他人的利益服从于个人的利益；无产阶级与剥削阶级的道德原则有根本区别，要求一切从人民的利益出发把集体利益看得高于一切，坚持集体主义。但是，这并不意味着社会主义就无视个人利益、个人价值，相反，它要鼓励人们发扬国家利益、集体利益、个人利益相结合的社会主义的集体主义精神，既要维护集体和国家的利益，也要调动个人的积极性和创造性。

集体主义教育的要点有：关心热爱集体，成为集体的积极一员；用集体主义精神来调节言行；养成尊重群众的观点。

（四）劳动教育

劳动创造了人类的物质文明与精神文明，促进了社会的发展，是人类的幸福之源。在社会主义现代化建设时期，劳动在社会主义建设和个人发展中的价值已大大提高。人们期望提高劳动来发展个人的才智，施展个人的抱负，达到个人实现，为生产发展、社会进步和科学发展做出贡献。

劳动教育的要点有：养成热爱劳动的习惯；培养社会主义的劳动新风尚；勤奋学习、为参加现代化建设做好准备；爱护公共财物和劳动成果。

（五）民主、纪律和法制教育

高度的民主是社会主义的伟大目标之一。社会主义的社会生活和四个现代化建设，都需要高度的民主，需要人民积极参与和发挥创造性。民主和法律、法制是不可分的。只有用严格的法律和法制来调节人们的行为，才能保障民主，保护人民的合法权利，使社会各个部门的劳动、工作、学习与生活有节奏地进行，推进经济建设和全面改革，维护国家的长治久安。

民主、法律与法制教育的要点有：培养民主思想和参与意识；提高对纪律的认识、加强纪律性；掌握法律常识、严格遵纪守法。

（六）辩证唯物主义世界观和人生观教育

世界观是人们对整个世界的根本看法，包括对事物所持的基本观点与方法。人生观是人们对人生的根本看法，它包括对人生的目的、意义、理想、价值和态度以及人性的看法。人生观是世界观的一个组成部分，受世界观的影响。世界观对人的思想与行为起着最高层次的调节作用，给人生观以观点、方法上的指导。形成科学世界观也是人生的一个极为重要的问题。为了给青少年指明人生的正确方向和道路，端正对世界、对社会发展的看法，我们必须组织他们认真学习马克思主义，向他们进行正确的辩证唯物主义世界观和人生观教育。

辩证唯物主义世界观和人生观教育的要点有：提高理论修养，为形成正确世界观和人生观打好基础；随时端正对人生的认识和态度；逐步学会运用马克思主义的观点、方法看问题。

【强化训练】

一、单项选择题

1.以下属于德育的内容的是（　　）。

A.劳动教育　　　　　　B.道德教育　　　　C.思想教育　　　　　　D.心理健康教育

2.（　　）决定了德育内容的深度和广度。

A.德育目标　　　　　　　　　　　　B.受教育者的身心发展特征

C.时代特征　　　　　　　　　　　　D.学生的思想

二、简答题

1.简述选择德育内容的依据。

2.简述德育的内容。

第三节　德育过程

【导读】

德育过程是由教育者、受教育者、德育内容和德育方法四个方面共同作用的过程。德育过程有其自身的规律，在学校进行德育的过程中，要知道这些规律，并结合这些规律进行德育，从而使德育的效果达到最好，效果最大化。

一、德育过程概述

（一）德育过程的概念

德育过程是教育者和受教育者双方借助于德育内容和方法，进行施教传道和受教修养的统一活动过程，是促使受教育者道德认识、道德情感、道德意志和道德行为发展的过程，是个体社会化与社会规范个体化的统一过程。准确地把握好德育过程，就可以保证学校德育工作科学有序地进行。

（二）德育过程与品德形成过程的关系

德育过程与品德形成过程既相互联系又相互区别。从联系角度看，德育只有遵循人的品德形成发展规律，才能有效地促进人的品德形成发展，而人的品德形成发展也离不开德育因素的影响；从受教育者角度看，教育者组织与领导的德育过程，只是受教育者品德发展的一个外在的重要条件，而不是受教育者的品德、发展过程本身。教育者根据社会发展提出的要求，依据学生特点，以适当的方式调动受教育者的主观能动性，从而将相应的社会规范转化为学生的品德，不断提高学生的道德水平，而品德形成过程是受教育者思想道德结构不断建构完善的过程。品德形成过程属于人的发展过程，影响这一过程的实现包括生理的、社会的、主观的和实践的等多种因素。

二、德育过程的结构和矛盾

（一）德育过程的结构

德育过程的结构是指德育过程中不同质的各种要素的组合方式。它有一定数量的要素（或成分、组成部分），各要素之间有质的区别，各要素在德育过程中的地位、作用各不相同，彼此以一定方式相互联系、相互作用，构成有组织的系统。德育过程通常由教育者、受教育者、德育内容和德育方法四个相互制约的要素构成。

教育者是德育过程的组织者、领导者，是一定社会德育要求和思想道德的体现者，在德育过程中起主导作用。教育者包括直接教育者和间接教育者、个体教育者和群体教育者。

受教育者包括受教育者个体和群体，他们都是德育的对象。在德育过程中，受教育者既是德育的客体，又是德育的主体。当他作为德育对象时，他是德育的客体，当他接受德育影响、进行自我品德教育和对其他德育对象产生影响时，他成为德育主体。由于受教育者是具有主观能动性的人，即使作为教育客体，也不是被动地、消极地接受教育影响，而是自主的选择和加工。

德育内容是用以形成受教育者品德的社会思想政治准则和法纪道德规范，是教育者进行德育工作的重要依据，是受教育者学习、修养和内在化的客体，是教育者与受教育者双边活动的中介。学校德育基本内容是根据学校德育目标和学生品德形成发展规律确定的，它具有一定范围和层次。

德育方法是教育者施教传道和受教育者受教养的相互作用的活动方式的总和。它凭借一定的手段进行。教育者借助一定的德育方法将德育内容作用于受教育者，受教育者借助一定的德育方法来学习、修养、内化德育内容而将其转化为自己的品德。德育方法是沟通教育者和受教育者的中介。

德育过程中的各要素，通过教育者施教传道和受教育者受教实践的活动而发生一定的联系和相互作用，促使受教育者的品德发生预期变化的矛盾运动过程。由于这一矛盾的不断产生和解决，才不断将社会思想政治准则和法纪道德规范转化为受教育者个体的品德，从而实现德育内容，达到德育目标。这是一定社会思想道德个体化过程和受教育者在思想道德方面社会化或再社会化过程，是社会思想道德继承和创新相统一的过程。

（二）德育过程的矛盾

德育过程的矛盾是指德育过程中各要素、各部分之间和各要素、各部分内部各方面之间的对立统一关系，包括教育者与受教育者的矛盾，教育者与德育内容、方法的矛盾，受教育者与德育内容、方法的矛盾，受教育者自身思想品德内部诸要素之间的矛盾等。德育过程的基本矛盾是社会通过教师向学生提出的道德要求与学生已有品德水平之间的矛盾。这是德育过程中最一般、最普遍的矛盾，也是决定德育过程本质的特殊矛盾。要通过向学生传授一定的社会思想和道德规范，引导他们进行道德实践，把他们从原有的品德水平提高到教师所要求的新的品德水平上来解决这个矛盾。

三、德育过程的规律

（一）德育过程是学生的知、情、意、行的培养提高过程

1. 知、情、意、行是构成思想品德的四个基本要素

德育过程是培养学生品德的过程。学生品德是由思想、政治、法纪、道德方面的认识、情感、意志、行为等因素构成的。这几个因素简称为知、情、意、行。构成品德的知、情、意、行这几个因素是相对独立的，又是相互联系的。

知，即道德认识，是指人们对一定社会道德关系及其理论、规范的理解和看法，包括人们通过认识形成的各种道德观，包括对是非、善恶、美丑的认识、判断和评价，以及在此基础上形成的道德识辨能力，也是人们确定对客观事物的主观态度和行为准则的内在依据。

情，即道德情感，是指人们对事物的爱憎、好恶的态度。它一般在认识基础上形成，是运用一定的道德观评价自己与他人的品行或某种事物而产生的一种内心体验和主观态度。道德情感是一种巨大的力量，它伴随品德认识而产生发展并对品德认识和品德行为起着激励和调节作用。判断积极或消极情绪体验好坏的标准，是看它跟何种品德认识相联系以及它在"长善救失"中的地位和作用。

意，即道德意志，是指人们为了达到某种道德目的而产生的自觉能动性，是人们通过理智权衡，解决思想道德生活中的内心矛盾与支配行为的力量。它常常表现为意志活动，为实现人人确定的道德目的而严

格约束自己使其不随意冲动并能够克服种种困难的行为，即用理智战胜欲望、用果断战胜犹豫、用坚持战胜动摇，排除来自主客观的各种干扰和障碍，按照既定的目标把品德行为坚持到底。

行，即道德行为，是指人们在一定道德认识或道德情感支配下采取的行动，是人的内在的道德认识和情感的外部行为外部表现，是衡量人们品德的重要标志。道德行为在人们的品德发展中具有极为重要的作用，只有在履行道德规范的活动中，人们才能深化道德认识和情感，锻炼道德意志和增强道德信念，从而使自己的品德得到发展，道德能力得到提高。道德行为受道德认识、情感和意志的支配、调节，同时又影响道德认识、情感和意志。

2. 知、情、意、行之间的关系及其发展

德育过程的一般顺序可以概括为提高道德认识、陶冶品德情感、锻炼品德意志和培养品德行为习惯。有的班主任根据自己的经验将德育工作总结概括为晓之以理、动之以情、持之以恒、导之以行四句话，这是符合德育过程规律的。知、情、意、行四个基本要素是相互作用的，其中，"知"是基础，"行"是关键。

一般来说，德育过程是沿着知、情、意、行的顺序形成和发展的。但是，知、情、意、行在发展方向和水平上常处于不平衡状态，这就要求我们要注意德育过程的多端性。在德育具体实施过程中，可根据学生品德发展的具体情况，或从导之以行开始，或从动之以情开始，或从锻炼品德意志开始，最后达到使学生品德在知、情、意、行等方面的和谐发展。总之，德育过程可以从培养知、情、意、行任何一方面开始，这就是德育过程的多端性。

（二）德育过程是组织学生的活动和交往，统一多方面教育影响的过程

1. 学生的思想品德是在社会交往活动中形成的，没有社会交往，就没有社会道德

社会交往是个体社会生活的基础。学生的思想品德是在积极的活动和交往过程中逐步形成发展起来和表现出来并接受其检验的，形成一定品德的目的，也是为了更好地适应和参与社会新生活的创造。因此，教育者应把组织活动和交往看作德育过程的基础。活动和交往的性质、内容、方式不同，对人的品德影响的性质和作用也不同。

2. 德育是促进个体道德自主建构的价值引导活动

德育过程有别于一般的认知活动和技能训练，这就决定了德育过程有其自身的特点。德育过程中的活动和交往的主要特点：①具有引导性、目的性和组织性。②不脱离学生学习这一主导活动和主要交往对象的教师和同学。③具有科学性和有效性，是按照学生品德形成发展规律和教育学、心理学原理组织的，因而能更加有效地影响学生品德的形成。

（三）德育过程是促进学生的思想品德内部矛盾积极转化的过程

1. 德育过程既是社会道德内化为个体的思想品德的过程，又是个体品德外化为社会道德行为的过程

要实现这"两化"必然伴随着一系列的思想矛盾和斗争。一是外部世界对个体的道德要求转化为主体自身的需要动机。二是个体内部的道德冲突，即道德因素中正确与错误的斗争，道德主体的"内化"与"外化"正是通过无数次矛盾向积极方向转化而实现的。

2. 要实现矛盾向教育者期望的方向转化，外因是条件，内因是根据，外因是通过内因而起作用的

教育可以作为一种外部力量，首先，表现为创设条件将外部矛盾转化为学生内部的心理矛盾；其次，教育力量集中体现在使内部矛盾向着积极方面转化。教育者要给受教育者创造良好的外因，又要了解受教育者的心理矛盾，促使其积极接受外界的教育影响，有效地形成新的道德品质。

3. 德育过程也是教育和自我教育的统一过程

德育过程中，教育者要注意提高受教育者自我教育的能力。

（四）德育过程是一个长期性、反复性、逐步提高的过程

1. 学生思想品德形成的长期性

任何一种道德观念，一种行为习惯的形成，都有一个长期的由量变到质变的过程。一个人的良好思想品德的提高和不良品德的克服，都要经历一个反复的培养教育或矫正训练的过程，是一个无止境地认识

世界、认识自我的过程。特别是道德行为习惯的培养，是一个需要长期反复培养、实践的过程，是逐步提高的渐进过程。

2.学生思想品德形成的反复性

在德育过程中，教育者既要对受教育者的思想品德形成与变化，坚持长期抓、反复抓；又要注意受教育者思想品德形成过程中的反复性，注意抓反复。

德育过程是一系列复杂的过程，学生思想品德的发展受到多种因素的共同作用。学校教育要发挥主导作用，主动同家庭和有关社会机构取得联系，共同研究德育问题，学校要联合家庭和有关社会机构，有目的、有计划地控制、调节环境对学生的影响，消除不良环境的影响。

【强化训练】

一、单项选择题

1.德育过程的基本矛盾是（　　　　）。

A.知与行的矛盾　　　　　　　　B.外界多种良莠掺杂的教育影响之间的矛盾

C.教育者提出的德育要求与受教育者已有的品德基础之间的矛盾

D.学生的上进心与惰性之间的矛盾

2.德育过程是对学生知、情、意、行的培养和提高过程，其实施顺序是（　　　　）。

A.以"知"为开端，知、情、意、行依次进行

B.以"情"为开端，情、知、意、行依次进行

C.以"行"为开端，行、知、情、意依次进行

D.视具体情况，可有多种开端和顺序

二、简答题

1.简述学生的知、情、意、行诸因素统一发展的规律。

2.简述德育过程与品德形成过程的关系。

第四节　德育的原则、方法和途径

【导读】

学校在进行德育时，不仅要了解德育过程中的基本规律，还需要掌握德育的原则、方法和途径。德育的原则是我们进行德育首先得知道的，进行德育必须遵循德育的原则。掌握德育的方法可以使我们在进行德育的过程中事半功倍。最后就是德育的途径，了解了前面的知识之后，我们要考虑通过什么方式进行德育，怎样的德育教育更为高效。

一、德育原则

（一）德育原则的概念

德育原则是根据德育目的、德育目标和德育过程规律提出的指导德育工作的基本要求。德育原则对制定德育大纲，确定德育内容，选择德育方法，运用德育组织形式等具有指导作用。

（二）我国中学德育的基本原则

1.导向性原则

导向性原则是指进行德育时要有一定的理想性和方向性，以指导学生向正确的方向发展。导向性原则

是德育的一条重要原则，因为学生正处在品德迅速发展的关键时期，他们的可塑性大，但他们又年轻，缺乏社会经验与识别能力，易受外界社会的影响。学校德育要坚持导向性原则，为学生的品德健康发展指明方向。贯彻导向性原则的基本要求是：

（1）坚定正确的政治方向。学校德育必须目的明确，方向正确，引导学生把平时的学习、劳动和生活同实现社会主义现代化建设的目标联系起来。

（2）德育目标必须符合新时期的方针政策和总任务的要求。我国教育是以邓小平"三个面向"为指导，培养有理想、有道德、有文化、有纪律的新人。

（3）要把德育的理想性和现实性结合起来。把坚持共产主义的方向性与学生日常生活结合起来，努力做到言行一致。

2. 疏导原则

疏导原则是指进行德育要循循善诱，以理服人，从提高学生认识入手，调动学生的主动性，使他们积极向上。贯彻疏导原则的基本要求是：

（1）讲明道理，疏导思想。对青少年进行德育，要注重摆事实、讲道理，做深入细致的思想工作，启发他们自觉认识问题，自觉履行道德规范。即使学生品德上有了缺点、毛病，行为上出现了过失、错误，也要注重疏通思想，提高认识，启发自觉。对于学生的思想认识问题，只能疏导，不宜压制。压制往往带来反抗，不利于学生的进步；而疏导才能使学生心悦诚服，自觉改进。

（2）因势利导，循循善诱。青少年学生活泼爱动，精力旺盛，兴趣广泛，积极参加自己喜爱的活动。德育要善于把学生的积极性和志趣引导到正确方向上来。

（3）以表扬、激励为主，坚持正面教育。青少年学生积极向上，有自尊心、荣誉感。对他们表现的积极性和微小进步，都要加以肯定，多赞许、表扬和激励，引导他们逐步向前，以培养他们的优良品德。

3. 尊重学生与严格要求学生相结合原则

这一原则是指进行德育要把对学生个人的尊重和信赖与对他们的思想和行为的严格要求结合起来，使教育者对学生的影响与要求易于转化为学生的品德。苏联教育家马卡连柯也说"要尽量多地要求一个人，也要尽可能地尊重一个人。"贯彻这一原则的基本要求是：

（1）爱护、尊重和信赖学生。爱护、尊重与信赖学生是一个优秀教师的基本品德，也是教好孩子、获得所期望的良好效果的一个重要条件。皮格马利翁效应正是充分证明了这个道理。

（2）教育对学生提出的要求，要做到合理正确、明确具体和严宽适度，以利于学生健康成长。

（3）教育者对学生提的要求，要认真执行，坚定不移地贯彻到底，督促学生切实做到。

4. 教育的一致性与连贯性原则

这一原则是指进行德育应当有目的、有计划地把来自各方面对学生的教育影响加以组织、调节，使其相互配合，协调一致，前后连贯地进行，以保障学生的品德能按教育目的的要求发展。贯彻这一原则的基本要求是：

（1）要统一学校内部各方面的教育力量，形成一股统一的教育力量，按照一致的培养目标和方向，统一教育的计划和步骤。

（2）要统一社会各方面的教育影响，学校应与家庭和社会的有关机构建立和保持联系，形成一定的制度，共同努力，来控制环境对学生的不良影响。

（3）对学生进行教育要有计划、有系统地进行，做好衔接工作，使对学生的教育前后连贯一致。

5. 因材施教原则

因材施教原则是指进行德育要从学生的思想认识和品德发展的实际出发，根据他们的年龄特征和个性差异进行不同的教育，使每个学生的品德都能得到最好的发展。我国古代教育家孔子提出了"视其所以，观其所由，察其所安"的了解学生的有效方法，并根据学生特点进行有区别的教育。贯彻因材施教原则的基本要求是：

（1）深入了解学生的个性特点和内心世界。这是进行德育的前提和基础，也是正确地因材施教的前提和基础。

（2）根据学生个人特点有的放矢地进行教育。学校德育要采用不同的内容和方法因材施教，努力做到"一把钥匙开一把锁"。

（3）根据学生的年龄特征有计划地进行教育。学生思想认识与品德的发展有明显的年龄特征，因而进行德育有必要研究和弄清每一个年级学生的思想特点。

6.知行统一原则

知行统一原则的涵义是：既要重视思想道德的理论教育，又要重视组织学生参加实践锻炼，把提高认识和行为养成结合起来，使学生做到言行一致、表里如一。贯彻这一原则的要求是：

（1）加强思想道德的理论教育，提高学生的思想道德认识。

（2）组织和引导学生参加各种社会实践活动，促使他们在接触社会的实践活动中加深情感体验，养成良好的行为习惯。

（3）对学生的评价和要求要坚持知行统一的原则。

（4）教育者要以身作则，严于律己。

7.正面教育与纪律约束相结合的原则

正面教育与纪律约束相结合的原则的涵义是：德育工作既要正面引导、说服教育、启发自觉，调动学生接受教育的内在动力，又要辅之以必要地纪律约束，并使两者有机结合起来。贯彻这一原则的要求是：

（1）坚持正面教育原则。

（2）坚持摆事实、讲道理，以理服人。

（3）建立健全学校规章制度和集体组织的公约、守则等，并且严格管理，认真执行。

8.依靠积极因素，克服消极因素的原则

依靠积极因素，克服消极因素的原则的涵义是：德育工作中，教育者要善于依靠、发扬学生自身的积极因素，调动学生自我教育的积极性，克服消极因素。贯彻这一原则的要求是：

（1）教育者要用一分为二的观点，全面分析，客观地评价学生的优点和不足。

（2）教育者要有意识地创造条件，将学生思想中的消极因素转化为积极因素。

（3）教育者要提高学生自我认识、自我评价能力，启发他们自觉思考，克服缺点，发扬优点。

二、德育的方法

（一）德育方法的概念

德育方法是为达到德育目的，在德育过程中采用的教育者和受教育者相互作用的活动方式的总和。它包括教育者的施教传道方式和受教育者的受教修养方式。

（二）我国中学德育的方法

1.说服法

说服法是通过摆事实、讲道理，使学生提高认识，形成正确观点的方法。这是学校对学生进行思想品德教育的基本方法。说服法包括讲解、谈话、报告、讨论、参观等，其中谈话是最常用的一种方式。

运用说服法要注意以下几点要求：①明确目的性。说服从学生实际出发，注意个别特点，针对要解决的问题，有的放矢，符合需要，切中要害，启发和触动他们的心灵，切忌一般化，空洞说教。②富有知识性、趣味性。说服要注意给学生以知识、理论和观点，使他们受到启发，获得提高。③注意时机。说服的成效，往往不取决于花了多少时间，讲了多少道理，而取决于是否善于捕捉教育时机，拨动学生心弦，引起他们的情感共鸣。④以诚待人。教师的态度要诚恳，深情，语重心长，与人为善。只有待人以诚，才能叩开学生心灵的门户，使教师讲的道理易被学生所接受。

2. 榜样法

榜样法是以他人的高尚思想、模范行为和卓越成就来影响学生品德的方法。榜样法包括伟人的典范、教育者的示范、学生中的好榜样等。运用榜样教育学生，要选好典型，使典型本身有教育意义，切合学生的实际。

运用榜样法要注意以下几点要求：①选好学习的榜样。选好榜样是学习榜样的前提。我们应根据时代需要和学生实际出发，指导他们选择好学习的榜样，获得明确前进的方向与巨大动力。②激起学生对榜样的敬慕之情。要使榜样能对学生产生力量，推动他们前进，就需要引导学生了解榜样。榜样人格具体、生动、形象，对学生具有巨大的感染力和说服力，易于为学生所领会和模仿。③引导学生用榜样来调节行为，提高修养。引导学生向榜样人物学习，决不能仅仅停留在故事情节的介绍上或学生一时的情感冲动上。要及时地把学生的情感、冲动引导到行动上来，把敬慕之情转化为道德行动和习惯，逐步巩固、加深这种情感。

3. 锻炼法

锻炼法是有目的地组织学生进行一定的实际活动，以培养他们的良好品德的方法。这种方法是让学生通过参加各种活动和交往受到实际的锻炼，从而养成学生良好的道德行为习惯，达到知行统一、言行一致的目的。锻炼包括：练习、制度、委托任务和组织活动等。

运用锻炼法要注意以下几点要求：①坚持严格要求。有效的锻炼依赖于严格要求，进行任何一种锻炼，如果不严格遵守一定的规范和要求，不可能使学生得到锻炼和提高。②调动学生的主动性。只有激发学生的主动性、积极性，使他们内心感到锻炼是必要的、有益的、有价值的，他们才能获得最大的锻炼效果。③注意检查和坚持。良好的习惯与品德的形成必须经历一个长期的反复的锻炼过程。所以对学生的锻炼，要强调自觉但又不能放松对他们的督促、检查，还要引导他们长期坚持下去。

4. 陶冶法

陶冶法是通过创设良好的情境，对学生进行潜移默化的熏陶和感染。陶冶是一种暗示的德育方法，其基本理论基础是环境与人的发展的相互作用。陶冶法包括：人格感化、环境陶冶和艺术陶冶等。

运用陶冶法要注意以下几点要求：①创设良好的情境。这种环境包括：美观、朴实、整洁的学习与生活环境；团结、紧张、严肃、活泼、尊师爱生、民主而有纪律的班风、校风。②与启发说服相结合。通过创设情境陶冶学生，不仅与教师对学生的说服教育不矛盾，而且为了更有效地发挥情境的陶冶作用，则不能只让创设的情境自发地影响学生，还需要教师配合以启发、说服。③引导学生参与情境的创设。良好的情境不是固有的自然存在的，需要人为地创设。但这决不能只靠教师去做，应当组织学生为自己创设良好的学习与生活的情境。

5. 表扬奖励与批评处分

表扬与奖励是对学生好的思想品德和行为给予肯定的评价，使学生明确自己的优点和长处，并得到进一步的巩固和发扬。这种方法既可以用于个人，也可以用于集体。用于个人时，不仅个人受到鼓舞，也可使集体受到教育；用于集体可以巩固集体成绩，培养学生的集体主义精神。

批评与惩罚是对学生不良思想品德和行为给予否定韵评价，目的是使学生克服缺点和错误，帮助学生分清是非，明确努力方向，批评或惩罚二个学生，应该使全体学生受到教育。

表扬一般可分为赞许和表扬两种方式，赞许是教师对学生一般的好思想、好行为表示的称赞或欣赏，多以口头表示或点头、鼓掌等动作表示。奖励一般包括下述几种：颁发奖状、发给奖品，授予称号。处分分为警告、记过、留校察看、开除学籍等几种处分。

运用奖励与处分要注意以下几点要求：①公平、正确、合情合理。做到当奖则奖，当罚则罚，奖励与处分一定要符合实际，实事求是，不主观片面，不讲情面。②发扬民主，获得群众支持。奖惩由少数人决定，难免主观武断。只有发扬民主，听取群众意见，才能使奖惩公平合理，富有教育意义。③注重宣传与教育。进行奖励与处分，都是为了教育和提高学生，不仅是教育被奖惩者，也是为了使全体学生受到教育。所以要有一定形式与声势，在一定范围内宣布，以使收到更好的效果。

6.道德修养（指导）法

教师指导学生自觉主动地进行学习、自我反省，以实现思想转化及行为控制。品德修养是建立在自我意识、自我评价能力发展基础上的人的自觉能动性的表现。

运用指导自我教育法时要注意以下几点：第一，在指导学生自我教育的过程中，要正确处理好班主任的主导作用和学生主体作用之间的关系。第二，在肯定学生自我教育意愿和能力的基础上，班主任要启发帮助学生制定自我教育计划，使学生明确自我努力的方向。第三，班主任要注意给学生提供自我教育的机会。

三、德育的途径

德育的途径是指学校向学生进行思想、品德教育的渠道或形式。我国德育的途径主要有：政治课与其他学科教学，课外活动与校外活动，劳动，共青团活动，班主任工作等。其中最基本的途径是政治课与其他学科教学。

（一）政治课与其他学科教学

这是学校有目的、有计划、系统地对学生进行德育的基本途径。通过这个途径，教育者能够引导学生掌握系统的科学知识、马列主义毛泽东思想的基本理论和社会主义的道德规范。各科教材中都包含有丰富的教育内容，只要充分发掘教材本身所固有的德育因素，一把教学的科学性和思想性统一起来，就能在传授和学习文化科学知识的同时，使学生受到科学精神、社会人文精神的熏陶，形成良好品德。当然，教学这个途径也不是万能的，只通过政治课和其他学科教学进行德育，容易使学生脱离社会生活实际。

（二）课外活动与校外活动

学生的品德是在各种实践活动和交往中逐渐形成和发展的，课外活动和校外活动是生动活泼地向学生进行德育的一个重要途径，它不受教学计划的限制，让学生根据兴趣、爱好自愿选择参加，自主地组织、开展丰富多彩的活动，制订并执行一定的计划与纪律，以调节自己的行为和处理人际关系。因此，通过这个途径进行的德育，符合学生的特点和需要，能激发他们的兴趣，调动他们的积极性，特别有助于培养学生的识别是非、自我教育等道德能力和互助友爱、团结合作、纪律性与责任感等良好品德。

（三）劳动

这是学校进行德育，尤其是劳动教育的重要途径。通过劳动，学生容易产生对劳动、科学与技术的兴趣与爱好，激发出巨大的热情与力量，经受思想与行为上的严峻磨练，看到自己的才能和成果，能够培养学生爱劳动和勤俭、朴实、艰苦、顽强等品德。所以，劳动在德育上有特殊的功效，往往是使后进生发生根本转折的一个重要途径。

（四）共青团活动

这是通过青少年自己的组织所开展的活动来向他们进行德育的重要途径。共青团是中国先进青年的群众组织，是青年学习共产主义的学校。他们非常关心、热爱自己的组织，积极参加团队的活动，并努力提高自己，创造条件争取早日光荣参加团队组织。因此，通过共青团活动，能激发学生的上进心、荣誉感，使他们能够严格要求自己，提高思想觉悟，培养良好品德。

（五）班主任工作

班主任要做好学生德育工作，必须全面深入了解、研究学生，社会有关方面和学生家长的配合，共同对学生进行教育。班主任工作是重要且特殊的途径。班主任特别要精心组织，培养健全的班集体，并通过集体对学生进行教育，班主任要把集体教育和个别教育结合起来。班主任是全面负责一个班学生工作的教师，班主任的基本任务是带好班级，教好学生，对学生进行教育是班主任的一项重要职责和任务。

以上几条德育途径各有自己的特点与功能，互相联系，互相补充，构成了德育途径的整体，学校应全面利用各个德育途径的作用，使其科学地配合起来，以便发挥德育途径的最大的整体功能。

【强化训练】

一、单项选择题

1.下列原则中属于德育原则的是（　　　　）。

A.导向性原则　　　　　　B.因势利导原则　　　　　C.直观性原则　　　　　D.理论联系实际原则

2.对学生进行德育的特殊途径是（　　）。

A.各科教学　　　　　　　B.周队活动　　　　　　　C.课外活动　　　　　　D.班主任工作

二、简答题

1.简述在德育过程中如何贯彻尊重学生与严格要求学生相结合原则。

2.简述德育的方法。

第五节　其他相关教育

【导读】

以往，学校德育的根本任务，就是把已设计好的思想、政治和道德规范灌输给学生，最终将学生塑造成"理想的模型"、"社会的工具"。这种教育的实效性较差，因为它将德育从实际生活中分离出来了。新时期的德育回归到了社会生活和学生生活中去了，关注和指导学生的现实生活，使学生可以在教育活动中发展自己、提高自己。

一、生存教育

（一）生存教育的概念

生存教育就是通过开展一系列与生命保护和社会生存有关的教育活动和社会实践活动，向受教育者系统传授生存的知识和经验，有目的、有计划地培养学生的生存意识、生存能力和生存态度，树立科学的生存价值观，从而促进个性自由全面健康发展，实现人与自然的和谐统一的过程。生存教育和生活教育、生命教育并称"三生教育"。

生存教育的内容是有关生存的知识和经验。人的生存有常态生存和非常态生存两种情况。生存教育包括安全教育，还包括在灾难发生时，人们能根据事故现场作出判断，运用自救逃生的基本知识和技能，规避风险，脱离现场，自救救人。

（二）生存教育的意义

1.生存教育是适应全面发展教育目的的重要组成部分

从生存教育的内涵意义上来说，生存教育即是培养个人生存、生活、发展之学生为本的教育目的，也是培养个人适应社会，适应社会发展中对个人能力、素质方面需求的要求。从教育的目的看，生存教育是全面教育目的的发展和重要组成部，适应现今全面教育的目的需求理念。

2.有助于培养学生正确的生存观念

通过生存教育，帮助学生学习生存知识，掌握生存技能，保护生存环境，强化生存意志，把握生存规律，提高生存的适应能力和创造能力，树立正确生存观念。

3.有助于学生提高生存能力

通过生存教育，帮助学生把握生存规律，学会判断和选择正确的生存方式，学会应对生存危机和摆脱生存困境，善待生存挫折，形成一定的劳动能力，能够合法、高效和较好地解决安身立命的问题。

（三）生存教育的基本途径

生存教育要以家庭教育为基础，学校教育为主干，社会教育为保障，通过专题式教育和渗透式教育两大类途径来实施。

专题式教育可分为组织开展以生存教育为主题的专题活动和以综合课程的思路开设此类课程两个方面。渗透式教育可分为学科课程渗透和活动课程渗透两种。要及时地有机渗透到各项教育管理服务工作中。要在充分研究和实践的基础上，再组织编写教材和开设课程。

二、生活教育

（一）生活教育的概念

生活教育的理论是陶行知教育思想的主线和重要基石，陶行知的教育理论，主要包括生活即教育、社会即学校、教学做合一三个方面。生活教育主张教育同实际生活相联系，反对死读书，注重培养儿童的创造性和独立工作能力。后又把生活教育的特点归结为生活的、行动的、大众的、前进的、世界的、有历史联系的几方面，是争取大众解放、民族解放的教育。

（二）生活教育的意义

1.生活教育是学校教育的重要组成部分

现在有部分中学生对生活常识、生活技能等相关知识极度缺乏，还有部分中学生没有形成正确的消费观，休闲观等。这些都要求生活教育成为学校教育的重要组成部分，以帮助学生获得相关生活常识、技能、理念等。

2.开展生活教育是家庭教育的重要职责

生活教育不仅需学校教育的参与，更需要家庭教育的参与，开展生活教育应成为家庭教育的重要组成部分。家庭是个体生存和生活的小环境，在家庭中进行社会教育具有天然的优势，可以随时随地开展生活教育。

3.开展生活教育对个体发展有重要意义

生活教育是个体生活的基础，只有获得生活知识、技能，才能进行生活；而生活体验、生活观念等对个体的幸福生活有重要的意义。

（三）学校生活教育的基本途径和方式

学校教育更应在教育发展中做出贡献，在学校教育中体现"生活教育"。首先，从职业和生涯规划指导中，体现生活教育的内容，为以后的生活做准备。其次，通过学校实践的活动，以及教学内容的"知行统一"，在行动中实现教育为生活质量提高之内容。根据课堂生活、课余生活、校外生活不同特点和现代社会生活的不同要求，可采取多种活动方式，充分利用生活的各个场所，有力发挥生活这种教育手段，有效达到现代教育目标。主要方式有：

1.探究型活动方式

学生大量的时间是在课堂上度过的，改进课堂教学方式，提高课堂效率，就是促进学生的课堂生活质量。一般要求是：有目的地选择重演和再现的内容；通过设疑提问或借助现代教育技术，创造探究和发现的情境；帮助组织小群体、提供优结构的材料；鼓励运用多种方式完成发现；指导学生进行科学加工。开设研究性课程，让学生自己选题、设计方案、实施研究、撰写结题报告或论文。

2.交往型活动方式

组织各种学习小组、研究小组、实践小队，不仅鼓励进行小群体内相互交流、共同协作，而且安排他们走出校门，深入社会访问调查。通过主题班会、联欢晚会、演讲和辩论比赛，增强学生自由准确地表达，和谐愉快地交往。

3.体验型活动方式

体验是人类的一种心理感受，与个体生活经历有着密切的关系。学校以体验学习、体验劳动、体验爱心、体验道德为主线，开展多种多样的体验生活。在课堂生活中，倡导体验学习，并努力引导学生主动体验，调动学生情感、知觉、思维、注意等一系列心理功能。课余体验劳动，主要有：校内执勤、保卫、搞卫生、种树、清除操场，可以让学生干的活，尽量让学生干。

4.创造型活动方式

一方面要求教师在课堂上通过材料组织、情景创设、问题设计，努力激发学生的创造性思维，开展创造性活动。另一方面，组织大型的文化艺术节，为学生体验创造生活，展示个性特长搭建广阔舞台。

三、生命教育

（一）生命教育的概念

生命教育有广义与狭义两种：狭义的生命教育指的是对生命本身的关注，包括个人与他人的生命，进而扩展到一切自然生命。广义的生命教育是一种全人的教育，它不仅包括对生命的关注，而且包括对生存能力的培养和生命价值的提升。

（二）生命教育的意义

1.开展生命教育是整体提升国民素质的基本要求

在中小学大力开展生命教育，有利于提高广大青少年学生的生存技能和生命质量，激发他们树立为祖国的繁荣富强而努力学习、奋发成才的志向；有利于将中华民族坚忍不拔的意志熔铸在青少年学生的精神中，培养他们勇敢、自信、坚强的品格；有利于提高广大青少年学生的国际竞争意识，增强他们在国际化开放性环境中的应对能力。

2.开展生命教育是社会环境发展变化的迫切要求

经济全球化和文化多元化的发展趋势，现代科技和信息技术的飞速发展，迫切需要培养青少年形成科学的生命观，进而为学生树立正确的世界观、人生观和价值观奠定基础。

3.开展生命教育是促进青少年学生身心健康成长的必要条件

学生生理发展过程中出现的困惑常常得不到及时指导，对无法预料且时有发生的隐性伤害往往难以应对，导致一些学生产生心理脆弱、思想困惑、行为失控等现象。因此，需要积极引导学生科学理解生理、心理发展的规律，正确认识生命现象和生命的意义。

4.开展生命教育是家庭教育的重要职责

家庭教育是生命教育必不可少的环节和重要组成部分。现代化进程的迅速推进，使家庭教育面临着新的挑战，家庭教育还存在和青少年成长需要不相适应的方面，迫切需要引导家庭开展科学、正确的生命教育。

5.开展生命教育是现代学校教育发展的必然要求

必须加快学校教育的改革，从生理、心理和伦理等方面对学生进行全面、系统、科学的生命教育，引导学生善待生命，帮助学生完善人格、健康成长。

（三）生命教育的基本途径

生命教育应该渗透到学校所有教育教学活动中。主要采用六条途径来开展：学科教学、专题教育、课外活动、校园文化、家庭教育和社会教育。

1.学科教学中渗透生命教育

在显性学科如自然、社会、思想品德、体育、健康教育等，开展生命知识和生命伦理的教育。在隐性学科地理、生物、语文、音乐、美术等挖掘生命教育的元素，有机融入生命教育。

2.专题教育中融合生命教育

在学校开展的青春期教育、心理教育、安全教育、健康教育、环境教育、法制教育、禁毒和预防艾滋病教育等专题教育中，全面融合生命教育，从关爱生命的视角将我们进行的各种教育内容进行整合，将科学精神和人文精神相结合，赋予各种教育和管理以人文关怀。

3.课外活动中实践生命教育

课外活动主要是指利用德育活动课、节日活动、纪念活动、仪式活动、社会实践等来实践生命教育。

其中德育活动课是实施生命教育的主要渠道。通过德育活动课，让学生在活动中掌握生命知识，从而形成正确的生命意识、生命态度。

4.教师培训是生命教育的关键

教师要有强烈的生命教育意识和有效实施生命教育的能力。学校可采取集体培训与个人自学、实践中探索相结合的方法。

5.家庭、社会教育是生命教育的扩展空间

生命教育是一项全社会的系统工程，要取得满意的成效离不开社会的支持系统，如良好的家庭关系、和睦的邻里交往、融洽的社区氛围、积极向上的社会风气等。

总之，在探索生命教育的过程中，应充分发挥各条途径的作用，有机整合生命教育资源，构建包括学校、家庭、社会、自我四个教育支点在内的综合教育体系。

四、安全教育

（一）安全教育的概念

安全教育是指教育学生确立自主维护生命安全、财产安全的意识；严防危及生命安全的犯罪。中学生安全教育包括：交通安全；校内外活动安全；消防安全；卫生防病，饮食及家居安全等。

（二）安全教育的意义

1.加强学生安全教育，可以提高学生的自我防护能力

通过安全教育，使学生基本上做到"三懂"、"三会"，即懂得各种不安全因素的危险性，从而增强安全意识；懂得各种危险、危害形成原理，注意了解各种安全事项的细节；懂得预防各种危险危害，积极开展安全宣传；学会报警方法，学会预防危险，学会自护自救方法。

2.加强学生安全教育，是向全社会普及安全知识的一个重要环节

每个学生身后都有一个关心、爱护着他（她）的家庭，每个家庭又是构成社会的基本单元，面向学生的安全教育还可以从校园拓展到家庭和全社会，从而推动全社会安全意识和防犯能力的提高。学校的安全教育搞好了，就能达到"教育一个学生，带动一个家庭，影响整个社会"的目的。

3.加强学生安全教育，可以培养社会及专业的后备安全防范队伍

通过良好的安全教育，让学生认识安全防范工作的重要，认识安全防范事业的崇高，为我们安全防范事业培养后备人才。今天的学生，是未来社会的栋梁。今天一个受到良好安全教育的学生，明天必定是一个安全防范事业的热情支持者、参与者，也可能成为安全防范的专业骨干力量。

（三）安全教育的基本途径

1.切实提高对中学生安全教育工作重要性的认识

安全教育是维护中学生安全的一项基本教育，是中学生素质教育的一部分，是人才保障的根本教育，它始终贯穿于人才培养的全过程。要把做好中学生安全教育工作提高到能不能营造优良育人环境、能不能维护校园和社会的稳定、能不能实现学校的教育培养目标这一高度来认识，时刻把学生安全教育工作摆在重要位置。

2.充分调动各方面力量开展宣传教育活动，形成齐抓共管的局面

对学生的安全教育，仅靠保卫部门和学校是远远不够的，还要依靠学生管理工作者和学生组织及学生家长等有关部门和人员共同参与，形成齐抓共管的局面，才能收到良好的效果。特别是要发挥思想教育阵地的作用，利用学校思想政治教育的工作体系和优势。此外，要发挥课堂教学的主渠道作用，在有关课程和教学环节中由任课老师结合课程内容适时地对学生进行安全教育和法制教育。

3.突出重点、注意提高教育实效

加强学生的安全教育，既要全面展开，更要有重点地进行，做到点面结合，以点带面。一是教育的内容要以防人身伤害、财务受损、心理失常、违法犯罪、保证学业完成为重点。二是针对不同的教育对象开

展不同内容的教育。如对有不良行为的"后进生"要以防违法犯罪为主要内容,帮助、引导他们健康成长,成为一个遵纪守法的好学生;对喜爱运动,行为又过于冒险的学生,要加强防运动损伤教育,教育他们做好安全防护工作;对有心理失常表现的学生要加强心理健康教育,帮助他们消除心理障碍,等等。

4.组织学生积极参与学校的安全管理工作

让中学生参与学校的安全管理工作是提高中学生安全防范意识的有效途径。学校要十分注意激发学生的参与意识,提高他们的自我教育、自我管理、自我服务能力,引导他们积极主动参与校园安全管理工作。

5.争取相关部门协作,整治校园周边环境,优化育人环境

学校在加大对校园安全保卫力量的投入、提高保卫人员素质和学校安全教育水平的同时,要积极争取地方政府、公安机关的支持,严厉打击危害学校及中学生安全的不法行为,切实改善校园周边治安状况,优化育人环境。

五、升学就业指导教育

（一）升学就业指导教育的含义

升学和就业指导是指教师根据社会的需要指导学生树立正确的职业观,帮助他们了解社会职业,进而引导他们按照社会需要和自己的特点为将来升学选择专业与就业选择职业,在思想上、学习上和心理上做好准备。

（二）升学就业指导的意义

第一,进行升学就业指导,可以帮助学生充分了解自己的个性特点,使学生对自己有全面、理性的认识。

第二,进行升学就业指导,可以帮助学生完毕学业,了解社会分工的要求,根据自身特点选择适合自身的发展方向。

第三,进行升学就业指导,可以激励学生以新的姿态继续学习,走向成功。

（三）升学就业指导教育的基本途径

教育学生做好升学与就业的"两手准备",可以利用多种途径与方法,诸如渗透于各学科课程中、或组织专题报告会、或开展系列的主题教育活动、或通过与家长、社区协作的其他校外活动等。

【强化训练】

一、单项选择题

1.（　　　）并称为"三生教育"。
A.生存教育、生命教育、生活教育　　　　　　B.生存教育、生理教育、生活教育
C.生存教育、生理教育、知识教育　　　　　　D.生理教育、生活教育、知识教育
2.生活教育的理论是（　　　）教育思想的主线和重要基石。
A.杜威　　　　　　B.陶行知　　　　　　C.蔡元培　　　　　　D.赫尔巴特

二、简答题

1.简述生存教育的意义。
2.简述生命教育的基本途径。

【内容精要】

1.品德是道德品质的简称,是社会道德在个人身上的体现,是个体依据一定的社会道德行为规范行动时表现出来的比较稳定的心理特征和倾向。品德的心理结构包括道德认识、道德情感、道德意志和道德行

为。中学生品德发展的特点主要是：伦理道德发展具有自律性，言行一致；品德发展由动荡向成熟过渡。

2.品德发展理论主要有两种：皮亚杰利用对偶故事法，将儿童的道德发展分为他律和自律两个阶段；科尔伯格拓展了皮亚杰的理论和方法，利用两难故事法，将道德发展分为三水平六阶段：前习俗水平（惩罚和服从取向、朴素的享乐主义或工具性取向）、习俗水平（好孩子取向、权威和社会秩序取向）、后习俗水平（社会契约取向、良心或原则取向）。

3.品德的形成过程主要有依从、认同和内化三个阶段。品德的形成发展主要受到遗传因素、环境教育因素和主管能动性因素的影响。中学生品德培养的方法主要有说服、榜样示范、群体约定、价值辨析、奖励与惩罚等。

4.德育是教育者依据特定社会要求和德育规律，对受教育者实施有目的、有计划的影响，培养他们特定的政治思想意识和道德品质的活动。德育内容主要有：爱国主义和国际主义教育、理想与传统教育、集体主义教育、劳动教育、民主纪律和法制教育、辩证唯物主义世界观和人生观教育。

5.德育过程是教育者和受教育者双方借助于德育内容和方法，进行施教传道和受教修养的统一活动过程

6.德育的原则有导向性原则、疏导原则、尊重学生与严格要求学生相结合原则、教育的一致性与连贯性原则、因材施教原则。德育的方法有：说服法、榜样法、锻炼法、陶冶法、表扬奖励与批评处分。德育的途径主要有：政治课与其他学科教学，课外活动与校外活动，劳动，共青团活动，班主任工作等。

7.新时期的德育回归到了社会生活和学生生活中去，主要有生存教育、生活教育、生命教育、安全教育、升学就业指导等。

【本章自测】

一、单项选择题（本大题共10个小题，每个3分，共30分）

1."三军可夺帅，匹夫不可夺志"说的是（   ）。

A.道德认识　　　　　　B.道德情感　　　　　C.道德意志　　　　　D.道德行为

2.学校德育的基本途径是（   ）。

A.课外活动　　　　　　　　　　　　　B.政治课与其他学科教学

C.政治课　　　　　　　　　　　　　　D.班主任工作

3.研究德育过程，主要是探索德育的（   ）。

A.目标　　　　　　　　B.内容　　　　　　　C.方法　　　　　　　D.规律

4.德育的基本方法是（   ）。

A.说服教育法　　　　　B.榜样示范法　　　　C.实际锻炼法　　　　D.陶冶教育法

5.在德育过程中，起主导作用的因素是（   ）。

A.教育者　　　　　　　B.受教育者　　　　　C.德育内容　　　　　D.德育方法

6.一般认为，态度与品德形成过程经历三个阶段：依从、认同和（   ）。

A.行动　　　　　　　　B.内化　　　　　　　C.执行　　　　　　　D.泛化

7."要尽量多地要求一个人，也要尽可能多地尊重一个人"所体现的德育原则是（   ）。

A.知行统一的原则　　　　　　　　　　B.集体教育和个别教育相结合的原则

C.从学生实际出发的原则　　　　　　　D.尊重、信任学生与严格要求学生相结合的原则

8."让学校的每一面墙壁都开口说话"，这是充分运用了下列哪一种德育方法（   ）。

A.陶冶教育　　　　　　B.榜样示范　　　　　C.实际锻炼　　　　　D.品德评价

9.德育过程中不同质的各种要素的组合方式称为德育过程的（   ）。

A.内容　　　　　　　　B.层次　　　　　　　C.结构　　　　　　　D.方法

10. 衡量人们品德的重要标志是（   ）。

A. 道德认识   B. 道德情感   C. 道德意志   D. 道德行为

二、辨析题（本大题共 2 个小题，每个 10 分，共 20 分）

1. 价值辨析观点更强调价值本身，而不是强调价值观的获得过程。

2. 一把钥匙开一把锁。

三、简答题（本大题共 3 个小题，每个 10 分，共 30 分）

1. 简述德育过程的基本规律。

2. 简述德育的意义。

3. 简述学生思想内部矛盾转化规律。

四、材料分析题（20 分）

某初中三年级一女生把一男同学向其表达"爱慕之意"的情书交给了班主任，班主任认为，要严肃处理，"杀一儆百"，于是在班会上把这封"情书"公之于众，结果导致了该男生的休学。请用所学的德育规律、德育原则分析该案例。

第八章　中学班级管理与教师心理

【考纲链接】

1. 熟悉班集体的发展阶段。

2. 了解课堂管理的原则，理解影响课堂管理的因素；了解课堂气氛的类型，理解影响课堂气氛的因素，掌握创设良好课堂气氛的条件。

3. 了解课堂纪律的类型，理解课堂结构，能有效管理课堂；了解课堂问题行为的性质、类型，分析课堂问题行为产生的主要原因，掌握处置与矫正课堂问题行为的方法。

4. 了解班主任工作的内容和方法，掌握培养班集体的方法。

5. 了解课外活动组织和管理的有关知识，包括课外活动的意义、主要内容、特点、组织形式以及课外活动组织管理的要求。

6. 理解协调学校与家庭联系的基本内容和方式，了解协调学校与社会教育机构联系的方式等。

7. 了解教师角色心理和教师心理特征。

8. 理解教师成长心理，掌握促进教师心理健康的理论与方法。

第一节　班集体

【导读】

班集体和通常所说的班级并不是同一个概念，班集体是有共同的目标、共同的生活准则的一个组织结构，班集体这个组织结构中中各个成员之间的关系也是平等的。一个好的班集体有利于整体班级的发展，有利于学生的健康成长。

一、班集体概述

（一）班级的概述

1. 班级的概念

班级是一个复杂的小社会体系，是学校行政体系中最基层的行政组织，最早使用"班级"一词的是文艺复兴时期的著名教育家埃拉克莫斯。班级通常由老师、一群学生及环境组成，通过师生交互影响的过程实施教育教学活动，以实现教育教学目标。班级是学校教育活动的基本单位，是以学习为目的的团体，即指若干身心发展水平相近的学生为了品德、智能、身心、审美、劳技等各方面素质的发展，而以一定的角色发生相互作用的群体。因此，它具有满足学生的需求、促进学生的发展、矫正学生的行为等功能。

2. 班级的形成和发展

班级是从教学的角度提出的一种学生编制。班级组织是教育发展到一定历史阶段的产物，这种教学形式最早萌芽于 16 世纪的欧洲。随着资本主义工商业的发展和科学技术的进步，教育对象范围的扩大和教学内容的增加，需要有一种新的教学组织形式，这样班级组织应运而生。率先正式使用"班级"一词的是文艺复兴时期的著名教育家埃拉克莫斯。16世纪，在西欧一些国家创办的古典中学里出现了班级组织的尝试，运用班级的形式开展教学活动。

17世纪，捷克教育家夸美纽斯总结了前人和自己的实践经验，并在其代表作《大教学论》中对班级组织进行了论证，从而奠定了班级组织的理论基础。此后，班级组织在欧洲许多国家的学校中逐步推广。

19世纪初，英国学校中出现了"导生制"，即根据儿童的年龄和发展水平划分等级，对进度相同的儿童系统性地开设科目，编制班级，实施同步教学；并且除教师之外，还配备"导生"，他们在教师的指导下对低年级的学生进行教学与管理。这一制度由于其经济而有效的特点，受到社会的欢迎，从而使班级教学的形式得到了发展。到19世纪中叶，班级授课的形式已成为西方学校教学的主要组织形式。

中国采用班级组织形式，最早的雏形始于1862年清政府开办的京师同文馆。20世纪初废科举、兴学校之后，全国各地的学校开始采用了班级组织的形式。

随着学校教育的不断发展，班级逐渐成为学校教育的基本单位，并对学生的发展产生越来越大的作用。与个别教学相比，班级授课教学效率高，一个教师能同时教几十个学生，比较适合学生身心发展的年龄特点和发挥学生之间相互影响作用，有助于教学质量提高。

（二）班集体的概念

班集体是按照班级授课制的培养目标和教育规范组织起来的，以共同学习活动和直接性人际交往为特征的社会心理共同体。

班集体不同于班级。班级是校内行政部门依据一定的编班原则把几十个年龄和学龄相当、程度相近的学生编成的正式群体。一个班的学生群体还不能称为班集体。班集体有以下特征：

第一，明确的共同目标。当班级成员具有共同的目标定向时，群体成员在实现目标的过程中便会在认识上、行动上保持一致，相互之间形成一定的依存性。这是班集体形成的基础。

第二，一定的组织结构。班级中的每个成员都是通过一定的班级机构组织起来的。按照组织结构建立相应的机构，维持和控制着班级成员之间的关系，从而完成共同的任务和实现共同的目标。一定的组织结构是一个班集体不可所缺的。

第三，一定的共同生活的准则。健全的集体不仅要有一定的组织结构，而且受到相应规章制度的约束，并把取得集体成员认同的、为大家自觉遵守的行为准则，作为完成共同任务和实现共同目标的保证。在一个班集体中，准则可以是明文规定的，也可以使无形的。

第四，集体成员之间平等、心理相容的氛围。在集体中，成员之间在人格上应处于平等的地位，在思想感情和观念上是比较一致的；成员个体对集体有自豪感、依恋感、荣誉感等肯定的情感体验。

（三）班集体形成的标志

班级体形成的标志，是"一个前提，六个方面"。一个前提，是指班集体的奋斗目标和班集体的建设计划。六个方面是：班集体的核心与骨干的发展水平；班集体的凝聚力；班集体的教育活动水平；班集体的学业水平；班集体的风气；班集体成员的个性发展水平。一所学校、一位班主任可以根据这些内容，确定三级或四级的等次标准，对班集体的发展状况进行评判，促进班集体建设。

（四）班集体的教育作用

在学校教育中，良好的班集体对学生健康成长是非常重要的，具体表现在以下方面：

1. 有利于形成学生的群体意识

每个学生都是集体中的一员，学生的发展与集体的发展密切相关。在一个良好的班集体中，学生会感受到集体对他们的关心与尊重，体会到能从集体生活中获得的知识、友谊和实现他们的某种心愿，这时，学生往往也会努力使自己成为对集体有所奉献的一员。在良好班集体的形成过程中，学生的群体意识、集体荣誉感会得到大大的强化。

2. 有利于培养学生的社会交往与适应能力

班集体是学生活动与交往的基本场所，通过班级的集体活动和学生群体之间的交往，可使学生积累集体生活的经验，学会交往与合作，学会对环境的适应。

3. 有利于训练学生的自我教育能力

班集体是学生自己的集体，每个学生在所属的班集体中都拥有一定的权利和义务，都能找到适合于自己的角色与活动。因此，班集体是训练班级成员自己管理自己、自己教育自己、自主开展活动的最好载体。

二、班集体的发展阶段

班集体从其初步形成到巩固成熟是一个连续的动态的过程，一个优秀学生班集体的形成，一般要经过如下过程：

（一）组建阶段

学生初进学校，同学们尽管形式上同属一个班级，实际上都是一个个孤立的个体。班集体靠教师组织指挥，靠行政手段组织班级。班集体的目的任务都来自教师个体自身要求。

（二）形核阶段

同学之间开始相互了解，在班主任的引导培养下，涌现出了一批积极分子，班集体有了核心人物，开始协助班主任开展各项工作。但是，班级里仍受班主任的组织指挥，正确的舆论与良好班风尚未形成。

（三）发展阶段

这一阶段班集体已成为教育主体。不仅学生干部，多数学生也能互相严格要求。教育要求已转化为集体成员的自觉需要，也无需外在监督，已能自己管理和教育自己。同学之间团结友爱，形成强有力的舆论与良好的班风，勤奋学习，各项活动表现良好。

（四）成熟阶段

这一阶段是班集体趋向成熟的时期，集体的特征得到充分的体现，并为集体成员所内化，全班已成为一个组织制度健全的有机整体，整个班级洋溢着一种平等、和谐、上进、合作的心理氛围，学生积极参与班级活动，并使自己的个性特长得到发展。

三、班集体的培养

任何一个班集体的形成，都会经历组建、形成、发展的过程。这样一个过程，实际上也是一个教育培养与类化的过程。

（一）确定班集体的发展目标

目标是集体发展的方向和动力，一个班集体只有具有共同的目标，才能使班级成员在认识上和行动上保持统一，才能推动班集体的发展。为此，教师要精心设计班级发展的目标。

班集体的发展目标一般可分为远期的、中期的、近期的三种。远期目标就是指全班同学经过较长时间的共同努力而达到的目标，它是中期、近期目标提出和设计的重要依据；中期目标是指阶段性的或者专项性的奋斗目标，是实现远期目标的条件和保证；近期目标是指当前的奋斗目标，它是远期、中期目标的具体化。三种目标构成了一个完整的教育目标系统，它们之间相互衔接、相互影响。

目标的提出由易到难、由近到远，逐步提高。在实现班集体的目标过程中，教师要充分发挥班级成员的积极性，使实现目标的过程成为教育与自我教育的过程。确立班集体目标有以下基本要求：①体现时代精神；②有明确的指向性，班级目标是全班向学共同奋斗所要达到的最终目的，具有很强的导向性，目标必须明确具体；③注意目标的层次性；④可行性。目标价值能否得以体现，关键还取决于既能照顾学生年龄特点和接受水平，又要掌握好目标水平高于现实水平的差距，合理适当的差距才有吸引力，才能激发学生奋发向上的斗志，挖掘学生发展的潜能。

（二）建立班集体的核心队伍

一个良好的班集体都会有一批团结在教师周围的积极分子，他们是带动全班同学实现集体发展目标的核心。因此，建立一支核心队伍是培养班集体的一项重要工作。

班集体中的积极分子有多种类型，可以是全面发展的，也可是单项突出的，并且积极分子的队伍不是一成不变的。建立一个勤奋学习、团结友爱的班集体，必须组建好班级的领导核心，挑选能团结同学、办事认真、关心集体、乐意为班级服务的积极分子来参与班级领导工作。

建立班集体的核心队伍，首先，教师要善于发现和培养积极分子。这就需要教师在了解学生的基础上，及时发现在班级活动中涌现出来的积极分子，并从中选拔出能热心为集体服务、能团结同学、且具有一定管理能力的学生班干部。其次，教师应把对积极分子的使用与培养结合起来。既要鼓励他们独立开展工作，又要耐心帮助他们提高工作能力；既要维护他们的威信，又要对他们严格要求；既要肯定他们的工作成绩，又要指出他们工作中的不足。

（三）建立班集体的正常秩序

班集体的正常秩序是维持和控制学生在校生活的基本条件，是教师开展工作的重要保证。班集体的正常秩序包括必要的规章制度、共同的生活准则以及一定的活动节律。

教师在班集体的组建阶段，就应着手正常秩序的建立工作，特别是当接到一个教育基础较差的班级时，首先就要做好这项工作。制度订立后要坚持执行，为确保制度的贯彻落实，可配合进行各种场合的常规训练。在建立正常秩序的过程中，教师要依靠班干部的力量，由他们来带动全班同学。一旦初步形成了班级秩序，不要轻易去改变。不断让学生体验到正常的秩序对他们的学习、生活所带来的便利与成效。

（四）组织形式多样的教育活动

一个良好班集体的建设必须通过各种活动来实现。班集体是在全班同学参加各种教育活动中逐步成长起来的，而各种教育活动又可使每个人都有机会为集体出力并显示自己的才能。设计并开展班级教育活动是教师的经常性工作之一。

根据班级教育活动的时间分布，主要由日常性的教育活动与阶段性的教育活动两大部分组成，所涉及的内容有主题教育活动、文艺体育活动、社会公益活动等。教师在组织各种教育活动时，要有明确的目的和要求，要精心设计活动内容，注意形式的适龄化，力争把活动的开展过程变成教育学生的过程。教师要善于发现问题，抓住典型事例进行教育。如有的学生在劳动中能吃苦耐劳，团结协作，这正是学习的生动典型。对于班级中纪律涣散等现象，也要及时进行批评教育，至于个别学生的问题可通过个别教育解决。

（五）培养正确的舆论和良好的班风

班集体舆论是班集体生活与成员意愿的反映。正确的班集体舆论是一种巨大的教育力量，对班集体每个成员都有约束、感染、同化、激励的作用，是形成、巩固班集体和教育集体成员的重要手段，它能衡量集体觉悟水平的重要标准。教师要注意培养正确的集体舆论，善于引导学生对班集体的一些现象与行为进行评议，要努力把舆论中心引导至正确的方向。

良好的班风是一个班集体舆论持久作用而形成的风气，是班集体大多数成员的精神状态的共同倾向与表现。良好的班风一旦形成，就会无形地支配着集体成员的行为，它是一种潜移默化的教育力量。教师可通过讲清道理、树立榜样、严格要求、反复实践等方面培养与树立良好的班风。

正确舆论和良好班风是相互联系的。良好班风的形成，需要正确舆论的支持，而良好班风一旦建立，又会形成良好的集体舆论。

【强化训练】

一、单项选择题

1. 最早使用"班级"一词的是著名教育家（　　　）。

A. 埃拉克莫斯   B. 陶行知   C. 蔡元培   D. 赫尔巴特

2. 涌现出了一批积极分子，班集体有了核心人物，这属于班级发展的（　　　）阶段。

A. 组建   B. 形核   C. 发展   D. 成熟

二、简答题

1. 简述班集体形成的标志。

2. 简述班集体的特征。

第二节　课堂管理

【导读】

课堂是教师和学生互动最多的场所，课堂是教师教授知识、学生获取知识的重要场所。良好的课堂管理，有利于教学工作的顺利进行，这其中主要包括了课堂氛围的管理、课堂纪律的管理和课堂问题行为的管理。

一、课堂管理概述

（一）课堂管理及其功能

课堂教学效率的高低，取决于教师、学生和课堂情境等三大要素的相互协调。课堂管理就是指教师通过协调课堂内的各种人际关系而有效地实现预定教学目标的过程。

课堂管理始终制约着教学和评价的有效进行，具有促进和维持的功能。促进功能是指教师在课堂里创设对教学起促进作用的组织良好的学习环境，满足课堂内个人和集体的合理需要，激励学生潜能的释放以促进学生的学习。维持功能是指在课堂教学中持久地维持良好的内部环境，使学生的心理活动始终保持在课业上，以保证教学任务的顺利完成。

（二）课堂管理的原则

1. 目标原则

课堂管理应当有正确而明晰的目标，它为教学目标的实现提供保证，最终指向教学目标。为了有效地贯彻目标原则，教师在课堂上应当运用恰当的方式，使全体同学明了每堂课的教学目标，让师生双方都能明确共同努力和前进的方向。目标本身具有管理功能，直接影响和制约师生的课堂活动，能起积极的导向作用。并且，目标使学生成为积极的管理参与者，对于发挥学生自觉的求知热情，培养学生自我管理能力，也具有积极意义。

作为课堂管理者的教师，课堂上所实施的一切管理措施，包括组织、协调、激励、评价等，都应当努力服务于设定的教学目标。课堂管理的成败得失，也应当以教学目标的实现作为衡量依据。有的教师忽视教学目标对课堂管理的制约作用，片面追求课堂管理的表面现象，如过分强调安静的气氛、一律的坐姿等等，而当这些管理要求脱离了教学目标之后，却可能成为窒息学生学习积极性、抑制思维的不良影响因素。实际上教师在课堂管理中主动激起师生之间、同学之间的各种内外"冲突"，比如分歧、争论等，或适度允许一些"出格"行为表现的存在，不仅不会影响课堂教学的成功进行，而且会促成教学目标的实现。因此，我们只有在目标原则的指导下，才能避免课堂管理的形式主义，创造出真正优化的课堂管理。

2. 激励原则

就是在课堂管理时，通过各种有效手段，最大限度地激起学生内在的学习积极性和求知热情。贯彻激励原则，首先要求教师在课堂上努力创设和谐愉悦的教学气氛，创造有利学生思维、有利教学顺利进行的民主氛围，而不应把学生课堂上的紧张与畏惧看作管理能力强的表现。

激励原则还要求教师在课堂管理中发扬教学民主，鼓励学生主动发问、质询和讨论，让学生思维流程的浪花不断跳跃激荡。那种把课堂管理看成是教师一统天下，不让学生的思维越雷池半步的做法，不利于学生个性的充分发展。

当然，贯彻激励原则并不排除严格要求和必要的批评。有说服力的批评其实也是对学生的激励。我们应当正确运用激励手，强化课堂管理，使学生更加主动积极地进行课堂学习。

3. 反馈原则

运用信息反馈原理，对课堂管理进行主动而自觉的调节和修正，是反馈原则的基本思想。

课堂管理的具体要求和措施只有建立在班级学生思想、学习特点的基础上，才能具有针对性和有效性。这首先要求教师在教学工作的起始环节——备课过程中，认真调查教育对象的具体状况，分析研究必要的管理对策。我们发现在一般的备课过程中，对课堂管理的设计是普遍忽视的，致使作为必须参与教学过程的课堂管理缺乏明确的意识导向，从而在管理环节上出现问题时措手不及，甚而影响教学进程或削弱教学效果。

课堂管理的反馈原则，还要求教师在课堂教学的过程中，不断运用即时信息来调整管理活动。由于课堂教学是在特定的时空内，面对着的是几十个活生生的学生，这是一个多因素彼此影响和制约的复杂动态过程，总可能出现各种偶发情况。因此，教师应当不断分析把握教学目标与课堂管理现状之间存在的偏差，运用自己的教育机智，因势利导，确定课堂管理的各种新指令，作用于全班同学，善于在变化的教学过程中寻求优化的管理对策，而不应拘泥于一成不变的管理方案。

（三）课堂管理的影响因素

1. 背景情况

背景情况是影响课堂管理的重要因素，主要包括课堂文化和课堂设计的状况，以及既有的师生关系。

2. 教学目标

教学目标是关于课堂教学与管理的总方向的决定因素，教学目标与学生个体目标间协调与融洽，方向一致而明确。否则，必然出现混乱无序。

3. 课堂规模

课堂规模是指学生的人数多少，它直接影响课堂管理行为的有效性。课堂规模越大，对教师要求越高，对学生的自我约束要求越高，课堂规则越正式。相反，规模越小，越便于教师有效调控。

4. 凝聚力

凝聚力常常表现为成员聚集在一起的愿望和高度的承诺，同时，尊重和鼓励行为与思想上的个别差异存在。它也是班级中和谐关系、良好班风的反映。

5. 课堂规范

课堂规范是被课堂中所有人所接受和期待的行为准则和模式，能使人的行为简易化和易于预测，避免尴尬的人际关系，便于教师控制指导学生的课堂行为。

6. 教师领导

教师领导是指教师作为课堂领导者对课堂的全面影响，包括对课堂进程与发展的影响力，以及对学生的思想与感情发展的影响。

二、课堂群体的管理

（一）课堂里的群体及其对个体的影响

课堂里的每个学生不是孤立存在的个体，他们通过相互交往，形成各种群体。所谓群体，是指人们以一定方式的共同活动为基础而结合起来的联合体。它的基本特征有三个：其一，群体由两个以上的个体组成。其二，群体成员根据一定的目的承担任务，相互交往，协同活动。其三，群体成员受共同的社会规范制约。

课堂内存在的各种群体，会对个体的行为产生巨大的影响。1920年，阿尔波特让被试分别在单独情境和社会情境里工作。结果发现，被试在社会情境里进行连锁联想、乘法运算、解决问题以及思维判断等活动所取得的成绩都比单独一人活动好。该研究表明，群体对个人活动起到促进作用，但有时群体也会对个人的活动起阻碍作用。

学生群体对个体的活动是产生促进作用还是阻碍作用，取决于四个因素：一是活动的难易；二是竞赛动机的激发；三是被他人评价的意识；四是注意的干扰。

（二）正式群体与非正式群体的协调

正式群体是由教育行政部门明文规定的群体，其成员有固定的编制，职责权利明确，组织地位确定。班级、小组、少先队都属于正式群体。正式群体的发展经历了松散群体、联合群体和集体等三个阶段。松散群体是指学生们只在空间和时间上结成群体，但成员间尚无共同活动的目的和内容。联合群体的成员已有共同目的的活动，但活动还只具有个人的意义。集体则是群体发展的最高阶段，成员的共同活动不仅对每个成员有个人意义，而且还有重要的社会意义。

在正式群体内部，学生们会在相互交往的基础上，形成以个人好恶、兴趣爱好为联系纽带，具有强烈情感色彩的非正式群体。这种群体没有特定的群体目标及职责分工，缺乏结构的稳定性，但它有不成文的规范和自然涌现的领袖。课堂里的非正式群体主要是同辈群体，比较常见的同辈群体有朋友与小集团。非正式群体对个体的影响是积极的还是消极的，主要取决于非正式群体的性质以及与正式群体的目标一致程度。管理课堂必须注意协调非正式群体与正式群体的关系。

首先，要不断巩固和发展正式群体，使班内学生之间形成共同的目标和利益关系，产生共同遵守的群体规范，并以此协调大家的行动，满足成员的归属需要和彼此之间相互认同，从而使班级成为坚强的集体。其次，要正确对待非正式群体。对于积极型的非正式群体，应该支持和保护。对于中间型的非正式群体，要持慎重态度，积极引导，联络感情，加强班级目标导向。对于消极型的非正式群体，要教育、争取、引导和改造。而对于破坏型的非正式群体，则要依据校规和法律，给予必要的制裁。

三、课堂气氛

课堂气氛通常是指在课堂上占优势地位的态度和情感的综合状态。它是学习的重要社会心理环境。良好的课堂气氛有助于学生学习效率的提高，有利于课堂师生互动。

（一）课堂气氛的类型

课堂气氛是一种综合的心理状态，它包括知觉、注意、思维、情绪、意志及定势等状态。课堂气氛是教学过程的软环境，是课堂上某些占优势的态度和情感的综合状态。我国学者依据这些心理状态综合表现的不同特点，将课堂气氛划分为积极的、消极的和对抗的三种类型。

1. 积极的课堂气氛

积极的课堂气氛是恬静与活跃、热烈与深沉、宽松与严格的有机统一。也就是说，课堂纪律良好，学生注意力高度集中，思维活跃，师生双方都有饱满的热情，课堂发言踊跃。在热烈的课堂气氛下，学生保持冷静的头脑，注意听取同学的发言，并紧张而又深刻地思考。师生关系融洽，配合默契，课堂气氛宽松而不涣散，严谨而不紧张。

2.消极的课堂气氛

消极的课堂气氛常常以学生的紧张拘谨、心不在焉、反应迟钝为基本特征。在课堂学习过程中，学生情绪压抑、无精打采、注意力分散、小动作多，有的甚至打瞌睡。对教师的要求，学生一般采取应付态度，很少主动发言，有时学生害怕上课或提心吊胆地上课。

3.对抗的课堂气氛

对抗的课堂气氛实质上是一种失控的课堂气氛。教师失去了对课堂的驾驭和控制能力，学生在课堂学习过程中，各行其是，教师因此有时不得不停止讲课而维持秩序。

（二）课堂气氛的影响因素

影响课堂气氛的主要因素可以归纳为三个方面：教师的因素、学生的因素和课堂物理环境因素。

1.教师

教师的因素主要包括教师的领导方式、教师对学生的期望以及教师的情绪状态。教师的领导方式是教师用来行使权力与发挥其领导作用的行为方式。勒温曾在 1939 年将教师的领导方式分为集权型、民主型和放任型三种类型。这三种不同的领导方式会使学生产生不同的行为反应，从而形成不同的课堂气氛，其中民主型的课堂气氛最佳。

教师期望通过四种途径影响课堂气氛：一是接受。教师通过接受学生意见的程度，为不同学生创造不同的社会情绪气氛。二是反馈。教师通过输入信息的数量、交往频率、目光注视、赞扬和批评等向不同期望的学生提供不同的反馈。三是输入。教师向不同期望的学生提供难度不同、数量不等的学习材料，对问题作出程度不同的说明、解释、提醒或暗示。四是输出。教师允许学生提问和回答问题，听取学生回答问题的耐心程度等等，都会对课堂气氛产生不同的影响。

教师的积极情绪状态往往会投射到学生身上，使教师与学生的意图、观点和情感连结起来，从而在师生间产生共鸣性的情感反应，有利于创造良好的课堂气氛。焦虑是教师对当前或预计到对自尊心有潜在威胁的任何情境所具有的一种类似于担忧的反应倾向。只有当教师焦虑适中时，才会激起教师努力改变课堂现状，避免呆板或恐慌反应，从而推动教师不断努力以谋求最佳课堂气氛的出现。

2.学生

首先，学生对集体目标的认同，个人需求与课堂教学目标一致，能使集体的士气高涨，提高活动效率；当学生个人目标融入集体目标之中，良好课堂气氛的形成有了必要前提。其次，学生遵守纪律的自觉性高，有良好的品德和守纪律的习惯，有利于形成良好的课堂气氛。

3.课堂物理环境

课堂物理环境是指教学时间和空间因素构成的特定的教学环境，包括教学的时间安排、班级规模、教室内的设备、教具、声响、光线、空气、气温、座位编排等。

（三）良好课堂气氛的创设

影响课堂管理的因素很多，社会和学生对教师的定型期望、班集体的特点、学校领导的管理类型、教师自身的素质等都在不同程度上和不同层次影响着教师的课堂管理方式。

1.正确地鉴定分析课堂气氛，这是营造良好课堂气氛的前提和基础

鉴定方法包括观察法、访谈法、问卷调查法、心理测量法等。通过多种方法的综合运用，了解课堂气氛的现状，从中发现问题，分析问题，寻找解决问题的有效途径。

2.以积极的情感感染学生，师生之间形成情感共鸣

教学不仅是传授知识，也是教师和学生之间的情感和理智的动态交往的过程。课堂教学中，教师倾注积极的情感和真诚的爱心，必然会感染学生，师生之间产生共鸣，产生和谐的师生关系，从而形成良好的课堂气氛。

3.抓典型、树榜样、立威信，使学生明确应遵守的行为规范和应追求的发展目标

教师根据对学生的了解，在学生之中抓有说服力的优秀典型，以榜样示范，使学生明确应遵守的行为

规范和应追求的发展目标。这种做法比直接说教更有效，更能形成良好的课堂气氛。

4.妥善处理矛盾冲突，主动承担责任，给学生做出良好榜样

师生关系融洽、生生关系友善是良好课堂气氛的基础与反映，但是，无论在课堂上，还是在课外活动，师生之间、同学之间难免会发生矛盾分歧，对此，教师必须正视并及时处理。首先必须调查研究，弄清问题的原因，然后再提出问题的解决办法，及时进行调节，解决问题。在师生发生矛盾时，教师应该高姿态，主动承担责任，给学生作出良好榜样。

四、课堂纪律

（一）课堂纪律概述

1.课堂纪律的含义

课堂纪律是指在课堂学习环境中，学生必须共同遵守的课堂行为规范，是对学生课堂行为所施加的外部准则和控制，是课堂教学得以顺利进行的重要前提和条件。课堂纪律是指为保障或促进学生的学习而设置的行为标准及施加控制。课堂纪律具有约束性、标准性和自律性三大特征。

课堂纪律的功能主要有：社会化功能、促进学生人格完善与优化的功能、稳定学生情绪的功能、发展良好道德品质的功能、调控与监督的功能。

2.课堂纪律的类型

根据课堂纪律形成的原因，可以将课堂纪律分成四种类型：

（1）教师促成的纪律

刚入学的小学生往往需要教师给予较多的监督和指导，需要教师为他们的学习和工作设置一个有结构的情境，即组织一个良好的集体结构。这样的"结构"就是教师促成的纪律。即使是比较成熟的青少年学生，他们还是需要教师为他们的行为提供指导。所以，在课堂管理中，教师促成的纪律是不可缺少的。

教师促成的纪律应该包括结构的创设和体贴。教师的指导、监督、惩罚、规定限制、奖励、操纵、组织、安排日程和维护标准等，都属于结构的创设，而体贴则包括同情、理解、调解、协助、支持、征求和采纳学生的意见等。

（2）集体促成的纪律

集体促成的纪律是指在集体舆论和集体压力下形成的群体行为规范。从入学开始，同辈人的集体在学生社会化方面起着越来越大的作用。他们开始对同学察颜观色，以便决定应该如何思考、如何信仰和如何行事。

（3）任务促成的纪律

每一次任务都有其特定的纪律，有时某一项任务会引起学生的高度注意，而对其他诱人的活动置之不理。任务促成的纪律是以个人对活动任务的充分理解为前提的。学生卷入任务的过程，就是接受纪律约束的过程。

（4）自我促成的纪律

自我促成的纪律，简单的说就是自律，是在个体自觉努力下外部纪律内化而成的个体内部约束力。当外部的纪律控制被个体内化之后成为个体自觉的行为准则时，自律便出现了。自我促成的纪律是课堂纪律管理的最终目的。

【真题在线】

[2012年上半年]学习兴趣小组的纪律属于（　　　　）。

A.教师促成纪律　　　　B.群体促成纪律　　　　C.任务促成纪律　　　　D.自我促成纪律

【答案及解析】B 学习兴趣小组是一个学生集体，它促成的纪律属于群体促成的纪律。

（二）课堂结构

学生、学习过程和学习情境是课堂的三大要素，这三大要素的相对稳定的组合模式就是课堂结构。它包括课堂情境结构与课堂教学结构，都对课堂纪律有着重要的影响。

1.课堂情境结构

课堂情境结构主要是指课堂学习情境的安排，要考虑以下几个方面：

（1）班级规模的控制

过大的班级规模限制了师生交往和学生参加课堂活动的机会，阻碍了课堂教学的个别化，因而有可能导致较多的纪律问题，从而间接影响学习成绩。然而过小规模的班级又不经济，所以中小学班级最好以25～40人为宜。

（2）课堂常规的建立

课堂常规，也就是教室常规，是每个学生必须遵守的最基本的日常课堂行为准则。从上课、发言、预习、复习、作业，到写字姿势、自修、教室整洁，课堂常规为学生提供了行为标准，具有约束和指导学生的作用。

（3）学生座位的分配

研究表明，分配学生座位时，最值得教师关注的应该是对人际关系的影响，因此分配座位时，一方面要考虑课堂行为的有效控制，预防纪律问题的发生；另一方面要考虑促进学生间的正常交往，并有助于学生形成良好的人格特征。

2.课堂教学结构

课堂教学结构能使教师满怀信心地按照教学计划有条不紊地教学。课堂教学结构是在一定的教育思想的指导下为完成一定的教学目标，对构成教学的诸因素在时间、空间方面所设计的比较稳定的、简化的组合方式及其活动程序。课堂教学结构的安排要考虑以下几个方面：

（1）教学时间的合理利用

有人将课堂活动分为学业活动、非学业活动和非教学活动三种类型。通常情况下，用于学业活动的时间越多，学习成绩便越好。因此，不应该使他们把过多的时间花费在等待教师帮助、上课做白日梦以及在课堂里嬉闹等方面。解决这一问题的关键就在于建立完善的课堂秩序，有效地将学生吸引到学业学习上来，使花费在维持纪律上的时间减少到最低限度。

（2）课程表的编制

课程表是课堂教学有条不紊进行的保证。在编制中要注意：

第一，尽量将语文、数学、外语等核心课安排在学生精力最充沛的上午第一二三节课，而将音乐、美术、体育、习字等技能课安排在下午。

第二，文科与理科、形象性与抽象性学科应交错安排，避免学生产生疲劳和厌烦。

第三，新、老教师教平行班的时间间隔要不同，新教师间隔时间短，以保证第二班的教学效果更优；老教师间隔时间长，以避免简单重复产生乏味感。

（3）教学过程的规划

良好的教学设计是维持课堂纪律的又一重要条件。不少纪律问题是因为教学过程规划不合理造成的。因此无论是教学目标的设立，还是教学方法的选择，教师都应认真对待。

（三）课堂纪律管理

1.建立有效的课堂规则

课堂规则是课堂成员应遵循的课堂基本行为规范和要求。积极、有效的课堂规则有以下特点：第一，由教师和学生充分讨论，共同制定；第二，尽量少而精，内容表达多以正面引导为主。

2.合理组织课堂教学

争取更多学生把更多的时间用于学习，既是课堂学习纪律管理的重要目标之一，又是课堂学习纪律管理的有效策略之一。这就要求教师合理组织课堂教学结构，优化时间意识，注重课堂时间管理的策略，维持学生学习的注意和兴趣，从而提高课堂教学效率。

教师应做到：首先，增加学生参与课堂的机会；其次，保持紧凑的教学节奏，合理布置学业任务；再次，处理好教学活动之间的过渡。

3. 做好课堂监控

教师应能及时预防或发现课堂中出现的一些纪律问题，并采取言语提示、目光接触等方式提醒学生注意自己的行为。

4. 做"有效管理者"

有效管理者善于预防问题，善于引导学生不断地变换活动，善于把学生的注意力集中在学业学习上，不给学生空闲的时间，善于把管理全班和注意个别学生结合起来。有效管理者具备明察秋毫、一心多用、整体关注和变换管理四个特征。

5. 区别对待课堂环境中的三种行为

学生在课堂内的行为可以划分为积极行为、中性行为和消极行为三种形式。积极行为是指那些与促进教学目标相联系的行为；消极行为是指那些明显干扰课堂教学秩序的行为；中性行为是指那些既不增进又不干扰课堂教学的学习行为。教师在进行课堂管理时，要正确区分和对待这三种行为。

6. 培养学生的自律品质

促进学生形成和发展自律品质，是维持课堂纪律的最佳策略之一。教师应做到：首先，教师要对学生提出明确的要求，加强课堂纪律的目的性教育；其次，引导学生对学习纪律持有正确、积极的态度，产生积极的纪律情感体验，进行自我监控；最后，集体舆论和集体规范是促使学生自律品质形成和发展的有效手段，教师应对其加以有效利用。

五、课堂问题行为

（一）课堂问题行为的性质

课堂问题行为是指学生在课堂中发生的违反课堂教学规则、妨碍及干扰课堂教学活动正常进行或影响教学效率的行为，是需要予以控制、矫正和防范的课堂学生行为。这样的行为不仅影响学生的身心健康，而且常常引起课堂纪律问题，主要表现为漫不经心、感情淡漠、逃避班级活动、与教师和同学关系紧张、容易冲动、上课插嘴、坐立不安、活动过度等等。课堂问题行为的基本特征为：消极性、普遍性、其程度以轻度为主。

问题行为与差生、后进生等问题学生的概念不同。差生、后进生是对学生的一种总体评价，他们往往有较多的问题行为，但在正常的班级里，其人数甚少。而问题行为则是一个教育性概念，主要是针对学生的某一种行为而言的，而且除了差生或后进生有问题行为之外，优秀学生有时也有可能发生问题行为，这就要求教师在课堂里灵活而机智地处理和矫正问题行为。

（二）课堂问题行为的类型

中外学者从不同角度对课堂问题进行了分类。奎伊等人在其研究的基础上，把课堂问题行为分为人格型、行为型和情绪型。人格型问题行为带有神经质特征，常常表现为退缩行为。行为型问题行为主要具有对抗性、攻击性或破坏性等特征。情绪型问题行为主要是由于学生过度焦虑、紧张和情绪多变而导致社会障碍的问题行为。

我国学者将课堂问题行为分为：违纪行为和心理问题行为两类。前者包括隐蔽性违纪行为、轻度矛盾冲突、不遵守作息制度、扰乱行为和小恶作剧等；后者包括人格型问题行为和情绪型问题行为。

（三）课堂问题行为产生的原因

1. 学生的因素

（1）适应不良，也叫个体人格的适应不良，是指个体不能很好地根据环境的要求改变自己，或个体不能积极作用于环境并改造环境，由此产生的各种情绪上的干扰。学校中常见学生人格适应不良的症状是注意广度低、多动、寻衅闹事、学术志向水平低和人格的不成熟等。这些都能成为引发课堂问题行为的诱因。

（2）厌烦。教学内容不适合学生的程度和水平，太难或太容易，都会使学生对学习失去信心或兴趣，感到索然无味；而教师教学方法的过于单调或语言平淡，也会使学生感到厌烦，失去学习的积极性。

（3）挫折与紧张。在课堂教学中，教师提出的学习和行为上的要求，不可能适合每个学生的情况，这就不可避免地会使有的学生面临失败或挫折的威胁。而挫折容易使学生紧张、积累到一定程度就会导致发泄、寻衅闹事。也有的学生采取逃避的方式，表现出回避批评、嘲笑及被人抛弃的不利情境的退缩性问题行为。

（4）寻求注意与地位。有些学习差生知道自己在学习方面不可能得到教师和其他同学的注意和认可，但他发现，教师为维持课堂教学秩序对问题行为比较注意，于是他就会故意出现某些问题行为，以引起教师或同学的注意，并获得自己在班级中的地位。

（5）过度活动。过度活动的学生，有的是由于有情绪冲突，有的是由于脑功能失调，使他们对于刺激过于敏感或有过度反应的倾向，因而在课堂上对一些无关刺激也易作出反应而造成问题行为。主要表现为注意力无法集中在课堂上，行为冲动，容易扰乱课堂秩序。对于由于生理原因造成问题行为的学生要热情交往，帮助他们学会控制自己的冲动，而不要滥用药物。

（6）性别差异。一般说来，男生的问题行为比女生要多一些。这既可能是由于男孩语言技能发展较慢，导致其社交学习较晚造成的；也可能是因为低年级中女教师多，而使男生出现了学习适应上的困难。

2. 教师的因素

（1）要求不当。有的教师要求过严，学生动辄得咎，造成师生矛盾和冲突逐渐尖锐化；有的教师则要求过低，只要学生不惹是生非，其他一概不管，这样课堂纪律必然涣散。

（2）滥用惩罚手段。惩罚虽能迅速而有效地制止课堂问题行为、但若不分青红皂白地惩罚，则会降低教师在学生中的威信，使学生产生怨恨情绪，从而诱发攻击性或退缩性问题行为。

（3）教师缺乏自我批评精神。当问题行为严重干扰课堂教学时，教师常对学生严厉惩处，而很少引咎自责，这更会加剧学生的不满情绪，导致问题行为变本加厉。此外，教师教学内容与方法不当，营造过于强烈的竞争氛围，也会引起不同的问题行为。

3. 环境因素

环境影响包括家庭、大众媒体、课堂内部环境等方面的影响：

（1）家庭因素。单亲家庭的孩子可能自制力差，极易冲动，容易产生对抗性逆反行为。父母不和、经常打闹的家庭的孩子，在课堂上会表现出孤僻退缩、烦躁不安。有的家长对孩子过于溺爱，容易造成孩子的自我中心，放荡不羁，促使孩子产生问题行为。

（2）大众媒体。现在正处于信息时代，但是大众媒体也对学生产生了消极的影响。一些暴力、色情等低级庸俗的内容激发学生去效仿，这些行为能延伸到课堂上。

（3）课堂内部环境。课堂内部环境，诸如课堂内的温度、色彩、课堂气氛、课堂座位的编排方式等都会对学生的课堂行为产生十分明显的影响。

（四）课堂问题行为的处置与矫正

1. 制订适宜的教学计划

获得学习成就是学生的根本需要。因此，教学计划中的教学目标、内容和方法必须要适合学生的程度和水平，使学生通过学习能取得较满意的成绩或成就，提高学生的自信心和自尊心。同时，较好的学业成就也能缓解学生的焦虑情绪，提高其在班集体和家庭中的地位，改善其人际关系，从而使其能更好地适应课堂环境。

2. 帮助学生调整学习的认知结构

新的学习任务常会打破学生原有的知识结构，因此，这一阶段常会出现问题。如果这时学生处于良好的认知准备状态，从而顺利完成认知结构的转换，那么学生就能进一步增强学习的信心和能力。否则，学生就会产生焦虑，不知所措。所以，教师在引进新知识、新内容时，要交代清楚它的来龙去脉，把新知识与旧知识联系起来，也就是把新知识整合到学生头脑中已有的认知结构中去、使他们具备进行新的学习的知识结构基础。

3. 给予精确而严格的指导

一般来讲，学生对于自己的课堂作业是严肃认真的，但他们往往准备不足，不知道该怎么做，因而产生问题行为。因此，教师应给予学生清晰的指导，包括学生将做什么、为什么做、怎样做、怎样获得帮助以及完成课堂作业后干什么、完成作业需要多少时间、不能按指定时间完成时该怎么办等，这样才能使学生得到足够的信息。否则，学生会有一种不确定的感觉，就会反复提出问题或表现出急躁、厌烦和焦虑，甚至产生问题行为。指导除言语方式外，还可以采用写黑板字、放投影或用纸写指导语等多种形式。

4. 建立良好的教学秩序

良好的教学秩序会营造出愉快、和谐的课堂气氛，从而使教师与学生情绪平静、思维活跃，减少问题行为的发生。而要建立良好的教学秩序，首先就要建立合理的课堂结构，也就是良好的课堂情境结构和良好的课堂教学结构。

5. 协调同伴关系

有课堂问题的学生，往往表现出人际关系适应不良。因此，教师必须为他们创设一个良好的人际环境，创设更多的让他们在班集体中发挥才能和积极作用的机会，使他们能得到同伴的同情、尊重和认可，从而提高他们的自信心和在班级中的地位，同时，还要注意制止学生中对他们伤害的行为，如讽刺、挖苦、嘲笑等等。

6. 与家长合作

亲子关系对于形成和纠正问题行为是十分重要的。所以，教师必须主动地与家长合作，互通信息，共同配合，采取有效措施纠正学生的不良行为，促进学生积极行为的发展。

7. 行为矫正与心理辅导

对已经产生问题行为的学生，就要采取行为矫正和心理辅导的方法来处理。行为矫正是强化学生的良好行为、排除不良行为的一种方法。这实际上是一种行为疗法，具体步骤是：①确定需要矫正的问题行为；②制定矫正问题行为的具体目标；③选择适当的强化物与强化时间的安排；④排除维持或强化问题行为的刺激；⑤以良好行为逐渐取代或消除问题行为。行为矫正必须以师生的密切配合为前提。对复杂问题行为，尤其是那些由内在刺激引起与维持的问题行为，矫正效果并不显著，需要心理辅导来解决。心理辅导主要是通过改变学生的认知、信念、价值观念、道德观念来改变学生的外部行为。

【强化训练】

一、单项选择题

1. 以下（　　）不是课堂管理的原则。

A. 目标原则　　　　B. 反馈原则　　　　C. 激励原则　　　　D. 民主原则

2. 课堂管理始终制约着教学和评价的有效进行，具有（　　）。

A. 维持动机作用　　B. 促进和维持的功能　　C. 思想教育作用　　D. 培养纪律作用

二、简答题

1. 简述课堂气氛的类型。

2. 简述课堂纪律的类型。

第三节　班主任工作

【导读】

班主任是中小学的重要岗位，班主任在一个班级中扮演着很重要的角色，从事班主任工作是中小学教师的重要职责。班主任按照德、智、体、美全面发展的要求，开展班级工作，全面教育、管理和指导学生，使他们成为有理想、有道德、有文化、有纪律、身心健康的公民。

一、班主任概述

班主任是学校中全面负责一个班学生的思想、学习、生活等工作的教师，是班级的组织者、领导者和教育者，是学生全面发展的指导者，是学校办学思想的贯彻者，是联系班级中各任课教师和学生团队组织的纽带，是沟通学校、家长和社会的桥梁，是学校领导实施教学、教育工作计划的得力助手和骨干力量。在班级管理中，班主任扮演着多重角色，担负着多种责任，发挥着特殊的作用，班主任工作的优劣直接影响到学生的成长。

二、班主任在班级管理中的地位与作用

班主任在班级管理中具有特殊的、不可替代的地位，可以得知，班主任肩负着全面管理班级的职责，是学校教育的中坚力量。因此，班主任的素质极为关键，他直接决定班级的管理水平，直接影响班集体全体成员的整体水平。

（一）班主任是班级建设的设计者

班主任是班级建设的主帅，对教育对象个体来说，教师的职能可归结为"灵魂工程师"，但对教育对象群体来说，他更多的是班集体的缔造者、设计者。培养和建立良好的班集体，不仅是班主任工作的一项重要任务，也是班主任开展班级工作的基础。

1. 班级建设设计的内涵

班级建设的设计是指班主任根据学校的整体办学思想，在主客观条件许可的范围内所提出的相对理想的班级模式，包括班级建设的目标、实现目标的途径、具体方法和工作程序。其中，又以班级建设目标的制定为最重要。

2. 班级建设目标的确立

班级目标是指在一定时期内班级所期望达到的境界。班级目标的设计，主要依据两方面的因素，一是国家的教育方针政策，学校的培养目标；二是班级群体的现实发展水平。班级应以本班全体学生的全面发展为共同目标。

班级目标对班级建设有非常重要的作用：①有利于获得学生对班级发展的认同与支持；②有利于引导班级发展方向，协调班级成员间的言行；③有利于激发班级成员努力进取的行为动机；④还可作为设计与选择班级活动的依据以及班级实施监督与考评的标准。

（二）班主任是班级组织的领导者

学校对学生进行教育教学工作是以班级为单位的，一个良好的班集体具有强大的教育功能。但良好的班集体不是自发形成的，它依赖于班主任的领导与组织，在班级管理中，特别是在达成班级目标上，班主任的领导才能显得非常重要。

1. 班主任的领导影响力

班主任在班级管理中的领导影响力主要表现在两个方面：一是班主任的权威、地位、职权，这些构成

了班主任的职权影响力；二是班主任的个性特点和人格魅力，构成了班主任的个性影响力。这两个方面具有一定的相对独立性，同时又是密切相关的。

班主任的实施职权影响力要依据一定的组织法规和一定的群体规范，具体地说，一是国家的教育法令、学制、教育方针及学校的课程、教学计划、规章制度等；二是班级的目标、规范、舆论、纪律、班风等。班主任对班级的领导影响力必须在这一范围内施加，否则班主任的领导合法性与有效性就会受到质疑。

班主任的个性影响力取决于三个方面：①班主任自身对教育工作的情感体验；②对学生产生积极影响的能力；③高度发展的控制自己的能力。

2. 班主任的领导方式

班主任的领导方式一般可以分为三种类型：权威的、民主的和放任的领导方式。采用权威的领导方式的班主任侧重于在领导与服从的关系上实施影响，由教师自身对班级施行无条件的管理，严格监督学生执行教师所提出的要求的过程与结果。采用民主的领导方式的班主任比较善于倾听学生的意见，在领导班级过程中，不是以直接的方式管理班级，而是以间接的方式引导学生。采用放任的领导方式的班主任主张对班级管理不要过多地干预，以容忍的态度对待班级生活中的冲突，不主动组织班级活动。民主型的领导方式，有利于形成良好师生互动关系，有利于集体的发展。

在当前班级管理实践中，有两种领导方式运用得比较多：一是"教学中心"的领导方式；二是"集体中心"的领导方式。"教学中心"的领导方式是目前采用得比较多的一种领导方式，这与我国学校教育对班主任工作考评的标准有关。这种领导方式最大弊端是对人的因素不够重视，班级工作只见教学不见学生，只看学生的分数不看学生的发展。

"集体中心"的领导方式观点认为，学生对集体的喜爱、期望、归属感、团结性与作业水平及学习成绩相关，因此，主张信赖而不是怀疑集体，用集体领导的手段管理班级，将班级作为教育的对象，而不是一对一地去对待每个学生。这一方式符合马卡连柯的平行教育原则，他曾说过："教育了集体，团结了集体，加强了集体，以后，集体自身就成为很大的教育力量了。"

（三）班主任是班级人际关系的艺术家

班级是存在于学校之中的一个特殊的社会组织，教育从本质上说就在于建立个人、集体与社会的实际联系，以保证个人的社会化。因此，研究班级中的交往行为，指导学生形成良好的人际关系，是班主任的重要使命之一。

1. 班级中学生交往的类型

以交往双方所承担的社会角色的不同来区分，有学生间的交往、师生间的交往、教师间的交往；以交往双方的数量的多少来区分，有个体与个体的交往、个体与群体的交往、群体与群体的交往。不同类型的交往对学生的发展有不同的价值。

2. 班主任对学生交往的指导

交往是班级人际关系形成和发展的手段。班主任应悉心研究班级的人际关系，指导学生的交往活动。要注意以下几个方面：①要把学生作为交往的主体，研究学生交往需要及能力的差异性，指导学生正确知觉周围的人，懂得如何避免和解决冲突，建立积极的交往环境。②设计内容充实、频率高的交往结构。即根据班级活动的目的、任务及学生的特点，形成一个相互渗透、交互作用的多渠道、多层次、多维度的交往网络。③要在与学生的交往中建立相互间充满信任的关系。

三、班主任工作的内容与方法

（一）了解学生，研究学生

学生是班主任工作的对象。对学生的教育没有一个固定的模式，因此，班主任的工作方法要灵活多样，根据不同的事情、不同的学生灵活对待，这样才能指导得法、教育有效。

1.了解和研究学生可以从以下几个方面进行：

（1）了解和研究学生个人。包括：思想品德状况、集体观念、劳动态度、人际关系、日常行为习惯；学习态度、学习成绩、学习方法、思维特点、智力水平；体质健康状况、个人卫生习惯；课外与校外活动情况；兴趣、爱好、性格等。

（2）了解学生的群体关系。包括：班级风气、舆论倾向、不同层次学生的结构、同学之间的关系、学生干部情况等。

（3）了解和研究学生的学习和生活环境。包括：了解学生的家庭类型、家庭物质生活与精神生活条件、家长的职业及思想品德和文化修养、学生在家庭中的地位、家长对学生的态度等。

2.了解学生的方法有以下几种：

（1）通过阅读学生的有关材料来了解学生，这是初步认识、了解班级、学生基本情况的方法，包括记载学生各种情况的登记表、统计表和学生活动成果记录表等。

（2）通过对学生本人或知情者的调查访问，从各个侧面间接地了解学生，包括谈话、问卷、座谈等。这是一种普遍采用的有效方法。

（3）在自然条件下，有目的、有计划地对学生在各种活动中的行为表现进行观察。观察时应注意：有目的、有意识地观察，善于发现细小的变化；和学生保持融洽的关系，在良好的环境中观察，切忌主观、片面。

（二）组织和培养班集体

组织和培养班集体是班主任工作的中心环节。班集体不是自发形成的，它有一个发展过程。一般认为，刚组成的教学班，经过班主任长期系统的组织培养工作，由松散的学生群体转变成为健全的班集体，大致要经过组建、初步形成和形成发展三个阶段。

1.组建班集体阶段

在新组建的班级中，同学之间、师生之间相互陌生，学生心里还没有班级的概念，群体松散，班级吸引力差，共同目标和行为规范尚未形成。在这一阶段，班级活动都依赖班主任直接组织和指挥。实践表明，班主任在这一阶段如果抓不紧，教育引导不力，组织管理不严，班级很容易出现松弛、涣散现象。因此，有经验的班主任都十分重视从以下方面进行新的班级组建工作。首先，抓紧时间全面了解学生，尽快掌握熟悉班级和学生的整体情况，注意发现、选择和培养积极分子。其次，建立班级规章制度，对学生的学习、生活提出切实可行的要求。再次，组织和开展班级活动，促进同学之间的交流，增进了解，提高班级的吸引力。

2.班集体初步形成阶段

在班主任的引导和培养下，班集体出现了许多新特点，如同学间彼此有了一定了解，友谊加深；班级积极分子已涌现出来，集体有了骨干力量，班级核心初步形成。但是，这时的班集体还十分脆弱，集中表现在班级行为规范尚未成为学生的共同需要，集体舆论还没有形成，班级目标还没有转变为全班同学共同自觉追求和行动的动力。针对这种情况，班主任应把握住时机，积极向全班同学推荐班干部人选，及时组建班委会，并通过精心指导和培养，逐步放手让学生干部自己组织开展班队工作，锻炼学生干部组织活动和独立工作的能力。同时，还应注意继续扩大积极分子队伍，增强班级的凝聚力和号召力。另外，班主任还要重视班级规章制度的贯彻执行，培养学生自觉遵守班级行为规范的习惯，为良好班风形成打下基础。

3.班集体的形成发展阶段

在前两个阶段工作基础上，班级群体已形成为班集体，其主要标志是，班集体有了一个较稳定的、团结的领导核心，班干部能独立开展各项工作；班级目标已成为学生个体的奋斗目标，是非观念增强，正确的集体舆论和班风已形成。不过，班集体形成并不等于班主任工作结束，班集体还需要进一步巩固和不断发展，班主任要根据班级情况提出更高层次的奋斗目标，争创优秀班集体。还要针对班内学生不同特点，充分发挥学生个性特长，从整体上提高全班学生的素质。

（三）协调校内外各种教育力量

班级是一个开放的系统，学生是在多种因素纵横交错的影响下发展成长的。班主任要对班级实施有效的教育与管理，必须要争取校内外各种教育力量的配合，和家长、团队干部、各科教师及社会有关方面密切配合，形成教育合力。

1. 充分发挥本班任课教师的作用

学生的成长是教师集体努力的结果，教师集体的协调一致对学生的充分发展起着重要的影响作用，班主任要主动协调好各科教师的力量。具体来说：①班主任要在班上养成尊师爱生的风气；②要定期联系任课教师，经常互通情况；③调节各学科教育负担，妥善作出全面的安排。

2. 协助和指导班级团队活动

团队的性质、任务决定了它在班集体中的核心作用，班主任有责任指导团队活动。我国现阶段初级中学，基本上是班主任兼任少先队中队辅导员。班主任应注意少先队活动与班级活动的有机结合，并做好超龄队员的教育工作。具体地说，应当作好这样一些工作：①协助团队组织制订工作计划，班级工作计划与团队组织计划要步调一致；②帮助团队组织落实计划，为他们创造活动的条件；③帮助团队干部提高思想认识和工作能力。

3. 争取和运用家庭和社会教育力量

家庭是学生受教育时间最长的地方，家庭环境、家庭教育对学生有着重要的影响作用。社会也是学生成长的重要环境，学生在与社会交往中接受社会生活的影响和熏陶，既受到积极影响，也受到消极的影响，这就需要协调各方面的教育因素。班主任要积极争取家庭、社会对学校教育的支持，形成学校、家庭、社会一体化的教育力量：①要定期对学生家庭进行访问，举行家长座谈会，接待家长来访，了解家长和学生的全面情况；②充分利用家长的教育资源，将家长的各种教育条件，化为共同搞好班级工作的教育力量；③争取校外各种积极的教育因素，以此来弥补学校教育的不足。

（四）建立学生档案

班主任在全面了解学生的基础上，对所掌握的材料进行分析处理，并将整理结果分类存放起来，即建立学生档案。一般包括四个步骤：收集、整理、鉴定和保管。

学生档案有两种：集体档案和个体档案。学生档案中最常见的是学生个人档案，最常见的形式有文字形式和表格调查形式两种。

（五）个别教育

个别教育是教师根据学生个人的特点、需要和问题单独进行的一种教育，一般包括个别谈心、单独谈话、个别指导、辅导与帮助。班主任要使每个学生得到最大限度的发展，就必须深入了解每一个学生，根据学生的个别特点进行教育，使每个学生都有所获益。

（六）班会活动

班会活动是班主任进行教育活动的重要手段，是培养优秀班集体的主要方法，也是锻炼学生活动能力的基本途径。有计划地组织和开展班会活动是班主任工作的一项重要内容。

班会有三个特点：集体性、自主性和针对性。班会一般有三类：常规班会、生活班会和主题班会。主题班会一般要经过确定主题、精心准备、具体实施、效果深化等几个阶段，同时还要注意：主题不能过杂、要有的放矢、班主任做好"导演"而不是"演员"。

（七）操行评定

操行评定是以教育目的为指导思想、以学生守则为基本依据，对学生一个学期（或一学年）内在学习、劳动、生活、品行等方面的表现进行的小结和评价。一般步骤是：学生自评、小组评议、班主任评价、信息反馈。

（八）写好工作计划与总结

班主任工作计划一般分为学期计划、月或周计划以及具体的活动计划。学期计划比较完整，一般包括三大部分：基本情况；班级工作的内容、要求和措施；本学期的主要活动与安排。

班主任工作总结一般分为全面总结和专题总结两类，一般在学期 / 学年末进行。做好总结要注意两点：平时注意对班主任工作资料的积累；注意做阶段小结。

【强化训练】

一、单项选择题

1. 班主任工作的中心环节是（　　　）。

A. 组织和培养班集体　　　　　　　　B. 做好个别教育工作

C. 写好工作计划和总结　　　　　　　D. 协调各种教育力量

2. 学生操行评定的主要负责人是（　　）。

A. 科任教师　　　　　B. 班主任　　　　　C. 班委会　　　　D. 级任导师

二、简答题

1. 简述班主任在班级管理中的地位与作用。

2. 简述班主任管理班级的内容与方法。

第四节　课外活动

【导读】

教学工作的大部分是在课堂上完成的，但是课外活动也是学校教学的一个重要部分。课外活动是培养全面发展人才的不可缺少的途径，是课堂教学的必要补充，是丰富学生精神生活的重要组成部分。课堂教学教给学生理论知识，课外活动主要是来丰富学生实践能力的。

一、课外活动概述

（一）课外活动的概念

课外活动是指在课堂教学之外，由学校组织指导的，用以补充课堂教学，实现教育方针要求的一种教育活动，是根据受教育者的需要和自己的努力以及教育教学的需要，在教育者的直接或间接指导下，来实现教育目的的一种活动。丰富多彩的课外活动组织，能促进学生认知能力、实践能力的提高，有助于培养学生良好的道德品质、形成良好的个性，还有助于提高班级凝聚力。

（二）课外活动的特点

1. 参与的自愿性、自主性

在课外活动中，学生可以根据自己的兴趣爱好和现有知识水平选择参加不同的活动。教师的职责是尽可能地创造条件，组织多种多样的活动供学生选择，并对不同的学生给予启发引导，指导他们参加适宜的活动。

2. 内容的灵活性、综合性

课外活动的具体内容是根据课外活动的目的，从现有设备条件、辅导教师的特点、能力以及学生的不同需要出发确定的。活动的组织形式也是多种多样的，它包括小组活动、群众性的调查参观、竞赛讲演、个人活动等。学生在参与活动中，不仅能获得综合运用各学科知识技能解决问题的机会，还可以接受其他多方面的综合影响。

3. 过程的开放性、实践性

课外活动不受学校工作计划和学校围墙的限制，活动的内容更贴近现实，为学生打开更广阔的生活实践领域。课外教育活动注重学生的实践环节。在活动中，学生的知识和技能主要通过自己设计、动手获得。那些经由辅导教师获得的知识和技能，学生可运用到实践当中来验证它的科学性，这样也就培养了学生的实践能力。

（三）课外活动的意义

1.促进学生全面发展，促进学生社会化

课外活动由于强调学生自主参与、自愿组合，充分发挥了学生的个性。在活动过程中，学生的主体作用得到了充分发挥，才能得到了施展，学生的独立性、责任心、参与意识等也进一步发展。有人认为"交往和社交策略尤其可以通过参与课外活动而获得"，校内外活动为学生提供了一个理想的环境，在这里，学生渐渐习得一些成人社会的行为，同时，学生还要解决一些与同伴相处的问题，这些都有助于学生从童年向成人转化。

2.促使学生在社会化过程中个性化

没有个性化，所谓个性的社会化就失去了现实意义，甚至是不可能的。社会要求各种各样的人才为他服务，在这一点上，个体的社会化与个性化是一致的，课外活动恰好能够在促进个体社会化的过程最大限度的满足个体在个性化方面的需要。

3.课外活动给学习生活增添了乐趣

一般来说，课外活动是学生自愿参加的，他们没有多少心理负担，有的只是探索的愉悦；另外，相对于课内学习，课外活动内容比较新颖，容易给人以新鲜刺激，使人身心得到享受；课外活动也能帮助学生学会利用闲暇，培养健康的兴趣爱好，丰富其精神生活。

4.课外活动在发挥学生特长发面也有重要作用

在普及层次的课外活动中，通过有计划的丰富多采的活动，使每个学生都能找到发展自己特长的领域，尤其对一些差生来说。另外，在提高层次的课外活动中，一部分学生可以脱颖而出。国内外许多著名的科学家、学者都有这样的经历：学校教育虽然给他们的发展奠定了坚实的基础，而专业方面的成就，往往是与他们在青少年时代的课外兴趣和活动相联系的。

二、课外活动的主要内容

班级课外活动内容十分丰富，具体包括：班会、科技活动、文体活动、节日纪念日活动、社会公益活动、课外阅读活动及其他活动。其活动形式从参加活动的规模看，主要分为三类：集体活动、小组活动和个人活动。

（一）班会

班会一般排在课表中，每周一次，由班主任、班委会成员或其他同学来主持。根据是否有明确教育主题分为主题班会和常规班会两种形式。主题班会通常进行主题教育；常规教育则总结班级工作，布置班级计划，计划集体建设情况等。

（二）科技活动

班级的科技活动可以通过科技班（队）会，科技参观，科技兴趣小组三种形式来进行。

（三）文体活动

联欢会是经常采用的文艺活动形式，其他还有生日会，朗诵或辩论赛，班级才艺展示或大赛等。班主任还可以组织各种文体小组利用课余实践开展小型体育竞赛，来达到锻炼身体，陶冶情操的教育目的。

（四）节日纪念日活动

利用中秋节、国庆节、父亲节、母亲节等中外传统节日或纪念日开展歌咏比赛，感念亲情等活动，进行爱国、感恩等相关主题教育。

（五）课外阅读活动

与各科教师相互配合，推荐阅读科目，建立班级图书室或图书角，定期或不定期召开读书心得交流会，开展好书推荐等活动。扩展学生的知识面，培养学生的阅读习惯。

（六）其他班级活动

其他班级活动包括学习经验交流会，知识或智力竞赛，自我服务性劳动，社会公益劳动，社会调查或参观等等。

三、课外活动的组织形式

（一）群众性活动

群众性教育活动是一种面向多数或全体学生的带有普及性质的活动。活动的规模常根据活动的目的、内容而定。参加这种活动的人数较多，可以在短时间内使较多的学生受到教育，同时对活跃学校生活、创造某种气氛和一定的声势有很大的作用。群众性活动的方式有集会活动，竞赛活动，参观、访问、游览和调查，文体活动，墙报和黑板报，社会公益劳动和主题系列活动等。

（二）小组活动

小组活动是课外活动的主要形式。小组活动以自愿组合为主，根据学生的兴趣、爱好和学校的具体条件，进行有目的、有计划的经常性活动。课外活动小组大致分为学科小组、劳动技术小组、文艺小组和体育小组等。小组活动的特点是自愿组合、小型分散、灵活机动。

（三）个别活动

它是指学生在教师指导下，在课外、校外单独进行的活动。它往往与小组或群众性活动相结合，由小组或集体分配任务，根据个人的兴趣和才能单独进行。个人活动能充分发展学生自己的兴趣爱好，丰富和充实学生的精神生活，培养学生独立完成作业的能力。

四、课外活动组织管理的要求

（一）明确的目的

课外活动是实现教育目的的重要途径。每项活动都要有明确而具体的目的，防止出现"为活动而活动"的形式主义倾向。同时，课外活动作为学校教育的组成部分，应纳入学校工作的整体计划之中。在具体开展活动时应有周密的计划，以保证活动有序进行，并取得良好的效果。

（二）活动内容要丰富多彩，形式要多样化，要富有吸引力

课外活动要充分考虑到参加活动的学生的兴趣爱好和特长，要符合他们的年龄特征。课外活动的内容和形式应强调科学性、知识性和趣味性，让知识教育、思想教育寓于生动活泼的形式之中，使活动本身对学生具有强烈的吸引力，使他们乐于参加各项课外活动。

（三）发挥学生的积极性、主动性，并与教师的指导相结合

学生集体和个人是课外活动的主体，活动的开展主要依靠他们的积极性和主动性。教师在活动中要让学生独立思考，注意培养他们的创造精神和创造能力。同时，在活动中应重视发挥教师的指导作用，当学生遇到困难时，教师要给予鼓励和帮助，为学生创造和提供活动的条件。

五、课外活动的设计与组织实施

（一）选题

选题过程中的几个依据：一是班集体的奋斗目标和发展计划，看集体建设过程中对活动内容的需要。

二是班集体的现实情况，是否有需要解决的"热点"问题。三是学校教育计划和活动安排。选题大致确定之后，班主任应广泛征求科任老师和同学的意见，充分讨论，初步确立活动选题，商议活动开展的基本形式。

（二）制定活动计划

活动计划应包括以下内容：活动的目的和内容、活动的基本方式和程序、活动时间地点安排、具体准备工作及组织管理等。在制定活动计划中，还要注意两个方面：一是尽可能发动和安排全体学生积极参与，力求使每个学生都能在活动中找到相应的位置或体验的角色。二是考虑适当地借助外力，根据活动的主题和目的，邀请学校领导、科任教师、家长共同参与进来。

（三）活动实施与总结

这是活动的中心环节。在活动的前一天，利用集体舆论营造活动范围，调整全班同学的心理状态，将各种可能的干扰因素降到最低。在活动当天，要做好充分心理准备，应对活动过程中可能出现的偶发事件，保障活动的顺利进行。

活动结束之后要做好总结，可以开展小范围的座谈会，也可以广泛征求意见，然后形成书面总结。还要考虑后续活动及与下一项活动的衔接。

【强化训练】

一、单项选择题

1.课外活动的主体是（　　）。

A.教师　　　　　　B.学生　　　　　C.学校管理人员　　　　D.少先队组织

2.课外活动的主要形式是（　　）。

A.集体活动　　　　B.个别活动　　　　C.小组活动　　　　D.群众活动

二、简答题

1.简述课外活动的主要内容。

2.简述课外活动的特点。

第五节　学校与家庭、社会的三结合

【导读】

学生的教育和培养不仅仅是学校的任务，还需要家庭和社会的共同作用。每个孩子的成长必然受到家庭、学校和社会的共同影响，这三个方面的影响，在时间上延续、空间上互补，共同的构成了孩子成长的整体环境与教育资源。要实现学生全面的发展，要发挥学校的主导作用，同时获得家庭和社会的支持，达到三方共同参与、共同起作用的局面。

一、学校与家庭的协调

班主任与家长合作是指班主任与家长之间双向互动、相互信任，以协调家长和学校的关系，使家庭教育与学校教育协调同步，形成教育合力，彼此协作配合，促进孩子的健康成长。一般而言，家庭协调的常用方式主要包括：家访、班级家长会、家长学校、家长委员会、家长沙龙。

（一）家访

为了使家访收到实效，要注意以下几点：

1.明确家访目的，即每次家访不可例行公事，更不可盲目进行。

2.分析家访对象、选择家访时机，并选择与家长沟通访谈的恰当方式。

3.注重家访后期追踪，有针对性地调整后续的教育方式。

（二）班级家长会

这是一种传统的家校合作方式，其主要目的是使家长与班主任及学科教师直接面对面地集中沟通，交流意见或建议，增进互信理解与支持，共同为学生进一步发展协调配合。

（三）家长学校

家长学校是组织学生家长学习进修的教育机构。家长在专业教师的引领指导下，学习教育学、心理学方面的知识，以及教育子女的方法，由此，能更好地配合班主任教育孩子，做好班级管理工作。

（四）家长沙龙和家长委员会

家长沙龙是以家长为主体，以学生学习成长为中心，以教师及专家学者为咨询指导，旨在提高家长教育素养，提升教育理念，转变传统教育观念，实现以家庭教育为突破口，最终形成教育合力的一种形式。家长委员会由关心学校、关心教育事业，具有教育子女经验的家长代表组成，其主要职责是参与学校和班级的教育与管理，协助做好学生教育工作。

二、学校与社会的协调

对于班主任而言，与社会协调，整合社会教育资源，应通过"走出去、请进来"的方式。保持与社会的密切联系，具体可归结为以下两种形式：

（一）依托社区的教育委员会

社区教育委员会是在当地政府领导下，对学校实行教育行政领导与管理的组织机构。教师可以主动邀请他们以多种形式指导并参加班级的某些活动，减少学校与社会之间的屏障，拉近学生与社会的距离，促进学生的社会化发展。

（二）建立校外教育基地

各种校外教育基地主要是指少年宫、少年科技站、博物馆、各种业余学校等。这些机构在一定程度上弥补了学校教育的不足，在培养儿童和青少年不同兴趣爱好和特长方面发挥着重要的作用。

【强化训练】

一、单项选择题

1.学校与家庭的协调不包括（   ）。

A.家访　　　　　B.家长会　　　　　C.家长沙龙　　　　　D.校董会

2.家长委员会由关心学校、关心教育事业，由（   ）代表组成。

A.具有教育子女经验的家长　　　　　B.具有教育子女经验的社会人士

C.具有教育子女经验的教师　　　　　D.一般家长

二、简答题

1.简述学校与家庭协调的方式。

2.简述学校与社会协调的途径。

第六节　教师心理

【导读】

　　教师是学校教学工作的主要负责人。教师是"人类灵魂的工程师"，教师的道德品质、认知能力、人格特征对学生的身心发展有重大的影响。学校要了解教师的心理特征，这样将有利于教师的品德和技能的修养以及学校管理。同时，教师的心理健康问题也是值得关注的一方面，教师是学生的榜样，他的心理健康直接影响其自身的教学工作和学生的心理。

一、教师角色心理

（一）教师角色

　　角色概念来源于戏剧。社会心理学家把人际交往比拟为演员扮演角色。在戏剧中角色是由剧作家规定的，在社会里角色是由社会文化规定的。人生活在社会环境里，有意无意地扮演着一定的社会角色。在家庭中既是儿子或女儿，又是哥哥或妹妹；在小伙伴中是朋友；上了学是学生；结婚后成为丈夫或妻子；工作后成为职工。目前，大多数社会心理学家认为，角色就是个体在特定的社会关系中的身份以及由此而规定的行为规范和行为模式的总和。

　　教师作为人类文化的传播者，在人类文化的继承和发展中起着桥梁纽带的作用。教师所担负的多种多样的职责、功能，要求他扮演许多心理角色。

　　心理学家通过设计问卷，向学生做调查，了解他们喜欢与不喜欢的教师的特征，并对这些特征加以排序。根据这些研究，心理学家认为，教师要充当知识传授者、团体的领导者、模范公民、纪律的维护者、家长的代理人、亲密朋友、心理辅导者等诸种角色。如果学生把教师看成是家长的代理人，他们希望教师具有仁慈、体谅、耐心、温和、亲切、易接近等特征；如果学生把教师看成是知识传授者，他们希望教师具有精通教学业务、兴趣广泛、知识渊博、语言明了等特征；如果学生把教师看成团体领导者和纪律维护人，他们希望教师表现出公正、民主、合作、处事有伸缩性等特征；如果他们把教师看成是模范公民，则要求教师言行一致、幽默、开朗、直爽、守纪律等；如果学生将教师看成是朋友、心理辅导者，则他们希望教师表现出同情、理解、真诚、关心、值得信赖等特征。总之，要成为一名受学生欢迎和爱戴的好教师，教师本人不仅需要具有一般公民需要的良好品质，而且需要具备教师职业所需要的特殊品质。

（二）教师角色分类

　　由于教育活动的多样性，以及教师这一职业行为的艰巨性、复杂性、专业性，教师应成为一个集多角色于一身的角色丛。根据我国教师的活动、职责和任务，可把教师的角色划为以下几种：

1.传道者角色

　　教师负有传递社会传统道德、价值观念的使命，"道之所存，师之所存也"。在现代社会，虽然道德观、价值观呈现出多元化特点，但教育、教师的道德观、价值观总是代表着居于社会主导地位的道德观、价值观，并用这种观念引导学生。除了社会一般道德、价值观外，教师对学生的"做人之道"、"为业之道"、"治学之道"等也有引导和示范的责任。

2.授业、解惑者角色

　　教师是社会各行各业建设人才的培养者，他们在掌握了人类经过长期的社会实践活动所获得的知识经验、技能的基础上，对其精心加工整理，然后以特定的方式传授给年青一代，并通过自身的行动、言论潜移默化地引导学生，启发他们的智慧，帮助他们解除学习中的困惑，形成一定的知识结构和技能技巧，在短时期内掌握人类长期积累的基本的知识与技能，促进他们的个性全面发展，成为社会有用的建设者。

3.示范者角色

教师的言行是学生学习和模仿的榜样。夸美纽斯曾说过，教师的职责是用自己的榜样教育学生。学生具有向师性的特点，教师的言论行为、为人处世的态度会对学生具有耳濡目染、潜移默化的作用。

4.管理者角色

教师是学校教育教学活动的组织者和管理者，需要肩负起教育教学管理的职责，包括确定目标、建立班集体、制定和贯彻规章制度、维持班级纪律、组织班级活动、协调人际关系等等，并对教育教学活动进行控制、检查和评价。但教师管理的主要对象是活生生的人，是具有能动性、自主性、个性的学生。因此，要给予学生更多的责任和自主，要创造一种和谐、民主、进取的集体环境，以激发学生的主动性，使学生自觉地接受管理，加强自我管理，并积极参与民主管理。同时，要防止"放任自流"和"强迫命令"两种错误倾向。

5.父母、朋友角色

教师往往被学生视为自己的"父母"或朋友，是儿童继父母之后所遇到的另一个社会权威，小学低年级的学生倾向于把教师看作是父母的化身，对教师的态度类似于对父母的态度。高年级学生则往往愿意把教师当作他们的朋友，也期望教师能把他们当作朋友看待，希望得到教师在学习、生活、人生等多方面的指导，希望教师能与他们一起分担痛苦与忧伤、分享欢乐与幸福。

6.研究者角色

教师工作对象是充满生命力的、千差万别的活的个体，传授的内容是不断发展变化着的人文、科学知识，这就决定了教师要以一种变化发展的态度来对待自己的工作对象、工作内容，要不断学习、不断反思、不断创新。

教师职业的这些角色特点，决定了教师职业的重要意义和重大责任，决定了对教师的高素质要求。

（三）教师职业角色的形成

在现实生活中，当某个成员在特定的职业岗位上工作时，便充当着特定的职业角色。职业角色期望反映了社会对从事某一职业的人的行为要求，从事这一职业的人会逐步认识到自己的职业角色，产生相应的职业角色意识，形成从事某种职业的能力。教师职业角色的形成有时间、程度等差异，这些差异将影响一个教师的成熟和成长，最直接地将影响教育教学工作。

1.教师职业角色意识的形成过程

（1）角色认知阶段

角色认知指角色扮演者对某一角色行为规范的认识和了解，知道哪些行为是正确的，哪些行为是不合适的，表现为了解教师角色所承担的社会职责，能够将教师所充当的角色与社会上其他职业角色区别开来。在一个人正式成为教师之前就可以达到这个阶段，如师范生就已对未来将要充当的教师角色有所认识，但这时还停留在抽象的理性认识上。

（2）角色认同阶段

教师角色认同指通过亲身体验接受教师角色所承担的社会职责，并用来控制和衡量自己的行为。对角色的认同不仅是认识上了解了教师角色的行为规范，而且在情感上有所体验，对教师角色的认同，是在一个人正式充当这一角色，有了教育实践后才真正开始的。

（3）角色信念阶段

教师角色中的社会期望与要求转化为个体的心理需要。这时教师坚信自己对教师职业的认识是正确的，并视其为自己行动的指南，形成了教师职业特有的自尊心和荣誉感。如一些优秀的教师，坚信教师是人类灵魂的塑造者，教师职业是一种崇高而光荣的职业等。

2.促进教师角色形成的主要条件

（1）全面正确认识教师职业

要促进教师角色的形成，首先要使从事教师职业的人在正式成为教师前就对教师职业及相应的角色有一个较为全面而正确的认识。人们在日常社会生活中，通过各种传媒都会形成对教师职业及角色的种种看法，但这种自然形成的看法往往是片面的，有些甚至是错误的。如把教师看成是"教书匠"、"孩子王"等。因此对于未来的教师，可以通过讲授有关知识，请优秀教师作报告形式，有意识地传授有关教师角色的知识。只要方法得当，就会收到良好效果。

（2）树立学习榜样

树立榜样有助于新教师形成职业角色，通过榜样的行为示范，人们能够掌握社会对教师的角色期望，学会在不同情境中从事角色活动，处理角色冲突。树立榜样时要注意，榜样的示范要特点突出，生动鲜明，引起学习者的关注，另外榜样的示范行为是可学习的，可模仿的，不宜标准太高或难以学习。其次是榜样的示范行为具有可信任性，真实有效。再次榜样的行为要感人，使学习者产生心理上的共鸣，等等。总之力争使新教师学习的榜样可信、可亲、可敬、可学。

（3）积极参与教育实践

要促进教师角色意识的形成，新教师还要通过自己的教育实践，使自身的心理需要发生变化。在将角色的认识转化为信念的过程中，实践活动非常重要。在教育实践活动中，随着知识经验的增长，教师会把社会对教师的要求与自己的需要联系起来，从而将社会需要转化为心理需要。一些研究表明，经过一个时期的教育实践后，大部分教师能将社会对教师角色的要求转化为教师个人的心理需要。

二、教师心理特征

心理特征是指一个人在心理过程和个性心理特征两方面所表现出来的本质特点。教师在教育活动中长期扮演的角色，使其逐渐形成特有的心理特征，它是教师的认知、情感、意志、个性和才能的综合体现，是教师心理本质的反映，是教师具有的典型的心理特点。这些心理特征可以概括为教师的认知特征和人格特征。

（一）教师的认知特征

1. 教师的智力水平

基本的智力水平是有效教学所必不可少的因素。近期的研究表明，教师的智力水平与教学效果的相关极低。教师的智力水平超过了某一临界点以后，教学效果并不继续随着教师智力水平的提高而增长，这主要是因为教师多来自智力分布上端25%的人中，因而他们的智力水平对教学效果的影响只起有限的作用，而其它一些认知因素却起着重要的作用。

2. 教师的知识水平

教师的知识水平无疑与教学效果有一定的关系，直接影响他能否清晰地表述教学内容。然而现有的研究表明，教师的知识水平也象他们的智力水平一样，只有当它低于某一关键值时，才会影响教学的有效进行。一旦教师的知识水平超过了某一关键值，教学效果就不再随着教师知识水平的提高而不断上升。此外，教师的知识不仅在于量的多少，更重要的是质的组织状况。知识是按层次组织的体系，只有当教师把握了所教知识的整个体系，以及所教知识与整个知识体系中的地位与意义，才能促进学生形成良好的认知结构。

3. 教师的组织能力

教师的组织能力表现为对教材的组织、对语言的组织和对班级的组织等方面，它与学生的学习成绩呈正相关。斯波尔丁研究发现，教师的条理性与学生的阅读呈正相关。科根的研究也认为，教师安排学习活动有条理、有组织，学生的学习收获就大。组织能力包括教师的表达能力、教师的观察能力和教师的控制能力。

许多研究表明，在智力与知识达到一定水平之后，教师的表达能力、组织能力、诊断学生学习困难的能力以及他们思维的条理性、系统性、合理性与教学效果有较高的相关。研究表明，学生的知识学习同教师表达的清晰度有显著的相关；教师讲解的含糊不清则与学生的学习成绩有负相关；教师思维的流畅性与他们教学效果有显著的相关。教师在这些方面能力较强，学生的成绩好；而且，教师的这些特点对小学生的影响更大。

这些研究启示我们，教师专业需要某些特殊能力，其中最重要的可能是思维的条理性、逻辑性以及口头表达能力和组织教学活动的能力。

（二）教师的人格特征

教师的主要职责是传授知识、技能并维护和促进学生的人格健康地发展。如果说教师的认知能力主要影响传授知识技能的有效性的话，那么，教师的人格特征将在很大程度上决定其能否有效地促进学生人格的健康发展。

1. 教师的自我意识

自我意识是个体对自己身体、活动和心理等方面的认识和态度。有成效的教师能够通过自我观察、自我体验和自我评价而获得正确的自我认知，进而成功地扮演教师角色。

2. 教师的责任心

有激励作用、生动活泼、富于想象并热心于自己学科的教师，其教学工作较为成功，学生的行为更富于建设性。因为他们工作的动机不是为了应付上级检查，而是为了促进学生在德智体诸方面全面发展和健康成长。

3. 教师对学生的期望

教师的期望或明或暗传递给学生，学生也会按照期望的方式来塑造自己的行为，这样教师的预言似乎自动地实现了。罗森塔尔借用古希腊神话中的典故，把教师期望的自我实现预言效应称作皮格马利翁效应。教师对学生的高期望会使学生向好的方面发展，教师对学生的低期望则会使学生越来越差。

4. 教师的焦虑

焦虑对教学效果起促进作用还是起抑制作用，取决于教师原有的焦虑水平、教材难易程度和教师的能力水平等因素。只有当自尊心受到威胁而产生的焦虑达到中等程度时，才会激起教师努力改变现状而进入唤起状态，推动教师不断努力以谋求达到教学目标。

5. 教师的挫折忍受力

挫折忍受力是指个体遭遇挫折而免于行为失常的能力，即个体承受挫折的能力。只有挫折忍受力强的教师，才能较好地适应环境，产生良好的教学效果。

三、教师的专业素质

从事教育教学活动的教师，其能力和素质是影响其教育教学效果最直接和最基本的因素。当代教师不仅要有一定的心理素质，还要有适应教育教学工作的较高能力和素质。

（一）教学效能感

1. 教学效能感概念

心理学上，把人对自己进行某一活动的能力的主观判断称为效能感，效能感的高低往往会影响一个人的认知和行为。教师在进行教学活动时也有一定水平的效能感。所谓教师的教学效能感，是指教师对自己影响学生学习行为和学习成绩的能力的主观判断。这种判断，会影响教师对学生的期待、对学生的指导等行为，从而影响教师的工作效率。

【真题在线】

[2012年下半年] 王老师是数学老师，相当自信。他认为，只要他努力，就能提高数学学习困难学生的成绩。这说明王老师哪种心理特征比较好？（　　）

A. 教学监控能力　　　　B. 教学应变能力　　　　C. 角色认同感　　　　D. 教学效能感

【答案及解析】D 教师的教学效能感，是指教师对自己影响学生学习行为和学习成绩的能力的主观判断。

2. 教学效能感的分类

根据班杜拉的自我效能感理论，可以把教师的教学效能感分为个人教学效能感和一般教育效能感两个方面：

（1）个人教学效能感

个人教学效能感指教师认为自己能够有效地指导学生，相信自己具有教好学生的能力。它与班杜拉理论中的效能预期相一致。教师的教学效能感是解释教师动机的关键因素。它影响着教师对教育工作的积极性，影响教师对教学工作的努力程度，以及在碰到困难时他们克服困难的坚持程度，等等。

（2）一般教育效能感

一般教育效能感指教师对教育在学生发展中作用等问题的一般看法与判断，即教师是否相信教育能够克服社会、家庭及学生本身素质对学生的消极影响，有效地促进学生的发展。这与班杜拉理论中的结果预期相一致。

3. 教学效能感的作用

教学效能感对教师行为的影响主要体现在：影响教师在工作中的努力程度；影响教师在工作中的经验总结和进一步的学习；影响教师在工作中的情绪。

教师的教学效能感与学生的学业成就具有显著的正相关。教师对待学生的外部行为是教师传递教学效能感的必由方式，它影响学生的效能感并最终体现在其成就上。教学效能感高的教师对学生的成就寄予较高的期望，他们对自己的教育能力信心十足，相信自己能教好每一个学生。因此这些教师在遇到困难时，就会想方设法寻找新的教育方法，探索新的教育途径来加以克服，而不会将学生看成是不可教育好的。

（二）教学反思

1. 教学反思概述

教学反思是教师以自己的教学活动过程为思考对象，来对自己所做出的行为、决策以及由此所产生的结果进行审视和分析的过程，是一种通过提高参与者的自我觉察水平来促进能力发展的途径。

反思不简单是教学经验的总结，它是伴随整个教学过程的监视、分析和解决问题的活动。有人提出了以下三种反思：

（1）对于活动的反思，这是个体在行为完成之后对自己的行动，想法和做法的反思。

（2）活动中的反思，个体在做出行为的过程中对自己活动中的表现、自己的想法、做法进行反思。

（3）为活动反思，这种反思是以上两种反思的结果，以上述两种反思为基础来指导以后的活动。

2. 教学反思的过程

有研究者以经验学习理论为基础，将教师反思分为以下四个环节：具体经验阶段、观察分析阶段、抽象的重新概括阶段和积极的验证。在此过程中来提高教师的反思能力，从而也提高他们的教学能力。

（1）具体经验阶段

这一阶段的任务是使教师意识到问题的存在，并明确问题情境。在此过程中，接触到新的信息是很重要的，他人的教学经验、自己的经验、各种理论原理，以及意想不到的经验等都会起作用，一旦教师意识到问题，就会感到一种不适，并试图改变这种状况，于是进入到反思环节。这里关键是使问题与教师个人密切相关。使人意识到自己的活动中的不足，这往往是对个人能力自信心的一种威胁，所以，让教师明确意识到自己教学中的问题往往并不容易。作为教师反思活动的促进者，在此时要创设轻松、信任、合作的气氛，帮助教师看到自己的问题所在。

（2）观察与分析阶段

这时，教师开始广泛收集并分析有关的经验，特别是关于自己活动的信息，以批判的眼光反观自身，包括自己的思想、行为，也包括自己的信念、价值观、目的、态度和情感。在获得一定的信息之后，教师要对它们进行分析，从而明确问题的根源所在。这个任务可以由某个教师单个完成，但合作的方式往往会更有效。经过这种分析，教师会对问题情境形成更为明确的认识。

（3）重新概括阶段

在观察分析的基础上，教师反思旧思想，并积极寻找新思想与新策略来解决所面临的问题。此时，新信息的获得有助于更有效的概念和策略办法的产生，这种信息可以是来自研究领域，也可以来自实践领域，由于针对教学中的特定问题，而且对问题有较清楚的理解，这时寻找知识的活动是有方向的、聚焦式的，是自我定向的，因而不同于传统教师培训中的知识传授。同样，这一过程可以单独进行，也可以通过合作的方式进行。

（4）积极的验证阶段

这时要检验上阶段所形成的概括的行动和假设，它可能是实际尝试，也可能是角色扮演。在检验的过程中，教师会遇到新的具体经验，从而又进入具体经验第一阶段，开始新的循环。

在以上四个环节中，反思最集中地体现在观察和分析阶段，但它只有和其他环节结合起来才会更好地发挥作用，在实际的反思活动中，以上四个环节往往前后交错，界限不甚分明。

3. 教学反思的成分

研究者提出了教师应反思的以下三种重要成分：

（1）认知成分

认知成分指教师如何加工信息和做出决策。在人的头脑中，大量的相互关联的有关事实、概念、概括和经验的信息被组织成一定的网络，成为图式，可以有效储存和快速提取，构成了个体理解世界的基础。

（2）批判成分

批判成分指驱动思维过程的基础，包括经验、信念、社会政治取向以及教师的目标等，更强调价值观和道德成分，比如教育目标是否合理，教育策略和材料中所隐含的平等与权力问题等。它影响到教师对情境的理解，影响到关注的问题以及问题的解决方式。

（3）教师的陈述

教师所提出的问题，教师在日常工作中写作、交谈的方式，他们用来解释和改进自己的课堂教学的解释系统，这些就是教师的陈述的基本成分。它可能包含一些认知成分和批判成分，但它重点是指教师对做出各种教学策略的情境的解释，这种解释可以使教师更清醒地看到自己的教学决策过程。

4. 教学反思的方法

布鲁巴克等提出了以下四种反思的方法。

（1）反思日记

在一天的教学工作结束后，要求教师写下自己的经验，并与其指导教师共同分析。

（2）详细描述

教师相互观摩彼此的教学，详细描述他们所看到的情景，教师们对此进行讨论分析。

（3）实际讨论

来自不同学校的教师聚集在一起，首先提出课堂上发生的问题，然后共同讨论解决的办法，最后得到的方案为所有教师及其他学校所共享。

（4）行动研究

为弄明白课堂上遇到的问题的实质，探索用以改进教学的行动方案，教师以及研究者合作进行调查和实验研究，它不同于研究者由于外部进行的旨在探索普遍法则的研究，而是直接着眼于教学实践的改进。

（三）教学监控能力

1. 教学监控能力的概述

教学监控能力是指教师为了保证教学达到预期的目的而在教学的全过程中，将教学活动本身作为意识对象，不断地对其进行积极主动的计划、检查、评价、反馈、控制和调节的能力。教师的教学监控能力主要可分为三个方面：一是教师对自己的教学活动的预先计划和安排，二是对自己实际教学活动进行有意识的监察、评价和反馈，三是对自己的教学活动进行调节、校正和有意识的自我控制。

根据教学监控的对象，我们可以把教学监控能力分为自我指向型和任务指向型两类。自我指向型的教学监控能力主要是指教师对自己的教学观念、教学兴趣、动机水平、情绪状态等心理操作因素进行调控的能力。任务指向型的教学监控能力主要是指教师对教学目标、教学任务、教学材料、教学方法等任务操作因素进行调控的能力。

根据其作用的范围，教师教学监控能力可分为一般型和特殊型两类。前者是指教师对自己作为教育者这种特定社会角色的一般性的知觉、体验和调控的能力，是一种超越具体教学活动的、具有广泛概括性的整体性能力；而特殊型的教学监控能力是指教师对自己教学过程中的各具体环节进行反馈和调控的能力。它决定教师在具体教学活动中的具体的自我调节和控制的行为。

2.教学监控能力的因素

通过对教学监控能力的过程所做的因素分析，据其在教学过程中不同阶段的表现形式的不同，可将教学监控能力分成以下几方面因素：

（1）计划性与准备性。在课堂教学之前，明确所教课程的内容、学生的兴趣和需要、学生的发展水平、教学目标、教学任务以及教学方法手段，并预测教学中可能出现的问题与可能的教学效果。

（2）课堂教学的组织与管理。在课堂教学中密切关注学生的反应，努力调动学生的学习积极性，随时准备有效应付课堂上出现的偶发事件。

（3）教材呈现的水平与意识。教师应对自己的教学进程、方法、学生的参与和反应等方面随时保持有意识的反省，并能根据这些反馈信息及时地调整自己的教学活动，使之达到最佳的教学效果。

（4）沟通性。教师努力以自己积极的态度去感染学生，以多种形式鼓励学生，并保持对自己和学生之间的敏感性和批判性，只要发现沟通中的问题就努力纠正。

（5）对学生进步的敏感性。教师教学的效果最终要体现在学生身上，因此，教师要认真了解学生的掌握情况，采用各种方法评估学生的进步程度，以便于改进自己的教学。

（6）对教学效果的反省与评价。教师在一堂课或一个阶段之后，对自己的教学情况进行回顾和评价，仔细分析自己的课哪方面取得成功，哪些方面有待改进，分析自己的教学是否适合于学生的实际水平，是否能有效地促进学生的发展等。

（7）职业发展性。教师对自己的职业发展的设计与期望。

3.教学监控能力的特征

教学监控能力是教师对自己教学活动所进行的积极、主动的评价、反馈和调节，因此，它就具有以下几方面的特征：

（1）能动性

人类任何监控活动的发生都是建立在实践者自愿和自主的基础之上的，教师也不例外，而且教学监控的关键就在于管理和调控整个教学过程，其目的在于使学生得到更充分的发展。任何教学监控活动或行为的出现，其本身就体现了教师的主体能动性。

（2）评价性

教学监控能力要求教师不断地去获取教学活动系统各要素变化情况的有关信息，审视和检查教学活动的效果，并据此及时调节教学活动的各个方面和环节，表现出很强的评价与反馈性。而且，这种评价和反馈是贯穿于教学过程的始终的，每一次的评价和反馈都对以后的过程产生影响。可以说，评价和反馈性是教师教学监控能力的基础，教师的教学监控过程都是从他对教学活动的反思、评价与反馈开始的。

（3）调节性

如果说评价与反馈性是教师教学监控能力的基础的话，那么调节与校正性则是教学监控能力的目的。教学监控能力的根本作用就在于它使教师能够有意识地、自觉地对自己的教学活动进行调节和修正，使之达到最佳效果，能最大限度地促进学生的发展。

（4）普遍性

一个教师在教学工作中不断学习总结和提高，一旦形成了教学教学监控能力，那么他就能对千差万别的教学活动进行有效的监控。可以说教师对自己的教学所进行地监控活动是不同教学活动所具有的共同特征，也是决定教师教学效果的有效因素。

（5）有效性

由于教学监控能力的出发点和目的都是尽可能使教学过程达到最优化，包括选取最佳的教学方法，对教学活动各要素进行最佳的配置、最佳的结合，从而使它们发挥出最佳效果，最终促进学生的发展。

4.教师教学监控能力提高及培训技术

（1）自我认知指导技术

自我认知指导技术是通过认知——行为策略改变教师的思维定势，学会自我陈述的方法，使教师的认知和情感得以重建，最终形成自动化的教学监控能力。具体步骤和程序有：任务的选择；认知模拟；明显的外部指导；明显的自我指导；模仿悄声的外部自我指导；练习悄声的外部自我指导；内隐的自我指导，等等。这一技术的实质在于调动教师的教学积极性和自信心，引导他们对教学活动的高度醒觉状态。通过这种方法，使教师形成预先计划的能力，对教学过程高度清晰，师生之间保持良好的合作关系，以及言语的自我调节能力，从而形成较高的教学监控能力。

（2）角色改变技术

本方法旨在使教师形成新的教育观念，提高其参加教育科研的自觉性和主动性，最终使教师的角色由"经验型"向"科研型"转化，由"教书匠型"向"教学专家型"转化。其实质在于促进教师自我意识，特别是对自己的教学活动的自我意识的提高，而教师教学监控能力的实质也正是教师对自己教学活动的自我意识，因此，角色改变技术用于教师教学监控能力的培养是有效的。

（3）归因训练技术

本方法旨在改变教师对自己教学状况的不合理的认识，强调通过自身努力可以使学生得到更好的发展。所谓归因训练，是指通过一定程度的训练，使个体掌握某种归因技能，形成比较积极的归因风格。

（4）教学策略提高技术

本方法旨在使教师了解科学的教学方法和教学策略，为教师掌握教学策略，提高教学水平奠定基础。具体内容包括：第一是专家讲座，共六大方面，分别是：新时代教师素质的构成；第一线教师参加科研的目的、意义等；学一点教育科研的知识和技能；中小学学生思维品质的培养途径；课堂教学策略培训；学生评估的方法与价值。第二是观摩课，共三种形式：听特级教师上公开课；请著名的小学教师上示范课；观摩外省市优秀青年教师的表演课。

（5）教学反馈技术

其目的在使教师对自己教学各环节有一个准确而客观的认识。正确的评价自己的教学效果和学生的学习状况，这是教师形成教学监控能力的基础，教师教学监控过程都是从其对教学活动的反思与评价开始的。这是通过多种教学反馈技术实现的，具体地说，从反馈来源分，有自我反馈、学生反馈等；从反馈方式来看，有现场言语反馈，摄像反馈，测验反馈等。

（6）现场指导技术

通过这种技术，可以帮助教师针对不同教学情景，选用最佳的教学策略，以达到最佳的教学效果，使其终能达到对自己课堂教学的有效调节和校正。这也是培养教师教学监控能力的根本目的。

（四）教育机智

1.教育机智概述

教育机智是教师在教育教学活动中的一种特殊智力定向能力，是指教师对学生各种表现，特别是对意外情况和偶发事件，能够及时作出灵敏的反应，并采取恰当措施和解决问题的特殊能力。教育机智是建在有一定的教育科学理论和教育实践的基础上的教育经验的升华，是教育科学理论和教育实践经验的融合。教育机智实质就是教师观察的敏锐性、思维的深刻性和灵活性、意志的果断性等在教育工作中有机结合的表现，是教师优良心理品质和高超教育技能的概括，也是教师迅速地了解学生和机敏地影响学生的教育艺术。

在教育教学活动中，每个教师都可能会遇到各种各样而且必须要解决的问题和困难，如果教师不能灵活巧妙地处理这些问题，就会造成僵局，伤害学生的情感，有损教育威信，妨碍教育教学活动。因此为了避免教育工作不必要的挫折和失误，教师必须具备较好的教育机智。

2.影响教育机智的因素

教师面临突然出现的新问题，能否表现出当机立断，机警地采取有效措施，受教师自身各种因素的影响。其中主要有：

（1）对工作和对学生的态度

教师对工作和学生的态度是能否表现教育机智的前提。只有满腔热情地对待事业、工作或学生，注意力才能高度集中，思维积极活动，这样在必要时就可能产生机智，妥善巧妙地处理意外事件。

（2）意志的自制性和果断性

这是产生教育机智的重要因素之一。当教师具备了良好的自制力，才能善于控制感情冲动并以理智来调节和支配自己的思想和行为，才能迅速地判断和分析问题。

（3）深厚的知识素养和经验积累

教师的态度和自制力都是在一定的教育实践中，在知识经验基础上逐渐形成的。因此，每个教师平时都要加强专业知识学习，拓宽知识面，不断提高自己的知识水平。另外，还要注意积累各方面生活经验。只有这样才能得心应手地解决遇到的各种问题，机智地处理学生中出现的意外情况。

除了上述三种因素外，教师思维的品质、性格与气质类型以及能力等都对教育机智的形成和有效发挥产生不同程度的影响。

3.教育机智表现的方式

（1）善于因势利导

因势利导，就是根据学生的需要和特点，利用并调动积极因素，循循善诱，使学生扬长避短，正确成长。能因势利导，化消极因素为积极因素，才解决了棘手问题，充分展示自己良好的教育机智。

（2）善于随机应变

马卡连柯说：教育技巧的必要特征之一就是要有随机应变能力，有了这种品质，教师才可能避免刻板及公式化，才能估量此时此地的情况和特点，从而找到适当手段。教师随机应变能力是教育机智的集中体现。随机应变能力是教育艺术的高度表现，也是教育机智的重要特征。

（3）善于对症下药

这是指教师能从学生实际出发，针对学生的具体特点，巧妙地采取灵活多变的教育方式方法，有的放矢地对学生进行教育。

（4）善于掌握教育时机和分寸

这是指教师要讲究教育的科学性、严肃性，在教育学生和处理问题时，能实事求是，分析中肯、判断准确、结论合理，对学生要求适当，使学生心服口服。选择恰如其分、恰到好处的处理措施，把握批评与表扬，惩罚与奖励的适当适时，这都能体现出良好的教育时机和教育分寸，也有利于教育机智的有效发挥。

四、教师成长心理

（一）教师成长的历程

从一名新教师成长为一名合格教师有一个过程，教师在不同的成长阶段所关注的问题不同。福勒和布朗根据教师的需要和不同时期所关注的焦点问题，把教师的成长划分为关注生存、关注情境和关注学生等三个阶段。

1. 关注生存阶段

处于这一阶段一般是新教师，他们非常关注自己的生存适应性，最担心的问题是："学生喜欢我吗？""同事们如何看我？""领导是否觉得我干得不错？"等等。因而有些新教师可能会把大量的时间都花在如何与学生搞好个人关系上。有些新教师则可能想方设法控制学生。因为，教师都想成为一个良好的课堂管理者。

2. 关注情境阶段

当教师感到自己完全能够生存（站稳了脚跟）时，便把关注的焦点投向了提高学生的成绩即进入了关注情境阶段。在此阶段，教师关心的是如何教好每一堂课的内容，一般总是关心诸如班级的大小、时间的压力和备课材料是否充分等与教学情境有关的问题。传统教学评价也集中关注这一阶段，一般来说，老教师比新教师更关注此阶段。

3. 关注学生阶段

当教师顺利地适应了前两个阶段后，成长的下一个目标便是关注学生。教师将考虑学生的个别差异，认识到不同发展水平的学生有不同的需要，某些教学材料和方式不一定适合所有学生。能否自觉关注学生是衡量一个教师是否成长成熟的重要标志之一。

（二）教师成长与发展的基本途径

教师成长与发展的基本途径主要有两个方面，一方面是通过师范教育培养新教师作为教师队伍的补充，另一方面是通过实践训练提高在职教师。

1. 观摩和分析优秀教师的教学活动

课堂教学观摩可分为组织化观摩和非组织化观摩。组织化观摩是有计划、有目的的观摩，非组织化观摩则没有这些特征。一般来说，为培养提高新教师和教学经验欠缺的年轻教师宜进行组织化观摩，这种观摩可以是现场观摩（如组织听课），也可以观看优秀教师的教学录像。非组织化观摩要求观摩者有相当完备的理论知识和洞察力，否则难以达到观摩学习的目的。通过观摩分析，学习优秀教师驾驭专业知识，进行教学管理，调动学生积极性等方面的教育机智和教学能力。

2. 开展微格教学

微格教学指以少数的学生为对象，在较短的时间内（5～20分钟），尝试做小型的课堂教学，可以把这种教学过程摄制成录像，课后再进行分析。这是训练新教师、提高教学水平的一条重要途径。

微格教学使教师分析自己的教学行为更加直接和深入，增强改进教学的针对性，因而往往比正规课堂教学的经验更有效。研究表明，微格教学的效果在四个月后仍很明显。

3. 进行专门训练

要想促进新教师的成长，我们也可以对他们进行专门化训练。有人曾将某些"有效的教学策略"教给教师，其中的关键程序有：①每天进行回顾；②有意义地呈现新材料；③有效地指导课堂作业；④布置家庭作业；⑤每周、每月都进行回顾。

用现代认知心理学的术语来说，上述程序中有的属于自动化的教学技能，有的属于教学策略。研究者安排了训练组与控制组教师。为确定受训组教师的教学是否有成效，实验者在训练前后还对两组教师的学生进行了标准化数学成绩测验。结果发现，在使用训练程序的频率上，受训组教师要比控制组教师高，特别是在回顾、检查作业、练习心算、布置作业上。但也有一些行为，如总结前一天所学，至少留出五分钟时间来消化吸收，通过演示来呈现内容等，受训组并不比控制组高。值得注意的是，训练后使用频率未增加的行为属于策略性的，而那些使用频率增加的则更像教学常规。研究还发现，受训教师的学生在后测上的成绩比前测增加31%，而控制组教师的学生只增加了19%。

上述研究表明，专家教师所具有的教学常规和教学策略是可以教给新教师的，新教师掌握这些知识后，会在一定程度上促进其教学。但同时我们也应看到，受训教师的教学能力仅仅有了一定程度的提高，离专家教师还有一定的距离，而且也没有一个研究宣称能将其被试训练成为专家教师。这说明，仅靠短期训练来缩小专家与新手的差别是不够的。很多研究者指出了对教学经验的反思的重要性。

4.反思教学经验

对教学经验的反思，又称反思性实践或反思性教学，这是"一种思考教育问题的方式，要求教师具有作出理性选择并对这些选择承担责任的能力"。波斯纳提出了一个教师成长公式：经验＋反思＝成长。他还指出，没有反思的经验是狭隘的经验，至多只能形成肤浅的知识。如果教师仅仅满足于获得经验而不对经验进行深入思考，那么他的发展将大受限制。

有人用实验证明了反思对教师成长的促进作用。该研究训练内容为一般方法教程，旨在促进反思性互惠教学和练习教学决策。研究发现，在反思性互惠教学前后，被试关于备课和教学内容的概念关系图都有了改变。研究者认为，这种改变归因于训练内容。研究还发现，被试中的大学生的思维更像专家教师的思维，而不像新教师。

科顿等人1993年提出了一个教师反思框架，描述了反思的过程：

①教师选择特定问题加以关注，并从可能的领域，包括课程方面、学生方面等，收集关于这一问题的资料。

②教师开始分析收集来的资料，形成对问题的表征，以理解这一问题。他们可以利用自我提问来帮助理解。提出问题后，教师会在已有的知识中搜寻与当前问题相似或相关的信息。如果搜寻不到，教师就会去请教其他教师和阅读专业书籍来获取这些信息。这种调查研究的结果，有助于教师形成新的、有创造性的解决办法。

③一旦对问题情境形成了明确的表征，教师就开始建立假设以解释情境和指导行动，并且还在内心对行动的短期和长期效果加以考虑。

④考虑过每种行动的效果后，教师就开始实施行动计划。当这种行动再被观察和分析时，就开始了新一轮循环。

布鲁巴奇等人1994年提出了四种反思的方法，供教师参考。

①反思日记。在一天教学工作结束后，要求教师写下自己的经验，并以其指导教师共同分析。

②详细描述。教师相互观摩彼此的教学，详细描述他们所看到的情景，教师们对此进行讨论分析。

③交流讨论。来自不同学校的教师聚集在一起，首先提出课堂上发生的问题，然后共同讨论解决的办法，最后得到的方案为所有教师及其他学校所共享。

④行动研究。为弄明课堂上遇到的问题的实质，探索用以改进教学的行动方案，教师以及研究者用以进行调查和实验研究，它不同于研究者由外部进行的旨在探索普遍法则的研究，而是直接着眼于教学实践的改进。

五、教师心理健康

（一）教师心理健康的意义

心理健康是每个人不断追求的目标之一。健康对教师职业来说尤其重要，是教育教学工作正常进行的基本保证。心理健康是健康的重要内涵，也是对教师心理素质的最低要求。

1.教师心理健康是从事教育工作的必要条件

教师既是学生行为的榜样，又是学生心中的楷模。教师对学生的影响是在日常生活、学习过程中潜移默化进行的。教师一旦出现某些心理健康问题，作为被教育者的学生，就会不可避免的受到直接的影响。

2.教师的心理健康会直接影响学生认知能力的发展

教育心理学研究指出，学生的学习并非一个消极被动地接受知识的过程，而是一个积极主动地建构知识的过程，所以教师不仅仅是学生知识的灌输者，更应该是学生学习的指导者。如果教师的心理健康有问题，就会直接影响到正常的教学工作，直接影响教师作为学生学习指导者的角色职责，从而间接影响学生认知能力的发展。

3. 教师的心理健康是学生人格和心理发展的需要

学生在自身发展的过程中，总是要承受来自环境和成长带来的压力与矛盾。这些困惑、不解、矛盾、压力，难免会使学生产生一定的心理冲突，有时甚至会因为无法排除一些积郁在心的困惑而加剧心理冲突，出现某些心理障碍。这时，教师应随时随地帮助学生排忧解难、消除疑惑，最终达到维护学生的心理健康和促进学生健康人格形成的目标。从这一层面上可以看出，教师的心理健康是学生人格和心理发展的需要。

4. 教师的心理健康会影响正常的师生关系

一项调查表明，有近半数学生对抑郁的教师感到害怕。有的教师以能让学生害怕为荣，以能把学生管老实为能，为了达到这一目的，有时甚至不择手段，各种方法五花八门，无所不用其极。教师和学生之间应该是平等的合作的关系，可是在这些心态不正常、心理不健康的教师的班里，学生感受到的师生关系却是不平等的、压抑的。

（二）教师心理健康的标准

1. 积极地悦纳自我。真正了解、正确评价、乐于接受并喜欢自己的事业。承认人是有个体差异的，允许自己不如别人，客观评价自己和他人。

2. 良好的教育认知水平。能面对现实并积极地去适应环境与教育工作要求。例如，具有敏锐的观察力及客观了解学生的能力；具有获取信息、适宜地传递信息和有效运用信息的能力；具有创造性地进行教育教学活动的能力。

3. 热爱教师职业，热爱学生。能从爱的教育中获得自我安慰与自我实现，从有成效的教育教学中得到成就感。

4. 稳定而积极的教育心境。教师的教育心理环境是否稳定、乐观、积极向上，将影响教师队伍整个心理状态及行为，也关系到教育教学的工作效果。

5. 情绪与情感的自我控制能力。繁重艰巨的教育工作要求教师有良好的、坚强的意志品质，即教学工作中明确目的性和坚定性；处理问题时决策的果断性和坚持性；面对矛盾沉着冷静的自制力，以及给予爱和接受爱的能力。

6. 和谐的教育人际关系。有健全的人格，在交往中能与他人和谐相处，积极态度（如尊重、真诚、羡慕、信任、赞美等）多于消极态度（如畏惧、多疑、嫉妒、憎恶等），以大局为重。

7. 适应和改造教育环境的能力。能适应教育的发展、改革与创新的形式，为积极改造不良教育环境、提高教学质量献计献策。

8. 良好的情绪控制能力。教师平时积极愉快的情绪多于消极的情绪，心境良好，乐观开朗，充满热情；稳定自己的情绪，善于控制和调节自己的情绪，适应教学环境。

9. 和谐的人际关系。即乐于与人交往，在做好本职工作的同时，有较充分的精力从事社会交往和闲暇活动，有一种了解别人、参与社会、开放自我的强烈倾向。

10. 较高的自我调适能力。在工作和生活中，遇到挫折产生焦虑时，能够运用各种理性的应付策略和心理防御机制加以调节，及时转移、摆脱不良情绪，保持自己的心理平衡。

（三）教师心理健康的影响因素

影响教师心理健康的因素是多方面的，既有先天生物因素的作用，也有后天社会因素的影响，二者缺一不可。

1. 生物学因素

正常的躯体、生理、生化等物质基础，是教师心理健康的正常保证。心理健康方面出现问题也与一定的生物学因素有关系。生物学的因素主要有：遗传、性别与体质、器质性因素等方面。

2. 社会影响

影响心理健康的社会因素较为复杂，而且影响是多方面的。对教师心理健康影响较大的社会因素有：

家庭生活环境；冲突、挫折及防御机制；生活事件与心理应激；过重的内外压力；人格类型的特征。

3.学校因素

影响教师心理健康的原因，除了上述一般因素之外，还有学校环境下的一些特殊因素的作用，特别是学校软环境的作用，主要包括组织环境、领导风格。组织环境主要有工作负荷、教师氛围、角色矛盾、公平、冲突的价值观努力与回报之间的差异等。领导风格主要有：学校的支持、学校的管理状况、学校的制度等。

（四）教师心理健康的核心

教师的荣辱观是教师心理健康的核心内容，也是教师积极性的内在动力。从有关调查材料和日常观察的分析看，教师的荣辱感一般有如下特点：以社会地位的高低为荣辱；以自身贡献的大小为荣辱；以博得信赖的程度为荣辱。

教师的荣辱观与其成熟度有密切关系。教师心理的成熟度，是指随着年龄的变化，教师在工作中表现的知识、经验和能力以及追求教育事业成就的强烈欲望等方面的差异性。一个教师心理成熟度高低的标志，主要是看他待人接物的道德感、师表感、对待工作的责任感、胜利感、成就感。一般来说，年龄不同的教师，其荣辱观表现也不一样。例如，青年教师因为知识经验不足，他们急需胜任工作，以能胜任工作为荣，把工作做不好看成为耻辱的事。他们希望学生听从教导，守纪律，希望家长信得过自己，希望学校领导和同事及时肯定自己的工作成绩。而且比较注意学习和运用有经验教师的教学方法，并总想获得立竿见影之效。教师到了中年，已是"喜获丰收"之年，他们成就感突出，以工作出成果为荣，希望自己成为学校工作中的骨干和中坚，希望在校内外博得较好的声誉，希望自己工作中的经验、成果能在校内外交流和报刊上发表。而老年教师则特别希望获得他人的尊重，他们以"桃李满天下"而自慰自豪，乐于带徒弟，他们一方面明知精力不济，另一方面仍不服老，继续兢兢业业，不甘心落后于中青年教师。

（五）教师心理健康的促进

1.学校

学校环境是教师最经常、最重要、最直接的工作与生活场所，教师的教育活动主要是在学校中进行的，学校环境不佳最容易引起教师行为受挫，学校领导能尊重教师，以诚相待，主动为教师排忧解难，营造良好的气氛，让教师在学校里工作心情舒畅，对教师而言很重要。

（1）注重引导，提高教师心理承受能力

学校领导要不断提高教师的心理承受能力，其中包括教师觉悟的提高，帮助教师确立合适的个人目标，同时在教师成功和失败时加以引导，使之正确归因。

可以做的有：有组织、有计划地对教师开展心理调查，开展教师心理辅导活动，对教师进行心理卫生知识的相关培训，不断提高教师的心理素质。经常组织教师开展一些健康有益的集体活动。培养教师的集体主义观念、事业心和责任感，帮助他们树立积极向上的精神风貌和正确的人生观、价值观。建立与教师定期谈话制度。做到经常与教师谈话，从工作、学习、生活等方面关心体贴教师的物质和精神需求，特别是在精神上尽量满足教师多方面、多层次的合理需要，及时做好思想政治工作和心理疏导工作，帮助教师缓解过度的紧张、焦虑和困惑情绪，使他们安心工作。

（2）营造环境，给教师带来温馨与和谐

环境能改造人，环境能陶冶人，什么样的环境培育出什么样的人。建立民主环境：要真诚地面对教师，让教师说话，敢于发表自己的意见，能和你的管理思想溶为一体。创造物质环境：校园是教师工作生活的主要场所，因此，学校在重视学生学习环境的同时，更要重视教师教育教学环境的营造，通过营造环境，给教师带来一份温馨。优化精神环境：教师与教师之间的关系，引导得好教师就会心情舒畅，要重视优化教师的精神环境，促进教师集体形成良好的精神面貌。

（3）提供舞台，激励教师充分发挥才能

教师最大的需要是在工作中获得他人的尊重，教师最大的满足是得到他人认可，在成功中享受实现自我价值的喜悦。学校领导要多为教师提供学习的机会和发挥才能的舞台，鼓励教师大胆工作、开拓探新、积极创造。深入了解教师的实际需要，针对教师的不同需要，采取不同的激励方式，提高教师的心理满意度，调动广大教师的工作积极性。这样可以使大多数教师能在工作中找到乐趣，把繁重的任务当作一件快乐的事来做。

（4）以诚相待，为教师多办好事与实事

学校要当好教师的坚强后盾。对于教师的困难多给予关心，想办法解决，对每一位教师每一件事情都能用相同的要求、统一的标准尺度；任何改革措施的出台，都必须考虑到"教师心理"这一层面，把大部分教师的心理承受能力为底线，坚持以人为本，不断改进领导方式，推行人性化管理。

2. 教师个人

教师个人要更新观念努力提高自身的心理素质。对教师个人来说，外界的压力源并非一时所能改变，关键还在于自身，要能坦然面对压力和心理困扰、缓解紧张、调节情绪，避免消极情绪积虑成疾。教师对业务水平比较看重，相对而言，对心理健康考虑较少，甚至知之甚少。教师应转变观念，重视自己的心理健康状况，增强自我心理保健意识。身为教师，只有不断提高自身的综合素质，有效地克服和化解不良情绪，与时俱进，才能找到应有的位置，才能真正拥有心理上的安全感，保持健康的心态。

（1）理解社会，强化角色意识。教师要强化角色意识。理解社会对教师的角色期待，正确对待工作中发生的角色冲突，合理解决冲突中的各种矛盾，把来自个人、学校、家长和学生的压力转化为自身的内驱力。

（2）调节情绪，学习保健知识。要学习一些心理保健和预防心理疾病的知识，采取适当手段进行自我调节和控制。如通过意识调节、自我宣泄、暗示微笑、体育锻炼、变换环境、升华转化等方法，保持自己良好的心境，形成良好的心理素质。

（3）扩展空间，增强交际能力。教师不仅要提高自己的人际交往能力，改善与领导和同事的关系，而且要扩展自己的生活空间，打破在学校范围内封闭的生活方式，广泛接触社会，参与社会活动，建立广泛的社会联系，增强自身的社会适应能力。

（4）有条不紊，合理安排生活。教师要妥善安排时间，合理分配精力，科学地安排工作、学习和生活，避免身心经常处于疲惫状态，建立有序的、有张有弛的工作秩序，切实提高工作效率。

（5）更新观念，丰富知识底蕴。教师要努力提高自身的业务能力，提高教育教学质量，更新观念，博览群书，拓宽视野，丰富自己的知识底蕴。教师要加强对自身的培养和培训，参加继续教育和提高学历层次的教育，积极参加教研活动，在活动中锻炼提高，这样才能有较好的心理素质去迎接竞争与挑战。

（六）教师威信

1. 教师威信概述

教师威信是指教师所具有的一种使学生感到尊严而信服的精神感召力量。它与道貌岸然、神圣不可侵犯的威严不同，威信使学生亲而近之，威严则使学生敬而远之。威信实质上反映了一种师生关系。它是通过教师的人格、能力、学识及教育艺术在学生心理上所引起的信服而又尊敬的态度。

教师威信与教师合理健康关系极为密切。真正的教师威信有助于维护心理健康，追求虚假的威信则是心理不健康的反映。所以，教师的心理健康有助于教师威信的树立，而教师威信的树立又反过来促进和维护教师自身的心理健康，二者相辅相成，相互作用威信也是教师成功地扮演角色的一个重要条件。首先，教师的威信是学生接受教诲的基础和前提。古人云："亲其师，信其道。"深得学生敬重和爱戴的教师，学生将确信其教导的真实性和正确性。对于他们所授的课，认真学习；对于他们的教导，言听计从。其次，有威信的教师能唤起学生积极的情感体验，他们的表扬能引起学生的愉快和自豪感，激发进一步努力的愿望。他们的批评能引起学生悔悟、自责和内疚的心情，自觉地改正缺点和错误。最后，有威信的教师能被学生视为理想的榜样和行为的楷模，产生向教师模仿的意向，使教师的示范起到更大的教育作用。

2.教师威信形成的条件

教育行政机关、学校领导和家长对教师威信的形成固然有很大的影响，但教师自身的条件才是威信形成的决定性因素。

（1）良好的思想品质和心理品质是教师获得威信的基本条件。教师的思想品质集中表现在热爱教育工作上，他们有强烈的自豪感、光荣感和责任感，兢兢业业，不计名利，出色地完成教育和教学工作，赢得学生的尊敬。言行一致和以身作则也是教师获得威望的一种重要思想品质。

（2）教师的仪表、生活作风和习惯对威信的获得也有重要影响。许多研究表明，教师仪表大方，衣着整洁朴素，会引起学生的尊重和好感；生活懒散、不讲卫生和做怪动作等不良习惯，有损于教师的威信。

（3）教师给学生留下的第一印象也会影响教师威信的形成。教师与学生初次见面给学生留下的印象特别深刻，因为学生对新教师总是怀有新奇感，十分注意教师的一言一行。

（4）教师要珍惜"自然威信"。"自然威信"是在师生交往的初期，由学生对教师自发的信任和尊敬而产生的威信，它建立在教师所具有的教育者身份所赋予的权威、权力和影响力的基础上，也可以说是教师职业本身所带来的一种不自觉的威信。

然而，对于不同年龄的学生来说，上述因素对教师威信的影响并不是同等的。许多研究表明，初入学的学生往往把教师看作学校里至高无上的"绝对权威"。八九岁以后，才开始对教师持批判态度，有选择地对待教师。但选择的标准随年龄和教育程度的不同而表现出差异。小学生偏重于情感因素，性格爽朗活跃、爱护关心学生和讲课饶有兴趣的教师，容易在小学生中享有威信。中学生则偏重于理智因素，具有高尚品德、渊博学识和高超教育能力的教师，最容易在中学生中形成威信。而在大学生看来，最有威信的教师是品德高尚的专家、学者，对他们往往崇拜的五体投地，即使他们在仪表和人格方面有某些缺点也不计较。

教师的威信不是一成不变的，它可能继续保持、不断发展，也可能逐渐下降。所以，教师不仅要注意在学生中形成威信，而且还要注意维护已经形成的威信。维护教师威信的首要条件是使自己的道德和心理品质以及业务能力始终处于积极的发展状态。如果不严要求自己，对于艰苦的教育工作的兴趣和热情逐渐淡漠，业务上不求进步，备课不认真，教学质量下降，就难以维持原有的威信。教师要维护自己的威信，应时时处处意识到自己的教师身分，在各种场合都不忘自己是教师，不应出现有失教师身份的言行。

【强化训练】

一、单项选择题

1.衡量一个教师是否成熟的主要标志是其能否自觉地关注（　　　　）。

A.教材　　　　　B.学生　　　　　C.生存　　　　　D.情境

2.（　　　）提出了一个教师成长公式：经验＋反思＝成长。

A.波斯纳　　　　B.陶行知　　　　C.蔡元培　　　　D.赫尔巴特

二、简答题

1.简述教师心理健康的意义。

2.简述教师成长的历程。

【内容精要】

1.班集体是按照班级授课制的培养目标和教育规范组织起来的，以共同学习活动和直接性人际交往为特征的社会心理共同体。班集体的特征有：明确的共同目标，一定的组织结构，一定的共同生活的准则，集体成员之间平等、心理相容的氛围。班集体的发展经过组建、形核、发展和成熟四个阶段。班集体的培养主要包括：班级目标的确定、班级核心队伍的建设、班级秩序的制定、多种多样教育活动的组织、正确舆论和良好班风的培养。

2.课堂管理就是指教师通过协调课堂内的各种人际关系而有效地实现预定教学目标的过程。课堂管理要遵循目标原则、激励原则和反馈原则。做好课堂管理，需要了解课堂管理的影响因素，营造良好的课堂氛围，进行有效的课堂纪律管理，并积极预防和有效处理课堂问题行为。

3.班主任是学校中全面负责一个班学生的思想、学习、生活等工作的教师。班主任在班级管理中有着主要的地位和作用。班主任要做的有：了解学生，研究学生；组织和培养班集体；协调校内外的各种教育力量。

4.课外活动是指在课堂教学之外，由学校组织指导的，用以补充课堂教学，实现教育方针要求的一种教育活动。课外活动具有：参与的自愿性、自主性；内容的灵活性、综合性；过程的开放性、实践性等特点。课外活动对学生有重要的意义，它的内容和形式都是丰富多彩的，在课外活动的组织和管理中，要目标明确、内容丰富、发挥学生的主动性和老师的指导相结合。

5.在学生的教育中，要学校、家庭和社会三者结合进行，共同促进学生的全面发展。家庭协调的常用方式主要包括：家访、班级家长会、家长学校、家长委员会、家长沙龙。与社会协调，应通过"走出去、请进来"的方式，依托社区的教育委员会，建立校外教育基地等。

6.教师角色是一种职业角色，是指从事教育工作者在学校或教育活动中扮演的角色。教师的角色主要有知识的传播者、朋友角色、父母角色、榜样角色、社会活动家角色、学生灵魂塑造者角色、教学科研研究者角色等。教师要具有一定的认知特征和人格特征。教师的成长阶段为关注生存、关注情境和关注学生等三个阶段。教师的心理健康对教学工作和学生都有重要的影响，要了解教师的心理健康问题，并掌握一定方法来促进教师的心理健康。

【本章自测】

一、单项选择题（本大题共10个小题，每个3分，共30分）

1.当一位教师把大量的时间都花在如何与学生搞好个人关系上时，那么在教师成长过程中他属于（　　）。
A.关注情境阶段　　　B.关注生存阶段　　　C.关注学生阶段　　　D.关注教学阶段

2.学校行政体系中最基层的行政组织是（　　）。
A.共青团组织　　　B.教导处　　　C.总务处　　　D.班级

3.班级管理的主要对象是（　　）。
A.班级公共财产　　　B.班级信息　　　C.学生　　　D.班级资料

4.群体对每个成员的吸引力，就是（　　）。
A.群体凝聚力　　　B.群体规范　　　C.课堂气氛　　　D.群体压力

5.教师在课堂时学生不声不响，教师离开课堂之后学生的纪律开始混乱。与这种课堂纪律相关的教师领导方式最可能是（　　）。
A.专断型　　　B.放任型　　　C.管理型　　　D.民主型

6.课外活动的基本特点是（　　）。
A.自愿性　　　B.规范性　　　C.强制性　　　D.随意性

7.课堂中某些占优势的态度和情感的综合状态称为（　　）。
A.课堂规范　　　B.课堂纪律　　　C.课堂气氛　　　D.课堂控制

8.为培养提高新教师和教学经验欠缺的年轻教师，宜进行（　　）观摩。
A.正式　　　B.非正式　　　C.组织化　　　D.非组织化

9.在校外活动中，教师处于（　　）。
A.领导地位　　　B.启发指导地位　　　C.顾问地位　　　D.主导地位

10.以实践作业为主的兴趣小组是（　　）。

A.劳动技术小组　　　　B.学科小组　　　　C.艺术小组　　　　D.体育小组

二、辨析题（本大题共 2 个小题，每个 10 分，共 20 分）

1.与课堂教学相比，课外活动更有利于因材施教原则的贯彻实施。

2.学校与家长、社会的协调的主要力量是社区教育机构。

三、简答题（本大题共 3 个小题，每个 10 分，共 30 分）

1.简述课外活动组织管理的要求。

2.简述教师成长和发展的基本途径。

3.简述课外活动的组织形式。

四、材料分析题（20 分）

某中学初一（2）班是全校有名的乱班，上课纪律混乱，打架成风。班上有一名"在野学生领袖"，喜好《水浒》人物打抱不平，常常为朋友"两肋插刀"。打架时，只要他一挥手，其他人就蜂拥而上。班上正气不能抬头，班干部显得软弱无力，全班同学的学习成绩逐渐下降。

问：（1）如何将乱班级转化为优良的班集体；（2）如何正确对待和教育"在野学生领袖"。

【各章参考答案】

第一章教育基础知识和基本原理

第一节 教育的概述
【强化训练】
一、单项选择题
1.C 构成教育活动的基本要素有：教育者、受教育者与教育影响。

2.A 生物起源说是教育史上第一个把教育起源作为学术问题提出的教育起源说，代表人物是法国哲学家、社会学家利托尔诺和英国教育家——沛西.能。

二、简答题
1.该学说是在批判生物起源说和心理起源说的基础上，在马克思历史唯物主义理论的指导下形成的，认为教育起源于劳动，教育起源于劳动过程中社会生产需要和人的发展需要的辩证统一。代表人物有前苏联米丁斯基、凯洛夫等教育史学家和教育学家。

其基本观点有：人类教育起源于其劳动或劳动过程中产生的需要；以制造和利用工具为标志的人类劳动不同于动物的本能活动；教育产生于劳动，是以人类语言的意识发展为基本条件的；教育从产生之日起其职能就是传递劳动过程中形成与积淀的社会生产和生活经验；教育范畴是历史性与阶级性的统一。

2.教育发展到当代，已由初始的观察模仿、口耳相传，到后来学校教育的产生，再到近现代社会的多层次与多类别，从而形成了一个纵横交叉的庞杂体系。不过，尽管其层次、种类繁多，但从其存在形态上不外是家庭教育、社会教育和学校教育三种基本形态。

第二节 教育学的发展
【强化训练】
一、单项选择题
1.A《学记》是中国古代也是世界上最早的专门论述教育问题的论著，被称为"教育学的雏形"。

2.D 教育学作为一门独立的学科萌芽于夸美纽斯的《大教学论》。

二、简答题
1.《论语》一书是由他的弟子和再传弟子整理而成。孔子的教育思想在《论语》中有详细记载，即孔子有教无类的思想主张，因材施教、循循善诱、不耻下问、身体力行、学思结合、温故知新的教学方法，学而不厌、诲人不倦的教学态度等，都有重要体现。

2.教育科学研究就是以教育现象或问题为对象，运用各种科学方法，遵循科学的认识过程，根据对收集到的事实材料的分析，对假设或理论进行检验，以揭示教育现象的本质及其客观规律的活动。教育科学研究是教育科学自身发展的基本途径。常用的基本方法有观察法、调查法、历史法、实验法和行动研究法等。

第三节　教育与社会的发展

【强化训练】

一、单项选择题

1.A 教育和经济的关系，总的来说是：经济决定教育，教育反作用于经济。

2.A 生产力水平决定教育的规模和速度、制约着教育体系、结构的变化。

二、简答题

1.生产力对教育有制约作用，而教育对生产力的发展起着巨大的推动作用。教育对生产力的促进作用主要通过两个方面来实现：教育再生产劳动力和教育再生产科学知识。

2.人口是指生活在一定社会、一定地区，具有一定数量、质量与结构的人的总体。教育与人口的关系一方面是人口对教育的制约，另一方面是教育对人口的影响。

人口对教育的制约主要体现为：人口数量影响教育发展的规模与教育投入、人口结构影响教育的结构、人口质量影响教育的质量、人口流动对教育提出挑战。

教育对人口的影响主要体现为：教育可以控制人口的数量，是控制人口增长的手段之一；教育可以提高人口素质，是改变人口质量的手段之一；教育可以优化人口结构，使人口结构趋向合理化；教育可以促进人口合理迁移。

第四节　教育与人的发展

【强化训练】

一、单项选择题

1.D 个体身心发展具有差异性，教学中不能采取"一刀切"的方法。

2.C 遗传素质是人的身心发展的前提，没有遗传素质这个前提，个体的任何发展都是不可能的。

二、简答题

1.个体身心发展的规律有：发展的顺序性与阶段性、发展的相似性与个别差异性、发展的不均衡性、发展的互补性。

2.环境是推动人身心发展的动力：环境是人身心发展不可缺少的外部条件；环境推动和制约着人身心发展的速度和水平 但，环境不决定人的发展。

第五节　教育制度

【强化训练】

一、单项选择题

1.D 学校教育制度处于国民教育的核心和主体地位，体现了一个国家国民教育制度的实质。

2.A"壬寅学制"它是中国教育史上第一个系统完备的现代学制，但没有实行。

二、简答题

1.义务教育是依据法律规定，适龄儿童和少年必须接受的，国家、社会、学校、家庭必须予以保证的国民教育。它的特点有：强制性、普及性和免费性。

2.学制改革发展的主要趋势有：义务教育的范围逐渐扩展，年限不断延长；普通教育与职业教育朝着相互渗透的方向发展；高等教育大众化、普及化；终身教育体系的建构。

第六节　教育目的

【强化训练】

一、单项选择题

1.A 教育无目的论的代表人物是美国的实用主义教育家杜威。他主张"教育即生活"的无目的教育理论。

2.D 德智体美劳等方面全面发展，即德育、智育、体育、美育和劳动技术教育。

二、简答题

1. 教育目的对整个教育工作的指导意义是通过发挥以下作用实现的：导向作用、激励作用和评价作用。

2. 教育目的的制定受制于特定的社会政治、经济、文化背景；教育目的体现了人们的教育理想；我国教育目的建立的基础是马克思主义关于人的全面发展的学说。

【本章自测】

一、单项选择题

1.D 个体在与环境之间相互作用中所表现出来的个体主观能动性，是促进个体发展从潜在的可能状态向现实状态转变的决定性因素，人的身心发展的内在动力。

2.D "白板说"是由洛克提出的。

3.A 个体的身心发展包括生理发展和心理发展。

4.C 人的身心发展的不平衡性，首先表现在，在不同的年龄阶段，人的身心的同一个方面的发展速度不同。所以会出现发展的关键期。

5.C 生产力水平决定教育的规模和速度。

6.B 全面发展并不是要求学生每门课都精通，而是在德智体美劳各个方面都得到发展。

7.D 卢梭的代表作是《爱弥儿》。

8.D 我国教育目的建立的基础是马克思主义关于人的全面发展的学说。

9.C 我国现行的学制是分支型学制。

10.C 终身教育是当代教育的发展方向。

二、辨析题

1.错误

教育有广义和狭义之分。广义的教育泛指一切增进人的知识和技能、发展人的智力和体力、影响人的思想和品德的活动，它包括社会教育、学校教育和家庭教育。狭义的教育主要指的是学校教育。

2.错误

个体身心发展的水平受到多种因素的影响，主要是受到遗传素质、成熟、环境和个体实践活动的影响。

三、简答题

1. 古代东西方的学校教育虽然在具体内容和形式上存在许多差异，但也有一些共同的基本特征，这些特征在教育上具体表现为：阶级性；道统性；专制性；刻板性；教育的象征性功能占主导地位。

2. 教育不是消极地受制于一定的政治制度的，它也对政治经济起着积极的影响。一定的教育总是为维护、巩固和发展一定的政治经济服务的，教育对政治经济的影响主要表现在以下几个方面：教育为政治经济制度培养所需要的人才；教育是一种影响政治经济的舆论力量；教育可以促进民主。

3. 教育制度，特别是学校教育制度既有与其他类型的社会制度相类似的性质，又有自身独特的特点，主要有：客观性、规范性、历史性和强制性。

四、材料分析题

材料中的观点是错误的。

（1）这些教师忽略了理论与实践之间的密切联系。没有实践依据的理论是空洞的理论，没有理论指导的实践是盲目的实践。教育工作者应该在正确理论的指导下进行实践，这样才能避免盲目摸索，从而更有效地实现教育目的。

（2）教育理论对每一位教育工作者的意义都十分重大。理论功能上，掌握教育原理有助于解释教育实践、指导教育实践、推动教育改革；实践意义上，掌握教育原理有助于树立科学的教育观、提高教育质量、总结经验、探索规律，还可以为其他相关学科提供坚实的理论根基。

（3）孔子的教育实践经验非常丰富，而且，他不仅拥有经验，还有非常丰富的教育理论。有教无类的思想主张，因材施教、循循善诱、不耻下问、身体力行、学思结合、温故知新的教学方法，学而不厌、诲人不倦的教学态度等。这些都是孔子总结教学经验而提出来的教学理论，这些理论反过来又指导了教学实践。因此，真是重视教育实践的人，不应该也不会轻视教育理论。

第二章　中学课程

第一节课程概述
【强化训练】
一、单项选择题

1.C 在我国，"课程"一词始见于唐朝。

2.B 综合课程，又称为广域课程，是根据各学科内在的联系和学生的年龄特征而组成的有机体。

二、简答题

1.课程是随社会的发展而演变的，受社会、儿童和课程理论三大因素的制约，即课程反映一定社会的政治、经济的要求，受一定社会生产力和科学文化发展水平以及学生身心发展规律的制约。

2.简述学校课程开发的原则有：科学性原则、多元化原则、自主性原则、适宜性原则、补充性原则、适应性原则和特色性原则。

第二节　课程目标
【强化训练】
一、单项选择题

1.A 课程目标，是指课程本身要实现的具体目标和意图。

2.D 课程目标的依据主要有学生、社会和学科。

二、简答题

1.确定课程目标的方法有筛选法和参照法。筛选法是美国北加州大学课程开发中心研制的方法，多年来被许多教育机构模仿。参照法是在确定课程目标的过程中，参考过去的课程目标和其他国家的课程目标，并根据本国国情和教育状况，确定符合本国情况的课程目标。

2.课程目标的特征有：整体性、阶段性、持续性、层次性和递进性。

第三节　课程内容
【强化训练】
一、单项选择题

1.A 教材又称课本，它是依据课程标准编制的、系统反映学科内容的教学用书，教材是课程标准的具体化，它不同于一般的书籍。

2.C 课程标准是各学科的纲领性指导文件，发挥着教学工作的"组织者"作用。

二、简答题

1.教材的编排方式有两种：直线式和螺旋式。直线式是把课程内容组织成一条在逻辑上前后联系的"直线"，前后内容基本不重复，即课程内容直线前进，前面安排过的内容在后面不再呈现。螺旋式是指在不同单元乃至阶段或不同课程门类中，使课程内容重复出现，逐渐扩大知识面，加深知识难度，即同一课程内容前后重复出现，前面呈现的内容是后面的内容的基础，后面的内容是前面内容的不断扩展和加深，层层递进。

2.课程内容必须考虑课程目标、社会需求、学生和课程内容本身等因素。

第四节 课程评价

【强化训练】

一、单项选择题

1.D 课程评价的主要模式有目标评价模式、目的游离评价模式和CIPP评价模式。

2.B 目的游离评价模式是由美国学者斯克里文针对目标评价模式的弊病而提出来的。即主张把评价的重点从"课程计划预期的结果"转向"课程计划实际的结果"上来。

二、简答题

1.课程评价过程的基本问题包括评价概念是否合适、搜集和加工信息是否合适和报告评价结果的信息是否合适。

2.在课程评价中,评价者通常要经历以下几个步骤:把焦点集中在所要研究的课程现象上;搜集信息;组织材料;分析资料;报告结果。

第五节 基础教育课程改革

【强化训练】

一、单项选择题

1.A 教育改革的核心是课程改革。

2.B 新的课程结构整体设置九年一贯的义务教育课程:小学阶段以综合课程为主。初中阶段设置分科与综合相结合的课程;高中以分科课程为主。

二、简答题

1.教育改革的核心是课程改革。新课程标准的核心理念就是教育以人为本,即:"一切为了每一位学生的发展",包括:关注每一位学生;关注学生的情绪生活和情感体验;关注学生的道德生活和人格养成。

2.新课程背景下的学生观主要有:学生是发展的人;学生是独特的人;学生是具有独立意义的人。

【本章自测】

一、单项选择题

1.A 根据课程的组织核心进行分类,课程可以分为学科课程、活动课程和综合课程。

2.B 课程分类是指课程的组织方式或指设计课程的种类。

3.A 国家课程是指由中央教育行政机构编制和审定的课程,其管理权属中央级教育机关,是国家一级课程。

4.A 新的课程结构整体设置九年一贯的义务教育课程:小学阶段以综合课程为主。初中阶段设置分科与综合相结合的课程;高中以分科课程为主。

5.A 最早提出活动课程思想的是法国教育工作者卢梭。他主张儿童应在大自然中通过身体锻炼、劳动和观察事物来学习。

6.A 综合课程,又称为广域课程,是根据各学科内在的联系和学生的年龄特征而组成的有机体。

7.D 贯彻新课程"以人为本"的教育理念,首先应该做到的是尊重学生人格,关注个体差异。

8.C 与学科中心课程论相对立的是活动中心课程论,这是一种实用主义的课程价值观。代表人物是美国实用主义教育家杜威。

9.B 活动课程,又称"经验课程""儿童中心课程",是指从儿童的兴趣和需要出发,以儿童的活动为中心,通过亲身体验获得直接经验的课程。

10.C 课程开发的影响因素是儿童、社会和课程理论。

二、辨析题

1. 错误

国家课程侧重于学生发展的基本要求和共同素质。在实施上具有强制性。

2. 错误

课程内容的深度、广度和逻辑结构，要适合学生年龄特征，符合学生身心发展的一般规律。但是，社会时代发展的状态与需要，是形成不同时代学校教育课程总体结构体系重大差别的重要原因。社会对课程的发展起着决定性作用，是影响课程开发的根本因素。

三、简答题

1. 课程理论主要有学科中心论、活动中心论和社会中心论。学科中心论又称为知识中心论，它主张分科教学，是一种以传递各学科知识为中心任务的课程观。活动中心论强调学生的兴趣和需要，主张以儿童的兴趣、动机和需要为中心来组织课程。社会中心论主张把课程的重点放在现实社会问题、社会改造和社会活动计划及学生关心的社会问题上。

2. 课程目标的依据主要有以下三个方面：学生、社会和学科。

3.CIPP是由背景评价（content evaluation）、输入评价（input evaluation）、过程评价（process evaluation）、成果评价（product evaluation）这几种评价名称的英文第一个字母的缩略语。该模式包括以下四个步骤：背景评价、输入评价、过程评价和成果评价。

四、材料分析题

现行课程评价的不足：

（1）评价内容——仍然过多倚重学科知识，特别是课本上的知识，而忽视了实践能力、创新精神、心理素质以及情绪、态度和习惯等综合素质的考查；

（2）评价标准——仍然过多强调共性和一般趋势，忽略了个体差异和个性化发展的价值；

（3）评价方法——仍以传统的纸笔考试为主，仍过多地倚重量化的结果，而很少采用体现新评价思想的、质性的评价手段与方法；

（4）评价主体——被评价者仍多处于消极的被评价地位，基本上没有形成教师、家长、学生、管理者等多主体共同参与、交互作用的评价模式；

（5）评价重心——仍过于关注结果，忽视被评价者在各个时期的进步状况和努力程度，没有形成真正意义上的形成性评价，不能很好地发挥评价促进发展的功能。

第三章　中学教学

第一节　教学概述

【强化训练】

一、单项选择题

1.A 教学是在国家教育目的规范下、由教师的教与学生的学共同组成的一种活动。

2.B 教学以培养全面发展的人为根本目的。

二、简答题

1. 教学是学校教育中最基本的活动，不仅是智育的主要途径，也是德育、体育、美育等的基本途径，在学校整个教育系统中居于中心地位。教学的意义表现在以下几个方面：教学是社会经验得以再生产的一种主要手段；教学为个人全面发展提供科学的基础和实践；教学是教育工作构成的主体部分，又是教育的基本途径。

2. 教学是对学生进行全面发展教育的基本途径，是学校教育的核心，是教师教、学生学的统一活动。它包含以下几个方面：教学以培养全面发展的人为根本目的；教学由教与学两方面活动组成；教学具有多种形态，是共性与多样性的统一。

第二节　教学过程

【强化训练】

一、单项选择题

1.A 领会知识是教学的中心环节。

2.B 教学中学生学习的主要是间接经验，并且是间接地去体验。

二、简答题

1. 教学过程主要具有以下几个基本规律：间接经验与直接经验相统一；掌握知识与发展智力相统一；掌握知识与提高思想相统一；教师主导作用与学生能动性相统一。

2. 教学过程的基本阶段有：引起学习动机、领会知识、巩固知识、运用知识和检查知识。

第三节　教学实施

【强化训练】

一、单项选择题

1.C 通过准备问题、面向全体学生交流、对过程及时总结是讨论法运用时应注意的事项。

2.A 个别教学与生产力发展水平低的状况相适应，因而最早出现。

二、简答题

1. 教学原则主要有：直观性原则、启发性原则、巩固性原则、循序渐进原则、因材施教原则和理论联系实际原则。

2. 教师进行教学工作的基本环节是备课、上课、作业的检查与批改、课外辅导、学业成绩的检查与评定。

第四节　我国当前教学改革的主要观点与趋势

【强化训练】

一、单项选择题

1.A 更新课程内容和形式，建立合理的课程结构依然是我国当前教学改革的重心，在实施整体改革和实验的策略中，课程的改革是关键。

2.C 我国当前教学改革的基本策略是坚持整体教学改革和实验。

二、简答题

1. 实施素质教育是我国社会、经济发展对教育的客观要求，是提高劳动者素质和培养各级各类人才的需要。如何有效地促进素质教育的实施必将成为我国当前教学改革的第一主题。围绕这一主题，将对教学诸多方面做出新的调整。

2. 我国当前教学改革的基本策略是坚持整体教学改革和实验。整体教学改革和实验是指在一个总的统一而明确的改革目标和实验假说的指导下而进行的对教学系统中各种因素、各门学科的协调统一、相互渗透的调整和变革，以实现对教学系统的综合改观。

【本章自测】

一、单项选择题

1.D 教学的基本组织形式是课堂教学。

2.B 发现教学，也称启发式教学，一般经历四个阶段，题干中提到的为学生创设问题情境是发现教学的第一步。

3.A 领会知识包括使学生感知和理解教材。

4.D 在我国，长期通行的看法是把教学工作看作是一种特殊的认知活动，是实现学生身心发展的过程。

5.A 道尔顿制和文纳特卡制是典型的个别教学组织形式。

6.C 班级授课制的发展经历了三个阶段，以夸美纽斯为代表的教育家从理论上加以总结和论证，使它基本确立下来。

7.A 效度是指一个测验能测出它所要测量的属性或特点的程度

8.A 总结性评价通常在一门课程或教学活动结束后进行，对一个完整的教学过程进行的测定。

9.D 学生存在个体差异，所以教学应该因材施教。

10.B 教学过程是认识的一种特殊形式，其特殊性在于，它是学生个体的认识，是由教师领导未成熟的主体通过学习知识去间接认识世界。

二、辨析题

1.错误

教学与教育是部分与整体的关系。教育是个大概念，包括学校培养人的全部工作，而教学只是学校进行教育的一条基本途径。

2.错误

教学认识活动不同于科研活动，后者以探索未知为主，而教学则以学习已知为主。教学内容的间接性特点，要求我们正确处理好直接经验和间接经验关系，遵循和贯彻直观性教学的原则和要求。

三、简答题

1.（1）钻研教材。包括钻研课程标准、教科书和阅读有关的参考书；（2）了解学生。包括了解学生原有知识技能的质量、他们的兴趣、需要与思想状况、学习方法和学习习惯等；（3）制定教学进度计划。包括制定学期教学进度计划、课题计划、课时计划。

2.直观性原则，是指在教学中要通过学生观察所学事物，或教师语言的形象描述，引导学生形成所学事物、过程的清晰表象，丰富他们的感性知识，从而使他们能够正确理解书本知识和发展认识能力。贯彻直观性原则的基本要求是：（1）正确选择直观教具和现代化教学手段；（2）直观要与讲解相结合；（3）重视运用语言直观。

3.道尔顿制是指教师不再上课向学生系统讲授教材，而只为学生分别指定自学参考书、布置作业，由学生自学和独立作业，有疑难时才请教师辅导，学生完成一定阶段的学习任务后，向教师汇报学习情况和接受考查。它们的特点在于有利于调动学生学习的主动性，培养他们的学习能力和创造才能，但不利于系统知识的掌握，且对教学设施和条件要求较高。复式教学是一种特殊的小组教学的组织形式，它把不同年级的学生安排在一个教学班中，由一位教师在同一节课中分别对不同年级组的学生进行不 同内容和任务的教学，教师的教学与学生自学或做作业交替进行，动静结合是复式教学的重要特点。

四、材料分析题

（1）这一教学实例体现了启发性教学原则

（2）启发性原则，是指在教学中教师要承认学生是学习的主体，注意调动他们的主动性，引导他们独立思考，积极探索，生动活泼地学习，自觉地掌握科学知识和提高分析问题和解决问题的能力。

（3）启发性原则是在继承有关启发教学的优秀遗产的基础上，根据学生的认识规律，在现代心理学和教学实践经验的基础上提出来的。贯彻启发性原则的基本要求是：调动学生学习的主动性；启发学生独立思考；让学生动手；发扬教学民主。

第四章　中学生学习心理

第一节　认知过程

【强化训练】

一、单项选择题

1.C 人们在感知某一事物时，总是依据以往经验力图解释它究竟是什么，这就是知觉的理解性。

2.B　无意注意是指事先没有目的、也不需要意志努力的注意。例如，学生正在听课，忽然有人推门进来，大家都不由自主地转头看他，这种注意就叫无意注意。

3.B 干扰理论认为，遗忘是由于学习和回忆之间受到其他刺激干扰的结果。干扰主要有两类：前摄抑制与倒摄抑制。

4.C　定势是指由先前的活动所形成的并影响后继活动趋势的一种心理准备状态。它在思维活动中表现为一种易于以习用的方式解决问题的倾向。定势在问题解决中有积极作用，也有消极影响。

5.C 过度学习，是指在在学习达到刚好程度以后的附加学习。研究表明，学习的熟练程度达到150%时，记忆效果最好。

二、简答题

1.学习策略是指学习者为了提高学习的效果和效率、有目的有意识地制定的有关学习过程的复杂的方案。一般来说，学习策略可分为认知策略、元认知策略和资源管理策略等三个方面。

2.问题解决是指一系列有目的指向性的认知操作过程。问题解决的思维过程受多种心理因素的影响。有些因素能促进思维活动对问题的解决，有些因素则妨碍思维活动对问题的解决。主要的影响因素有：问题的特征；已有的知识经验；定势和功能固着；原型启发；迁移的作用；动机与人格。

第二节　学习动机
【强化训练】
一、单项选择题

1.B 成就动机理论的主要代表人物是阿特金森。他认为，个体的成就动机可以分成两类，一类是力求成功的动机，另一类是避免失败的动机。

2.C 马斯洛认为人的基本需要有五种，自我实现作为一种最高级的需要，包括认知、审美和创造的需要。

3.C 附属内驱力是指个体为了获得长者（如教师、家长等）的赞许和同伴的接纳而表现出来的把工作、学习搞好的一种需要。

二、简答题

1.根据不同的分类依据，可以把动机分为不同的类型。

根据学习动机内容的社会意义，可以分为高尚的与低级的学习动机；根据学习动机的作用与学习活动的关系，可以分为近景的直接性动机和远景的间接性动机；根据学习动机的动力来源，可以分为内部学习动机和外部学习动机；根据学习动机起作用的范围不同，可将学习动机分为一般学习动机和具体学习动机；依据学习动机动力作用强度的大小，可分为主导性学习动机和非主导性学习动机。

2.美国心理学家耶克斯和多德森认为，中等程度的动机激起水平最有利于学习效果的提高。同时，他们还发现，最佳的动机激起水平与作业难度密切相关：任务较容易，最佳激起水平较高；任务难度中等，最佳动机激起水平也适中；任务越困难，最佳激起水平越低。这便是有名的耶克斯—多德森定律（简称倒"U"曲线）。教师在教学时，要根据学习任务的不同难度，恰当控制学生学习动机的激起程度。在学习较容易、较简单的课题时，应尽量使学生集中注意力，使学生尽量紧张一点；而在学习较复杂、较困难的课题时，则应尽量创造轻松自由的课堂气氛，在学生遇到困难或出现问题时，要尽量心平气和地慢慢引导，以免学生过度紧张和焦虑。

第三节　学习迁移
【强化训练】
一、单项选择题

1.D 垂直迁移，又称纵向迁移，指处于不同概括水平的经验之间的相互影响。具体讲，是具有较高的概括水平的上位经验与具有较低的概括水平的下位经验之间的相互影响。垂直迁移表现在两个方面，一是自下而上的迁移，二是自上而下的迁移。

2.A 迁移是学习的一种普遍现象，平时我们所说的举一反三、触类旁通、闻一知十等即是典型的迁移形式。

二、简答题

1.学生迁移能力的形成有赖于教学，促进迁移的有效教学应从以下几方面考虑：（1）精选教材，整合学科内容；（2）合理编排，加强知识联系；（3）合理教学，强调概括总结；（4）教授策略，提高迁移意识。

2.美国教育心理学家奥苏伯尔提出了认知结构迁移理论，认为任何有意义的学习都是在原有学习的基础之上进行的，有意义的学习中一定有迁移。原有认知结构的清晰性、稳定性、概括性、包容性、连贯性和可辨别性等特性都始终影响着新的学习的获得与保持。奥苏伯尔的认知结构迁移理论代表了从认知观点来解释迁移的一种主流倾向。

第四节　学习策略
【强化训练】
一、单项选择题

1.C 资源管理策略是辅助学生管理可用环境和资源的策略，有助于学生适应环境并调节环境以适应自己的需要，对学生的动机具有重要的作用。其中，学习努力和心境管理为了使学生维持自己的意志努力，需要不断的鼓励学生进行自我激励。

2.B 学习策略是指学习者为了提高学习的效果和效率、有目的有意识地制定的有关学习过程的复杂的方案。

二、简答题

1.资源管理策略是辅助学生管理可用环境和资源的策略，有助于学生适应环境并调节环境以适应自己的需要，对学生的动机具有重要的作用。主要包括：学习时间管理、学习环境的设置、学习努力和心境管理、学习工具的利用、社会性人力资源的利用。

2. 指导教学模式与传统的讲授法十分类似，由激发、讲演、练习、反馈和迁移等环节构成。在教学中，教师先向学生解释所选定学习策略的具体步骤和条件，在具体应用中不断给以提示，让其口头叙述和明确解释所操作的每一个步骤以及报告自己应用学习策略时的思维，通过不断重复这种内部定向思维，可加强学生对学习策略的感知与理解保持。同时，教师在教学中依据每种策略来选择许多恰当的事例来说明其应用的多种可能性，使学生形成对策略的概括化认识；提供的事例应从学生的认知水平出发、由简到繁，使学生从单一策略的应用发展到多种策略的综合应用，从而形成一种综合应用能力。

第五节　学习的基本理论
【强化训练】
一、单项选择题

1.B 桑代克是现代教育心理学的奠基人。他把人和动物的学习定义为刺激与反应之间的联结，认为这种联结的形成是通过盲目尝试，逐步减少错误再尝试这样一个往复过程习得的。

2.A 桑代克的尝试——错误学习的基本规律指的是准备率、效果率、练习律。

二、简答题

1. 布鲁纳是美国著名的认知教育心理学家，他主张学习的目的在于以发现学习的方式，使学科的基本结构转变为学生头脑中的认知结构。因此，他的理论常被称之为认知——结构论或认知——发现说。他的教学观包括：（1）教学的目的在于理解学科的基本结构；（2）掌握学科基本结构的教学原则：动机原则、结构原则、程序原则和强化原则。

根据结构主义教学观及其教学原则，为了促进中小学生良好认知结构的发展，教师首先必须全面深入地分析教材，明确学科本身所包含的基本概念、基本原理及它们之间的相互关系，只有这样，才有可能引导学生加深对教材结构的理解。

2. 观察学习是由班杜拉提出的，他认为观察学习不要求必须有强化，也不一定产生外显行为。班杜拉把观察学习分为以下四个过程：注意过程；保持过程；复制过程；动机过程。

【本章自测】

一、单项选择题

1.A 无意注意是指事先没有目的、也不需要意志努力的注意。例如，学生正在听课，忽然有人推门进来，大家都不由自主地转头看他，这种注意就叫无意注意。

2.B 自我效能感指人们对自己是否能够成功地从事某一成就行为的主观判断。这一概念由班杜拉最早提出。

3.C 布鲁纳认为，学习的本质不是被动地形成刺激反应的联结，而是主动的形成认知结构。

4.D 正迁移是指一种学习对另一种学习起到积极的促进作用。如阅读技能的掌握有助于写作技能的形成。

5.A 前运算阶段的儿童有着自我中心性的特点，他们认为所有的人都有相同的感受，一切以自我为中心。

6.D 具体迁移，也称为特殊迁移，指一种学习中习得的具体的、特殊的经验直接迁移到另一种学习中去，或经过某种要素的重新组合，以迁移到新情境中去。

7.C 美国教育心理学家奥苏伯尔提出了认知结构迁移理论，认为任何有意义的学习都是在原有学习的基础之上进行的，有意义的学习中一定有迁移。

8.A 准备律是指在学习的过程中，当刺激与反应之间的联结，事前有一种准备状态时，实现则感到满意，否则感到烦恼；反之，当此联结不准备实现时，实现则感到烦恼。

9.A 在问题解决过程中，原型启发具有很大作用。原型之所以能起到启发作用，是因为原型与要解决的问题之间存在着某些共同点或相似处

10.D 目前，比较公认的是发散思维是创造性思维的核心，通常以发散思维的特征来代表创造性思维。

二、辨析题

1. 错误

当有机体做出某种反应以后，呈现一个厌恶刺激，以消除或抑制此类反应的过程，称作惩罚。惩罚与负强化有所不同，负强化是通过厌恶刺激的排除来增加反应在将来发生的概率，而惩罚则是通过厌恶刺激的呈现来降低反应在将来发生的概率。但是，惩罚并不能使行为发生永久性的改变，它只能暂时抑制行为，而不能根除行为。因此，惩罚的运用必须慎重，惩罚一种不良行为应与强化一种良好行为结合起来，方能取得预期的效果。

2. 错误

定势是指由先前的活动所形成的并影响后继活动趋势的一种心理准备状态。它在思维活动中表现为一种易于以习用的方式解决问题的倾向。定势在问题解决中有积极作用，也有消极影响。当问题情境不变时，定势对问题的解决有积极的作用，有利于问题的解决；当问题情境发生了变化，定势对问题的解决有消极影响，不利于问题的解决。

三、简答题

1. 资源管理策略是辅助学生管理可用环境和资源的策略，有助于学生适应环境并调节环境以适应自己的需要，对学生的动机具有重要的作用。学习时间管理策略包括：（1）统筹安排学习时间；（2）高效利用最佳时间；（3）灵活利用零碎时间。

2. 桑代克的尝试——错误学习的基本规律包括效果率、练习律和准备率。

3. 形式训练说认为心理官能只有通过训练才得以发展，迁移就是心理官能得到训练而发展的结果。官能即注意、知觉、记忆、思维、想象等一般的心理能力。对官能的训练就如同对肌肉的训练一样，而得

到训练的官能又可以自动地迁移到其他活动中去。官能训练注重训练的形式而不注重内容，因为内容易忘记，其作用是暂时的，但形式是永久的。形式训练说认为，迁移是无条件的、自动发生的。由于形式训练说缺乏科学的依据，所以引起了一些研究者的怀疑和反对。

四、材料分析题

这种做法违背记忆规律，也是行之无效的。学生识记的效果和识记材料的性质和数量关，在一定的时间不宜过多，否则，易引起学生过度的疲劳，降低记忆的效果。同时。"漏一补十""错罚十"的做法易使学生丧失学习兴趣和记忆的信心和主动性．对进一步学习制造一些心理障碍。

第五章　中学生发展心理

第一节　中学生认知的发展
【强化训练】
一、单项选择题
1.A 观察是人们认识世界、增长知识的主要手段，是人的一种有目的、有计划、持久的知觉活动，也是知觉的最高形式。

2.C 前苏联的维果斯基认为，儿童有两种发展水平：一是儿童的现有水平，即由一定的已经完成的发展系统所形成的儿童心理机能的发展水平，如儿童已经完全掌握了某些概念和规则。二是即将达到的发展水平。这两种水平之间的差异，就是最近发展区。

二、简答题
1.中学生的观察能力的发展主要体现在：（1）目的更明确；（2）持久性明显发展；（3）精确性提高；（4）概括性更强。

2.首先，认知发展制约教学的内容和方法。所以，各门具体学科的教学都应研究如何对不同发展阶段的学生提出既不超出当时的认知结构的同化能力，又能促使他们向更高阶段发展的富有启迪作用的适当内容。

其次，教学促进学生的认知发展。大量的研究表明，通过适当的教育训练来加快各个认知发展阶段转化的速度是可能的。只要教学内容和方法得当，系统的学校教学肯定可以起到加速认知发展的作用。

第二节　中学生情绪情感的发展
【强化训练】
一、单项选择题
1.D 艾里斯认为人的情绪是由他的思想决定的，合理的观念导致健康的情绪，不合理的观念导致负向的、不稳定的情绪。他提出了情绪辅导方法——情绪的 ABC 理论。

2.C 中学生的情绪具有两极性的特点，但是可以因为条件的变化而相互转化。

二、简答题
1.情绪状态是指在某种事件或情境影响下，人在一定时间里表现出的一定的情绪。最典型的情绪状态有心境、激情和应激。

2.中学生情绪变化的两极性具体表现为：（1）复杂与简单共存；（2）强与弱共存；（3）波动和稳定共存；（4）微妙的隐蔽性。

第三节　中学生人格的发展
【强化训练】
一、单项选择题
1.B 性格是在后天社会环境中逐渐形成的，是人的最核心的人格差异。

2.B 胆汁质：这种人情绪体验强烈、爆发迅猛、平息快速，思维灵活但粗枝大叶，精力旺盛、勇敢果断，为人率直、表里如一，但是遇事常欠思考，易感情用事。

二、简答题

1.埃里克森认为，儿童人格的发展是一个逐渐形成的过程，必须经历八个顺序不变的阶段，其中前五个阶段属于儿童成长和接受教育的时期。每一阶段都有一个由生物学的成熟与社会文化环境、社会期望之间的冲突和矛盾所决定的发展危机。成功而合理地解决每个阶段的危机或冲突将导致个体形成积极的人格特征，有助于发展健全的人格；否则，个体就会形成消极的人格特征，导致人格向不健全的方向发展。分别为：（1）基本的信任感对基本的不信任感（0~1.5岁）；（2）自主感对羞耻感与怀疑（2~3岁）；（3）主动感对内疚感（4~5岁）；（4）勤奋感对自卑感（6~11岁）；（5）自我同一性对角色混乱（12~18岁）；（6）友爱亲密对孤独（18~25岁）；（7）繁殖对停滞（25~65岁）；（8）自我调整对绝望（65岁以后）。

2.人格是一个具有丰富内涵的概念，人格的特征主要有：（1）独特性；（2）稳定性；（3）统合性；（4）功能性。

第四节　中学生的身心发展

【强化训练】

一、单项选择题

1.C 不平衡性是指心理的发展可以因进行的速度、到达的时间和最终达到的高度而表现出多样化的发展模式。

2.A 发展的不可逆，体现了心理发展的定向性和顺序性。

二、简答题

1.中学时期青少年性心理的发展，是指个体在青少年时期顺应自己性的生物学特点和性别的社会性特点的种种心理过程。中学生恰好处于性生理意识由朦胧到觉醒的特殊阶段，随着自身性生理的成熟，他们的性心理也逐渐发展变化，主要特点有：（1）既朦胧又神秘；（2）既强烈又纹饰；（3）既动荡又压抑；（4）男女性心理差异。

2.心理发展，是指个体从出生、成熟、衰老直至死亡的整个生命进程中所发生的一系列心理变化。研究表明，学生心理的发展有四个基本特征。其一，连续性与阶段性；其二，定向性与顺序性；其三，不平衡性；其四，差异性。

【本章自测】

一、单项选择题

1.D 詹姆斯和兰格根据情绪发生时引起的植物性神经系统的活动，和由此产生的一系列机体变化提出，情绪就是对身体变化的知觉。

2.D "早期的亲子关系定出了行为模式，塑成一切日后的行为。"这是有关早期童年经验对人格影响力的一个总结。中国也有句俗话："三岁看大，七岁看老。"

3. C 激情状态下人往往出现"意识狭窄"现象，即认知活动的范围缩小，理智分析能力受到抑制，自我控制能力减弱，进而使人的行为失去控制，甚至做出一些鲁莽的行为或动作。

4.A 中学生的认知发展处于第四个阶段——形式运算阶段。这个阶段，思维活动的基本特点是抽象逻辑思维已占主导地位，

5.C 性格主要体现在对自己、对别人、对事物的态度和所采取的言行上。

6.B 前生殖器期出现了男童以父亲为竞争对手而爱母亲的现象，这现象称为恋母情结，同理女童以母亲为竞争对手而爱恋父亲的对象，则称为恋父情结。

7.A 艾里斯提出来情绪的 ABC 理论，认为人的情绪是由他的思想决定的，合理的观念导致健康的情

绪，不合理的观念导致负向的、不稳定的情绪。

8.B 坎农对詹姆斯—兰格理论提出了疑问，他认为情绪的中心不在外周神经系统，而在中枢神经系统的丘脑。

9.C 人与人没有完全一样的人格特点。所谓"人心不同，各有其面"，这就是人格的独特性。

10.C 民主型的家庭教养方式表现为父母与子女之间相互尊重、关系平等。

二、辨析题

1.错误

中学生的情绪不再像儿童那样天真直露、心口如一，其表现具有文饰、内隐的性质，有时会把自己真实的内心情绪世界封闭起来，对自己内心的真实想法或真实情绪，是否予以表现也时常依时间、对象、场合而转移。但中学生毕竟阅历较浅，涉世未深，内心深处存在希望被理解的强烈愿望，依然比较袒露、率直，当意志不能完全控制情绪时，也会锋芒毕露，遇到知己时，也会倾诉真情，所以，情绪的隐蔽性是相对而言的。

2.错误

一个人的人格是在遗传、环境、教育等因素的交互作用下形成的。不同的遗传、生存及教育环境，形成了各自独特的心理点。人与人没有完全一样的人格特点。所谓"人心不同，各有其面"，这就是人格的独特性。但是，人格的独特性并不意味着人与人之间的个性毫无相同之处。在人格形成与发展中，既有生物因素的制约作用，也有社会因素的作用。人格作为一个人的整体特质，既包括每个人与其他人不同的心理特点，也包括人与人之间在心理、面貌上相同的方面，如每个民族、阶级和集团的人都有其共同的心理特点。人格是共同性与差别性的统一，是生物性与社会性的统一。

三、简答题

1.前苏联的维果斯基认为，儿童有两种发展水平：一是儿童的现有水平，即由一定的已经完成的发展系统所形成的儿童心理机能的发展水平，如儿童已经完全掌握了某些概念和规则。二是即将达到的发展水平。这两种水平之间的差异，就是最近发展区。也就是说，最近发展区是指儿童在有指导的情况下，借助成人帮助所能达到的解决问题的水平与独自解决问题所达到的水平之间的差异，实际上是两个邻近发展阶段间的过渡状态。它的提出说明了儿童发展的可能性，其意义在于教育者不应只看到儿童今天已达到的发展水平，还应该看到仍处于形成的状态，正在发展的过程。所以，维果斯基强调教学不能只适应发展的现有水平，走在发展的后面，而应适应最近发展区，从而走在发展的前面，并最终跨越最近发展区而达到新的发展水平。

2.人格是在遗传与环境交互作用下逐渐发展形成的。遗传决定了人格发展的可能性，环境决定了人格发展的现实性。分析人格形成和发展的因素，从以下几方面进行：生物遗传因素、社会文化因素、家庭因素、儿童早期经验、学校教育因素、同辈群体和个人主观因素。

3.弗洛伊德将人格分为五个时期。其中前三个时期是以身体的部位命名。原因是在六岁以前的个体，本我的基本需求是靠身体上的部位获得满足的，因此这些部位即称性感带区。弗洛伊德的人格发展理论中，总离不开性的观念，所以他的发展分期被称为性心理发展期。口唇期（0~1岁）、肛门期（1~3岁）、前生殖器期（3~6岁）、潜伏期（6~11岁）和青春期（11、13岁~）。

四、材料分析题

随着中学生性生理的成熟，性意识也逐渐形成和发展，自然会产生一些喜欢接近异性的感情倾向。作为教师，一定要理解、宽容，引导学生在把握良好尺度的前提下健康交往。

教师首先要抓好青春期教育，通过青春期教育，可以消除学生的异性神秘感，增强学生的自我控制能力，提高学生的性道德水平，使他们正确认识与异性同学的关系，把握与异性交往的尺度，掌握与异性交往的礼仪，严肃对待恋爱、婚姻以及性等问题。

其次，要倡导异性学生的正常交往。教师应该提倡异性学生之间的正常交往，发挥异性之间的吸引力、激发力、约束力等，从而构建良好的班集体，改变学生的不良行为。

最后，还要开展丰富多彩的班级活动。组织适合中学生身心特点的丰富多彩的集体活动，充实文化生活，提高异性学生正常交往的渠道。

第六章 中学生心理辅导

第一节 中学生的心理健康
【强化训练】
一、单项选择题
1.C 抑郁症的表现是情绪消极、悲伤、颓废、淡漠，失去满足感和生活的乐趣，消极的认识倾向，低自尊、无能感，从消极方面看事物，好责难自己，对未来不抱多大希望。

2.A 心理健康，就是一种良好的、持续的心理状态与过程，表现为个人具有生命的活力，积极的内心体验，良好的社会适应，能够有效地发挥个人的身心潜力以及作为社会一员的积极的社会功能。

二、简答题
1.心理健康标准是心理健康概念的具体化。由于确立心理健康标准的依据不同，国内外学者提供的判断标准虽有互相重叠的部分，但还是有差别的。根据研究者的不同观点，可以归纳出心理健康的六条标准：对现实的有效知觉、自知、自尊与自我接纳、自我调控能力、与人建立亲密关系的能力、人格结构的稳定与协调、生活热情与工作高效率。

2.中学生易产生的心理问题主要有焦虑症、抑郁症、强迫症、恐怖症、网络成瘾、人格障碍和人格缺陷、性偏差、进食障碍、睡眠障碍等。

第二节 心理辅导的主要方法
【强化训练】
一、单项选择题
1.D 行为塑造指通过不断强化逐渐趋近目标的反应，来形成某种较复杂的行为。
2.A 心理辅导的一般目标归纳为两个方面，第一是学会调适，包括调节与适应，第二是寻求发展。

二、简答题
1.在学校开展心理健康教育有以下几条途径：①开设心理健康教育有关课程；②开设心理辅导活动课；③在学科教学中渗透心理健康教育的内容；④结合班级、团队活动开展心理健康教育；⑤个别心理辅导或咨询；⑥小组辅导。

2.要做好心理辅导工作，必须遵循以下基本原则：面向全体学生原则、预防与发展相结合原则、尊重与理解学生原则、学生主体性原则、个别化对待原则和整体性发展原则。

【本章自测】
一、单项选择题
1.D 心理健康的六条标准：对现实的有效知觉、自知、自尊与自我接纳、自我调控能力、与人建立亲密关系的能力、人格结构的稳定与协调、生活热情与工作高效率。

2.C 鼓励来访者进行观察学习是班杜拉提出的观察学习中的内容。

3.D 心理健康至少包括两层含义：一是无心理疾病；二是有一种积极发展的心理状态。

4.B 心理健康，就是一种良好的、持续的心理状态与过程，表现为个人具有生命的活力，积极的内心体验，良好的社会适应，能够有效地发挥个人的身心潜力以及作为社会一员的积极的社会功能。

5.A 强化法是行为改变的基本方法，是用来培养新的适应行为的。

6.C 情绪消极、悲伤、颓废是抑郁的表现。

7.A 全身松弛法有不同的操作方式，紧张、松弛对照训练是最常见的一种。这种松弛训练法由雅各布松在 20 年代首创。

8.C 自我调控能力是指学生能以一定的社会行为规范约束自己的行为，使个人行为符合社会规范的要求，一旦发现自己的需要、行为与社会要求相冲突，即能调整或放弃自己的行动，能根据活动的要求自觉地调节和控制自己的行动。

9.D 中学生常见的焦虑是考试焦虑，其表现为随着考试的临近，心情极度紧张。

10.B 题中小张的行为属于强迫行为，主要是由社会心理因素和个人心理因素造成的。

二、辨析题

1.错误

在理解与把握心理健康标准时，主要应该考虑到以下几点：首先，判断一个人心理健康状况应兼顾个体内部协调与对外良好适应两个方面。其次，心理健康概念具有相对性。心理健康有高低层次之分。再次，心理健康既是一种状态，也是一种过程。最后，心理健康与否，在相当程度上可以说是一个社会评价问题。不同社会由于其主流文化、价值观念、社会规范不同，对同一行为正常与否，往往会做出不同的判断。

2.错误

性偏差是指少年性发育过程中不良适应，如过度手淫、迷恋黄色书刊、早恋、不当性游戏、轻度性别认同困难等，一般不属性心理障碍。但对这些不适应行为，应给予有效的干预。

三、简答题

1.罗杰斯曾将来访者中心疗法过程分为 12 个步骤：（1）来访者求助；（2）咨询员向来访者说明治疗方法；（3）鼓励来访者情感的自由表现；（4）咨询员要能接受、认识来访者的消极感情，并帮助来访者对自己有更清楚的认识；（5）来访者充分地暴露出消极的情感后，积极的情感开始出现；（6）咨询员要对来访者积极的情感接受和认识，但不给予任何评价；（7）来访者开始接受真实的自我；（8）帮助来访者认清要采取的新的行为和新的决定；（9）来访者对自己的问题有了新的认识和新的决定，就产生了最初的疗效；（10）咨询员引导来访者达到一种更完全、更正确的自我了解，并开始新行为的尝试，表明疗效进一步显著；（11）来访者当前的问题得到解决并对自己充满了自信，表明来访者走向成熟；（12）治疗结束。罗杰斯指出，治疗过程的 12 个步骤不是截然分开的，而是相互关联、有机地结合在一起的。

2.抑郁症是以持久性的心境低落为特征的神经症。过度的抑郁反应，通常伴随有严重的焦虑感。焦虑是个人对紧张情境的最先反应。如果一个人确信这种情境不能改变或控制时，抑郁就取代焦虑成为主要症状。

抑郁症的表现，一是情绪消极、悲伤、颓废、淡漠，失去满足感和生活的乐趣。二是消极的认识倾向，低自尊、无能感，从消极方面看事物，好责难自己，对未来不抱多大希望。三是动机缺失、被动，缺少热情。四是躯体上疲劳、失眠、食欲不振等。

抑郁症是由心理原因造成的，有各种不同理论的解释。大多数抑郁症患者能经治疗或不经治疗而逐渐恢复正常，但有人有复发的倾向。在对有抑郁症状的学生进行辅导时，首先要注意给当事人以情感支持和鼓励；以坚定而温和的态度激励学生做一些力所能及的事情，积极行动起来，从活动中体验到成功与人际交往的乐趣，也可采用认知行为疗法，改变学生已习惯的自贬性的思维方式和不适当的成败归因模式，发展对自己、对未来的更为积极的看法。服用抗抑郁药物可以缓解症状。

3.所谓心理健康，就是一种良好的、持续的心理状态与过程，表现为个人具有生命的活力，积极的内心体验，良好的社会适应，能够有效地发挥个人的身心潜力以及作为社会一员的积极的社会功能。心理健康至少包括两层含义：一是无心理疾病；二是有一种积极发展的心理状态。

四、材料分析题

小李的这种表现有社交恐惧症的倾向。帮助学生克服社交恐惧症，一方面，在家庭中，父母要有坚持性和耐心，坚决而友善地要求孩子与同学交流沟通，上课主动发言，多参加学校组织的活动；另一方面，在班级里，要促进学生改善人际关系，营造宽松、自由的班级氛围。另外，还要适当减轻学习压力，使学生获得成功体验，这对于社交恐惧症同样具有主要意义。

第七章　中学生德育

第一节　品德

【强化训练】

一、单项选择题

1.D 皮亚杰概括出一条儿童道德认知发展的总规律：儿童的道德发展大致分为两个阶段，10 岁之前是他律阶段，10 岁以后是自律阶段。

2.A 道德认识是品德心理结构的思想基础。

二、简答题

1. 品德的结构主要将的是品德的心理结构，品德的心理结构非常复杂，对它的划分存在不同的看法，影响较大的是"四因素论"，它将品德分为道德认识、道德情感、道德意志和道德行为。

2.（1）伦理道德发展具有自律性，言行一致。在整个中学阶段，学生的品德迅速发展，处于伦理形成时期。伦理是人与人之间的关系以及必须遵守的行为准则，它是道德关系的概括，伦理道德是道德发展的最高阶段。主要特点为：形成道德信念与道德理想，自我意识增强，道德行为习惯逐步巩固，品德结构更为完善

（2）品德发展由动荡向成熟过渡。表现为：初中阶段品德发展具有动荡性，高中阶段品德发展趋向成熟。

第二节　德育内容

【强化训练】

一、单项选择题

1.A 德育的内容包括：爱国主义和国际主义教育；理想和传统教育；集体主义教育；劳动教育；民主、法律与法制教育；辩证唯物主义世界观和人生观教育。

2.B 受教育者的身心发展特征，它决定了德育内容的深度和广度。

二、简答题

1.（1）德育目标，决定德育内容的性质；（2）受教育者身心发展特征，决定德育内容深度和广度；（3）德育所面对的时代性和学生思想实际，决定德育内容针对性和有效性。

2. 德育内容是指实施德育工作的具体材料和主体设计，是形成受教育者品德的社会思想政治准则和道德规范的总和，它关系到用什么道德规范、政治观、人生观、世界观来教育学生的重大问题。主要包括：爱国主义和国际主义教育；理想和传统教育；集体主义教育；劳动教育；民主、法律与法制教育；辩证唯物主义世界观和人生观教育。

第三节　德育过程

【强化训练】

一、单项选择题

1.C 德育过程的基本矛盾是社会通过教师向学生提出的道德要求与学生已有品德水平之间的矛盾。

2.D 德育过程可以从培养知、情、意、行任何一方面开始，这就是德育过程的多端性。

二、简答题

1.（1）知、情、意、行是构成思想品德的四个基本要素。知，即道德认识，是人们对道德规范及其意

义的理解和掌握，对是非、善恶、美丑的认识、判断和评价，以及在此基础上形成的道德识辨能力。是人们确定对客观事物的主观态度和行为准则的内在依据。 情，即道德情感，是人们对社会思想道德和人们行为的爱憎，好恶等情绪态度，是进行道德判断时引发的一种内心体验。对品德认识和品德行为起着激励和调节作用。 意，即道德意志，是为实现道德行为所作的自觉努力，是人们通过理智权衡，解决思想道德生活中的内心矛盾与支配行为的力量。 行，即道德行为，是人们在行动上对他人、社会和自然所作出的行为反应，是人的内在的道德认识和情感的外部行为表现，是衡量人们品德的重要标志。

（2）知、情、意、行之间的关系及其发展。

德育过程的一般顺序可以概括为提高道德认识、陶冶道德情感、锻炼道德意志和培养道德行为。知、情、意、行四个要素是相互作用的，知是基础，行是关键。在德育具体实施过程中，具有多种开端，即不一定恪守知、情、意、行的一般教育培养顺序，而可根据学生品德发展的具体情况，确定从哪开始。

2.德育过程与品德形成既有区别又有联系。

（1）区别：德育过程是教育者有目的、有计划、有组织地培养和发展受教育者品德的过程；而品德形成过程则是受教育者思想品德结构不断建构完善的过程。

（2）联系：德育只有遵循人的品德形成发展规律，才能有效地促进人的品德形成发展，而人的品德形成发展也离不开德育因素的影响。

第四节　德育的原则、方法和途径

【强化训练】

一、单项选择题

1.A 德育教育的基本原则有：导向性原则、疏导原则、尊重学生与严格要求相结合原则、教育的一致性与连贯性原则和因材施教原则。

2.D 德育的途径主要有：政治课与其他学科教学，课外活动与校外活动，劳动等。班主任工作是重要且特殊的途径。

二、简答题

1.（1）原则的含义：是指进行德育要把对学生个人的尊重和信赖与对他们的思想和行为的严格要求结合起来，使教育者对学生的影响与要求易于转化为学生的品德。（2）贯彻原则的基本要求：第一，爱护、尊重和信赖学生；第二，对学生提出的要求要合理正确、明确具体、严宽适度；第三，对学生提出的要求要认真执行。

2.德育方法是为达到德育目的在德育过程中采用的教育者和受教育者相互作用的活动方式的总和。它包括教育者的施教传道方式和受教育者的受教修养方式。德育的方法主要有：说服法、榜样法、锻炼法、陶冶法、表扬奖励与批评处分。

第五节　其他相关教育

【强化训练】

一、单项选择题

1.A 生存教育和生活教育、生命教育并称"三生教育"。

2.B 生活教育的理论是陶行知教育思想的主线和重要基石。

二、简答题

1.生存教育就是通过开展一系列与生命保护和社会生存有关的教育活动和社会实践活动，向受教育者系统传授生存的知识和经验，有目的、有计划地培养学生的生存意识、生存能力和生存态度，树立科学的生存价值观，从而促进个性自由全面健康发展，实现人与自然的和谐统一的过程。

生存教育的意义有：（1）生存教育是适应全面发展教育目的的重要组成部分；（2）有助于培养学生正

确的生存观念；（3）有助于学生提高生存能力

2.生命教育应该渗透到学校所有教育教学活动中。主要采用六条途径来开展：学科教学、专题教育、课外活动、校园文化、家庭教育和社会教育。

【本章自测】

一、单项选择题

1.C 题干中讲到的是道德意志，说的是在做事的过程中个人的意志的作用。

2.B 政治课与其他学科教学是学校有目的、有计划、系统地对学生进行德育的基本途径。

3.D 德育过程探讨的主要是德育的规律。

4.A 说服法是通过摆事实、讲道理，使学生提高认识，形成正确观点的方法。这是学校对学生进行思想品德教育的基本方法。

5.A 教育者是德育过程的组织者、领导者，是一定社会德育要求和思想道德的体现者，在德育过程中起主导作用。

6.B 一般认为，品德的形成过程经历依从、认同与内化三个阶段。

7.D 苏联教育家马卡连柯也说"要尽量多地要求一个人，也要尽可能地尊重一个人。"体现的是尊重学生与严格要求学生相结合原则。

8.A 陶冶法是通过创设良好的情境，对学生进行潜移默化的熏陶和感染。陶冶是一种暗示的德育方法，其基本理论基础是环境与人的发展的相互作用。

9.C 德育过程的结构是指德育过程中不同质的各种要素的组合方式。

10.D 道德行为是个体在一定的道德认识指引和道德情感激励下所表现出来的对他人或社会具有道德意义的行为。它是道德观念和道德情感的外在表现，是衡量品德的重要标志。

二、辨析题

1.错误

价值辨析强调的不是价值本身，而是强调通过辨析获得价值观的过程。因为价值观念是人自身的一种内在价值，不易清醒意识。

2.正确

一把钥匙开一把锁体现的是德育教育上的因材施教原则，它主要是根据他们的年龄特征和个性差异进行不同的教育，使每个学生的品德都能得到最好的发展。

三、简答题

1.（1）学生的知、情、意、行诸因素统一发展的规律；（2）学生在活动和交往中形成思想品德规律；（3）学生思想内部矛盾转化规律；（4）学生思想品德形成的长期性和反复性规律。

2.（1）德育是社会主义现代化建设的重要条件和保证；（2）德育是青少年健康成长的条件和保证；（3）德育是实现教育目的的条件和保证。

3.（1）德育过程既是社会道德内化为个体的思想品德的过程，又是个体品德外化为社会道德行为的过程。要实现这"两化"必然伴随着一系列的思想斗争。

（2）要实现矛盾向教育者期望的方向转化，必须给受教育者创造良好的外因，还要了解受教育者的心理矛盾（内因），促使其积极接受外界的教育影响，形成新的道德品质。

（3）德育过程也是教育和自我教育的统一过程，教育者要注意提高受教育者自我教育的能力。

四、材料分析题

（1）这一案例中的班主任违背了学生思想内部矛盾转化规律，违背了尊重学生与严格要求学生相结合的原则。

（2）学生思想内部矛盾转化规律。①德育过程既是社会道德内化为个体的思想品德的过程，又是个体品德外化为社会道德行为的过程；②要实现矛盾向教育者期望的方向转化，教育者既要给受教育者创造良好的外因，又要了解受教育者的心理矛盾，促使其积极接受外界的教育影响，有效地形成新的道德品质；③德育过程也是教育和自我教育的统一过程，教育者要注意提高受教育者自我教育的能力。

（3）德育过程要坚持尊重学生与严格要求学生相结合的原则。①尊重学生与严格要求学生相结合原则的含义，是指进行德育要把对学生个人的尊重和信赖与对他们的思想和行为的严格要求结合起来，使教育者对学生的影响与要求易于转化为学生的品德。②贯彻这一原则的基本要求是：爱护、尊重和信赖学生；教育者对学生提出的要求，要做到合理正确、明确具体和严宽适度；教育者对学生提出的要求，要认真执行，及时检查，坚持不懈，督促学生切实做到。

第八章　中学班级管理与教师心理

第一节　班集体
【强化训练】
一、单项选择题
1.A 率先正式使用"班级"一词的是文艺复兴时期的著名教育家埃拉克莫斯。
2.B 同学之间开始相互了解，在班主任的引导培养下，涌现出了一批积极分子，班集体有了核心人物，开始协助班主任开展各项工作。这属于班集体发展的组核阶段。

二、简答题
1. 班级体形成的标志，是"一个前提，六个方面"。一个前提，是指班集体的奋斗目标和班集体的建设计划。六个方面是：班集体的核心与骨干的发展水平；班集体的凝聚力；班集体的教育活动水平；班集体的学业水平；班集体的风气；班集体成员的个性发展水平。一所学校、一位班主任可以根据这些内容，确定三级或四级的等次标准，对班集体的发展状况进行评判，促进班集体建设。

2. 班集体不同于班级。班级是校内行政部门依据一定的编班原则把几十个年龄和学龄相当、程度相近的学生编成的正式群体。一个班的学生群体还不能称为班集体。班集体有以下特征：

明确的共同目标；一定的组织结构；一定的共同生活的准则；集体成员之间平等、心理相容的氛围。

第二节　课堂管理
【强化训练】
一、单项选择题
1.D 课堂管理的原则有目标原则、激励原则和反馈原则。
2.B 课堂管理始终制约着教学和评价的有效进行，具有促进和维持的功能。

二、简答题
1. 课堂气氛是一种综合的心理状态，它包括知觉、注意、思维、情绪、意志及定势等状态。我国学者依据这些心理状态综合表现的不同特点，将课堂气氛划分为积极的、消极的和对抗的三种类型。

2. 根据课堂纪律形成的原因，可以将课堂纪律分成四种类型：教师促成的纪律；集体促成的纪律；任务促成的纪律；自我促成的纪律。

第三节　班主任工作
【强化训练】
一、单项选择题
1.A 织和培养班集体是班主任工作的中心环节。
2.B 学生操行评定的主要负责人是班主任。

二、简答题

1.班主任在班级管理中具有特殊的、不可替代的地位，可以得知，班主任肩负着全面管理班级的职责，是学校教育的中坚力量。因此，班主任的素质极为关键，他直接决定班级的管理水平，直接影响班集体全体成员的整体水平。班主任是班级建设的设计者；班主任是班级组织的领导者；班主任是班级人际关系的艺术家。

2.班主任管理班级的内容和方法主要有：了解学生，研究学生；组织和培养班集体；协调校内外各种教育力量；建立学生档案；个别教育；班会活动；操行评定；写好工作计划和总结。

第四节　课外活动

【强化训练】

一、单项选择题

1.B 教师是课外活动的指导者，学生是课外活动的主体。

2.C 小组活动是课外活动的主要形式。

二、简答题

1.班级课外活动内容十分丰富，具体包括：班会、科技活动、文体活动、节日纪念日活动、社会公益活动、课外阅读活动及其他活动。其活动形式从参加活动的规模看，主要分为三类：集体活动、小组活动和个人活动。

2.课外活动是指在课堂教学之外，由学校组织指导的，用以补充课堂教学，实现教育方针要求的一种教育活动。它的主要特点是：参与的自愿性、自主性；内容的灵活性、综合性；过程的开放性、实践性。

第五节　学校、家庭和社会

【强化训练】

一、单项选择题

1.D 家庭协调的常用方式主要包括：家访、班级家长会、家长学校、家长委员会、家长沙龙。

2.A 家长委员会由关心学校、关心教育事业，具有教育子女经验的家长代表组成。

二、简答题

1.班主任与家长合作是指班主任与家长之间双向互动、相互信任，以协调家长和学校的关系，使家庭教育与学校教育协调同步，形成教育合力，彼此协作配合，促进孩子的健康成长。一般而言，家庭协调的常用方式主要包括：家访、班级家长会、家长学校、家长委员会、家长沙龙。

2.对于班主任而言，与社会协调，整合社会教育资源，应通过"走出去、请进来"的方式，保持与社会的密切联系，具体可归结为以下两种形式：依托社区的教育委员会、建立校外教育基地。

第六节　教师心理

【强化训练】

一、单项选择题

1.B 能否自觉关注学生是衡量一个教师是否成长成熟的重要标志之一。

2.A 波斯纳提出了一个教师成长公式：经验 + 反思 = 成长。

二、简答题

1.心理健康是每个人不断追求的目标之一。健康对教师职业来说尤其重要，是教育教学工作正常进行的基本保证。心理健康是健康的重要内涵，也是对教师心理素质的最低要求。教师心理健康是从事教育工作的必要条件；教师的心理健康会直接影响学生认知能力的发展；教师的心理健康是学生人格和心理发展的需要；教师的心理健康会影响正常的师生关系。

2.对于班主任而言，与社会协调，整合社会教育资源，应通过"走出去、请进来"的方从一名新教师成长为一名合格教师有一个过程，教师在不同的成长阶段所关注的问题不同。福勒和布朗根据教师的需要和不同时期所关注的焦点问题，把教师的成长划分为关注生存、关注情境和关注学生等三个阶段。

【本章自测】
一、单项选择题

1.B 关注生存阶段的一些新教师可能会把大量的时间都花在如何与学生搞好个人关系上。

2.D 班级是学校教育活动的基本单位，是以学习为目的的团体。

3.C 班级管理的对象是班级中的各种管理资源，包括人、财、物、时间、空间、信息，而主要的对象是人，即学生，他们是管理的最直接的对象和核心要素。

4.A 群体凝聚力指群体成员之间互相吸引、接纳，同时愿意留在群体中的程度，也就是群体对成员的内在吸引力。

5.A 考查的是专断型教师领导方式的特征。

6.A 课外活动是学生自愿选择、自愿参加的活动，其基本特点是学生参加的自愿性。

7.C 课堂气氛是教学过程的软环境，是课堂上某些占优势的态度和情感的综合状态。

8.C 为培养提高新教师和教学经验欠缺的年轻教师宜进行组织化观摩

9.B 教师在课外活动中扮演的是启发指导的作用。

10.A 以实践作业为主的兴趣小组是劳动技术小组的特征。

二、辨析题

1.正确
在课外教育中，学生可以根据个人的爱好和特长自愿选择参加某项活动。因此，课外活动更有利于对学生因材施教，发展个性。

2.错误
学校与家庭、社会的协调的主导力量是学校，具体主要由班主任来实施。

三、简答题

1.（1）明确的目的；（2）活动内容要丰富多彩，形式要多样化，要富有吸引力；（3）发挥学生的积极性、主动性，并与教师的指导相结合。

2.教师成长与发展的基本途径主要有两个方面，一方面是通过师范教育培养新教师作为教师队伍的补充，另一方面是通过实践训练提高在职教师。主要方法有：观摩和分析优秀教师的教学活动；开展微格教学；进行专门训练；反思教学经验。

3.（1）群众性教育活动。群众性教育活是一种面向多数或全体学生的带有普及性质的活动。活动的规模常根据活动的目的、内容而定。

（2）小组活动。小组活动是课外活动的主要形式。小组活动以自愿组合为主，根据学生的兴趣、爱好和学校的具体条件，进行有目的、有计划的经常性活动。

（3）个别活动。它是指学生在教师指导下，在课外、校外单独进行的活动。

四、材料分析题

（1）培养优良班集体的方法：①确定班集体的发展目标；②建立班集体的核心队伍；③建立班集体的正常秩序；④组织形式多样的教育活动；⑤培养正确的舆论和良好的班风。

（2）教育转化"在野学生领袖"的方法：①严格要求，动之以情，晓之以理，约之以规；②利用其特长为班级做好事，争荣誉；③将"在野学生领袖"转化为"正式学生领袖"。

主要参考书目

[1] 王道俊，王汉澜主编 . 教育学（新编本）[M]. 北京：人民教育出版社，1999.

[2] 叶澜 . 教育概论 [M]. 北京：人民教育出版社，1993.

[3] 全国十二所重点师范大学联合编写 . 教育学基础 [M]. 北京：教育科学出版社，2002.

[4] 黄济，王策三 . 现代教育论 [M]. 北京：人民教育出版社，1996.

[5] 俞启定 . 中国教育简史 [M]. 北京：中央广播电视大学出版社，1999.

[6] 张斌贤，王保星 . 外国教育思想史 [M]. 北京：高等教育出版社，2007.

[7] 袁振国主编 . 当代教育学 [M]. 北京：教育科学出版社，1999.

[8] 肖爱芝 . 当代教育心理学 [M]. 呼和浩特：内蒙古人民出版社，2005.

[9] 陈嘉麟 . 当代心理学 [M]. 南京：江苏人民出版社，2003.

[10] 林崇德主编 . 发展心理学 [M]. 北京：人民教育出版社，1995.

[11] 陈琦，刘儒德 . 当代教育心理学 [M]. 北京：北京师范大学出版社，2007.

[12] 叶奕干，何存道，梁宁建 . 普通心理学 [M]. 上海：华东师范大学出版社，2010.

[13] 彭聘龄主编 . 普通心理学 [M]. 北京：北京师范大学出版社，2001.

[14] 黄希庭 . 心理学导论 [M]. 北京：人民教育出版社，2007.

[15] 蒋奖 . 中学生心理健康教育 [M]. 北京：中国轻工业出版社，2008.

[16] 林崇德 . 品德发展心理学 [M]. 上海：上海教育出版社，1989.

[17] 谭传宝 . 学校道德教育原理 [M]. 北京：教育科学出版社，2000.

[18] 崔允漷 . 有效教学 [M]. 上海：华东师范大学出版社，2009.

[19] 教育部关于进一步加强中小学班主任工作的意见，2006.

[20] 戴 . 冯塔纳著，王新超译 . 教师心理学 [M]. 北京：北京大学出版社，2000.

[21] 教育部人事司，教育部考试中心 . 教育心理学考试大纲 [M]. 上海：北京师范大学出版社，2002.

[22] 教育部人事司，教育部考试中心 . 教育学考试大纲 [M]. 北京：北京师范大学出版社，2002.